Theorie und Praxis der Diskursforschung

Reihe herausgegeben von

Reiner Keller, Lehrstuhl für Soziologie, Universität Augsburg, Augsburg, Deutschland

Seit Mitte der 1990er Jahre hat sich im deutschsprachigen Raum in den Sozial- und Geisteswissenschaften eine lebendige, vielfach interdisziplinär arbeitende empirische Diskurs- und Dispositivforschung entwickelt. Vor diesem Hintergrund zielt die vorliegende Reihe durch die Veröffentlichung von Studien, Theorie- und Diskussionsbeiträgen auf eine weitere Profilierung und Präsentation der Diskursforschung in ihrer gesamten Breite. Das schließt insbesondere unterschiedliche Formen sozialwissenschaftlicher Diskursforschung und Diskursperspektiven angrenzender Disziplinen sowie interdisziplinäre Arbeiten und Debatten ein. Die einzelnen Bände beschäftigen sich mit theoretischen und methodologischen Grundlagen, methodischen Umsetzungen und empirischen Ergebnissen der Diskurs- und Dispositivforschung. Zudem kommt deren Verhältnis zu anderen Theorieprogrammen und Vorgehensweisen in den Blick. Veröffentlicht werden empirische Studien, theoretisch oder methodologisch ausgerichtete Monographien sowie Diskussionsbände zu spezifischen Themen.

Reiner Keller,
Universität Augsburg

Marlies Zuccato-Doutlik

Gute Mutter, guter Vater

Konstruktionen von Elternschaft im Diskursfeld Pflegschaftsverfahren

Springer VS

Marlies Zuccato-Doutlik
Universität Wien
Wien, Österreich

Die Dissertation, die dieser Publikation zugrunde liegt, wurde gefördert von der Österreichischen Akademie der Wissenschaften (DOC-team).

ISSN 2626-2886 ISSN 2626-2894 (electronic)
Theorie und Praxis der Diskursforschung
ISBN 978-3-658-51889-9 ISBN 978-3-658-51890-5 (eBook)
https://doi.org/10.1007/978-3-658-51890-5

Die Deutsche Nationalbibliothek verzeichnet diese Publikation in der Deutschen Nationalbibliografie; detaillierte bibliografische Daten sind im Internet über https://portal.dnb.de abrufbar.

Planung/Lektorat: Carina Reibold
Springer VS ist ein Imprint der eingetragenen Gesellschaft Springer Fachmedien Wiesbaden GmbH und ist ein Teil von Springer Nature.
Die Anschrift der Gesellschaft ist: Abraham-Lincoln-Str. 46, 65189 Wiesbaden, Germany

Ich widme die vorliegende Arbeit
Martin, Emil, Laura, Irma
und allen Kindern in den von mir
analysierten Pflegschaftsverfahren.

Danksagung

Ich danke der Österreichischen Akademie der Wissenschaften, für die Förderung meiner Dissertation im Rahmen des DOC-Programms der ÖAW; Weiters danke ich allen hilfsbereiten Menschen an den Gerichten für die Unterstützung in der Datenerhebung; meinen Kolleg*innen am Institut für Soziologie der Universität Wien für die verschiedensten Arten der Hilfe und der Beratung sowie die motivierenden Gespräche; meinen lieben Freund*innen, für den emotionalen und sozialen Beistand; den Kolleg*innen der monatlichen WDA-Forschungswerkstatt, für die inspirierenden Diskussionen und Reflexionen; Juliette, Vicky, Steffi, Hannah, Maren und Helena für die vielen Analysesitzungen, ohne die meine empirischen Ergebnisse nicht dieselben wären; ganz besonders danke ich Ulrike Zartler, meiner Betreuerin, und Viktoria Parisot für die spannende, lehrreiche, wertvolle und unverzichtbare Zusammenarbeit in den vergangenen Jahren; und ganz speziell danke ich Martin Zuccato und Hannah Quinz – ohne Euch gäbe es dieses Buch vermutlich nicht. Danke!

im März 2026 Marlies Zuccato-Doutlik

Zusammenfassung

Im Rahmen der vorliegenden Dissertation wird die diskursive Konstruktion der guten Mutter und des guten Vaters in Pflegschaftsverfahren analysiert. Ziel ist es, die Logik des Diskursfeldes Pflegschaftsverfahren und die darin stattfindende diskursive und praxeologische Herstellung und Verhandlung von Elternschaft vor Gericht aus einer gendersensiblen familiensoziologischen Perspektive mittels wissenssoziologischer Diskursanalyse (WDA) anhand von Gerichtsakten zu ergründen. Dementsprechend behandelt der erste Forschungsfokus die Fragen, wie an österreichischen Familiengerichten seit 1945 mütterliche und väterliche Praktiken, Ressourcen und Argumentationen von unterschiedlichen Akteur*innen verhandelt werden sowie auf welche Macht- und Hierarchiestrukturen, Leitbilder und Deutungsmuster damit verwiesen wird. Das zweite Erkenntnisinteresse ergab sich aus dem Forschungsdesiderat, einen theoretischen, methodologischen und methodischen Zugang zu entwickeln, der Gerichtsakten als Datenmaterial für die Beantwortung der empirischen Forschungsfragen zugänglich und nutzbar macht. Dafür wurde eine Zusammenführung theoretischer und methodologischer Ansätze über Diskurse und Praktiken vorgenommen. Durch eine Verschränkung der theoretischen Konzepte Family Practice, Doing Good Parenthood und Troubling Families mit der methodologischen Perspektive der WDA können Aspekte von Geschlecht, Macht und Hierarchie in der Konstruktion von Mutter- und Vaterschaft in Pflegschaftsverfahren erfasst werden. Auf methodischer Ebene greife ich hierfür auf die Analyse der diskursiven Elemente Deutungsmuster, Sprech- und Subjektpositionen, Leitbilder sowie Narrationen und Story-Lines der WDA zurück. Das Datenmaterial sind 32 Gerichtsakten österreichischer Pflegschaftsverfahren von 1960 bis 2018, die als eine materiale Manifestation kultureller

Wissensordnung verstanden werden. Anhand einer Grob- und Strukturanalyse wurden Schlüsseltexte identifiziert und diese mittels einer eigens erarbeiten Erweiterung des Kodierparadigmas der Grounded Theory Methodologie mit der Deutungsmusteranalyse analysiert.

Pflegschaftsverfahren zeigen sich als die Folge eines Nicht-Erfüllens der grundsätzlichen Erwartung an Eltern, einem Kind eine „intakte Ursprungsfamilie" (Zitat aus dem Datenmaterial) mit zwei leiblichen, gegengeschlechtlichen Elternteilen zu bieten. Mütter und Väter stehen daher unter dem Legitimationsdruck, Familie und Elternschaft entlang dieser und weiterer Erwartungen durch bestimmte Narrationen und Praktiken herzustellen und anzuzeigen. Gleichzeitig werden Mütter und Väter durch eine Interpretation dieser Vorstellungen als ‚gut' oder ‚schlecht', jedoch nur Väter auch als ‚besonders' positioniert und positionierbar. Diskursive Elemente, welche die Dringlichkeit des Handelns betonen, indem sie eine Vernachlässigung des Kindeswohls dramatisieren, zeigen sich als besonders erfolgreich, wenn sie auf eine Kumulation verschiedener ‚schlechter' Praktiken eines Elternteils verweisen können. Je nach Zeit, Akteur*in, Geschlecht oder familialer Situation können ähnliche Narrationen allerdings unterschiedlich erfolgreich sein, im Sinne eines Aufgreifens der Erzählung von weiteren Akteur*innen und eines Eingehens in die finale Entscheidung des Gerichts.

Zusammenfassend zeigt die Dissertation die Transformation und Persistenz eines normativen Familienbegriffs und einer geschlechterdifferenzierten Vorstellung von Elternschaft im Diskursfeld Pflegschaftsverfahren. Die diskurstheoretische und praxeologisch orientierte Analyse von Pflegschaftsverfahren leistet einen Beitrag zu einem gendersensiblen Blick auf die Konstruktion guter Elternschaft im Sinne eines Doing Good Parenthood und Troubling Parenthood und Family.

Inhaltsverzeichnis

Abkürzungsverzeichnis

ABGB	Allgemeines Bürgerliches Gesetzbuch
AußStrG	Außerstreitgesetz: Bundesgesetz über das gerichtliche Verfahren in Rechtsangelegenheiten außer Streitsachen
BG	Bezirksgericht
BGBl	Bundesgesetzblatt
BH	auch BHJ; Bezirkshauptmannschaft, Referat für Jugendwohlfahrt; siehe auch KJWT bzw. KJH
B-KJHG	Bundes-Kinder- und Jugendhilfegesetz
DSA	Diplomsozialarbeiter*in
EF-Slg.	Sammlung für ehe- und familienrechtliche Entscheidungen bzw. Familien- und erbrechtliche Entscheidungen
EGMR	Europäischen Gerichtshofes für Menschenrecht
EMKR	Europäische Menschenrechtskonvention
ET	Elternteil(e)
FamRÄG	Familienrechtsänderungsgesetz
FGH	Familien- und Jugendgerichtshilfe, Familiengerichtshilfe
GE	Großeltern, GEm – GE mütterlicherseits, GEv – GE väterlicherseits
GeSchG	Bundesgesetz zum Schutz vor Gewalt in der Familie
GM	Großmutter, GMm – GM mütterlicherseits, GMv – GM väterlicherseits
GV	Großvater, GVm – GV mütterlicherseits, GVv – GV väterlicherseits
JWG	Jugendwohlfahrtsgesetz

KB	Kinderbeistand
KindNamRÄG	Kindschafts- und Namensrechts-Änderungsgesetz
KJH	Kinder- und Jugendhilfeträger, siehe auch BHJ und KJWT
KJWT	Kinder- und Jugendwohlfahrtsträger, siehe auch BHJ und KJH; Die Bezeichnung KJWT wird in dieser Arbeit als Synonym verwendet für die im Datenmaterial und im fachspezifischen Sprachgebrauch vorfindbaren Bezeichnungen der Institutionen des Jugendamts, der Kinder- und Jugendhilfe sowie der Referate für Jugend und Familie der Bezirkshauptmannschaften bzw. Magistratsabteilungen.
KM	Kindesmutter, Mutter
KV	Kindesvater, Vater
LG	Landesgericht; LGZ – Landesgericht für Zivilrechtssachen
LGm	Lebensgefährt der Mutter
LGv	Lebensgefährtin des Vaters
OGH	Oberster Gerichtshof
OLG	Oberlandesgericht
RV	Rechtsvertretung, RVm – RV der Mutter, RVv – RV des Vaters
SV	Sachverständige*r
WDA	Wissenssoziologische Diskursanalyse
ZPO	Zivilprozessordnung

Abbildungsverzeichnis

Tabellenverzeichnis

„Pflicht und Aufgabe der Eltern ist" – Einleitung, Erkenntnisinteresse, Einordnung, Forschungsstand

1

1.1 Neugierde, Spurensuche, Verwunderung und Forschungsfragen – der Weg zur Dissertation

Am Beginn einer Forschung steht oft ein Schlüsselerlebnis.[1] So war es auch im Falle dieses Dissertationsprojekts. Einige Kolleg*innen am Institut für Geschichte beschäftigten sich schon länger mit Akten aus Familiengerichtsverfahren – wohlgemerkt aus einer Zeit lange bevor Scheidung und Scheidungsfolgen ein sozial und medial breit diskutiertes Thema war. Sie suchten Kolleg*innen, die sich in einer interdisziplinären Zusammenarbeit und im Rahmen eines DOC-team-Stipendiums der Österreichischen Akademie der Wissenschaften[2] dieses Themas und Datenmaterials annehmen wollten. Stets neugierig und zu dieser Zeit gerade damit beschäftigt, mit eher ‚klassischen Methoden' die Perspektive von Kindern auf Scheidung und Scheidungsfolgen zu erforschen, fand ich mich in der Bibliothek des Juridicums[3] in Wien mit einem Stapel Büchern wieder. Es waren dies etliche Bände der Sammlung für *ehe- und familienrechtliche Entscheidungen* bzw.

[1] Das Zitat in der Kapitelüberschrift stammt aus einem Protokoll aus dem Jahr 2002 über die Belehrung der Eltern in einem für diese Dissertation analysierten Pflegschaftsfall.

[2] Von September 2019 bis Februar 2023 war ich Stipendiatin der Österreichischen Akademie der Wissenschaften (DOC-team) am Institut für Soziologie der Universität Wien. Diese Arbeit ist damit Teil des DOC-Teams *Doing Divorce*, das sich in Zusammenarbeit mit Viktoria Parisot und mir unter der Betreuung von Ulrike Zartler sowie mit Birgit Dober und Stephanie Rieder-Zagkla unter der Betreuung von Andrea Griesebner, mit der Verhandlung des ehelichen und familialen Zusammen- bzw. Auseinanderlebens und seinen Folgen anhand von Familiengerichtsakten vom 18. Jahrhundert bis in die Gegenwart beschäftigt. Diesen Kolleginnen spreche ich an dieser Stelle meinen Dank für die bereichernde Zusammenarbeit aus.

[3] Gebäude der Rechtswissenschaftlichen Fakultät der Universität Wien.

M. Zuccato-Doutlik, *Gute Mutter, guter Vater*, Theorie und Praxis der Diskursforschung, https://doi.org/10.1007/978-3-658-51890-5_1

Familien- und erbrechtliche Entscheidungen, kurz: EF-Sammlung bzw. EF-Slg. (zuletzt erschienen: Gitschthaler, 2023, p. 292), zu deren Durchsicht mir eine Familienrichterin[4] geraten hatte. Diese seit 1945 jährlich herausgegebenen Nachschlagewerke enthalten eine Auswahl juristisch relevanter Rechtssätze und bieten Jurist*innen eine Richtschnur in ihrer Tätigkeit und für ihre Entscheidungen. Ein Rechtssatz ist eine komprimierte Argumentation dessen, was für die Entscheidung eines höheren Gerichts (Oberster Gerichtshof oder Landesgericht[5], in weiterer Folge kurz OGH bzw. LG) in einem Verfahren ausschlaggebend ist. Etliche dieser Argumentationen aus Beschlüssen in Familienrechtsverfahren weckten mein Interesse – hier illustrativ einige Zitate aus diesen Rechtssätzen[6]:

> *Zur Erziehung von Kindern, insbesondere aber von Mädchen, erscheint in erster Linie die Mutter berufen. (Rechtssatz 605, EF-Slg. Band I, 1945–1964)*
>
> *Hat die eheliche Mutter für 4 Personen den Haushalt zu führen, kann von ihr nicht verlangt werden, daß sie einem Beruf nachgeht. (Rechtssatz 29.092, EF-Slg. Band XIV, 1977)*
>
> *Der ehelichen Mutter steht nach der Scheidung der Ehe wohl kein Vorrecht auf die Pflege und Erziehung eines Kindes zu, doch ist sie für die Erziehung eines 31/2 Jahre alten Mädchens im allgemeinen geeigneter als der Vater. (Rechtssatz 31.368, EF-Slg. Band XV, 1978)*
>
> *Bei mj Kindern im ersten Lebensjahr bzw. auch nach Vollendung des ersten Lebensjahres ist eine naturgemäß gegebene starke Bindung an die Mutter vorhanden, insbesondere bedingt durch die Voraussetzung der körperlichen Pflege (Reichen der Nahrung, Fläschchen, Wickeln usw), so daß allein schon deshalb eine Mitnahme durch den Vater zur Ausübung des Besuchsrechtes nicht möglich erscheint. (Rechtssatz 62.732, EF-Slg. Band XVII, 1990)*
>
> *Das Kind soll iS einer geglückten Identitätsfindung sowohl eine mütterliche als auch eine väterliche Bezugsperson in verschiedenen Lebenssituationen erleben. (Rechtssatz 96.507, EF-Slg. Band XXXVIII, 2001)*
>
> *Knaben ab dem Pubertätsalter sind eher dem Vater zuzusprechen. (Rechtssatz 100.357, EF-Slg. Band XXXIX, 2002)*

---

[4] An dieser Stelle spreche ich Mag^a Doris Täubel Weinreich, Familienrichterin, meinen Dank für Ihre Beratung aus.

[5] Zum Ablauf von Gerichtsverfahren bzw. der Entstehung von Gerichtsakten siehe Abschnitt 2.2.2.

[6] An dieser Stelle wird angemerkt, dass in sämtlichen Zitaten in dieser Dissertation, die zur jeweiligen Zeit geltende Rechtschreibung beibehalten wurde und nicht weiter darauf hingewiesen wird.

> *Ein Postulat des absoluten Vorranges der Mutter bezüglich der Pflege und Erziehung von Kleinkindern besteht jedenfalls nach neuerer Rsp nicht. (Rechtssatz 141.194, EF-Slg. BAND LI, 2015)*

Das Lesen dieser Texte war *mein* Schlüsselerlebnis, das dazu führte, dass ich mich aus der Familien- und Kindheitssoziologie kommend und mit ‚klassischen' qualitativen Methoden arbeitend dazu aufmachte, ein für die Soziologie ungewöhnliches Datenmaterial zu erforschen: Gerichtsakten. Denn aus diesen stammten diese Textpassagen, die im Grunde ein winziger, aber zentraler Auszug aus einem verschriftlichten Diskurs sind, verschriftlichte Praktiken und institutionelle Materialisierungen darstellen und schließlich als „materiale Manifestation gesellschaftlicher Wissensordnung" (Keller, 2013, p. 49) verstanden werden können.

Welche Werte und Normen, welche Denkformen und Orientierungs- bzw. Deutungsmuster sowie Leitbilder stecken in, stecken hinter solchen Aussagen, Argumentationen und Textpassagen? Was für Handlungsmöglichkeiten und -alternativen sind hier vorgegeben, strukturiert oder ausgeschlossen? Wie treffen hier Alltagspraktiken und staatliche Strukturierungsversuche und -interessen aufeinander? Kurz: Wie ist dieser Diskurs oder vielmehr diese Diskurse um Familie, Elternschaft und entsprechende Wissensbestände zu fassen, zu verstehen, zu deuten und grundsätzlich im Rahmen eines Dissertationsprojektes greifbar zu machen?

Diskurse existieren in Texten wie auch in Rechtsnormen – in konkreten Materialisationen. In Diskursen wird Wissen über Wirklichkeit konstruiert und damit diese Wirklichkeit selbst. Diskurse sind Ausdruck und Konstitutionsbedingung des Sozialen und haben gesellschaftliche Voraussetzungen und Folgen (Keller, 2011b, p. 140). Ein solcher Diskurs ist jener um Elternschaft, Mutterschaft und Vaterschaft, sowie darüber, was bzw. wer gut für ein Kind ist. Was gehört sich für eine ordentliche Mutter? Was zeichnet einen für die alleinige Obsorge[7] geeigneten Vater aus? Wer ist die gute Mutter bzw. der gute Vater für ein Kind? Welcher Elternteil ist nach einer Trennung oder Scheidung besser geeignet, für das Kindeswohl zu sorgen?

Wenn sich etwa Eltern trennen oder scheiden lassen, wenn Elternteilen vorgeworfen wird, das Wohl ihres Kindes zu gefährden, wenn Kinder, die in Pflegefamilien oder bei Verwandten leben, zu ihren Eltern zurückkehren sollen, kann es zu einem Familiengerichtsverfahren kommen. Folgender statistischer

[7] Obsorge ist der in Österreich gebräuchliche Begriff für Sorgerecht und bezeichnet die elterlichen Rechte und Pflichten gegenüber ihren minderjährigen Kindern, siehe im Detail Abschnitt 1.2.1.

Schnappschuss verdeutlicht, um wie viele solche potenziellen und tatsächlichen Situationen es sich hier in Österreich handeln kann. 2023 waren insgesamt 12.524 Minderjährige von der Ehescheidung ihrer Eltern betroffen. Die Ex-Ehepaare hatten im Durchschnitt 1,18 Kinder (aller Altersstufen), mehr als zwei Drittel von diesen waren jünger als 14 Jahre[8]. Lag die Gesamtscheidungsrate 1951 noch bei 17,7 Prozent, so stieg sie – nach dem bisherigen Höhepunkt 2007 mit 49,47 Prozent – im Jahr 2023 auf 36,08 Prozent[9]. 2023 leitete die Kinder- und Jugendhilfe 50.236 Gefährdungsabklärungen ein. Mit diesen soll beurteilt werden, ob eine Kindeswohlgefährdung vorliegt. Für 71.724 Kinder und Jugendliche wurde eine Rechtsvertretung in Obsorgeangelegenheiten übernommen und 54.132 Minderjährige vertrat die Kinder- und Jugendhilfe[10] bei der Durchsetzung von Unterhaltsansprüchen[11].

Elterliche Scheidung oder Trennung, der Tod eines obsorgeberechtigten Elternteils oder Wiederverheiratung von Elternteilen und andere Veränderungen familiärer Situationen sowie das Einschreiten der Kinder- und Jugendhilfe bedürfen einer Reorganisation der Eltern-Kind-Beziehung. In der Konstruktion und Beurteilung dieses Generationsverhältnisses greifen Akteur*innen vor Gericht (für den Fall, dass es zu einer gerichtlichen Verhandlung kommt) auf historisch jeweils unterschiedliche Normalitätsfolien, Idealvorstellungen, Leitbilder und Deutungsmuster zu Elternschaft zurück (Funcke & Hildenbrand, 2018; Halatcheva-Trapp, 2019; N. Schneider, Diabaté, & Ruckdeschel, 2015; Schwab, 2002; Thiessen & Villa, 2009). Diese sind gerahmt von Strukturen symbolischer Ordnung und verweisen auf Regeln der Deutungspraxis sowie auf Definitionsrollen und Hierarchien beteiligter Akteur*innen und Institutionen (Keller, 2011b). Gesetze sind dabei staatliche Interventionen und werden in Bezug auf Normen, Werte, Vorstellungen von Wünschenswertem, programmatisch und zukunftsgerichtet geschrieben (Mansfeld, 2015). In diesem Sinn werden durch

---

[8] Quelle: https://www.statistik.at/statistiken/bevoelkerung-und-soziales/bevoelkerung/ehen-und-eingetragene-partnerinnenschaften/ehescheidungen-und-aufloesungen-von-eingetragenen-partnerinnenschaften; Zugriff: 11.04.2025.

[9] Quelle: STATISTIK AUSTRIA, Statistik der Ehescheidungen.

[10] Die „Kinder- und Jugendhilfe umfasst Leistungen öffentlicher und privater Kinder- und Jugendhilfeträger, die dazu beitragen, die Rechte der Kinder und Jugendlichen auf Förderung ihrer Entwicklung und Erziehung zu eigenverantwortlichen und gemeinschaftsfähigen Persönlichkeiten zu unterstützen, sie vor allen Formen der Gewalt zu schützen und die Erziehungskraft der Familien zu stärken." (Quelle: https://www.bundeskanzleramt.gv.at/agenda/familie/begleitung-beratung-hilfe/kinder-und-jugendhilfe/ziele-aufgaben.html; Zugriff: 23.05.2025).

[11] Quelle: STATISTIK AUSTRIA, Kinder- und Jugendhilfestatistik. Erstellt am 12.08.2024.

Diskurse – rechtliche ebenso wie mediale, wissenschaftliche uvm. – Denkweisen und Werte verändert und neu gesetzt. Diese prägen wiederum „den Denkstil der Menschen“ und wirken sich auf ihre Alltagspraktiken aus (Mansfeld, 2015, p. 166). Damit entsteht in Gerichtsverfahren ein Spannungsfeld der Praktiken der Aushandlung von sozialen Kategorien wie Elternschaft, Geschlecht, Kindeswohl sowohl vor Gericht als auch im Alltag anhand von Praktiken und Deutungsmustern. In diesem Sinne können Familienrechtsverfahren als Ort verstanden werden, in den Normalitätskonzeptionen von (Geschlechter)Beziehungen eingewoben sind (Gildemeister, Maiwald, Seyfarth-Konau, & Scheid, 2003) und an dem soziale Kategorien wie ‚Elternschaft‘, ‚Geschlecht‘ oder ‚Kindeswohl‘ verhandelt und (re)konstruiert werden.

Wenn eine Frau bzw. ein Mann sich als *gute* Mutter bzw. als *guter* Vater, d. h. als im sozialen, gesetzlichen und normativen Sinn geeignet für die Obsorge eines Kindes vor Gericht präsentiert, oder von Akteur*innen vor Gericht als geeignet oder ungeeignet für das Wohl des Kindes dargestellt oder verstanden wird, können daraus – so meine erste Annahme am Beginn des Forschungsvorhabens – Rückschlüsse auf jeweils sozial und historisch vorhandene gesellschaftliche Konstruktionen von bzw. Wissensbestände von Mutterschaft bzw. Vaterschaft gezogen werden. Gerichte, als Institutionen der Rechtsprechung, und beteiligte Akteur*innen, wie Richter*innen und Gutachter*innen, rahmen elterliche Praktiken durch spezifische Semantiken; Praktiken erscheinen als ‚gut‘ oder ‚schlecht‘, ‚falsch‘ oder ‚richtig‘. Damit erscheinen Pflegschaftsverfahren als eines der Diskursfelder, in denen Elternschaft verhandelt wird und in denen wirkmächtige Leitbilder verwendet und konstituiert werden, wobei im rechtlichen Diskurs Elternschaft stets als verschränkt mit Dimensionen wie Ungleichheit, Ökonomie und Geschlecht zu verstehen ist (Thiessen & Villa, 2009).

1.1.1 Erkenntnisinteresse und Forschungsfragen

Basierend auf diesen anfänglichen Überlegungen und ersten Auseinandersetzungen mit dem Thema Elternschaft in Pflegschaftsverfahren entwickelten sich folgende Ziele und Erkenntnisinteressen für mein Dissertationsvorhaben: Einerseits war es der Wunsch, die Logik des Diskursfeldes Familiengerichtsverfahren und die in diesem stattfindende diskursive Wahrheitsproduktion zu erfassen; und dementsprechend eine Analyse der diskursiven Herstellung und Verhandlung von Elternschaft, Mutterschaft und Vaterschaft vor Gericht aus einer gendersensiblen familiensoziologischen Perspektive mittels Gerichtsakten aus Pflegschaftsverfahren im Sinne der wissenssoziologischen Diskursanalyse (Keller, 2011a, 2011b) (in weiterer Folge kurz WDA) vorzunehmen; D. h. das Ziel war zu verstehen, wie in Österreich seit 1945 vor Gericht mütterliche und väterliche Praktiken, Ressourcen und Argumentationen, auch in Zusammenhang mit Konzepten über Kindeswohl, von verschiedenen Akteur*innen wie Müttern, Vätern, Richter*innen, Sachverständigen konstruiert und beurteilt werden und auf welche sozialen und gesellschaftlichen Leitbilder und Deutungsmuster damit verwiesen wird. Damit sollte ein Beitrag zur Rekonstruktion unterschiedlicher Wissensbestände und Deutungsstrukturen und der Reproduktion sowie Transformation symbolischer Ordnung einer geschlechterstrukturierten Elternschaft durch die im Diskurs vor Gericht beteiligten Akteur*innen in Österreich seit 1945 geleistet werden. Zum anderen war das Ziel bzw. eine damit verbundene Notwendigkeit einen theoretischen, methodologischen und methodischen Zugang zu entwickeln, mit dem Gerichtsakten aus Pflegschaftsverfahren für dieses Erkenntnisinteresse zugänglich und nutzbar gemacht werden können.

Die für diese Dissertation leitenden Forschungsfragen sind daher folgendermaßen formuliert:

- Auf welche Konstruktionen von Mutter- und Vaterschaft verweisen die im Rahmen von Pflegschaftsverfahren produzierten gerichtlichen Dokumente im Zeitverlauf?
- Welche (Dis-)Kontinuitäten in Narrativen von Mutter- und Vaterschaft und welche geschlechterstereotypen Konstruktionen zeigen sich im Diskurs vor Gericht?
- Welche sozialen, normativen und geschlechterbezogenen Vorstellungen und Konzepte zu Elternschaft finden sich in den Argumentationen der beteiligten Akteur*innen (z. B. Mütter, Väter, Richter*innen, Sachverständige, Rechtsanwält*innen)?
- Welche Machtstrukturen und Hierarchiebildungen werden in den Kommunikations- und Legitimationsprozessen der an der Produktion der Gerichtsakten beteiligten Akteur*innen sichtbar?
- Mit welcher theoretischen Perspektive und methodologischen Forschungshaltung sowie mit welchen methodischen Mitteln können Gerichtsakten für die Beantwortung dieser Fragestellungen fassbar und nutzbar gemacht werden?

1.1.2 Eine Orientierung für Leser*innen dieser Arbeit

Bevor ich mich der Bearbeitung und Beantwortung dieser Forschungsfragen zuwende, möchte ich den Leser*innen dieser Arbeit eine kurze Orientierung anbieten. Im folgenden Kapitel wird zunächst der Wandel der rechtlichen, normativen und sozialen Situation von Elternschaft und Pflegschaftsverfahren für den Untersuchungszeitraum dargestellt und damit eine Einordnung der Fragestellungen vorgenommen sowie auf diesbezüglich relevante sozialwissenschaftliche Forschungsarbeiten Bezug genommen. Anschließend wird ein Überblick über den konkreten Forschungsstand zum Thema Elternschaft vor dem Familiengericht, an den ich mit dieser Arbeit anknüpfen möchte bzw. den diese Arbeit erweitern soll, gegeben. In Kapitel 2 erörtere ich die für mein Dissertationsprojekt bedeutsamen theoretischen Debatten und die aus diesen erarbeitete theoretische Forschungsperspektive sowie den innovativen methodologischen und methodischen Zugang der Studie. Ebenfalls werden verbundene Überlegungen, Herausforderungen und konkrete Umsetzungen der empirischen Arbeit dargestellt. Kapitel 3 dient der umfassenden Darstellung der empirischen Ergebnisse. Im abschließenden Kapitel 4 werden die Forschungsfragen resümierend beantwortet und das aus dieser Arbeit gezogene Fazit dargestellt.

1.2 Elternschaft und Pflegschaftsverfahren - normative, soziokulturelle und historische Einordnung

In diesem Kapitel wird der Wandel der zur jeweiligen Zeit durch vielfältige Diskurse geschaffenen – und damit jeweils vorhandenen – rechtlichen, normativen und sozialen Wissensordnung zu Elternschaft und Pflegschaftsverfahren in Österreich seit 1945 umrissen und gleichzeitig auf den für diese Arbeit relevanten Forschungsstand verwiesen. Das Ziel dieser Darstellung ist, die sich verändernden sozialstrukturellen Prozesse und Wissensregime von Eltern-, Mutter- und Vaterschaft, sowie Familie, Scheidung, Trennung, Obsorge und Kindeswohl und damit die soziohistorische und rechtliche Einbettung dieser Arbeit und der untersuchten Pflegschaftsverfahren nachvollziehbar zu machen. Der Überblick ermöglicht auch eine Verortung meiner Forschung in der Forschungslandschaft in diesem Feld.

Recht wird in dieser Arbeit grundsätzlich verstanden als gesellschaftlich sanktioniertes und sanktionierendes Instrument, das soziale Ordnung schaffen, erhalten und auch verändern soll (Blankenburg, 1975). Gesetze sind einerseits Reaktionen auf soziale Gegebenheiten und beziehen sich auf gesellschaftliche Veränderungen, andererseits sind sie konstitutives Element und Rahmenbedingung für soziale Veränderungen und Beziehungen. Recht wird dementsprechend als verzahnt mit der zu einer jeweils historisch spezifisch vorherrschenden sozialen und kulturellen Ordnung verstanden (siehe dazu ausführlich Abschnitt 2.1.1).

Das Familienrecht im Speziellen wirkt auf die soziale Konstruktion familialer Beziehungen und ist gleichzeitig selbst geformt von bestimmten Vorstellungen über diese Beziehungen und über familiale Akteur*innen (Zartler, 2012a; Zartler & Hierzer, 2015). Rechtliche Konzeptionen stimmen nicht immer mit sozialen, familialen und individuellen Alltagsrealitäten überein und können so in einem Spannungsverhältnis stehen (Beham-Rabanser, Berghammer, & Zartler, 2024; Jurczyk & Walper, 2013; Lüscher, 2008; Zartler, 2012a).

Um die Einbettung dieser Arbeit in dieses Spannungsverhältnis für den Untersuchungszeitraum zu ermöglichen und Leser*innen eine Orientierung zu bieten, zeichne ich in der Folge zunächst die relevante Gesetzeslage für den Untersuchungszeitraum entlang der wichtigsten Reformen seit 1945 nach und skizziere die rechtliche Definition der für das Forschungsfeld relevanten Begriffe Elternschaft, Mutterschaft, Vaterschaft, Eltern-Kind-Beziehung, Obsorge, Familie, Scheidung und Trennung, und Kindeswohl. Anschließend wird der soziale Wandel der mit diesen Begriffen verbundenen Werte und Lebensrealitäten für den Untersuchungszeitraum nachgezeichnet. Diese aufeinanderfolgende Darstellung soll die jeweiligen historischen Veränderungen nachvollziehbar machen, die als Spannungsverhältnis in Pflegschaftsverfahren wirkmächtig werden.

1.2.1 Wandel der mit Elternschaft verbundenen Rechte und Pflichten

In Österreich regelt seit 1811 das Allgemeine Bürgerliche Gesetzbuch (in Folge: ABGB) das gesamte Familien- und Kindschaftsrecht[12]. Das ABGB wurde seit seiner Implementierung häufig reformiert, dementsprechend finden sich im weiteren Textverlauf Verweise auf das ABGB in der jeweiligen Fassung von (ABGB idFv) bzw. in einer überholten, alten Fassung (ABGB aF) sowie auf seine aktuell geltende Fassung (ABGB). Das ABGB umfasst unter anderem die gesetzliche Regelung der Familien-Verhältnisse, der Rechte zwischen Eltern und Kindern, der Abstammung des Kindes, die Rechtsstellung des Kindes (unehelich und ehelich), der Eherechte und der Obsorge. Diese Begriffe werden in diesem Kapitel in ihrem rechtlichen Verständnis und dessen Entwicklung entlang der bedeutendsten Reformen der Rechtsverhältnisse von Eltern und Kindern definiert. Abbildung 1.1 stellt große Familienrechtsreformen des ABGB und die Implementierung weiterer relevanter Gesetze im Untersuchungszeitraum im Überblick dar.

---

[12] Das „Allgemeines bürgerliches Gesetzbuch für die gesammten [sic!] deutschen Erbländer der Oesterreichischen Monarchie" – wie der Langtitel lautet – ist am 1.1. 1812 in Kraft getreten, wurde jedoch schon 1811 erstmals gedruckt.

Abbildung 1.1 Entwicklung ABGB entlang der wichtigsten Reformen

In Österreich hat sich die Ausformung der Rechtsverhältnisse zwischen Eltern und ihren Kindern vor allem in den letzten sechzig Jahren stark verändert. Grundsätzlich basiert die Reglementierung des Eltern-Kind-Verhältnisses auf einem „naturrechtlichen Vertragsdenken" in Zusammenhang mit einer starken „Normierungstendenz des Staates" sowie dem „Interesse des Staates an der Familie" (Kocher, 1997, p. 169). Mit dem **Jugendwohlfahrtsgesetz (JWG) von 1954**[13] wurde die Aufgabe der Jugendwohlfahrtspflege festgelegt: „Sie umfaßt die zur körperlichen, geistigen, seelischen und sittlichen Entwicklung der Minderjährigen notwendige Fürsorge" (§ 2 JWG 1954). Damit wurde auch eine staatlich Fürsorgeinstanz implementiert, die eine wesentliche Rolle im pflegschaftsrechtlichen Kontext einnehmen kann.

Die sogenannte Große Familienrechtsreform der 1960er- und 1970er-Jahre brachte in mehreren Teilschritten eine Abkehr vom bisherigen patriarchalen Ehe- und Familienmodells (Deixler-Hübner & Bauer, 2013) und eine grundsätzliche Ausrichtung des Kindschaftsrechts am Kindeswohl als Leitprinzip. Für die Einbettung dieser Arbeit besonders wesentlich waren die Reformen des Familien- und Kindschaftsrechts durch das Bundesgesetz (BGBl[14]) zur **Neuordnung des unehelichen Kindes aus dem Jahr 1970**[15], die **Neuordnung der persönlichen Rechtswirkung der Ehe im Jahr 1975**[16] sowie die **Neuordnung des Kindschaftsrechts 1977**[17]. Mit diesen Reformen wurden u. a. bisher diskriminierende Bestimmungen zu unehelichen Kindern beseitigt. „Die unehelichen Kinder genießen nicht gleiche Rechte mit den ehelichen", „Uneheliche Kinder sind überhaupt von den Rechten der Familie und der Verwandtschaft ausgeschlossen;" und „Uebrigens steht das uneheliche Kind nicht unter der eigentlichen väterlichen Gewalt seines Erzeugers, sondern wird von einem Vormunde vertreten." (§ 155, § 165 sowie § 166 ABGB idFv 1811) stand bis dahin im ABGB. Mit diesen Reformen konnte nun die Mutter eines unehelichen Kindes die Übertragung der Vormundschaft auf sich selbst beantragen (§ 198 ABGB idFv 1970), uneheliche Kinder erhielten denselben Anspruch auf Unterhalt und Versorgung sowie Pflege und Erziehung wie eheliche Kinder (§ 166a sowie § 170 ABGB idFv 1970). Sorge für Pflege und Erziehung stand nach wie vor der Mutter zu, jedoch

[13] BGBl 99/1954.

[14] BGBl = Kurzform für Bundesgesetzblatt; Ein Bundesgesetzblatt ist ein Kundmachungsorgan, d. h. eine ordentliche Verlautbarung einer Rechtsvorschrift, die grundsätzlich am Tag nach der Kundmachung in Kraft tritt und damit rechtlich verbindlich ist.

[15] BGBl 342/1970.

[16] BGBl 412/1975.

[17] BGBl 403/1977.

erhielt der Vater neben Unterhaltspflichten auch mehr Äußerungsrechte sowie ein erweitertes Recht auf persönlichen Kontakt mit dem unehelichen Kind (Kralik, 1971). Mit der Neuordnung der persönlichen Rechtswirkung der Ehe im Jahr 1975 erhielten Mann und Frau in einer Ehe weitestgehend gleiche Recht und Pflichten. Beide Eheparter*innen waren ab dieser Zeit gleichermaßen verpflichtet, zum Unterhalt der Familie beizutragen – sei es durch Erwerbstätigkeit oder Haushaltsführung. Verheiratete Frauen brauchten nun nicht mehr die Zustimmung des Ehemannes, wenn sie einer Erwerbsarbeit nachgehen wollten. Der Mann war nun nicht länger rechtlich als „Haupt der Familie" definiert und der Begriff „väterliche Gewalt" wurde gestrichen (§147, ABGB idFv 1811). In Summe führten diese Reformen zu einer familienrechtlichen Gleichberechtigung von Mutter und Vater eines ehelichen Kindes (Dopffel, 1994) und – mit der „starken Betonung der Rechtsposition des Kindes gegenüber den Eltern" (Kocher, 1997, p. 169) – im Verhältnis Kinder und Eltern sowie eine Gleichstellung unehelicher mit ehelichen Kindern. Außerdem kam es zu wesentlichen Reformen bei der Regelung der Obsorge, deren rechtliche Definition nach dem Überblick über die Reformen in diesem Kapitel folgt.

1989 brachte das **Kindschaftsrecht-Änderungsgesetz (KindRÄG 1989)** sowie das **Jugendwohlfahrtsgesetz (JWG 1989)**[18] weitere wesentliche Veränderungen für uneheliche Kinder und damit eine weitere Gleichstellung mit ehelichen Kindern (Dopffel, 1994). Sie wurden nun auch hinsichtlich ihres Erbrechts ehelichen Kindern gleichgestellt. Weiters hatte nun die Mutter eines unehelichen Kindes mit der Beseitigung der Amtsvormundschaft für uneheliche Kinder von Geburt an die Obsorge für ihr Kind. Gleichzeitig wurde für unverheiratete Eltern, die in häuslicher Gemeinschaft lebten, die rechtliche Möglichkeit geschaffen, unter Genehmigung des Gerichts und wenn dies im Einklang mit dem Kindeswohl stand, die gemeinsame Obsorge zu vereinbaren. Generell wurde durch das KindRÄG 1989 die „elterliche Sorge" auf den Begriff der Obsorge vereinheitlicht (Dopffel, 1994).

[18] Beides BGBl 162/1989.

In Bezug auf das Kindeswohl kam es 1989 zu signifikanten Gesetzesreformen. Bis zu dieser Zeit hatten die Eltern das explizite Züchtigungsrecht: „Die Aeltern [...] sind auch befugt, unsittliche, ungehorsame oder die häusliche Ordnung störende Kinder auf eine nicht übertriebene und ihrer Gesundheit unschädliche Art zu züchtigen." (§ 145 ABGB idFv 1811). In diesem Zusammenhang kann einerseits auf die Reform des **Jugendwohlfahrtsrechts 1989 (JWG)**[19] verwiesen werden, welche die Aufgabe der öffentlichen Jugendwohlfahrt unter anderem darin bestimmte, „Familien bei der Erfüllung ihrer Aufgaben in der Pflege und Erziehung Minderjähriger zu beraten und zu unterstützen" sowie „wenn und insoweit die Erziehungsberechtigten das Wohl des Minderjährigen nicht gewährleisten" einzugreifen. Das Eingreifen in familiäre Bereiche und Beziehungen war allerdings nur dann erlaubt, wenn „dies zum Wohl des Minderjährigen notwendig ist. Dies ist besonders auch dann der Fall, wenn zur Durchsetzung von Erziehungszielen Gewalt angewendet oder körperliches oder seelisches Leid zugefügt wird" (§ 2 JWG idFv 1989). Andererseits konnten ab dieser Zeit mit der Inkraftsetzung des **Bundesgesetzes zum Schutz vor Gewalt in der Familie (GeSchG)**[20] die Interessen bedrohter und gefährdeter Familienmitglieder geschützt werden (z. B.: durch Wegweisung der gewalttätigen Person aus der Wohnung, Rückkehrverbot, Verbot des Aufenthalts an bestimmten Orten).

Der oberste Leitgedanke des **Kindschaftsrechts-Änderungsgesetzes 2001 (KindRÄG 2001)**[21] war eine weitere Bekräftigung des Kindeswohls als Richtwert für die Ausformung und Ausübung der Rechtsbeziehung zwischen Eltern und Kindern. Zur rechtlichen Definition des Kindeswohls komme ich im Detail allerdings noch nach diesem Reformenüberblick. Diese Reform von 2001 brachte bedeutende rechtliche Veränderungen für die Eltern-Kind-Beziehung (Ferrari, 2001; Hopf & Weitzenböck, 2001). Neben den zentralen Bestimmungen zum Kindeswohl wurde nun auch die Möglichkeit der Obsorge für uneheliche Kinder bei Zusammenleben nicht verheirateter Eltern, und nach einer Scheidung gesetzlich verankert. Eltern mussten dazu vereinbaren, bei wem sich das Kind hauptsächlich aufhalten sollte. Das Gericht konnte nach einer Prüfung dieser Vereinbarung im Hinblick auf das Kindeswohl eine solche Obsorge beider Elternteile, auch gemeinsame Obsorge genannt, bewilligen. Außerdem erhielten Minderjährige eigene Verfahrensrechte und das Volljährigkeitsalter wurde auf 18 Jahre herabgesetzt. Weiters wurde der Begriff „Mindestrechte" durch die Formulierung

[19] BGBl 162/1989.

[20] BGBl 759/1996.

[21] BGBl I 135/2000.

„Informations- und Äußerungsrechte“ ersetzt und so das Mitspracherecht des nicht obsorgeberechtigen Elternteils gestärkt.

Mit dem **Familienrechtsänderungsgesetz 2009 (FamRÄG 2009)**[22] trat die Beistandspflicht des Ehepartners bzw. der Ehepartnerin eines obsorgeberechtigten Elternteils in Kraft. Mit der Vertretungsbefugnis bei Verhinderung des obsorgeberechtigten Elternteils sowohl nach Innen als auch nach Außen wurde das Verhältnis zwischen Stiefeltern und -kindern rechtlich begründet (Hopf, 2010). Ebenfalls 2009 trat das **Kinderbeistand-Gesetz**[23] in Kraft und damit ein weiterer Puzzlestein zur Stärkung des Kindeswohls in familienrechtlichen Verfahren. Ein Kinderbeistand, als neuer Akteur in pflegschaftsgerichtlichen Verfahren, konnte ab diesem Zeitpunkt für Minderjährige unter 14 Jahren (mit deren Zustimmung auch unter 16 Jahren) bestellt werden, „wenn es im Hinblick auf die Intensität der Auseinandersetzung zwischen den übrigen Parteien zur Unterstützung des Minderjährigen geboten ist und dem Gericht geeignete Personen zur Verfügung stehen.“ (§ 104a ABGB).

2013 kam es zunächst mit dem **Kindschafts- und Namensrechts-Änderungsgesetz 2013 (KindNamRÄG 2013)**[24] unter anderem zu einer entscheidenden Neuordnung des Sorgerechts. Für diese Reform war neben einer notwendigen Anpassung an gesellschaftliche Entwicklungen auf juristischer Ebene vor allem die Rechtsprechung des Europäischen Gerichtshofes für Menschenrechte (EGMR) bedeutsam, der in Österreich eine Diskriminierung von Vätern nichtehelicher Kinder bei Anträgen auf Obsorge feststellte (Kipman, 2020; Roth & Stegner, 2012). In diesem Sinn wurde mit dieser Reform auch das Obsorgerecht in Bezug auf eine Gleichstellung ehelicher und unehelicher Kinder neu geregelt. Außerdem kam es zu einer bedeutsamen Ausdifferenzierung des Kindeswohls (zu dessen rechtlicher Begriffsdefinition ich in diesem Kapitel noch im Detail komme) in 12 Punkten unter § 138 ABGB. Bezogen auf den Leitgedanken des Kindeswohls folgte dann im April 2013 mit dem **Bundes-Kinder- und Jugendhilfegesetz 2013 (B-KJHG 2013)**[25] die Ablösung des bis zu diesem Zeitpunkt gültigen Jugendwohlfahrtsgesetzes von 1989. Ziel des neuen Gesetzes war unter anderem eine Verbesserung des Schutzes von Minderjährigen vor familiärer Gewalt sowie die Prävention von Erziehungsproblemen und die Stärkung der Teilhabe von Eltern und Minderjährigen.

---

[22] BGBl I 75/2009.

[23] BGBl 137/2009.

[24] BGBl 15/2013.

[25] BGBl 69/2013.

Der Vollständigkeit halber möchte ich noch bedeutende Rechtsnovellen bis in die Gegenwart erwähnen, auch weil diese in erster Linie von hoher Relevanz für die in dieser Arbeit nicht einbezogene gleichgeschlechtliche Elternschaft sind. So trägt das 2015 verabschiedete **Fortpflanzungsmedizinrechts-Änderungsgesetz (FMedRÄG 2015)**[26] dem Fortschritt der Fortpflanzungsmedizin sowie weiblicher gleichgeschlechtlicher Elternschaft Rechnung. In diesem wurde die Abstammung eines Kindes rechtlich erweitert, indem nun von der „Abstammung vom Vater und vom anderen Elternteil" die Rede ist. In dem Fall, in dem die Formulierung unter Absatz 1 „Vater des Kindes ist der Mann [...] nicht anwendbar ist, ist anderer Elternteil die Frau oder andere Person" und weiter „Auf den anderen Elternteil sind die auf den Vater und die Vaterschaft Bezug nehmenden Bestimmungen in diesem Gesetz [...] anzuwenden" (§ 144 ABGB). 2017 wurde der § 44 des ABGB in seiner Ursprungsfassung vom Verfassungsgerichtshof als verfassungswidrig erkannt: „Die Familien-Verhältnisse werden durch den Ehevertrag gegründet. In dem Ehevertrage erklären zwey Personen verschiedenen Geschlechtes gesetzmäßig ihren Willen, in unzertrennlicher Gemeinschaft zu leben, Kinder zu zeugen, sie zu erziehen, und sich gegenseitigen Beystand zu leisten." Mit Jänner 2019 wurden basierend auf einer **Kundmachung von 2017**[27] die Wortfolge „verschiedenen Geschlechts" ersatzlos gestrichen. Damit wurde die Verschiedengeschlechtlichkeit als Grundlage für eine Begründung von Familien-Verhältnissen mit dem Ziel der Zeugung von Kindern zwar aufgehoben, die Ehezentriertheit von Familien-Verhältnissen blieb allerdings bestehen. Ebenso zeigt die weitere Zweiteilung von Elternschaft in Mutterschaft und Vaterschaft bzw. „Elternteilschaft" einer anderen Person den Fortbestand eines Familienrechts, das an einer Zwei-Eltern-Norm bzw. Heteronormativitätsnorm ausgerichtet ist (Beham-Rabanser et al., 2024). Damit ist auch ein Fokus in dieser Arbeit auf zweigeschlechtliche Elternschaft begründet.[28]

Grundsätzlich fallen Elternschaft, Familie und die Ausgestaltung der Rechte und Pflichten von Eltern in Österreich unter die rechtliche Regelung der Europäischen Menschenrechtskonvention (EMRK), wo in Artikel 8 das „Recht auf Achtung des Privat- und Familienlebens" festgelegt ist. „Jedermann hat Anspruch auf Achtung seines Privat- und Familienlebens" steht dort unter Absatz 1. Gemäß § 139 ABGB gilt weiterhin der absolute Charakter elterlicher Rechte, denn

[26] BGBl 35/2015.

[27] BGBl 161/2017.

[28] Aufgrund der geringen Fallzahl von gleichgeschlechtlichen Trennungen bzw. Scheidungen und etwaigen damit einhergehenden Sorgerechtskonflikten, wurden diese außerdem bewusst aus forschungsethischen Überlegungen nicht einbezogen.

„Dritte dürfen in die elterlichen Rechte nur insoweit eingreifen, als ihnen dies durch die Eltern selbst, unmittelbar auf Grund des Gesetzes oder durch eine behördliche Verfügung gestattet ist." (§ 139 Abs. 1 ABGB). Damit wird zwar bis zu einem gewissen Grad die Privatheit und Ausgestaltungsfreiheit der Eltern-Kind-Beziehung vorgesehen, dennoch ist diese klar verrechtlicht (Krucsay, 2017) und damit auch die Grundlage für ein Beurteilung der Ausformung dieser Beziehung rechtlich festgelegt. In der Folge skizziere ich daher die rechtliche Definition der für diese Forschungsarbeit relevantesten Begriffe.

Elternschaft, Mutter und Vater, Kinder

Als Eltern werden seit 1811 unverändert rechtlich nach § 42 ABGB „idR ohne Unterschied des Grades alle Verwandten in der aufsteigenden; und unter dem Namen Kinder alle Verwandten in der absteigenden Linie begriffen." Diese rechtliche Definition von Verwandtschaftsbeziehungen ist insofern bedeutend, als sie auch gesetzliche Konsequenzen mit sich bringt, wie Unterhaltsverpflichtungen, Erbfolge, Namensrecht und verschiedene familienrechtliche Rechte und Pflichten. So legte das ABGB in seiner Ursprungsfassung die „Gemeinschaftlichen Rechte und Pflichten der Aeltern" folgendermaßen fest:

> *„Die Aeltern haben überhaupt die Verbindlichkeit, ihre ehelichen Kinder zu erziehen, das ist: für ihr Leben und ihre Gesundheit zu sorgen, ihnen den anständigen Unterhalt zu verschaffen, ihre körperlichen und Geisteskräfte zu entwickeln, und durch Unterricht in der Religion und in nützlichen Kenntnissen den Grund zu ihrer künftigen Wohlfahrt zu legen." (§ 139 ABGB idFv 1811)*

Damit wird einerseits deutlich, dass mit der Elternschaft klare Verpflichtungen und Erwartungen verknüpft sind. Andererseits wird sogleich die Verwobenheit von Elternschaft und Ehelichkeit deutlich, auf die ich in Kürze noch eingehen werde. Zunächst folgen Ausführungen zur rechtlichen Definition von Elternschaft, Eltern-Kind-Beziehung und damit verknüpften Rechten und Pflichten.

Unter dem Abschnitt „Allgemeine Rechte und Pflichten" bzw. „Allgemeine Grundsätze" stand bis 2009:

> *„(1) Die Eltern haben für die Erziehung ihrer minderjährigen Kinder zu sorgen und überhaupt ihr Wohl zu fördern. (2) Eltern und Kinder haben einander beizustehen, die Kinder ihren Eltern Achtung entgegenzubringen." (§ 137 ABGB aF)*

Seit der bedeutsamen Familienrechtsnovelle 2013 (KindNamRÄG 2013) hat sich dieser Paragraph leicht gewandelt und die Gegenseitigkeit der Eltern-Kind-Beziehung wurde deutlicher:

„(1) Eltern und Kinder haben einander beizustehen und mit Achtung zu begegnen. Die Rechte und Pflichten des Vaters und der Mutter sind, soweit nicht anderes bestimmt ist, gleich. (2) Eltern haben das Wohl ihrer minderjährigen Kinder zu fördern, ihnen Fürsorge, Geborgenheit und eine sorgfältige Erziehung zu gewähren. Die Anwendung jeglicher Gewalt und die Zufügung körperlichen oder seelischen Leides sind unzulässig. Soweit tunlich und möglich sollen die Eltern die Obsorge einvernehmlich wahrnehmen." (§ 137 ABGB)

Während die gesetzliche Verankerung der Beistandspflicht und gegenseitigen Achtung unverändert blieb, und auch die grundsätzliche Gleichheit von Mutter und Vater in Bezug auf Rechte und Pflichten normativ nicht verändert wurde, wurde die normative Aufgabenstellung von Eltern präzisiert. Neben Aufgaben der Erziehung, Förderung von Wohlergehen und Sorge sind nun Geborgenheit und Verbot von Anwendung jeglicher Gewalt gesetzlich verankert. Dies ist insofern bedeutsam, als bis zur Neuordnung des Kindschaftsrechts im Jahr 1977 Eltern befugt waren, „unsittliche, ungehorsame oder die häusliche Ordnung und Ruhe störende Kinder auf eine nicht übertriebene und ihrer Gesundheit unschädliche Art zu züchtigen" (§ 145 ABGB aF).

Mit diesem kurzen Abriss wird auch sogleich die normative Verbindung von Elternschaft und Familie, Elternschaft und Ehelichkeit sowie Elternschaft und Kindeswohl deutlich. Bevor ich aber auf diese Begriffe eingehe, sei noch die grundsätzliche rechtliche Differenzierung von Elternschaft in Mutter- und Vaterschaft bzw. die rechtliche Definition von Mutter und Vater expliziert.

Die rechtliche Definition der Mutter ist seit Einführung des ABGB unverändert (wenn auch die Nummer des Paragraphen sich geändert hat: §137, §143) festgeschrieben als „die Frau, die das Kind geboren hat." Auch wenn mit der steigenden Bedeutung der Fortpflanzungsmedizin Mutterschaft seit 2015 rechtlich ausführlicher geregelt ist, so ist Mutterschaft damit biologisch begründet. Dieser kurzen und an den biologischen Vorgang der Geburt geknüpften rechtlichen Definition von Mutterschaft steht eine komplexere Definition des Vaters gegenüber. In § 144 ABGB stand von 2013 bis 2023[29] unter Absatz 1 „Vater des Kindes ist der Mann, 1. der mit der Mutter im Zeitpunkt der Geburt des Kindes verheiratet ist oder als Ehemann der Mutter nicht früher als 300 Tage vor der Geburt des Kindes verstorben ist oder 2. der die Vaterschaft anerkannt hat oder 3. dessen Vaterschaft gerichtlich festgestellt ist." Und unter Absatz 2 steht weiter:

[29] Mit dem BGBl I Nr. 180/2023 vom 30.12.2023 kam es zu einer entscheidenden Änderung des Paragraphen, der seither auch eingetragene Partnerschaft und eine Frau oder andere Person als anderen Elternteil anerkennt.

„Würden nach Abs. 1 Z 1 mehrere Männer als Vater in Betracht kommen, so ist derjenige von ihnen Vater, der mit der Mutter zuletzt die Ehe geschlossen hat.“

Rechtlich ergibt sich für den Untersuchungszeitraum dieser Arbeit damit die Definition der Mutter über die Geburt des Kindes, jene des Vaters entweder über die biologische Verbindung mit dem Kind und/oder über die eheliche Verbindung mit der Mutter. Damit wird auch die nach wie vor bestehende Ehezentrierung von Familie und Elternschaft deutlich.

Pflege und Erziehung, gesetzliche Vertretung, Vermögensverhältnisse, Unterhalt – die Obsorge

Mit der rechtlichen Position von Eltern, Mutter und Vater geht ein Bündel von Rechten und Pflichten einher, da das österreichische Familienrecht auf dem Ansatz basiert, dass Eltern eine besondere Verantwortung gegenüber ihren minderjährigen Kindern haben (Hinteregger, 2024). Diese persönlichen Rechtsverhältnisse von Eltern umfassen Pflege und Erziehung, gesetzliche Vertretung und Verwaltung des Vermögens sowie Unterhalt. Der Begriff der Obsorge ist im österreichischen Rechtssystem gleichgesetzt mit Sorgerecht. Er wurde erst mit dem KindRÄG 1989 eingeführt und umfasst die bis zu diesem Zeitpunkt einzeln definierten und auch teilweise genderspezifisch zugeteilten Teilaspekte elterlicher Pflichten und Rechte.

Die Pflege umfasste bzw. umfasst nach wie vor die „Wahrnehmung des körperlichen Wohls und der Gesundheit sowie die unmittelbare Aufsicht“ des Kindes (§ 146 ABGB idFv 2001, seit 2013 § 160) sowie „die zur körperlichen, geistigen, seelischen und sittlichen Entwicklung der Minderjährigen notwendige Fürsorge“ (§ 2 JWG 1954). Die Erziehung ist weiterhin definiert mit der Pflicht für die „Entfaltung der körperlichen, geistigen, seelischen und sittlichen Kräfte“ Sorge zu tragen und „Anlagen, Fähigkeiten, Neigungen und Entwicklungsmöglichkeiten des Kindes“ zu fördern sowie für dessen Ausbildung zu sorgen. Teil der Pflege und Erziehung ist auch das Aufenthaltsbestimmungsrecht, das neben der Bestimmung des Wohnortes auch das Entscheidungsrecht darüber umfasst, wann, wo und wie lange sich ein Kind aufhalten darf. Der Bereich der Vermögensverwaltung umfasst die Pflicht, das Vermögen des Kindes zu erhalten bzw. nach Möglichkeit zu vermehren. Die Aufgabe der gesetzlichen Vertretung bedeutet, anstelle des Kindes oder zusätzlich zum Kind rechtserhebliche Erklärungen gegenüber Dritten abzugeben. Der Unterhalt entspricht der finanziellen Deckung der Bedürfnisse eines Kindes.

Der Mann und Vater war in der Ursprungsfassung des ABGB und bis in die 1970er Jahre das unbestrittene Oberhaupt der Familie und war Träger der väterlichen Gewalt: „Die Rechte, welche vorzüglich dem Vater als Haupt der Familie zustehen, machen die väterliche Gewalt aus.“ (§ 147 ABGB idFv1811 bis 1976). Der Vater entschied alleine über die Rechte des Kindes, vertrat es nach außen und war für den Unterhalt der Familie bzw. für das Kind verantwortlich. Die Mutter hingegen war bis 1976 hauptsächlich für die Pflege des Körpers und der Gesundheit eines Kindes verbunden (§ 141 ABGB idFv 1811, gültig bis 1976). Dabei wird auch deutlich, dass der gesetzgebende Staat mitbestimmt, wenn es um die Ausgestaltung des Verhältnisses von Erwerbsarbeit und Reproduktionsarbeit im gelebten Familienleben geht (Mansfeld, 2015). Ab 1977 wurde diese genderspezifische Zuständigkeit rechtlich aufgehoben und festgeschrieben, dass die „Rechte und Pflichten des Vaters und der Mutter [gleich] sind“ (§ 137 ABGB). Weiters sollten die Eltern ab dann „nach ihren Kräften anteilig“ zum Unterhalt beitragen (§ 140 ABGB idFv 1977), und die „Ehegatten sollen ihre eheliche Lebensgemeinschaft, besonders die Haushaltsführung und die Erwerbstätigkeit, unter Rücksichtnahme aufeinander und auf das Wohl der Kinder einvernehmlich gestalten“ (§ 91 ABGB idFv 1977 mit leichten Veränderungen bis heute gültig).

Obsorge und Familie und (Un-)Ehelichkeit

Die rechtliche Beziehung zwischen Eltern und Kindern ist grundsätzlich über formale Kriterien der Abstammung und/oder der Ehelichkeit gegründet und geregelt. Wie schon weiter oben aufgezeigt werden nach dem ABGB die „Familien-Verhältnisse“, zu denen auch die Beziehungen zwischen Eltern und ihren Kindern zählen, „durch den Ehevertrag gegründet“, der mit dem „Willen, in unzertrennlicher Gemeinschaft zu leben, Kinder zu zeugen [und] sie zu erziehen“ verknüpft ist (§ 44 ABGB seit 1811). Bis zu den umfassenden Reformen der 1970er Jahre bestand eine klare Ungleichheit zwischen ehelichen und unehelichen Eltern-Kind-Verhältnissen, die auch einen entscheidenden Einfluss auf die Sorgerechte hatten. So hatten uneheliche Kinder bis dahin nicht die gleichen Rechte wie eheliche Kinder (§ 155 ABGB idFv 1811) und sie waren „überhaupt von den Rechten der Familie und der Verwandtschaft ausgeschlossen“ (§ 165 ABGB idFv 1811). Bei ehelichen Kindern bestand für Eltern die rechtliche Verbindlichkeit, für das Leben und die Gesundheit ihrer Kinder gemeinsam zu sorgen sowie ihnen einen anständigen Unterhalt zu verschaffen (§ 119 ABGB idFv 1811). Bei unehelichen Kindern war nach der Geburt der Staat als gesetzlicher Vormund festgesetzt und nicht der „väterliche Erzeuger“, der allerdings für die Verpflegungskosten zu sorgen hatte. Die Mutter war zur Pflege des Körpers und der Gesundheit eines Kindes bestimmt. Dem Vater oblag allerdings die Kontrolle der mütterlichen Erziehung und das Recht, bei Gefährdung des Wohls des Kindes dieses von der Mutter zu trennen und zu sich zu nehmen oder anderswo unterzubringen (§

169 ABGB idFv 1811). Die Pflege und Erziehung der Mutter unterlag somit der Kontrolle einer männlichen Person – Vater oder Vormund.

1964 kam der Verfassungsgerichtshof basierend auf der juristischen Verbindung von Ehelichkeit und Familienverhältnissen zum Erkenntnis[30], dass zwischen ehelichen Vätern und Kindern familienrechtliche Bande bestehen, zwischen außerehelichen Kindern und Vätern diese Verbindung aber fehlt. In den späten 1970er Jahren wird diese enge Verknüpfung von Ehe und Familie und damit Verneinung von unehelichen Vater-Kind-Beziehungen als familiale Beziehung auf Grund gesellschaftlicher Entwicklungen und durch die Rechtsprechung am Europäischen Gerichtshof für Menschenrechte aufgehoben. Familie wurde nun verstanden als die Gesamtheit der Eltern-Kind-Beziehung, die elterliche Erziehungsverantwortung und Schutzpflicht umfasst.

Trotz der schon weiter oben angesprochenen zahlreichen Reformen vor allem in den 1970er Jahren bezüglich der Unehelichkeit besteht nach wie vor eine Ehezentrierung des österreichischen Gesetzes mit entscheidender Wirkung auf die Sorgerechtsregelung und die Rechtsposition des unehelichen Vaters. So haben seit 1970 uneheliche Kinder die gleichen Rechte wie eheliche Kinder und sind seit 1914 nicht mehr vom Recht der Familie und Verwandtschaft ausgeschlossen. Sie haben auch den gleichen Anspruch auf Unterhalt, Versorgung sowie Pflege und Erziehung wie ein eheliches Kind. Dieser Anspruch besteht an Mutter und Vater.

Mit der Gesetzesreform der Neuordnung des unehelichen Kindes aus dem Jahr 1970 hatte die Mutter nun nicht mehr nur das Recht auf Pflege und Erziehung des Kindes inne, ihr wurde ab diesem Zeitpunkt auch das *Recht* auf Bestellung zum Vormund für das Kind eingeräumt. Bis dahin *konnte* die Mutter entsprechend des Jugendwohlfahrtsgesetzes von 1954 zum Vormund bestellt werden. Ab der Neuordnung des Kindschaftsrechts 1977 war die Aufteilung der Rechte und Pflichten nicht mehr möglich – ein unehelicher Elternteil musste die gesamten Teilaspekte ausüben und auch bei aufrechter Ehe hatten nun beide Eltern die gleichen Rechte und Pflichten gegenüber ihrem Kind. Die Bestimmung des Mannes als Haupt der Familie sowie die genderspezifischen Zuständigkeiten für das Kind wurden mit dieser Neuordnung des ABGB aufgehoben. Damit wurde die bis dahin gesetzlich verankerte Machtposition des ehelichen Mannes und Vaters aus dem Gesetz beseitigt.

Mit dem KindRÄG 1989 wurde der Rechtsbegriff Obsorge eingeführt, der alle Teilaspekte der Rechte und Pflichten umfasst und die Mutter eines unehelichen Kindes per Geburt mit der gesamten Obsorge alleine betraut. Die gesetzliche

[30] Erkenntnis vom 19.3.1964, B 106/63, VfSlg 4678.

Vormundschaft für ein uneheliches Kind wurde damit praktisch beendet. Der uneheliche Vater hatte ein Äußerungsrecht und Recht auf persönlichen Verkehr mit dem Kind. Bis heute ist die Regelung der elterlichen Obsorge nach der Ehelichkeit orientiert. So gilt nach wie vor: „(1) Beide Elternteile sind mit der Obsorge betraut, wenn sie zum Zeitpunkt der Geburt des Kindes miteinander verheiratet sind. Gleiches gilt ab dem Zeitpunkt der Eheschließung, wenn sie einander nach der Geburt des Kindes heiraten. (2) Sind die Eltern zum Zeitpunkt der Geburt des Kindes nicht miteinander verheiratet, so ist allein die Mutter mit der Obsorge betraut" (§ 177 ABGB). Nicht verheiratete Eltern können allerdings seit 1989 die Obsorge beider Elternteile, auch gemeinsame Obsorge genannt, beantragen. Gehen sie diesen aktiven Schritt allerdings nicht, so kommen dem Vater eines unehelichen Kindes im Falle einer Trennung keinerlei Rechte zu. D. h. ein Vater muss aktiv Vater mit umfassenden Rechten werden, eine Mutter ist dies von Geburt des unehelichen Kindes an.

Seit 2001 können die Eltern bei Gericht und seit 2013 beim Standesamt nach einer rechtlichen Belehrung, auch wenn sie nicht in einer häuslichen Gemeinschaft leben, die gemeinsame Obsorge vereinbaren. Die Eltern müssen jedoch festlegen, bei welchem Elternteil der hauptsächliche Aufenthalt des Kindes ist. Ab 2013 ist dementsprechend keine pflegschaftsgerichtliche Genehmigung der gemeinsamen Obsorge für uneheliche Kinder und Kinder von Eltern, die nicht in häuslicher Gemeinschaft leben, notwendig (Haunschmidt & Schwarz, 2013).

Ein Erkenntnis des Verfassungsgerichtshofs (VfGH) aus dem Jahr 2012, der eine Benachteiligung eines Vaters eines unehelichen Kindes ausmachte, führte dazu, dass Väter unehelicher Kinder ab 2013 auch ohne die Zustimmung der Mutter eine gerichtliche Prüfung der Obsorge beantragen und die Obsorge erlangen können, wenn dies im Interesse des Kindeswohl liegt (Jelinek, 2013a). Die Regelung der Obsorge obliegt dann dem Gericht. Bis dahin war die Beantragung einer solchen gerichtlichen Prüfung nur bei einer Gefährdung des Kindeswohls möglich.

Obsorge und Elternschaft nach Trennung oder Scheidung

Die rechtliche Regelung der Obsorge nach der Auflösung einer Lebensgemeinschaft, also Trennung, und einer Scheidung hat sich im Untersuchungszeitraum grundlegend verändert. Dauerhaft ist einzig, dass das Pflegschaftsgericht eingeschalten werden muss, wenn die Eltern keine einvernehmliche Einigung in wichtigen Angelegenheiten das Kind und die Obsorge betreffend finden können. Während allerdings bis 1914 eindeutig festgelegt war, dass in einem solchen Fall „das Gericht, ohne Gestattung eines Rechtsstreites, dafür zu sorgen [hat], daß die Kinder des männlichen Geschlechtes bis zum zurück gelegten vierten; die des weiblichen bis zum zurück gelegten siebenten Jahre von der Mutter gepfleget und erzogen werden; wenn nicht erhebliche, vorzüglich aus der Ursache der Scheidung oder Trennung hervor leuchtende Gründe eine andere Anordnung fordern. Die Kosten der Erziehung müssen von dem Vater getragen werden“ (§142 ABGB idFv 1811); so legte eine Teilnovelle im Jahr 1914 fest, dass das Gericht frei über die Zuteilung von Rechten und Pflichten entscheiden konnte, wodurch die Rechte der Mutter gestärkt wurden.

Ab 1977 konnten Eltern im Falle einer einvernehmlichen Lösung bei einer Scheidung oder Trennung dem Gericht die Vereinbarung über die alleinige Obsorge unterbreiten. Das Gericht hatte die Vereinbarung nach einer vorherigen Prüfung dieser Vereinbarung im Hinblick auf das Wohl des Kindes zu genehmigen (§ 177 ABGB idFv 1977). Im Falle einer Feststellung des Gerichts, dass diese Vereinbarung nicht dem Wohl des Kindes entspricht, oder einer Uneinigkeit der Eltern und auf Antrag eines Elternteils, muss das Gericht entscheiden, welchem Elternteil die Rechte und Pflichten in Zukunft alleine zuteilwerden sollen. In diesem Falle wurde auch festgelegt, dass das Gericht „vor dieser Entscheidung das mindestens zehnjährige Kind und erforderlichenfalls die Bezirksverwaltungsbehörde zu hören [hat]“ (§ 177 ABGB idFv 1977). An dieser Stelle sei auf den hier erstmals angedeuteten Kindeswillen sowie auf die Erwähnung einer weiteren institutionellen Instanz – der Bezirksverwaltungsbehörde ergo dem Jugendamt – im Rahmen einer pflegschaftsrechtlichen Angelegenheit verwiesen, auf die ich in Kürze noch eingehen werde.

Mit dem KindRÄG1989 wurde es grundsätzlich für Eltern möglich, nach einer Scheidung die Obsorge beider Elternteile zu beantragen, allerdings nur unter Erwartung eines Fortbestandes einer dauernden häuslichen Gemeinschaft der Eltern und wenn keine schwerwiegenden Auffassungsunterschiede der Eltern vom Gericht festgestellt werden konnten. Diese Änderung zugunsten geschiedener Eltern dürfte allerdings eine eher unbedeutende Rolle gespielt haben, da diese Voraussetzungen nach einer Scheidung eher selten vorzufinden waren (Filler, 1989).

Bis zum Kindschaftsrechts-Änderungsgesetz 2001 musste bei einer Scheidung oder Trennung zwingend festgelegt werden, welchem der beiden Eltern die alleinige Obsorge zusteht. In der Rechtsprechung wurde die Obsorge für Kleinkinder und Töchter meist den Müttern, die für über 14-jährige Söhne zumeist den Vätern zugesprochen (Deixler-Hübner, 2003; Mottl, 2002). Seit 2001 bleibt die gemeinsame Obsorge nach einer Scheidung aufrecht. Die Eltern mussten sich allerdings darauf einigen, bei wem das Kind sich hauptsächlich aufhält (§ 177 ABGB idFv 2001, seit 2013 § 179 ABGB). Das Pflegschaftsgericht musste dann einschreiten, wenn Eltern keine einvernehmliche Einigung fanden. Das Gericht sollte dann eine

Entscheidung im Sinne des Kindeswohls treffen (Haunschmidt & Schwarz, 2013), ein Maßstab, dessen rechtliche Definition ich in weiterer Folge noch skizzieren werde.

Die Einführung des KindNamRÄG 2013 ist eine in der rechtlichen Literatur intensiv diskutierte Reform (bspw. Barth, Deixler-Hübner, & Jelinek, 2013; Deixler-Hübner, Fucik, & Huber, 2014; Gitschthaler, 2013). Eines der Ziele war die Vormachtstellung der Mutter in strittigen Obsorge- und Kontaktrechtsangelegenheiten zu entschärfen sowie unter dem Aspekt des Kindeswohls die Bedeutung beider Eltern für das Kind sowie die Vater-Kind-Beziehung zu stärken (Kathrein, 2013). Mit der Neuregelung der Obsorge 2013 wurde der Satz „Mit der Obsorge für das uneheliche Kind ist die Mutter allein betraut" in § 166 des ABGB aus dem Jahr 2001 gestrichen. Ein Erkenntnis des VfGH aus dem Jahr 2012[31] bezüglich der Benachteiligung eines unehelichen Vaters bei der Obsorgeregelung führte dazu, dass Väter unehelicher Kinder auch ohne die Zustimmung der Mutter eine gerichtliche Prüfung der Obsorge beantragen und die Obsorge erlangen können, wenn dies im Interesse des Kindeswohles liegt (Jelinek, 2013a). Im Obsorge-Streitfall wurde außerdem mit dem Beibehalten der bisherigen Obsorgeregelung für sechs Monate die „Phase der vorläufigen elterlichen Verantwortung" eingeführt, nach der das Gericht eine endgültige Entscheidung über die Frage der Obsorge treffen musste.

An dieser Stelle sei zusammenfassend verdeutlicht, dass sich im österreichischen Recht im Lauf der Zeit im Grunde drei Sorgerechtsformen finden: (1) die gleichsam geteilte Obsorge, im Sinne der Aufteilung der Rechte und Pflichten auf Vater und Mutter, die allerdings rechtlich überholt ist, (2) die alleinige Obsorge eines Elternteils, dem (fast) alle Teilaspekte der Rechte und Pflichten alleine zugeteilt sind und (3) die Obsorge beider Elternteile, gleichbedeutend mit dem im allgemeinen Sprachgebrauch geläufigeren Begriff der gemeinsamen Obsorge. Bei der alleinigen Obsorge liegt der Lebensmittelpunkt eines Kindes bei dem obsorgeberechtigten Elternteil. Dieser hat auch die alleinige und zentrale Entscheidungskompetenz im Sinne des Sorgerechts. Diese wird bei der Obsorge beider Elternteile beiden Eltern zugesprochen. Wie diese sogenannte gemeinsame Obsorge im Hinblick auf Kontakt zwischen den Elternteilen und dem Kind oder den Lebensmittelpunkt ausgestaltet ist, kann beträchtlich variieren (Hierzer, 2019). Die Einführung der gemeinsamen Obsorge als Regelfall nach einer Trennung oder Scheidung ist am Kindeswohl ausgerichtet, indem diese Form der Obsorge als Recht des Kindes auf beide Eltern verstanden wird. Dadurch

[31] VfGH 28.6.2012, G 114/11, Rz 7., Rz 58, Rz 62 und Rz 64.

wird allerdings auch die „rechtliche und soziale Privilegierung der Mutter-Kind-Zuordnung“ (Stein-Hilbers, 1999, p. 281) in Frage gestellt und die Bedeutung des Vaters für das Kind aufgewertet.

Entziehung oder Einschränkung der Obsorge

Jegliche Form der Obsorge kann jedenfalls unter bestimmten und rechtlich definierten Bedingungen eingeschränkt oder gänzlich entzogen werden. D. h. nicht nur bei Uneinigkeit der leiblichen Eltern des Kindes etwa im Falle einer Scheidung oder Trennung, sondern auch wenn vom Kinder- und Jugendwohlfahrtsträger (KJWT) eine „Maßnahme“ in Form einer Kindesabnahme gesetzt wird, muss ein Gericht tätig werden und die Obsorge regeln. Dieses Eingreifen in die Obsorgeberechtigung ist eng verwoben mit dem Wohl des Kindes. Schon in der Ursprungsfassung des ABGB war ein solches Eingreifen vorgesehen, allerdings als Pflicht des Vaters, wenn „das Wohl des Kindes durch die mütterliche Erziehung Gefahr [läuft], so ist der Vater verbunden, das Kind von der Mutter zu trennen, und solches zu sich zu nehmen, oder anderswo sicher und anständig unterzubringen.“ (§ 169 ABGB idFv 1811).

Dieses Recht des Vaters, das einer patriarchalen Kontrolle der mütterlichen Erziehungspflichten gleichkommt, wurde ab den 1970er-Jahren mit den schon genannten Familienrechtsnovellen in ein allgemeines Recht der Anrufung des Gerichts zwecks „Sicherung des Wohles eines Kindes“ (§ 176 ABGB idFv 1977) bei einer (vermuteten) Gefährdung dieses Wohles durch elterliches Verhalten abgelöst. Besteht eine Gefährdung des Kindeswohls, so kann das Pflegschaftsgericht ab dieser Zeit dem/der oder den Obsorgeberechtigten die Obsorge vollständig oder teilweise entziehen. Bei Gefahr in Verzug kann nun der KJWT als gesetzliche Vertretung eines Kindes auch einen Antrag auf Einschränkung oder Entziehung der Obsorge stellen. Die Entziehung oder Einschränkung der Obsorge ist eine „äußerste Notmaßnahme“, die eine „Interessensabwägung zwischen den elterlichen Rechten und dem Kindeswohl voraus[setzt]“ (Dopffel, 1994, p. 30). Kinder sollen dabei tunlichst vor Gericht angehört werden, dazu aber noch im Detail beim Abschnitt Kindeswille.

Mit dem KindNamRÄG 2013 wurde die Stärkung des Kontaktrechts deutlich, welches die „optionale Handlungsmacht des Gerichts“ in eine „obligatorische Intervention des Gerichts“ (BMJ, 2013c) änderte. Das Gericht ist seit dieser Neuregelung nun dazu aufgerufen, die Obsorge und das Kontaktrecht entlang der Maßgabe des Kindeswohls zu gewähren oder zu entziehen. Eine Intervention, die insbesondere im Falle einer Scheidung oder Trennung erforderlich sein kann (siehe § 180 ABGB idFv 2013). Die Gefährdung des Kindeswohls wurde mit dem Bundes-Kinder- und Jugendhilfegesetz 2013 (B-KJHG) definiert, wenn Kinder oder Jugendliche „misshandelt, gequält, vernachlässigt oder sexuell missbraucht werden oder worden sind oder ihr Wohl in anderer Weise erheblich gefährdet ist" (§ 37 Absatz 1 B-KJHG)

Das Kind und das Kindeswohl

Der schon mehrmals angesprochene Begriff Kindeswohl bzw. Wohl des Kindes ist trotz aller juristischer Schärfungen in den vergangenen Jahrzehnten ein „wertausfüllungsbedürftiger Rechtsbegriff" (Balloff, 2014, p. 89). Auf diesen Begriff und seine rechtlichen Veränderungen gehe ich nun überblicksartig ein. Wie schon in den vorangehenden Unterkapiteln veranschaulicht, ist das Kindeswohl eng verknüpft mit der Beurteilung des elterlichen Verhaltens. Dies ist rechtlich nicht neu, denn schon in der Ursprungsfassung des ABGB von 1811 war der Vater rechtlich dazu verbunden einzuschreiten, wenn das „Wohl des Kindes durch die mütterliche Erziehung" (§ 169 ABGB idFv 1811) gefährdet war. Allerdings wurde das Kindeswohl erst durch die großen Reformen der 1970er-Jahre zum Leitgedanken des Familien- und Kindschaftsrechts, wenn es um elterliche Rechte und Pflichten ging.

Die Neuordnung der Rechtsstellung des unehelichen Kindes 1970, des Unterhaltsvorschussgesetzes 1976[32] und des Kindschaftsrechts 1977 verdeutlichen den rechtlichen Paradigmenwechsel von der Objektposition zur Subjektposition des Kindes (Stein-Hilbers, 1993). Seit 1977 haben Eltern „für die Erziehung ihrer minderjährigen Kinder zu sorgen und überhaupt ihr Wohl zu fördern. Eltern und Kinder haben einander beizustehen, die Kinder ihren Eltern Achtung entgegenzubringen. (§ 137 ABGB idFv 1977). Das Kindeswohl wird subjektiv mit dem Kind verknüpft: „Bei Beurteilung des Kindeswohls sind die Persönlichkeit des Kindes und seine Bedürfnisse, besonders seine Anlagen, Fähigkeiten, Neigungen und Entwicklungsmöglichkeiten, sowie die Lebensverhältnisse der Eltern entsprechend zu berücksichtigen" (§ 178 a ABGB idFv 1977). Eine Eingriffsermächtigung in die Familienautonomie und Einschränkung oder Entziehung der Obsorge wurde, wie weiter oben schon angemerkt, bei Gefährdung des Kindeswohls möglich. Damit wurde die Stellung des Kindes und die Bedeutung des Kindeswohls in Familienrechtsverfahren schon in den 1970er-Jahren weitreichend gestärkt bzw. betont.

Am Ende des 21. Jahrhunderts erscheint bei jeglicher pflegschaftsgerichtlichen Maßnahme das Kindeswohl als maßgebliches Kriterium (Klaar, 1999). Die Einführung des Kinderbeistands 2009 sowie die tunlichst vorzunehmende Anhörung

[32] BGBl 250/1976.

von Minderjährigen in Verfahren über Pflege und Erziehung oder die Festschreibung des Rechts eines Kindes auf persönlichen Kontakt mit beiden Elternteilen stärkten die Orientierung am Kindeswohl weiter (Zartler & Wilk, 2010).

Aus juristischer Sicht führten Präzedenzfälle um 2010[33], die am EGMR verhandelt wurden, zu weiteren Reformen. Der Ansatz dieser Reformen war, die Zuteilung der Obsorge vom Willen der Eltern zu lösen und am Wohl des Kindes zu orientieren (Jelinek, 2013a). Konkret wurde eine Zuteilung der alleinigen Obsorge an einen Elternteil nach einer Scheidung im Jahr 2012 nach europäischem Recht als ein Eingriff in das Recht auf Familienleben (Art 8 EMRK) beurteilt, da ein Entzug der Obsorge nur zulässig ist, wenn das Wohl des Kindes gefährdet ist. Damit wurde auch die weitere Differenzierung zwischen Scheitern einer Paarbeziehung und Fortbestand der Eltern-Kind-Beziehung also der gemeinsamen Verantwortung beider Eltern, betont. Nicht der Wille der Mutter oder des Vaters, sondern das Kindeswohl sollte in Obsorgefragen maßgebend sein (Jelinek, 2013a).

Mit dem KindNamRÄG 2013 wurde das Kindeswohl sehr viel ausführlicher – nämlich ausdifferenziert in 12 Punkten – definiert. Seit dieser Reform gibt es juristisch ein einheitliches Bild darüber, was ein Kind braucht und was für sein Wohl gut ist (Doppel, 2013). Das Kindeswohl ist rechtlich gesehen nun ein inhaltlich befülltes und ganzheitlich konstruiertes Konzept, in dem sich der Austausch und die Verbindung von rechtlichen und psychotherapeutischen Diskursen abbildet. Viele unterschiedliche Bereiche der Eltern-Kind-Beziehung werden in der rechtlichen Definition von Kindeswohl angesprochen (Krucsay, 2017):

> *„In allen das minderjährige Kind betreffenden Angelegenheiten, insbesondere der Obsorge und der persönlichen Kontakte, ist das Wohl des Kindes (Kindeswohl) als leitender Gesichtspunkt zu berücksichtigen und bestmöglich zu gewährleisten. Wichtige Kriterien bei der Beurteilung des Kindeswohls sind insbesondere*
>
> *1. eine angemessene Versorgung, insbesondere mit Nahrung, medizinischer und sanitärer Betreuung und Wohnraum, sowie eine sorgfältige Erziehung des Kindes;*
>
> *2. die Fürsorge, Geborgenheit und der Schutz der körperlichen und seelischen Integrität des Kindes;*
>
> *3. die Wertschätzung und Akzeptanz des Kindes durch die Eltern;*

---

[33] Siehe etwa: Europäischer Gerichtshof für Menschenrechte, Kammer I, Beschwerdesache Sporer gegen Österreich, Urteil vom 3.2.2011, Bsw. 35637/03.Art. 6 Abs. 1, 8, 14 EMRK – Diskriminierung unverheirateter Väter beim Sorgerecht. Oder: 03/12/09 Rechtssache Z. gegen DEUTSCHLAND (Individualbeschwerde Nr. 22028/04).

4. die Förderung der Anlagen, Fähigkeiten, Neigungen und Entwicklungsmöglichkeiten des Kindes;

5. die Berücksichtigung der Meinung des Kindes in Abhängigkeit von dessen Verständnis und der Fähigkeit zur Meinungsbildung;

6. die Vermeidung der Beeinträchtigung, die das Kind durch die Um- und Durchsetzung einer Maßnahme gegen seinen Willen erleiden könnte;

7. die Vermeidung der Gefahr für das Kind, Übergriffe oder Gewalt selbst zu erleiden oder an wichtigen Bezugspersonen mitzuerleben;

8. die Vermeidung der Gefahr für das Kind, rechtswidrig verbracht oder zurückgehalten zu werden oder sonst zu Schaden zu kommen;

9. verlässliche Kontakte des Kindes zu beiden Elternteilen und wichtigen Bezugspersonen sowie sichere Bindungen des Kindes zu diesen Personen;

10. die Vermeidung von Loyalitätskonflikten und Schuldgefühlen des Kindes;

11. die Wahrung der Rechte, Ansprüche und Interessen des Kindes sowie

12. die Lebensverhältnisse des Kindes, seiner Eltern und seiner sonstigen Umgebung" (§ 138 ABGB idFv 2013, aktuell gültig)

Der Begriff des Kindeswohls, der bis dahin rechtlich ein vager Begriff war, wurde so mit konkreten Dimensionen befüllt und erhielt inhaltliche Substanz, indem er nach biologischen, sozialen, mentalen, psychischen und rechtlichen Gesichtspunkten viel detaillierter als bisher ausformuliert wurde. Im Fachdiskurs wird jedoch festgehalten, dass trotz dieser Ausdifferenzierungen ein gewisser Interpretationsspielraum bleibt (bspw. Görgen, Söhner, & Fangerau, 2018; Jelinek, 2013b; Müller, 2017). Die einzelnen im Gesetz genannten Bereiche müssen kombiniert, gewichtet, aufeinander bezogen, abgewogen, bewertet werden. Als solches wird das Kindeswohl einerseits diskutiert als „individuelle Größe" (Müller, 2017, p. 33), die in Gerichtsverfahren vermehrt im Entscheidungsspielraum von Richter*innen liegt. Andererseits wird das Kindeswohl als „interdisziplinäres Grenzobjekt" (Görgen et al., 2018, p. 41) thematisiert, das diskursive Berührungspunkte mit verschiedenen Spezialdiskursen zu diesem Thema hat. Dadurch wird auch das Hinzuziehen von einschlägigen Expert*innen aus dem psychotherapeutischen und sozialarbeiterischen Bereich notwendig, damit eine Gefährdung oder Gewährleistung des Kindeswohls fallspezifisch beurteilt werden kann (Jelinek, 2013b). Als „kollektives Orientierungsmuster" (Görgen et al., 2018, p. 41) ist das Kindeswohl ab 2013 rechtlich somit zwar detaillierter ausformuliert und legt genauer fest, welcher soziale Umgang mit Kindern als recht oder unrecht bewertet wird, es bleibt jedoch eine kulturell bedeutsame Erzählung, „die sich einerseits in etablierte Narrative einschreibt und andererseits den Ausgangspunkt dafür bietet, weitere Erzählbögen zu spannen“ (Krucsay, 2017, p. 128). Bei Gericht wird somit auch die Frage verhandelt, welcher Elternteil die Lebens- und Entwicklungsbedingungen für das Kind im Sinne des Kindeswohls besser umsetzen kann. Damit ist der Begriff des Kindeswohls untrennbar mit dem Konzept der Erziehungsfähigkeit verknüpft (Doppel, 2013) und so auch mit Erwartungen an eine Eltern-Kind-Beziehung, die eine Mutter bzw. ein Vater vor Gericht für das Kind erfüllen müssen.

Kindeswille

Der Wandel der rechtlichen Perspektive auf das Kind von einer Objekt- zur Subjektposition (Stein-Hilbers, 1993) zeigt sich auch in der Anerkennung des Kindeswillens im Recht. In der Ursprungfassung des ABGB waren Kinder ihren Eltern noch „Ehrfurcht und Gehorsam schuldig“ und Eltern hatten das Recht „die Handlungen ihrer Kinder zu leiten“ (beides § 144 ABGB idFv 1811). Das Gericht hatte die Aufgabe, Entscheidungen über Kinder zu fällen – dabei war von Wünschen und Willen der Kinder keine Rede.

Erst mit der Neuordnung des Kindschaftsrechts 1977 im Falle einer Scheidung oder Trennung musste das Gericht vor einer Entscheidung bezüglich der Obsorge „das mindestens zehnjährige Kind“ anhören (§ 177 ABGB idFv 1977). Mit den Reformen von 1989 kam es zu einer rechtlichen Verankerung der „Berücksichtigung der Meinung des Kindes“, auch unter Zuhilfenahme des KJWT als Befragende. Von einer Befragung eines Kindes sollte nur abgesehen werden, wenn durch diese das Kindeswohl gefährdet wäre oder wegen des Alters oder der Entwicklung des Kindes eine Meinungsäußerung nicht zu erwarten wäre (§ 178b ABGB idFv 1989). Kinder ab 10 Jahren müssen somit seit etlichen Jahrzehnten bei Gericht zum Thema Kontaktrecht oder Obsorge persönlich angehört werden. Neben dieser rechtlichen Vorgabe der Anhörung eines Kindes besteht gleichzeitig allerdings die rechtliche Situation der nicht unbedingten Anerkennung der Urteilsfähigkeit eines Kindes über sein eigenes Wohl. Vielmehr gilt die Stellungnahme eines nicht mündigen Kindes, d. h. Kinder unter 14 Jahren, im Regelfall als nicht ausschlaggebend. In der Rechtsprechung besteht die Auffassung, dass es Kindern grundsätzlich an der notwendigen Einsicht für sachgerechte Entscheidungen fehlt, etwa welche Form der Kontaktrechtsregelung ihrem Wohl entspricht (Dopffel, 1994). Mit anderen Worten – rechtlich hat Kindeswohl Vorrang vor Kindeswillen.

Bis 1973 war die Volljährigkeit mit dem vollendeten 21. Lebensjahr erreicht, ab diesem Jahr mit dem 19. Lebensjahr. Seit 2001 ist der Begriff Minderjährige im ABGB genauer ausdifferenziert und damit auch deren unterschiedliche Parteistellungen in Familienrechtsverfahren. Alle Personen, die das 18. Lebensjahr noch nicht erreicht haben, sind rechtlich definiert als Minderjährige; unmündige Minderjährige haben das 14. Lebensjahr noch nicht vollendet; Kinder ab 14 Jahren sind mündige Minderjährige (§ 21 ABGB idFv 2001). Letztere können in Fragen der Pflege und Erziehung und des persönlichen Kontaktes selbstständig vor Gericht handeln und sind damit Parteien in pflegschaftsgerichtlichen Verfahren. Sie können selbst entscheiden, bei welchem Elternteil sie leben möchten. Solche mündigen Minderjährigen können zu persönlichen Kontakten mit nicht im gemeinsamen Haushalt lebenden Elternteilen nicht mehr gezwungen werden. (§ 182a ABGB idFv 2001).

Mit der Reform von 2001 wurde auch die Gruppe der Alternativen zur Befragung von Minderjährigen jenseits des Gerichts um Einrichtungen der Jugendgerichtshilfe oder andere geeignete Personen, wie Sachverständige, erweitert, etwa wenn „eine Äußerung der ernsthaften und unbeeinflussten Meinung des Minderjährigen nicht zu erwarten ist" (§ 182b ABGB idFv 2001). Mit dieser Regelung wird auch zugleich das rechtliche Bewusstsein für die Beeinflussung des Kindeswillens deutlich. Auf die Bedachtnahme dieses Willens in den Angelegenheiten der Pflege und Erziehung sollen die Eltern laut Gesetz auch Bedacht nehmen, soweit dieser nicht dem Kindeswohl und den elterlichen Lebensverhältnissen entgegensteht (§ 146 ABGB idFv 2001).

In der Verbindung mit der rechtlichen Ausdifferenzierung des Kindeswohls ist seit 2013 festgehalten, dass Eltern vermeiden sollen dieses Wohl mit der Umsetzung von bestimmten Maßnahmen gegen den Willen des Kindes zu beeinträchtigen (vgl. § 138 ABGB idFv 2013). Dies gilt auch im Hinblick auf Kontaktwünsche eines Kindes zu einem Elternteil nach einer Trennung oder Scheidung. Auch mit dieser rechtlichen Regelung ist die Verbindung von Kindeswohl und Kindeswille sowie die Berücksichtigung der Verbindung von Kindeswille und elterlicher Beeinflussung in der Gesetzgebung verankert.

Jugendwohlfahrt

Neben den Richter*innen sind Personen der Jugendwohlfahrtspflege seit der Implementierung des Jugendwohlfahrtsgesetzes von 1954 mit der Aufgabe der Jugendwohlfahrtspflege betraut. Sie haben unter anderem die Aufgabe, Mütter von Säuglingen und Kleinkindern zu befürsorgen und zu beraten sowie notwendige Fürsorge für die körperliche, geistige, seelische und sittliche Entwicklung von Minderjährigen zu bieten. Seit 1989 ist die Aufgabe der Jugendwohlfahrt unter anderem, Familien „bei der Erfüllung ihrer Aufgaben in der Pflege und Erziehung Minderjähriger zu beraten und zu unterstützen" und einzuschreiten, wenn Erziehungsberechtigte „das Wohl des Minderjährigen nicht gewährleisten" (§ 2 JWG idFv 1989). Die Jugendwohlfahrt ist auch, wenn die Umstände es gebieten, der gesetzliche Vertreter eines im Inland geborenen Kindes, insbesondere für Unterhaltsansprüche des Kindes, in Fragen der Vaterschaftsfeststellung und allgemein als Hilfe für das Kind, seine Rechte wahrzunehmen (§ 212 JWG idFv 1989). Damit ist die Jugendwohlfahrt auch befugt, zur Wahrung des Kindeswohls und bei Gefahr im Verzug gerichtliche Verfügungen im Bereich der Obsorge zu beantragen, d. h. als rechtliche Vertretung des Kindes (vorläufig) notwendige Maßnahmen der Pflege und Erziehung zu übernehmen. Er muss auch in Fragen zur Obsorge gehört werden und bei einer Befragung eines Kindes mitwirken oder diese selbst vornehmen (§ 215 JWG idFv 1989). Seit 2001 ist die verpflichtende Anhörung im Falle einer gerichtlichen Genehmigung der Vereinbarung von Eltern bezüglich Obsorge und Kontakt nur mehr im Falle besonderer Umstände vorgesehen.

Soziale Elternschaft, Großeltern und Pflege durch Dritte

Das Gesetz sieht auch vor, welche Personen jenseits der leiblichen oder ehelichen Eltern mit der Pflege oder der gesamten Obsorge Minderjähriger betraut sein bzw. werden können. Großeltern wurden mit der Implementierung des ABGB 1811 nach dem Vater und der Mutter und für den Fall, dass diese „nicht mehr vorhanden" oder mittellos sind, als zuständig für die Sorge des Unterhalts und der Erziehung eines Kindes festgelegt; zunächst die väterlichen und dann die mütterlichen Großeltern (§ 143 ABGB idFv 1811). Bei unehelichen Kindern war die Reihenfolge für die Sorge allerdings umgekehrt, d. h. hier waren zuerst die mütterlichen und dann erst die väterlichen Großeltern vorgesehen.

Mit dem JWG 1954 wurde festgelegt, dass die „Pflege ehelicher Minderjähriger durch Verwandte oder Verschwägerte je bis zum dritten Grad oder unehelicher Minderjähriger durch die Mutter, die mütterlichen Großeltern oder den Vater sowie die Pflege Minderjähriger durch die Wahleltern oder durch den Vormund [...] nicht als fremde Pflege anzusehen [ist]" (§ 5 JWG idFv 1954) und dementsprechend auch nicht vom KJWT genehmigt werden muss. Dementsprechend war es rechtlich auch anerkannt, wenn eine Mutter oder ein Vater die Pflege des Kindes nicht selbst übernahmen, sondern das Kind etwa in die Pflege von Großeltern, Tanten oder andere Personen im Sinne von Wahleltern übergaben. Großeltern, Tanten und andere Verwandte waren und sind dementsprechend rechtliche anerkannte Pflegepersonen.

Das Recht auf persönlichen Umgang zwischen Großeltern und ihren Enkeln ist im ABGB seit 1970 ebenfalls gesetzlich verankert. Es darf nur eingeschränkt oder untersagt werden, wenn das Familienleben der Eltern oder deren Beziehung zu dem Kind dadurch gestört würde. Das persönliche Kontaktrecht von Minderjährigen zu Dritten kann auf Antrag des Kindes, der Eltern oder der Dritten auch zugestanden werden, wenn es dem Kindeswohl dient. Großeltern haben in Bezug auf die Obsorge eine besondere Position, da ihnen im Falle des Todes oder des unbekannten Aufenthaltes eines obsorgeberechtigten Elternteils unter Beachtung des Kindeswohls die Obsorge ganz oder teilweise zugesprochen werden kann, auch bei Vorhandensein eines anderen Elternteils (§ 145 ABGB idFv 1989).

2009 wurde der Paragraph zu den Allgemeinen Rechten und Pflichten von Eltern und Kindern um einen entscheidenden Absatz ergänzt und damit soziale Elternschaft erstmals rechtlich positioniert: „(4) Eine mit einem Elternteil und dessen minderjährigem Kind nicht nur vorübergehend im gemeinsamen Haushalt lebende volljährige Person, die in einem familiären Verhältnis zum Elternteil steht, hat alles den Umständen nach Zumutbare zu tun, um das Kindeswohl zu schützen." (§ 137 ABGB idFv 2009). Ebenfalls 2009 wurde die Beistandspflicht von Ehegatten für nicht leibliche Kinder gesetzlich festgelegt und deren Vetretungsbefugnis des obsorgeberechtigten Elternteils in Obsorgeangelegenheiten des täglichen Lebens geregelt (§ 90 ABGB idFv 2009). Seit 2013 ist diese Regelung auch den im oben zitierten § 137 genannten Personen zuerkannt. Mit dieser Novelle wurden die Rechte der unehelichen Lebensgefährten, die nicht leibliche Elternteile sind, gestärkt (Pölzlbauer, 2013), sowie die bis dahin bestehende Ehezentrierung aufgehoben. Diese Regelung bedeutet allerdings auch, dass eheliche wie uneheliche Stiefelternteile, die mit einem leiblichen obsorgeberechtigten Elternteil im Haushalt leben bzw. verheiratet sind, nicht nur eine Schutzpflicht für das Kind haben, sondern teilweise sogar mehr Rechte als ein leiblicher, nicht obsorgeberechtigter Elternteil (Barth-Richtarz, 2007).

Alles, was Recht ist – eine kurze Zusammenfassung und Überleitung

Zusammenfassend ist festzuhalten, dass das österreichische Familien- und Kindschaftsrecht seit über 200 Jahren die Frage reglementiert, wie Eltern die mit Elternschaft generell und mit der Obsorge im Speziellen verbundenen Aufgaben der Pflege, Erziehung, Betreuung, Förderung, Bildung usw. übernehmen sollen bzw. sollten (Betz, de Moll, & Bischoff, 2013). Der Überblick zeigt eine Veränderung unterschiedlicher rechtlicher Leitbilder im Zusammenhang mit Familie und Elternschaft. Grundsätzlich gab es eine Entwicklung hin zu einer immer weniger normativen Gesetzgebung und einer Privatisierung von Ehe und Familie auch nach einer Trennung oder Scheidung. Es kam zu einer Verschiebung von elterlichen Rechten hin zu elterlichen Pflichten, basierend auf der Stärkung von Rechten von Kindern und dem Leitbild des Kindeswohls. Diese Rechte und Pflichten bleiben trotz dieser oder gerade durch diese teilweise entscheidenden Gesetzesnovellen ein staatlicher Strukturierungsversuch (Mansfeld, 2015), der die rechtlichen Normen für Elternschaft festsetzt. Denn Familienrecht ist wesentlich beteiligt an der Konstruktion familialer Beziehungen und familienbezogenem gesellschaftlichen Handeln. Gesetzesnovellen sind damit stets ein zentrales Gestaltungselement von sozialem Wandel (Zartler & Hierzer, 2015).

Trotz zahlreicher Reformen und Novellen ist im österreichischen Familienrecht jedoch das Leitbild der bürgerlichen Kernfamilie fest verwurzelt (Hill & Kopp, 2006; Huinink & Konietzka, 2007; Zartler, 2012a, 2012b). Dies zeigt sich beispielsweise in der exklusiven Definition von Familie, die durch Ehelichkeit und Zusammenleben von zwei (bis 2018 gegengeschlechtlichen) Elternteilen mit ihren leiblichen Kindern festgeschrieben ist. Elternschaft wird rechtlich nach wie vor weitgehend über Abstammung und Ehe geregelt.

Die immer deutlichere Ausdifferenzierung des Kindeswohls zeigt aber auch die Hinwendung zum rechtlich begründeten Eingreifen im Konfliktfall oder Regulieren der Folgen von Scheidung und Trennung (Müller, 2017). Das Kind – so scheint es jedenfalls – ist in den Fokus gerückt. Zwar ist die Basis des Familienrechts stets die Familie, die durch eine Ehe von zwei Menschen mit der Absicht Kinder zu zeugen, begründet wird. Allerdings gab es insbesondere in Bezug auf die Eltern-Kind-Beziehung und Verantwortung einen entscheidenden Wandel von der Differenzierung und Benachteiligung von unehelichen gegenüber ehelichen Kindern hin zu keiner weiteren rechtlichen Differenzierung des Status von Kindern im Zusammenhang mit der Ehelichkeit und daraus resultierenden Rechten und Pflichten von Mutter und Vater. D. h. die Ehezentrierung in Bezug auf Familie besteht nach wie vor, nicht mehr jedoch in Bezug auf Elternschaft bzw. die Eltern-Kind-Beziehung. Scheidung und Trennung bedeutet zwar das Ende einer Partnerschaft, aber nicht mehr das Ende der Elternschaft und der elterlichen Verantwortung (Haunschmidt & Schwarz, 2013). Gleichzeitig ist aber nach wie vor klar gesetzlich festgelegt, welche Lebensweise als Familie anerkannt und damit rechtlich begünstigt oder belastet wird (Zartler, 2012a).

Die rechtlichen Differenzierungen der elterlichen Rechte und Pflichten nach Geschlecht wurde aufgehoben und damit auch eine klare Aufgabendifferenzierung von mütterlichen und väterlichen Zuständigkeiten. Die rechtliche Rhetorik einer weitgehend geschlechtsneutralen Elternschaft impliziert eine Gleichheit von Müttern und Vätern, die empirisch nach wie vor bestehende soziale Ungleichheiten zwischen Männern und Frauen (Wolde, 2007) nicht widerspiegelt. Familienrecht kann somit trotz aller Reformen und im Sinne Gildemeister et al. (2003) als „inherently gendered“ (p. 17) verstanden werden. Dies ist insofern relevant, als rechtliche Definitionen nicht nur Rechtswirklichkeit konstruieren, sondern auch soziale Wirklichkeiten mitregulieren und normieren (Teschlade, Motakef, Wimbauer, & Mobers, 2023). Familienrecht ist jedoch nicht nur ein staatliches Regulativ, das auf die soziale Konstruktion von (familialen) Beziehungen wirkt, sondern wird gleichzeitig von zur jeweiligen Zeit geltenden bestimmten Vorstellungen über und Erwartungen an Akteur*innen selbst geformt (Zartler, 2012a; Zartler & Hierzer, 2015). Dementsprechend ist Recht als Machtfaktor und Herrschaftsinstrument verwoben mit elterlichen Praktiken und verweist auf Normalitäts- und Wertvorstellungen einer genderdifferenzierten Elternschaft (Baer, 2010; Thiessen & Villa, 2009). Familienrecht kann somit als Kampfplatz politischer oder weltanschaulicher Grundpositionen verstanden werden (Dethloff, 2018). In diesem Sinne folgt auf die Ausführungen zu den rechtlichen Normierungen von Elternschaft im Kontext von Sorgerecht nun ein Überblick zu den soziokulturellen Veränderungen und damit zum Wandel solcher Grundpositionen von Elternschaft seit 1945.

1.2.2 Soziokultureller Wandel von Elternschaft

In diesem Kapitel nehme ich nun den zweiten Teil des Wechselverhältnisses von Recht und Gesellschaft in den Fokus – die gesellschaftlichen ‚Realitäten', Leitbilder und Werte von Elternschaft und Familie. Der breitere Blick auf Familie und nicht nur auf Elternschaft in dieser soziokulturellen Einbettung begründet sich darin, dass Elternschaft eines jener Kooperations- und Solidaritätsverhältnisse mit Generationsdifferenzierung und spezifischen Rollendefinitionen ist, das Familie ausmacht (Nave-Herz, 2018). Sich stets verändernde Leitbilder, Werte, rechtliche Normen, Handlungsmuster sind verwoben und beeinflussen die gesellschaftliche Institution Familie und somit auch Elternschaft.

In einigen Bereichen ist der Gesetzgeber familialen Alltagsrealitäten voraus, in anderen hält er an empirisch überholten Konzepten fest und in manchen Bereichen wird deutlich, dass die Entwicklungen des Familien- und Kindschaftsrechts die zunehmende Pluralisierung familialer Lebensformen widerspiegelt (Beham-Rabanser et al., 2024; Peukert, Teschlade, Wimbauer, Motakef, & Holzleithner, 2020; Pölzlbauer, 2013; L. Vaskovics & Huinink, 2016; Zartler, 2012a). Jurczyk (2020a) etwa hält fest, dass Familie zwar stets im Wandel war, sich aber ab den 1980er-Jahren die Rahmenbedingungen des familialen Alltags besonders stark verändert haben; etwa im Bereich der Flexibilisierung des Erwerbslebens und der Egalisierung von Geschlechterverhältnissen. Die Veränderungen unserer Gesellschaft haben die immanenten Handlungslogiken von Familie beschleunigt, so Jurczyk (2020a). Gleichzeitig ist Familienleben einer beträchtlichen Idealisierung unterworfen, die mit unrealistischen Erwartungen an das Leben verknüpft sind (Ribbens McCarthy, Gillies, & Hooper, 2019). Der an sich ‚normale' gesellschaftliche Wandel von Elternschaft und Familienleben erscheint mehr und mehr verknüpft mit immer spezifischeren Herausforderungen, unrealistischen Erwartungen und normativen Ansprüchen an Elternschaft (Craib, 1994; E. M. Schmidt, Décieux, Zartler, & Schnor, 2023).

Den seit einigen Jahrzehnten festzustellende Wandel von familialen Beziehungen und deren Ausformung macht Jurczyk (2020a) an fünf Merkmalen fest: Erstens, den weniger stabilen Familienformen, d. h. weniger Eheschließungen, höhere Scheidungsraten und damit einem Anstieg an multilokalen und komplexen (Stief-)Familienkonstellationen. Zweitens nahm in den vergangenen Jahrzehnten der aktive Kontakt von Kindern zum getrenntlebenden Elternteil – meist dem Vater – zu. Drittens ist besonders seit der schnellen Entwicklung der Reproduktionstechnologien ein stetiges Auseinanderfallen biologischer, sozialer, genetischer und rechtlicher Elternschaft zu beobachten, das eine weitere Herausforderung für familiale Lebensführung und Elternschaft darstellt (L. A. Vaskovics, 2009). Die „doppelte Entgrenzung" (Jurczyk, Schier, Szymenderski, Lange, & Voß, 2009, p. 70) und die Erosion hierarchischer und heteronormativer Geschlechterkonzepte sind das vierte Merkmal, dass Jurczyk (2020a) zufolge Alltag und Ausformung von familialen Beziehungen beeinflussen. Bei der Gleichzeitigkeit eines (rechtlichen) Voranschreitens von Gleichberechtigung von Männern und Frauen und eines Fortbestands einer männlich orientierten Arbeitswelt und Infrastruktur, sind Geschlechterdifferenzierung in Bezug auf Aushandlungsprozesse und Alltagsorganisation persistent. Das fünfte Merkmal eines rasanten Wandels sieht Jurczyk (2020a) schließlich im Bereich des Erziehungsstils und der Interaktionsformen innerhalb von Familien, während gleichzeitig Anforderungen an Familien und Eltern multipler geworden sind. Familie soll bei stetig schwindenden Ressourcen als Ort der Bildung, Gesundheitsoptimierung und privaten Glücks fungieren.

Den Wandel familialer Beziehungen und Lebensweisen, der soziokulturellen Bedeutung von Elternschaft und Geschlechterrollen in den vergangenen Jahrzehnten seit 1945 bis hin zu dem soeben skizzierten Befund von Jurczyk (2020a) gezielt für Österreich im Detail nachzuzeichnen wäre allein schon ein Dissertationsprojekt für sich. Daher wurde eine bewusste Auswahl an Quellen getroffen, um einen gezielten Einblick in die demografischen Veränderungen und den Wertewandel sowie in elterliche und familiale Alltagsrealitäten in Österreich in dem Untersuchungszeitraum 1945 bis zur Gegenwart zu bieten. Diese Darstellung erfolgt daher entlang der soeben skizzierten Merkmale und in erster Linie durch einen Rückgriff auf die österreichischen Familienberichte, die seit

1969 alle zehn Jahre erscheinen und einen Überblick in demographische Entwicklungen und familienpolitische Themenfelder der jeweils vergangenen zehn Jahre ermöglichen. Die österreichischen Familienberichte bieten auch einen Einblick in den zur jeweiligen Publikationszeit aktuellen Forschungsstand zu Familie und lassen daher die unterschiedlichen Perspektiven der Familienforschung auf bestimmte Themen im Zeitverlauf nachvollziehen. Auswahl und Schwerpunktsetzung der Themen sowie inhaltlicher Fokus der Berichte haben sich von Ausgabe zu Ausgabe verändert und spiegelt gesellschaftliche sowie politische Entwicklungen wider, wie etwa Emanzipationsprozesse, wirtschaftliche Situation, Individualisierungstendenz (Zartler, 2023).

Die institutionelle und staatliche Einbettung der Familienberichte und dass diese auch ein Produkt österreichischer Familienpolitik sind, ist gerade vor dem Hintergrund des diskurstheoretischen Zugangs dieser Arbeit ein Argument diese als Basis für einen Überblick heranzuziehen. Die Darstellung von Statistiken und von spezifischen empirischen Erkenntnissen in den Familienberichten werden nicht als Abbild einer familialen Realität verstanden, sondern als Teil der vielfältigen, staatlichen und institutionellen Mechanismen der Normierung und Normalisierung (Hartmann, 2009). Der Rückgriff auf diese Berichte ist auch deshalb sinnvoll für eine diskurstheoretisch orientierte Forschung, da auch das Diskursfeld Familiengericht familienpolitisch ist. Familienpolitik kann im Sinne Lüschers (1982, 1988) als ein vorsätzliches Gestalten des Staates verstanden werden, das auf politischer Macht basiert sowie mit Ideologie verbunden und damit nie neutral ist. Familienpolitik ist dementsprechend öffentliche Aktionen und Einrichtungen, die familiale Leistungen anerkennen, fördern, ergänzen, beeinflussen, durchführen oder durchsetzen, und zwar entlang spezifischer gesellschaftspolitischer Ordnungsvorstellungen. Dabei werden zeitgleich die Sozialformen definiert, die als Familie gelten.

Die Familienberichte und die darin enthaltenen vielfältigen Verweise auf Studien und sozialwissenschaftliche Forschung werden jedoch durch weitere Literatur ergänzt, um spezifische in Diskussionen und Themen zu vertiefen, die für die jeweilige Zeit und die Einbettung dieser Arbeit bedeutsam sind. Die folgende Gliederung nimmt einerseits auf Zeitpunkte und Aspekte Bezug, die einen Vergleich mit der rechtlichen Entwicklung nachvollziehen lassen. Andererseits zeichne ich diesen Wandel anhand demographischer Trends familialer Transitionen und Lebensweisen entlang der soeben beschriebenen Merkmale Jurczyk (2020a) folgend nach und knüpfe gezielt an sozialwissenschaftliche Debatten an, um die Einbettung dieser Arbeit nachvollziehbar zu machen. Demographische Veränderungen werden dabei – wie Beham, Kytir, Wilk und Zartler (1999) im 4. Familienbericht anmerken – als „Außenaspekt" (ebd., p. 304) gesellschaftlichen Wandels verstanden, der mit eben diesen Veränderungen in einem engen Wechselverhältnis stehen. Gesellschaftlicher Wandel ist allerdings, je nach Zeit, individueller Lebensphase und sozialem Milieu in unterschiedlicher Weise bemerkbar und ausgeformt, so wie sich auch demografische Veränderungen verschieden gestalten.

Lebensformen von Elternschaft und Familie

Welche Familienleitbilder und Lebensformen von Familie vorherrschen, hat Konsequenzen dafür, welche Lebensformen rechtlich und sozial als familiale Beziehungen anerkannt werden. Außerdem sind diese Leitbilder wirkmächtig für das Selbstverständnis familialer und außerfamilialer Akteur*innen. Schon zur Zeit des Inkrafttretens des ABGB spiegelte das dem Gesetz inne liegende Leitbild der Kernfamilie nur für einen kleinen Teil der Bevölkerung die familiale Realität wider. Nur in der kurzen Phase des ‚Goldenen Zeitalters der Familie' Mitte des 20. Jahrhunderts schienen sich Leitbild und empirische Realität vorübergehend zu decken (Ehmer, 2021; Sieder, 1987). Das Male-Breadwinner-Modell mit einem Mann und Vater, der allein verantwortlich für das Familieneinkommen war, und einer Frau, die völlig auf private Sphäre und unbezahlte Sorgearbeit verwiesen war, galt allerdings auch nur für Familien, die sich dieses Modell leisten konnten (Binner & Décieux, 2023) und war und ist damit keineswegs Normalfall, sondern eine historische Ausnahme (Hoffmeister, 2001; Pfau-Effinger, 1998). Trotz vielfältiger Lebensverläufe und Dynamiken in familialen Beziehungen hält sich die Ordnungsfolie der traditionellen Kleinfamilie, der Kernfamilie als ‚normale Familie' mit zwei heterosexuellen Eltern und ihrem/n Kind(ern) inklusive geschlechtsspezifischer Arbeitsteilung hartnäckig und hat weitreichende Bedeutung für familiale Realitäten (Hahmann, 2025; Zartler, 2012a). In der Folge werden zunächst die Begriffsdiskussionen und anschließend demographische Aspekte von Familie und familialen Lebensformen in und entlang der Familienberichte dargestellt.

Ein Blick in die Einleitung des ersten Familienberichts von 1969 (Bundeskanzleramt, 1969) zeigt den damals vorherrschenden sozialen Konformismus mit den Werten und Rollenvorstellungen des besagten goldenen Zeitalters der Familie. Familie wird dort als soziale Einheit mit entscheidender gesellschaftsordnender Bedeutung definiert, die unter anderem gekennzeichnet ist durch „die Geburt der Kinder, Sorge für sie, die von Liebe getragenen Beziehungen der Familienmitglieder untereinander" (Bundeskanzleramt, 1969, p. 1). Sowohl im Familienbericht von 1969 als auch von 1979 werden ‚vollständige' und ‚unvollständige' Familien bzw. ‚Restfamilien' unterschieden. Erstere bestehen aus beiden Elternteilen und mindestens einem Kind, zweitere aus einem Elternteil und mindestens einem

Kind. „Unvollständige“ Familien entstehen durch Auflösung einer Ehe, Tod eines Elternteils, durch ein gerichtliches Urteil oder „illegitime Mutterschaft“ (ebd., p. 1), also Unehelichkeit. 1961 war jede fünfte Familie eine „unvollständige“, d. h. Mutter oder Vater mit Kindern. Diese Familienformen werden in den 1960er-Jahren nicht unbedingt als „dysfunktionale Desorganisationserscheinungen“ (ebd., p. 33) gesehen, sondern als eine Strukturerscheinung dieser Zeit, da die Auflösung einer Ehe meist durch den Tod begründet war (1956–1967: 82,1 % der Auflösungen)[34].

Die Entstehungsursache von Ein-Eltern-Familien wandelt sich allerdings mit der Zeit, und Scheidung bzw. Trennung sowie uneheliche Geburt werden die Hauptursache für diese Familienform. Beide werden zu dieser Zeit nicht als vollwertig anerkannt – die gesellschaftliche Norm bleibt die Kernfamilie. Im Familienbericht von 1989 wird der Begriff ‚normale Kernfamilie‘ im Rahmen der Begriffsdefinition von Wilk und Beham (1989) schon unter Anführungszeichen gesetzt und ‚besonderen Familienformen‘ eine eigenes Unterkapitel gewidmet. Dieses behandelt unter anderem Ein-Eltern-Familien sowie Stieffamilien und reflektiert die Wertung, die mit den weiteren für diese Familienstrukturen verwendeten Begriffe einhergeht. Außerdem wird die Vielfalt der Entstehungs- und Lebenszusammenhänge von Alleinerziehenden und Einelternfamilien thematisiert. Weiters wird darauf verwiesen, dass die Annahme vielfach nicht zutrifft, dass Einelternfamilien ein „reduziertes Beziehungsgeflecht“ (Wilk & Beham, 1989, p. 84) seien und die Beziehung zwischen Kind(ern) und dem getrenntlebenden Elternteil oft als intensiv gelebt wird.

Im Beitrag von Lange und Kränzl-Nagl (2010) im Familienbericht von 2010 (BMWFJ, 2010) wird der Begriff Familie unter Anführungszeichen gesetzt und nicht als „biologisch determinierte Vergemeinschaftungsform“ verstanden, sondern die kulturelle und diskursive Konstruktionsleistung individueller wie kollektiver Akteur*innen von Familie als „immer wieder neu herzustellendes Sinnkonstrukt“ betont (Lange & Kränzl-Nagl, 2010, p. 95). Weiters werden in diesem Familienbericht Ein-Eltern-Familien und Stieffamilien u. a. als Folgefamilien und „Lebensformen im Rahmen familialer Transitionsprozesse“ (Zartler & Wilk, 2010, p. 474) thematisiert. Dabei wird der Begriff Ein-Eltern-Familie problematisiert, da er impliziert, dass Kinder (abgesehen vom Todesfall eines Elternteils) zwei Elternteile haben, auch wenn einer nicht im gemeinsamen Haushalt lebt.

[34] Quelle: Bundeskanzleramt (1969): Bericht über die Lage der Familien in Österreich. Familienbericht 1969. Wien: Bundeskanzleramt.

Ein Blick auf demographische Aspekte familialer Lebensformen anhand der Familienberichte für den Untersuchungszeitraum zeigt, dass aus demographischer Sicht die frühen 1970er Jahre ein maßgeblicher Wendepunkt in Bezug auf diesen Wandel waren (Beham et al. 1999): Spätere Eheschließungen und Familiengründung sowie sinkende Stabilität von Ehen gehen einher mit veränderten Werten von partnerschaftlicher Beziehungsgestaltung und veränderter Stellung der Frau in der Gesellschaft. Aus soziokultureller Sicht führen Individualisierungsprozesse und Pluralisierung von Normen und Werten zu einer Pluralisierung von Lebensweisen und einem Rückgang traditioneller Normen, Werte und Biografiemuster. Folgender Blick (Tabelle 1.1) in die demographische Entwicklung von familialen Lebensformen veranschaulicht diesen Wandel:

Tabelle 1.1 Anteil von Personen in Privathaushalten nach Lebensformen und Geschlecht. (Quelle: STATISTIK AUSTRIA; Eigene Berechnung)

Anteil von Personen in Privathaushalten lebend		1971	1981	1991	2001	2011	2018
als Mann	verheiratet mit Kindern	30,45	30,47	28,40	25,49	23,50	21,71
	NEL mit Kindern	0,66	0,93	1,41	2,59	3,57	3,96
als Vater	in Ein-Eltern-Familie	0,69	0,87	1,33	1,32	1,04	1,12
als Frau	verheiratet mit Kindern	27,32	27,48	26,30	24,05	22,43	21,28
	NEL mit Kindern	0,59	0,84	1,31	2,45	3,40	3,83
als Mutter	in Ein-Eltern-Familie	5,13	5,76	6,89	7,36	6,05	5,74

Der Anteil von verheirateten Eltern nimmt im Zeiterlauf ab, der von Ein-Eltern-Familien hingegen ebenso zu, wie das Zusammenleben von unehelichen Paaren mit Kindern. Folgende Einblick in Statistiken zu Ein-Eltern-Familien zeigt klar, dass diese Familienform genderspezifisch war und ist: 1985 und 1995 waren etwa 19,5 Prozent aller Familien mit Kindern in Österreich Ein-Eltern-Familien, 87,5 Prozent davon waren Mutter-Kind-Familien; seit 2005 liegt der Anteil von Ein-Eltern-Familien an Familien mit Kindern im Haushalt allgemein bei um die 21 Prozent du davon 84,5 Prozent Mutter-Kind-Familien[35].

In den ersten beiden Familienberichten (Bundeskanzleramt, 1969, 1979a) werden uneheliche Ein-Eltern-Familien ausführlich diskutiert. Elternschaft wird eng verknüpft mit Ehe, wie auch in der rechtlichen Regelung in dieser Zeit sichtbar

[35] Quelle: STATISTIK AUSTRIA, bis 2003 Mikrozensus, Durchschnitt der Erhebungen im März, Juni, September und Dezember; ab 2004 Mikrozensus-Arbeitskräfteerhebung, Jahresdurchschnitt über alle Wochen. Die hier verwendete Definition von Familie entspricht dem Kernfamilienkonzept.

wird. Allerdings wird uneheliche Elternschaft auch klar differenziert in dauerhafte uneheliche Ein-Elternfamilien und uneheliches Zusammenleben von Paaren mit einer häufigen Legitimierung innerhalb der ersten Lebensjahre eines unehelich geborenen Kindes oder eines unehelich konzipierten Kindes vor dessen Geburt. Im Familienbericht von 1979 (Bundeskanzleramt, 1979a) wird etwa festgehalten, dass in den Jahren von 1951 bis 1963 der Anteil der schwangeren Bräute von 22 auf 38 Prozent stieg, durch die Zunahme von ‚Mußehen' auf die Unehelichenquote jedoch insgesamt sank.

Im Jahr 1984 wurde eine Statistik der Legitimierungen eingeführt (BMUJF, 1989): Mehr als die Hälfte der unehelich geborenen Kinder werden in dieser Zeit durch eine spätere Eheschließung der Eltern (meist bis zum 5. Geburtstag des Kindes) legitimiert (Gisser, 1986). Ein Blick in die Statistik zeigt einen Anstieg unehelicher Geburten von 13 Prozent Anfang der 1970er-Jahre bis zu 41.5 Prozent 2012 und einer seither kaum veränderten Unehelichenquote (Statistik Austria, 2023). Uneheliche Erstgeburten waren und sind in Österreich somit keine Ausnahmeerscheinung. Allerdings ist es wichtig festzuhalten, dass bezüglich der Unehelichenquote sowie der Akzeptanz von Unehelichkeit schon in den 1970er-Jahren große regionale Unterschiede in Österreich bestanden. So war im Berichtszeitraum des Familienberichts von 1979 (Bundeskanzleramt, 1979a) im Burgenland und Niederösterreich die Unehelichenquote am niedrigsten. D. h. bei einer Schwangerschaft außerhalb einer Ehe wurde in diesen beiden Bundesländern eher geheiratet als im Rest Österreichs. In Wien war der Anteil ‚vorehelicher Konzeption' und unehelicher Geburten besonders hoch. Eine hohe Akzeptanz von Unehelichkeit bestand historisch bedingt durch bäuerliches Erbrecht in Tirol, Salzburg und Kärnten.

Grundsätzlich kam es bis zum Ende der 1980er-Jahre zu einem Anstieg der Toleranz des unverheirateten Zusammenlebens bis hin zu einer Anerkennung und positiven Bewertung einer solchen Phase vor einer Eheschließung (Zartler, 2013). Der „Familialismus", als „Produkt der 1950er Jahre" (Lessenich, 2003, p. 158), hält sich dennoch hartnäckig als spezifische rechtliche und politische Regulierung sozialer Beziehungen und in Form der dominanten Familienordnung. Dieser Befund für das Deutsche Sozialmodell kann auf Grund der ähnlichen wohlfahrts- und rechtsstaatlichen Organisation auf die österreichische Situation übertragen werden. Die familialistische Familienordnung beruht auf einer konservativen Familienideologie, die sich auch im Familienrecht durch institutionalisierte Elemente wie Ehe, Elternschaft und Kindschaft abbildet (Lessenich, 2003). Aus diskurstheoretischer Perspektive lässt sich somit sagen, am Beginn des 21. Jahrhunderts ergeben individuelle familiale sowie elterliche Praktiken und Normen sowie Leitbilder zu Familie und Elternschaft kein stimmiges Ganzes.

Scheidung und Trennung

Scheidung bzw. Trennung als eine der Ursachen für die Entstehung einer Ein-Eltern-Familie hat sowohl in demographischer Sicht als auch auf der Einstellungsebene beträchtlich gewandelt. So ist nach einer kurzen Phase der Stagnation nach dem zweiten Weltkrieg die Gesamtscheidungsrate seit den 1960er-Jahren stetig gestiegen – von etwa 14 Prozent in den 1960er-Jahren, über ca. 18 Prozent 1970 und 26 Prozent 1980 und 33 Prozent 1990 bis zu 43 Prozent im Jahr 2000 und erreichte im Jahr 2007 ihren Höhepunkt mit fast 50 Prozent. Seither ist sie auf 34,5 Prozent im Jahr 2022 gesunken[36]. Aus Kinderperspektive und mit Blick in die Statistik lässt sich festhalten, dass 1985 fast 13000 Kinder unter 18 Jahren sogenannte Scheidungskinder waren, eine Zahl, die bis 2001 auf über 18000 anstieg und bis 2022 wieder auf knapp 13000 sank.[37] Zartler und Berghammer (2013) schätzten für das Jahr 2013, dass mit einer Wahrscheinlichkeit von 30 % ein Kind bis zu seinem 18. Geburtstag eine elterliche Scheidung oder Trennung erlebt. In der Folge wachsen viele dieser Kinder in Ein-Eltern- oder komplexen Stieffamilienformen auf.

Jenseits der demographischen Daten folgt nun ein kurzer Einblick in den Wandel der Perspektiven auf und gesellschaftlichen Einstellung zu Scheidung für den Untersuchungszeitraum mit Rückgriff auf die Diskussion von Scheidung, Scheidungsursachen und -folgen in den Familienberichten. So wird im Familienbericht 1969 (Bundeskanzleramt, 1969) Scheidung als Folge einer „gestörten Familie" oder „instabilen Ehe" beschrieben, aus der meist der Mann flieht und die Frau und Mutter vereinsamt (ebd., p. 52). Die Ursachen für Scheidungen werden auch mit Anpassungsschwierigkeiten von Ehen und Familien im sozialen Wandel der modernen Industriegesellschaft gesehen. Anforderungen der Trennung von Arbeits- und Wohnort, Verringerung der sozialen Kontrolle, Wandel der „geistig-sittlichen Grundlagen" und die „Doppelbelastung der außerhäuslich berufstätigen Gattin und Mutter" sowie Anonymität und Isolation der Kleinfamilie in der Großstadt werden als Grund genannt, warum die „Kernfamilie" so „störungsempfindlich" ist (ebd., p. 46). Scheidung wird als Störung der „sozialen Einheit", der Familie, als „Radikaloperation" thematisiert, die Kinder zu „Scheidungswaisen" macht (ebd., p. 51). Eine Scheidung oder elterliche Trennung bedeutet die Separation des Kindes von einem Elternteil und es besteht eine „strukturelle Unvollständigkeit der Familie" mit negativen Auswirkungen für Kinder, so

[36] Quelle: https://www.statistik.at/statistiken/bevoelkerung-und-soziales/bevoelkerung/demographische-indikatoren-und-tafeln/demographische-zeitreihenindikatoren; Zugriff: 03.07.2024.

[37] Quelle: STATISTIK AUSTRIA, Demographische Indikatoren. Erstellt am 27.09.2024.

steht im ersten Familienbericht. Ein Vater, der wieder heiratet, schmälert dessen Unterhaltsfähigkeit und teilweise auch „Alimentationswilligkeit" (ebd., p. 51). Die Scheidung führt auch zu einer Erwerbsnotwendigkeit der Mutter und damit zu einem „weitgehenden Ausfall der ihr obliegenden Erziehung". Bei Wiederverheiratung kommen noch die „schlechthin gegebenen Probleme des ‚Stiefkindes'" hinzu (ebd., p. 51). Allerdings wird auch festgehalten, dass die Folgen des Aufwachsens in einer instabilen Ehefamilie negativere Auswirkungen auf Kinder haben kann als eine Scheidung.

Für den Familienbericht von 1979 (Bundeskanzleramt, 1979a) wurde eine eigene Repräsentativuntersuchung zur Frage der Einstellungen zu Ehe, Scheidung, Familie usw. durchgeführt (Schulz, Rigaudias-Weiss, & Strodl, 1980), die unter anderem zeigt, dass zur damaligen Zeit mit einer Ehe Erwartungen von Liebe, Sicherheit, Geborgenheit, Partnerschaftliche Kommunikation und sexuelle Befriedigung verknüpft sind. Als Belastungen in der Ehe werden von einem Viertel bis einem Drittel der Befragten Gefühle der Einschränkung der persönlichen Freiheit, der Isolation, oder der Geldmangel für persönlichen Konsum angegeben, sowie Belastungen verursacht durch Kinder. 27,5 Prozent der Frauen und 9,6 Prozent der Männer gaben an, dass sich der Partner bzw. die Partnerin zu wenig um die Kinder kümmert. Die Scheidung einer Ehe mit Kindern, in der es viel Streit gibt, befürworteten 30 Prozent der Befragten. Mehr als zwei Drittel waren dafür, eine solche Ehe aufrecht zu erhalten. Mit 83 Prozent war die Zustimmung bei in der bäuerlichen Schicht besonders hoch. Die Studie lässt die Wirksamkeit der Norm, eine Ehe aufrecht zu erhalten, erkennen.

Der Blick in den Familienbericht von 1999 (BMUJF, 1999) verdeutlicht, dass am Ende des 20. Jahrhunderts Scheidung von der Mehrheit der in Österreich lebenden Menschen nicht mehr als moralische Verfehlung bewertet wird, aber als ein „notwendiges Übel" (Wilk, 1999b, p. 277) betrachtet wird. Im Familienbericht von 2010 (BMWFJ, 2010) argumentieren Zartler und Wilk (2010), dass sowohl die Anerkennung des Kindeswohls als gesellschaftliche Verantwortung als auch die steigenden Scheidungszahlen dazu führen, dass es um die Jahrhundertwende nicht nur zu Gesetzesreformen kommt, sondern auch zu einer steigenden Unterstützung von Eltern und Familien in diesem Reorganisationsprozess. Im öffentlichen Diskurs wird im Berichtszeitraum Lange und Kränzl-Nagl (2010) zu Folge Scheidung und Trennung aber auch als individuelles Scheitern interpretiert, insbesondere mit Schuldzuweisungen an Eltern. Ergänzend zu den Familienberichten kann festgehalten werden, dass auch am Beginn des 21. Jahrhunderts Scheidung negativ konnotiert und die Kernfamilie als Idealbild bestehen bleibt, was zu einer Hierarchisierung von Familienformen führt (Zartler, 2012b, 2014).

Nachtrennungsfamilien, Ein-Eltern-Familien und Stieffamilien

Auf den demographischen und Wertwandel zwei dieser Familienformen, die Stieffamilien und die Ein-Eltern-Familien, will ich nun kurz eingehen. Stieffamilien und Stiefelternschaft entstehen als Folge von Wiederverheiratung bzw. einem Eingehen einer nichtehelichen Lebensgemeinschaft eines Elternteils. Die Wiederverheiratungsrate stieg von 21 Prozent im Jahr 1970 auf fast 36 Prozent im Jahr 2007 (Statistik Austria, 2009a) und lag im Jahr 2020 bei fast einem Drittel. Vergleichbare Daten zu Stieffamilien in Österreich aus früheren Jahren sind leider nicht vorzufinden. Allerdings gibt es – so Zartler und Wilk (2010) im 5. Familienbericht – bis zum Beginnenden 21. Jahrhundert in Österreich überhaupt verhältnismäßig wenig wissenschaftliche Studien zum Thema Stieffamilien. In den ersten beiden Familienberichten (Bundeskanzleramt, 1969, 1979a) werden Stieffamilien kaum und wenn als problematisch und als begünstigend für jugendliche Delinquenz thematisiert.

Im Familienbericht von 1989 (BMUJF, 1989) kritisieren Wilk und Beham (1989) in ihrem Beitrag, dass Stieffamilien von Politik und Öffentlichkeit weitgehend ignoriert werden, obwohl sie eine nicht zu vernachlässigende Lebensform in Österreich sind. Sie diskutieren vor allem die Belegung von Stieffamilien mit negativen Stereotypen und deren fehlende Anerkennung als ‚vollwertige' Familie. Ebenso wird die fehlende rechtliche Verankerung der Stiefeltern-Kind-Beziehung problematisiert. Die Rolle von Stiefeltern wird im Gegensatz zur Elternrolle als nicht klar abgegrenzt und vorstrukturiert, rechtlich nicht abgesichert und erst zu erarbeitend verstanden. Die zu dieser Zeit vorherrschende wissenschaftliche Perspektive ist eine psychologische. Das wissenschaftliche Verständnis ist den beiden Autorinnen mit Verweis auf weiterführende Literatur (W. E. Fthenakis, 1988a, 1988b; Krähenbühl, 1987; Visher & Visher, 1987) zufolge, dass von Stieffamilien der Familie zugeschriebenen Aufgaben und Erwartungen schwieriger zu erfüllen sind als von Kernfamilien. Allerdings verweisen sie auch auf Untersuchungen aus dieser Zeit (bspw. Amato, 1987; Halperin & Smith, 1983), die eine positivere Perspektive etwa auf Stiefvater-Kind-Beziehungen zeigen. Weiters thematisieren die beiden Autorinnen auch Stiefmütter mit einem Verweis auf eine Studie von Rollin (1988) und halten fest, dass die herausfordernde Situation für Stiefmütter häufig neben vorherrschenden negativen Stiefmutterstereotypen auch auf unrealistische Anforderungen von Stiefmüttern an sich selbst beruht.

Im Familienbericht von 1999 (BMUJF, 1999) werden Stieffamilien und multipler Elternschaft – als „historisch betrachtet, relativ neues Phänomen" (Wilk, 1999c, p. 292) – schließlich eigene Kapitel gewidmet (Beham & Wilk, 1999b; Wilk, 1999c). Der Übergang zur multiplen Elternschaft, d. h. soziale Elternschaft wird gleichzeitig von mehreren Mutter- oder Vaterpersonen ausgefüllt bzw. wahrgenommen, wird als anspruchsvolle Herausforderung für Familienmitglieder verhandelt. Beteiligte Akteur*innen können weder auf sozial anerkannte Leitbilder noch auf institutionell verankerte Regelungen zurückgreifen. Wie im vorangegangenen Abschnitt 1.2.1 ersichtlich wurde, gibt es zu dieser Zeit allerdings weiterhin keine gesetzliche Regelung für soziale Elternschaft und Stiefelternschaft, d. h. „multiple Elternschaft wird rechtlich ignoriert" (Wilk, 1999c, p. 299). Obwohl solch multiple Elternschaft, immer häufiger werden, bleibt auf Ebene der Leitbilder die Verbindung von biologischer, sozialer und rechtlicher Elternschaft aufrecht, so wird mit den beiden Beiträgen im 4. Familienbericht deutlich.

Im 5. Familienbericht (BMWFJ, 2010) werden Stieffamilien neben Ein-Eltern-Familien u. a. als Folgefamilien und als „Lebensform im Rahmen familialer Transitionsprozesse" (Zartler & Wilk, 2010, p. 474) thematisiert. Stieffamilienleben und -beziehungen haben am Beginn des 21. Jahrhunderts besondere Herausforderungen, wie die beiden Autorinnen mit Verweis auf diverse Studien festhalten (Bien & Marbach, 2008; Neudecker, 2008; Sieder, 2008; Wilk, 2002): Diffuse Rollenerwartungen, geringe gesellschaftliche Akzeptanz, fehlende Vorbilder, negative Stereotype, rechtliche Unsicherheiten, die Komplexität dieser Familienform und schließlich Herausforderungen der Ausgestaltung multipler Elternschaft. Entgegen der rechtlichen Regelung (bzw. zu dieser Zeit Nicht-Regelung) übernehmen Stiefeltern häufig Care-Aufgaben. 2009 mündet allerdings schließlich die Beachtung der familialen Realität von Stieffamilien sowie damit verbundene Herausforderungen auch in eine Novellierung des Familienrechts (siehe vorangegangenes Kapitel).

Geschlechterrollen und Elternrollen

Wie schon im Überblick zu Ein-Eltern-Familien oder auch der Thematisierung von Stiefelternschaft ersichtlich, ist Elternschaft generell nicht gleichbedeutend für Frauen und Männer. In diesem Abschnitt wende ich mich dem Wandel hierarchischer und heteronormativer Geschlechterkonzepte auf Ebene der Werte und der gleichzeitigen Beständigkeit einer geschlechterdifferenzierten Alltagsorganisation (Jurczyk, 2020a) im Zusammenhang mit Elternrollen. Elterlicher und v. a. mütterlicher Berufstätigkeit, Aufteilung der Haushalts- und Sorgetätigkeiten und verbundenen Normen und Werten wird dabei besonderes Augenmerk geschenkt, da diesen auch in den Berichten, den verschiedenen Diskursen und schließlich auch im untersuchten Feld eine große Bedeutung beigemessen wird. Dem Wandel der Erwartungen an Elternschaft in Zusammenhang mit Eltern-Kind-Beziehung und Erziehung sowie Nachtrennungselternschaft widme ich mich in einem nachfolgenden eigenen Unterkapitel.

Der Blick in den Familienbericht von 1969 (Bundeskanzleramt, 1969) gibt es in 33,1 Prozent der Mehrpersonenhaushalte nur einen Einkommensempfänger – in den meisten Fällen der Familienvater; bei 37,7 Prozent der in einem Haushalt lebenden Ehepaare sind beide Ehepartner berufstätig. Jedoch kam es von 1961 bis 1969 – wie mit Verweis auf Firnberg und Rutschka (1967) im Bericht festgehalten wird – zu einer deutlichen Zunahme der Berufstätigkeit von (verheirateten) Frauen mit Kindern unter 14 Jahren: 1961 hatten nicht einmal ein Drittel der berufstätigen Frauen Kinder unter 14 Jahren, 1969 fast die Hälfte. Im Familienbericht wird dabei geschlussfolgert, dass somit „der Ehefrau die Haushaltsführung und die Erfüllung einer beruflichen Tätigkeit obliegt“ [Anm.: eigene Hervorhebung] und dies eine starke körperliche Belastung, „strenge Zeiteinteilung und straffe Haushaltsführung“ verlangt (Bundeskanzleramt, 1969, p. 57). Wenn Kinder im Haushalt zu versorgen sind, dann sind – so die Schlussfolgerung im Familienbericht – Frauen gezwungen ihre Berufstätigkeit aufzugeben. Ein Blick in eine Statistik von 1970 macht deutlich, dass diese normative Vorstellung von berufstätiger Mutterschaft sich zur damaligen Zeit mit der Verhaltensebene deckt: 1970 waren 86 Prozent der Frauen bei ihrer Eheschließung berufstätig, bei der Geburt des ersten Kindes 72 Prozent, des zweiten Kindes 45 Prozent und bei einer allfälligen Geburt eines dritten Kindes 29 Prozent der verheirateten Frauen (Bundeskanzleramt, 1969).

In den Ausführungen zu diesem Thema wird im Familienbericht von 1969 (Bundeskanzleramt, 1969) einerseits der Ehemann auch in die Pflicht genommen, dass er wegen der Berufstätigkeit seiner Gattin „eventuell einen Teil ihrer Pflichten im häuslichen Bereich mitübernehmen“ (ebd., p. 58) muss und dies auch zu einem partnerschaftlichen Eheverhältnis führen kann. Andererseits kommen die Autor*innen des Familienberichts von 1969 basierend auf einer Kombination der Daten von Scheidung und Berufstätigkeit von Frauen zu dem Schluss, dass verheiratete berufstätige Frauen sich häufiger scheiden lassen als nicht berufstätige. Als Grund dafür sehen sie einerseits die Doppelbelastung und in Folge geringere Krisenresistenz. Andererseits vermuten sie durch das eigene Einkommen der Frau und den Kontakt mit Kolleg*innen eine größere Unabhängigkeit, erhöhtes Selbstwertgefühl und eine kritische Haltung gegenüber dem Ehemann (Bundeskanzleramt, 1969).

Dies macht deutlich, dass bis in die 1960er Jahre das dominierende Leitbild für junge Frauen war, im Eheglück und in der Rolle als fürsorgliche Hausfrau und Mutter Erfüllung zu finden. Dementsprechend wurden Mütter, die ‚freiwillig‘ berufstätig waren, als ‚schlechte‘ Mütter und Ehefrauen bewertet. Im Familienbericht von 1989 (BMUJF, 1989) wird diese Zeit in dem Beitrag von Findl (1989) „als Periode des sozialen Konformismus und der Restauration mancher bereits obsolet gewordener Werte und Rollenbilder" (p. 483). Im Familienbericht von 1969 (Bundeskanzleramt, 1969) wird die Trennung von Wohn- und Arbeitsstätte als das „Hauptproblem der unselbständig arbeitenden Mutter" und als „Schicksal" dieser Frauen thematisiert Familienbericht von 1969 (p. 71), aber auch die Folgen der Dreifachbelastung durch Beruf, Haushalt und Familienpflichten, vor allem bei Alleinerzieherinnen, als die etwa Jugendverwahrlosung und -kriminalität genannt wird. Im Bericht wird mit Verweis auf die Soziologin Pfeil (1966) jedoch angemerkt, dass es zu der damaligen Zeit einen „beunruhigenden Widerspruch zwischen tatsächlich gelebten Leben und Sollvorstellungen" (Bundeskanzleramt, 1969, p. 75) gibt, da die Erwerbstätigkeit von Müttern auf der einen Seite vielfach im öffentlichen Diskurs abgelehnt wird, aber auf der anderen Seite Erwerbstätigkeit für viele Mütter als Realität ist. Allgemein zeigt sich im Familienbericht von 1969 die Belastung erwerbstätiger sowie alleinerziehender Mütter durch Haushaltsführungs- und Familienpflichten, als ein breit diskutiertes Thema und es wird auf diesbezüglich Unterstützung für Frauen gefordert. Männer und Väter werden als solche allerdings nicht erwähnt. Die Versorgung von Kindern wird ausschließlich als weibliches Problem thematisiert; etwa, dass 1959 ein Viertel aller Schulkinder in Wien zu Mittag ein „aufgewärmtes Essen zu sich nehmen muß bzw. es sich sogar selbst wärmen muß", oder dass im Krankheitsfall Kinder von berufstätigen Müttern auch allein bleiben oder zeitweise von Nachbarinnen, Geschwistern oder Großmüttern „ordnungsgemäß" gepflegt werden (Bundeskanzleramt, 1969, p. 75).

Als besondere Herausforderung für alleinerziehende Mütter wird auch die fehlende adäquate Kinderbetreuung thematisiert und die Schaffung von mehr Pflege- und Betreuungsstätten gefordert. Allerdings werden Kinderkrippenplätze nur als „Hilfe für Notstandsfälle" als wünschenswert diskutiert (Bundeskanzleramt, 1969, p. 85). Die vorherrschende wissenschaftliche Meinung zu dieser Zeit ist, wie im Familienbericht mit Verweis auf eine Studie von Kuhn (1969) festgehalten wird, dass ein „Kleinstkind bis zu seinem vollendeten dritten Lebensjahr der ungeteilten liebevollen Betreuung durch seine Mutter (weibliche Dauerpflegeperson) im Rahmen des Elternhauses [bedarf], wenn es nicht in seiner Entwicklung geschädigt werden soll" (ebd., p. 76). Eine im Bericht zitierte Befragung aus dem Jahr 1969 (Rosenmayr, 1969) ergab, dass zwei Drittel der berufstätigen Mütter im Grunde eine Berufstätigkeit von Müttern ablehnen und der Meinung sind, dass sich eine Mutter täglich mindestens einen halben Tag ihren Kindern widmen sollte. Die halbtägige Unterbringung von 5- bis 6-jährige Kindern auch von nichtberufstätigen Müttern in Kindergärten wird mit der Annahme begründet und auch anerkannt, dass viele Eltern ihren Kindern vor deren Schuleintritt „die erzieherischen Wirkungen eines gut geführten Kindergartens" im Sinne eine Förderung der

Schulfähigkeit und der sozialen Entwicklung zukommen lassen wollen (Bundeskanzleramt, 1969, p. 85). Dieser Vorstellung zu außerhäuslicher Kinderbetreuung entspricht auch die beginnende Aufwertung von Kinderbetreuungsstätten zu dieser Zeit als Ort an dem ‚wertvolle Erziehungsarbeit' geleistet wird. Dies zeigt sich auch daran, dass 1962 die Ausbildung von Kindergartenpädagog*innen (damals Kindergärtnerinnen) und Erzieher*innen ausgebaut wurde.

Zusammenfassend kann somit festgehalten werden, dass in den 1960er-Jahren die Ganztagesbetreuung von Vorschulkindern ein notwendiges Übel, die Halbtagesbetreuung abhängig von sozialer Schicht und Familiensituation anerkannt bis erwünscht war. Ein genauerer Blick auf die Statistiken des damaligen Österreichischen Statistischen Zentralamtes zum Jahr 1969 anhand des Familienberichts von 1969 zu unterschiedlichen weiblichen Erwerbsgruppen veranschaulicht die Heterogenität der Betreuungsformen: bei den Mithelfenden und Selbständigen in der Landwirtschaft versorgten 90 Prozent ihre Kinder ausschließlich zu Hause, von den Selbstständigen in der Nicht-Landwirtschaft 82 Prozent, von den Arbeiterinnen 84 Prozent, von den Angestellte und Beamtinnen 72 Prozent. In landwirtschaftlichen Gegenden mit vorherrschend Großelternfamilien wurde die Kinderbetreuung zur damaligen Zeit innerfamiliär übernommen. In städtischen Regionen war etwa ein Fünftel der Kinder unter 15 Jahren halbtags in öffentlichen Kinderbetreuungseinrichtungen untergebracht. In Wien war dies mehr als ein Drittel aller Kinder. Die Schlussfolgerung aus diesen Daten im Familienbericht von 1969 ist, dass ein höheres Einkommen das Hinzuziehen von privaten Kinderbetreuungseinrichtungen ermöglicht und der größte Teil der unter-15-jährigen Kinder von berufstätigen Müttern zu Hause „mehr oder minder gut versorgt" wird (Bundeskanzleramt, 1969, p. 74). Die Betreuungsproblematik wird im damaligen Familienbericht und familienpolitischen und gesellschaftlichen Diskurs in erster Linie als Mütterproblem verhandelt, das durch eine Arbeitszeitverkürzung für Frauen gelöst werden könnte bzw. kann und auch von einem großen Teil der berufstätigen Frauen gewünscht wäre (Rosenmayr, 1969).

Ab den 1970er Jahren kommt es zu erheblichen Veränderungen im Bereich der Geschlechtergleichstellung durch eine intensive Bildungsexpansion von Frauen und der Beteiligung von Müttern am Erwerbsarbeitsmarkt, allerdings mit niedrigeren Einkommen als Männer und einer weiterhin vorrangig weiblichen Übernahme eines großen Teils der Care-Arbeit (Mairhuber, 2015). Normative Vorstellungen und verknüpfte Ideologien zur ‚naturgegebenen' Bestimmung der Frau als Mutter (Badinter, 1992; Schütze, 1991) sowie zur traditionell-bürgerlichen Kernfamilie prägen besonders bis in die 1970er-Jahre die Diskurse um außerhäusliche Kinderbetreuung (Kränzl-Nagl & Lange, 2010). Kinderbetreuung, zum Wohle der Kinder, war im Sinne des Wohlfahrtsstaates vorrangig für Kinder aus sozial-ökonomisch schwächeren Schichten vorgesehen (Fuchs & Kränzl-Nagl, 2010).

Im Familienbericht von 1979 (Bundeskanzleramt, 1979a) wird diesbezüglich eine schichtspezifische Auffassung zur Vereinbarkeit von Erwerbstätigkeit und Mutterrolle vermutet, d. h. dass in Familien mit Angestelltenverhältnissen, Kinderbetreuung und Frauenerwerbstätigkeit stärker im Widerspruch zueinander stehend erachtet werden als in Arbeiter*innen-Familien. Ebenso scheint zur damaligen Zeit die Familienform die mütterliche Berufstätigkeit zu beeinflussen: Im Berichtsjahr 1979 waren 49 Prozent der Alleinerzieherinnen und 39,3 Prozent der Mütter in einer bestehenden Ehe oder Lebensgemeinschaft berufstätig. Innerhalb der Gruppe der Alleinerzieherinnen sind 90 Prozent der ledigen und geschiedenen Mütter berufstätig, hingegen entspricht die Erwerbsquote bei den verwitweten Müttern aufgrund der sozialrechtlichen Versorgung jener der Mütter, die als Ehefrauen in Familien leben. Die Vereinbarkeit von Mutter- und Berufsrolle wird in Folge als möglich und notwendig angesehen und verhandelt, wenn Frauenerwerbstätigkeit aus finanzieller Notwendigkeit besteht (Bundeskanzleramt, 1979a).

Ende der 1970er-Jahre werden Kinder unter drei Jahren fast ausschließlich zu Hause betreut, nur zwei Prozent der Unter-Dreijährigen sind in Kinderkrippen untergebracht. In Summe steigt in den 1970er-Jahren die Zahl der Kinder in Kinderbetreuungseinrichtungen von 114.000 Kindern im Jahr 1970 auf 160.000 im Jahr 1977, d. h. von 31 auf 52 Prozent 3- bis 6-Jährige, die in Kindergärten betreut sind. Von Müttern mit Kindergartenkindern sind 38 Prozent berufstätig. Eine im Familienbericht zitierte Studie der Arbeiterkammer Wien aus dem Jahr 1972 zeigt, dass 44 Prozent der damals befragten Frauen angaben, aufgrund fehlender Betreuungsmöglichkeiten für die Kinder nicht berufstätig zu sein können (Bundeskanzleramt, 1979b).

Mit Verweis auf den Bericht über die Situation der Frau in Österreich im Auftrag des Bundeskanzleramts von 1975 wird im Familienbericht von 1979 (Bundeskanzleramt, 1979a) festgehalten, dass sich das traditionelle Rollenbild zwar in Richtung eines größeren Mitspracherechts der Frau in innerfamiliäre Entscheidungsprozesse verschoben hat, aber weiterhin die Frau als Zentrum der Familie definiert wird, die für ein konfliktloses Zusammenleben und Zusammengehörigkeitsgefühl verantwortlich ist. Weiters wird in der zitierten Studie deutlich, dass gesellschaftlich die Hauptaufgabe der Frau weiterhin in der Erziehung der Kinder und Haushaltsführung gesehen wird, aber die Beteiligung des Mannes an diesen Aufgaben eingefordert wird. Im Familienbericht selbst wird die unzureichende Mitarbeit des Mannes bei der Hausarbeit und der Kinderbetreuung als ein Grund für die Mehrfachbelastung einer berufstätigen Frau genannt. Beruf und Familie werden für Männer als ergänzend, für Frauen als konflikthaft benannt. Allerdings wird festgestellt, dass diese Problematik wenig im öffentlichen Bewusstsein verankert ist (Bundeskanzleramt, 1979a).

Im Gegensatz zur wissenschaftlichen Auseinandersetzung mit Müttern rücken die Diskurse über Väter und Vaterschaft sowie Männlichkeit ab Ende der 1970er-Jahren langsam in den Blick der Forschung. So zeigt etwa eine Studie aus dem Jahr 1977 (IFES, 1977) zum Selbstverständnis von Männern, dass 93 Prozent der befragten Männer davon ausgehen, dass Frauen von einem Mann ‚vordringlich' erwarten, dass er seine Familie versorgen kann. Die Annahme, dass Frauen ‚vordringlich' erwarten, dass ein Mann sich auch um die Kindererziehung kümmert, teilen 68 Prozent der Befragten. Die weibliche Annahme der Erwartung einer Aufteilung der Hausarbeit sehen 39 Prozent der befragten Männer. 88 Prozent der Männer erwarten ‚vordringlich' von Frauen, dass sie eine gute Hausfrau ist, 85 Prozent, dass sie sich ihm anpasst, 56 Prozent, dass sie selbständig ist und 31 Prozent, dass sie im Beruf erfolgreich ist.

Ab Beginn der 1980er-Jahre wird zumindest im medialen Diskurs egalitäre Aufteilung von Care-Tätigkeit und die Integration von Erwerbsarbeit in Mutter-Identität selbstverständlicher (Feldmann-Neubert, 1991). Im Familienbericht von 1989 (BMUJF, 1989) wird festgestellt, dass genderspezifische Arbeitsteilung an Selbstverständlichkeit verliert und dies individuelle und innerfamiliäre Entscheidungszwänge sowie damit potenziell verknüpfte Konflikte zur Folge hat (Wilk & Goldberg, 1989). Im Bericht wird in mehreren Kapiteln auf die Daten des österreichischen Teils des International Social Survey Program (ISSP) verwiesen, die einen guten Einblick in die Wertevorstellungen der damaligen Zeit bieten und in der Folge ergänzt durch Daten vom Mikrozensus der Statistik Austria aus dem Jahr 1974 dargestellt werden. Dem ISSP von 1988 zu Folge teilten 60 Prozent der Befragten zur damaligen Zeit die Meinung, dass Mann und Frau zum Haushaltseinkommen beitragen sollen. Gleichzeitig zeigt sich diese Erwartung aber konfrontiert mit dem hohen Stellenwert des Kindes und der fortbestehenden traditionellen Verpflichtungen für Frauen in der Familie. So stimmten drei Viertel der Befragten der Frage zu „Alles in allem: das Familienleben leidet darunter, wenn die Frau voll erwerbstätig ist“, etwa 75 Prozent stimmten der Aussage zu „Ein Schulkind wird wahrscheinlich darunter leiden, wenn seine Mutter berufstätig ist“, 14 Prozent der Frauen und neun Prozent Männer lehnten diese Aussage ab. 72 Prozent der Befragten waren der Meinung, dass verheiratet Frauen ohne Kinder Vollzeit arbeiten sollten, sobald allerdings Kleinkinder im Haushalt sind; 72 Prozent meinten, die Mutter sollte nicht arbeiten bzw. eine Teilzeitbeschäftigung haben (26 Prozent). Sobald das jüngste Kind in der Schule ist, bevorzugten 43 Prozent eine Teilzeitbeschäftigung für Frauen. Etwas mehr als die Hälfte der

Befragten stimmten der Aussage „Hausfrau sein ist genauso erfüllend wie gegen Bezahlung zu arbeiten“ zu. Das traditionelle Leitbild des männlichen Familienernährers und der um Kinder und Haushalt kümmernden Ehefrau lehnten 29 Prozent der weiblichen und 21 Prozent der männlichen Befragten ab. Traditionelle Rollenbilder scheinen allerdings in dieser Zeit eher bei unterprivilegierten Schichten und kleinstädtisch-ländlichen Lebensräumen sowie älteren Befragten vorherrschend. Diese Einstellungsebene spiegelt sich auch auf der Ebene der Alltagsrealität: 1984 waren 45 Prozent der Mütter und 87 Prozent der Väter mit mindestens einem Kind im Haushalt erwerbstätig. 24 Prozent der Mütter und ein Prozent der Väter waren teilzeitbeschäftigt.[38]

Im Familienbericht von 1989 (BMUJF, 1989) wird die unterschiedliche Rolle von Müttern und Vätern im Hinblick auf die Kinderbetreuung entlang von einigen Studien thematisiert: So wird festgehalten, dass die ‚Mithilfe‘ des Vaters bei der Kinderbetreuung in den Jahren von 1969 bis 1983 stark zugenommen hat (ÖStZ, 1985). Allerdings zeigt eine Studie Elternberufstätigkeit und Kindesentwicklung aus dem Jahr 1985 (Österreichischer Arbeiterkammertag, 1988), dass 68 Prozent der Väter keine oder nur eine unbedeutende Hilfe bei der Betreuung von Säuglingen und 12 Prozent wenig Hilfe leisten. Das väterliche Engagement steigt zwar mit der Berufstätigkeit der Mutter, die grundsätzliche Tendenz der Zunahme väterlicher Beteiligung an der Kinderbetreuung ist aber zu dieser Zeit äußerst selektiv und spezifisch, sowohl nach Schicht als auch nach Art der familialen Alltagstätigkeiten mit Kindern. Zusammengefasst wird im Familienbericht mit Verweis auf Findl, Laburda und Münz (1985) festgehalten: Väter spielen, lernen und gehen mit den Kindern spazieren, Mütter versorgen, betreuen und beaufsichtigen die Kinder. 1983 (ÖStZ, 1985) werden mehr als 80 Prozent der Kinder nachmittags von ihrer Mutter betreut, weniger als ein Prozent von ihrem Vater, bis zu neun Prozent von Verwandten oder Nachbarn und um die fünf Prozent in Kinderbetreuungseinrichtungen, kaum ein Kind wird in einem Hort betreut. Die Betreuung von Kleinstkindern in Kinderkrippen variiert in dieser Zeit in Österreich je nach Bundesland beträchtlich: Während von den 1- bis 3-Jährigen in Salzburg und der Steiermark etwa 6 Prozent in Kindergrippen betreut werden, sind dies in Wien 40 Prozent. Bei 90 Prozent liegt in dieser Zeit die Verantwortung für die tägliche Versorgung, Beaufsichtigung und Pflege der unter 15-jährigen Kinder bei der (verheirateten) Mutter allein (ÖStZ, 1985).

In den 1980er-Jahren wird im medialen Diskurs egalitäre Aufteilung von Care-Tätigkeit und die Integration von Erwerbsarbeit in Mutter-Identität selbstverständlicher (Feldmann-Neubert, 1991), jedoch bleibt das Thema Vereinbarkeit

[38] Quelle: ISSP 1988 und Mikrozensus 1983 der Statistik Austria (BMUJF, 1989).

von Sorge- und Hausarbeit und Erwerbstätigkeit in den 1980er-Jahren ein frauenspezifisches Spannungsfeld. Dieses spannt sich von Diskursen über ‚Rabenmütter' und weiblicher Selbstverwirklichung hin zu finanziell notwendigem und daher entschuldbarem Zuverdienst von Müttern (Badinter, 1992; Schütze, 1991; Thurer, 1995).

Der Blick in den Familienbericht von 1989 (BMUJF, 1989) macht deutlich, dass Elternpaare, die partnerschaftliche Elternschaft leben, d. h. zu gleichen Zeitanteilen erwerbstätig sind und Kinderbetreuung sowie Haushaltsarbeit gleichverantwortlich und zeitliche gleichberechtigt aufteilen, zu dieser Zeit die Ausnahme sind. Von den wenigen Paaren, die dieses partnerschaftliche Lebensmodell praktizieren, hat nur ein kleiner Anteil von Männern dieses Familienmodell aktiv initiiert um sich aktiv um die Kinder kümmern zu können. Meist geht der Wunsch nach diesem Modell von den Frauen aus. Das partnerschaftliche Elternschaftsmodell findet sich vor allem im akademischen Bildungsniveau mit flexibler Arbeitszeit. Im Familienbericht von 1989 wird erstmals die Vereinbarkeitsthematik nicht nur als Dilemma der Frauen und Mütter problematisiert, sondern auch als abhängig und bedingt durch gesellschaftspolitische Bedingungen. Eine Verbesserung der Vereinbarkeit sollte für Frauen *und* Männer ermöglicht werden. Die zunehmenden sozialpolitischen Maßnahmen ab den 1990ern richten sich auch an Väter.

Im Familienbericht von 1999 (BMUJF, 1999) ist weiterhin in dem Beitrag von Gross (1999) von der „Mithilfe der Väter" (p. 52) zu lesen, die sich zwar erhöht, aber ob erwerbstätig oder nicht, Frauen übernehmen auch am ausgehenden 20. Jahrhundert den größten Teil der Haushalts- und Familienarbeit. Erwerbstätige, verheiratete Frauen mit Kindern unter 15 Jahren leisteten laut der in dem Beitrag zitierten Zeitverwendungsstudie der Statistik Austria von 1992 und dem Mikrozensus von 1995 zur damaligen Zeit täglich 4,5 Stunden Haushaltstätigkeiten, Männer hingegen im Schnitt eine Stunde. Der Großteil der Kinderbetreuung wurde von der Mutter erbracht. 1995 betreuten 52 Prozent der Mütter und 4,4 Prozent aller Väter mit mindestens einem Kind unter 15 Jahren ihr Kind ganz oder überwiegend allein. 42 Prozent der Väter „helfen jedoch nahezu täglich bei der Kinderbetreuung mit" (ebd., p. 52). Acht Prozent der befragten Mütter und vier Prozent der befragten Väter gaben damals an, diese Aufteilung als ungerecht zu empfinden (Gross, 1999).

Im Familienbericht von 1999 (BMUJF, 1999) wird außerdem deutlich, dass die bürgerliche Kernfamilie, mit einem Mann als Hauptverdiener und einer Frau, die sich auch neben einer allfälligen Berufstätigkeit um Kinder und Haushalt kümmert, am ausgehenden 20. Jahrhundert weiterhin das normative Leitbild ist. In dem Resümee zum Familienbericht hält Richter (1999) jedoch fest, dass in der Praxis immer mehr verschiedene Familienformen gelebt werden, traditionelle Rollenmuster und -normen an Verbindlichkeit verlieren und mehr und mehr auf Ebene der jeweiligen Partnerschaften ausverhandelt werden. Das Vorhandensein von Kindern wirkt sich zu dieser Zeit immer weniger auf weibliche Erwerbstätigkeit aus und die Akzeptanz von berufstätigen Müttern steigt weiter – vorbehaltlich dessen, dass die Kinder über drei Jahre alt sind. 1995 werden 84 Prozent der Kinder im Alter von 5 Jahren und mehr außerfamilial, v. a. in Kindergärten, betreut. Insbesondere jüngere Männer befürworten eine partnerschaftliche, egalitäre Verteilung der Care-Tätigkeiten und in der Partnerschaft. Trotz dieses Wandels zeigt sich in der Gesamtheit der familialen Alltagsrealitäten ein Fortbestand asymmetrischer Rollenverteilung vor allem bei der Familienarbeit. D. h. die Veränderungen auf der Einstellungseben sind auf der Verhaltensebene nur bedingt wirksam (Richter, 1999).

Beham et al. (1999) resümieren in ihrem Beitrag zu Familienbericht von 1999, dass Norm und Alltag am Übergang zum 21. Jahrhundert nicht in Einklang sind und die Elternrolle entlang einer Geschlechtergrenze in einen männlichen instrumentellen und weiblichen emotionalen Zuständigkeitsbereich geteilt ist. Sie verweisen auf eine Studie (Mikula & Freudenthaler, 1999), in der deutlich wird, dass die Aufteilung der Haus- und Familienarbeit trotz der ungleichen Beiträge von Frauen und Männern von einem Großteil der Frauen nicht als ungerecht beurteilt wird.

Mehrere (Werte-)Studien zwischen 1982 und 2003 (Denz, 2001; Schulz, Haller, & Grausgruber, 2005; Wernhart & Neuwirth, 2007) veranschaulichen, dass in den letzten Jahrzehnten des 20. Jahrhunderts die Zustimmung zu einer traditionellen Rollenverteilung zwischen Frau und Mann in Österreich stark abgenommen hat. Berufstätigkeit und Mutterschaft, so wird auch im 5. Familienbericht (BMWFJ, 2010) deutlich, wird als eine immer weniger dem Kind schadende Verbindung interpretiert. Dies geht auch mit einer Verschiebung des Diskurses um außerhäuslicher Kinderbetreuung um die Jahrhundertwende einher. Die Argumentation geht von der einer reinen Betreuungsfunktion weg, hin zu der einer Bildungsfunktion und Förderung von außerhäuslichen Kinderbetreuungseinrichtungen. Die positivere Einstellung zu Kinderbetreuung und zu mütterlicher Erwerbstätigkeit gilt allerdings nicht für Mütter mit Kindern im Vorschulalter. In diesem Fall sind im Jahr 2002 (Wernhart & Neuwirth, 2007) mehr als die Hälfte der Befragten der Meinung, dass Vorschulkinder unter der Berufstätigkeit der Mutter leiden. Dieser Haltung entspricht auch die hohe Teilzeiterwerbstätigenquote von Müttern mit Vorschulkindern. Vollzeiterwerbstätigkeit von Müttern mit jüngeren Kindern ist zu dieser Zeit nicht wünschenswert, besonders aus Sicht von Vätern (Beham & Haller, 2005; Kapella & Rille-Pfeiffer, 2007; Wernhart &

Neuwirth, 2007). Die Hälfte der Befragten sind der Meinung, dass eine ‚gute' Mutter bis zum dritten Lebensjahr ihres Kindes idealerweise nicht berufstätig sein sollte (Kapella & Rille-Pfeiffer, 2007). Am Übergang zum 21. Jahrhundert ist somit das bürgerliche Familien- und Mutterideal weit verbreitet (Gerhards & Hölscher, 2003).

Die Diskrepanz zwischen Einstellung, Wunsch und gelebter Eltern- bzw. Partnerschaft ist auch am Beginn des 21. Jahrhunderts ambivalent und wird auch im 5. Familienbericht (BMWFJ, 2010) thematisiert. So sind 2004 64 Prozent der Mütter und 81 Prozent der Väter berufstätig. Wobei die Teilzeitquote bei Frauen stetig zunimmt: Von 24 Prozent 1984 auf 55 Prozent 2004. Bei den Männern ist diese Zunahme gering: von einem Prozent 1984 auf vier Prozent 2004.[39] Das bedeutet, auch wenn Berufstätigkeit von Müttern immer mehr akzeptiert wird, so ist das modifizierte Ernährermodell, d. h. eine Teilzeit berufstätige Mutter und ein Vollzeit berufstätiger Vater, mit 40 Prozent (Statistik Austria, 2008) am weitesten verbreitet. Die Rollenaufteilung bezüglich Verantwortlichkeiten im Bereich der Sorgetätigkeit ist daher am Beginn des 21. Jahrhunderts genderspezifisch. In der Familienrhetorik ist der Mythos der ‚guten Mutter' stets präsent (Schenk, 1998; Vinken, 2007) inklusive Ideologien und Leitbilder wie „intensiv mothering" (Hays, 1996, p. 97) und damit verbundener genderspezifischer Aufgabenzuweisungen in Öffentlichkeit und Familie.

Das Leitbild der ‚guten Mutter', das bis in die 1970er Jahre mit jenem der ‚guten Hausfrau' gleichgesetzt wurde und Kinderbetreuung und Führung des Familienhaushalts zur Frauensache deklarierte, hat am Beginn des 21. Jahrhunderts dennoch an Bedeutung verloren, die ‚moderne Mutter', die sich eher über die Kinder als durch den Haushalt identifiziert, dagegen an Bedeutung gewonnen (Kortendiek, 2010). Die gestiegene weibliche Bildungs- und Erwerbsbeteiligung trägt zu einer Veränderung des Verständnisses von Mütterlichkeit und Mutterschaft bei (Schutter, 2011). Etliche Studien – so Beham und Zartler (2010) in ihrem Beitrag im 5. Familienbericht – zeigen allerdings die ambivalenten Rollenansprüchen an Mütter am Beginn des 21. Jahrhunderts. Mütter sollen möglichst viel Zeit mit ihren kleinen Kindern verbringen und Kleinkindern den ganzen Tag widmen – geben etwa zwei Drittel der Befragten einer Einstellungs- und Wertestudie zu Mutter- und Vaterrolle, Kinderbetreuung und Erwerbstätigkeit der Frau an – sich aber gleichzeitig persönlich weiterentwickeln (43 Prozent) (Kapella & Rille-Pfeiffer, 2007). Das Leitbild der ‚einfühlsamen Mutter' ist neben dem der

[39] Quelle: STATcube – Statistische Datenbank von STATISTIK AUSTRIA, Mikrozensus-Zeitreihe ab 1974; Zugriff 23.11.22; eigene Berechnung.

selbständigen, erwerbstätigen Frau fest verankert (Brake & Krüger, 2005; Breitenfelder, 2007; Picker, Nitsch, & Zeglovits, 2005; TNS Emnid, 2002). Alltag und Care liegt nach wie vor im alltäglichen Zuständigkeitsbereich von Müttern (Beham & Haller, 2005; Franco & Winqvist, 2002; Hofacker, 2007; Kassner & Ruling, 2004; Tazi-Preve, 2006).

Im 5. Familienbericht (BMWFJ, 2010) wird auch der Diskurs um den ‚aktiven Vater' zu dieser Zeit sichtbar und anhand etlicher Studien und Forschungsarbeiten thematisiert. Es wird auch darauf verweisen, dass sich die ‚aktive' Vaterrolle auf der Verhaltenseben v. a. in der Freizeit und am Feierabend manifestiert (Ballnik, Martinetz, & Garbani Ballnik, 2005; Grunow, 2007; L. A. Vaskovics, Rost, & Rosenkranz, 2000). So zeigt eine repräsentative Befragung von Vätern in Österreich (Procter & Gamble, 2001), dass 72 Prozent ihre Partnerin als hauptzuständig für die Kinderbetreuung sehen. Die Aufgabe der finanziellen Absicherung der Familie wird nach wie vor als wesentlicher Bestandteil der Vaterrolle verstanden (Beham & Haller, 2005; Behnke & Liebold, 2001; Cyprian, 2007; Kapella & Rille-Pfeiffer, 2007; Meuser, 2007, 2009).

An der Wende zum 21. Jahrhundert bestehen somit Widersprüchlichkeit zwischen Wunsch nach gleichberechtigter Vaterschaft und strukturellen Hindernissen für egalitäre Elternschaft (Schier & Szymenderski, 2009; Schier, Szymenderski, Jurczyk, Lange, & Voß, 2008; Zerle & Krok, 2008). Der ‚gute' Vater des angehenden 21. Jahrhunderts ist das Idealbild des „provider" und „active carer" (Smith Koslowski, 2011, p. 230) und des ‚aktiven Vaters' (Baur, 2007; Beham & Haller, 2005; Wernhart & Neuwirth, 2007). Jedoch ist der Anspruch wie viel Zeit ein Vater mit einem Kleinkind verbringen sollte, wesentlich geringer als der an Mütter (Kapella & Rille-Pfeiffer, 2007). Die Retraditionalisierung der Geschlechterrollen nach der Geburt eines Kindes (Hofinger & Enzenhofer, 2006) zeigt beispielsweise deutlich das Auseinanderklaffen von Wunsch, Einstellungen und Verhaltensebene (Grunow, 2007; Hofacker, 2007; Lange & Zerle, 2008; Matzner, 2004; Oberndorfer & Rost, 2005).

Um 2010 hat sich die Alltagsrealität von Vätern dem Wunsch mehr Zeit mit der Familie zu verbringen zwar etwas angenähert, die traditionelle Rollenverteilung bleibt allerdings grundsätzlich bestehen, auch wenn Mütter stärker am Arbeitsmarkt und Väter vermehrt an der Kinderbetreuung partizipieren. Die „neuen egalisierenden Ordnungen der Sorge" (Seehaus, 2015, p. 67) in Elternschafts- und Familiendiskursen in dieser Zeit, zeigen sich in der Empirie nicht in der gleichen Weise. Auch wenn grundsätzlich mit Ende des 20. Jahrhunderts eine Abkehr vom männlichen Ernährermodell feststellbar ist (Berghammer, 2014; Mansfeld, 2015), sind vergeschlechtlichte Arbeitsteilungsmuster mit dem Mann bzw. Vater als hauptsächlichen Ernährer und mit der Frau bzw. Mutter als

Hauptverantwortliche der Sorge fest verankert. Mütterlichkeit scheint als „geschlechtliche und kulturelle Denkfigur“ (Krüger-Kirn, 2024, p. 20) historisch standhaft an die gesellschaftliche Position der Frau gebunden. Die Zweigeschlechtlichkeit, die einer solchen Differenzierung von Elternschaft anhaftet, kann auch als Folge von machtvollen Wissenspolitiken verstanden werden (Wedl, 2014), die eine geschlechtliche Subjektivierung von Elternschaft hervorbringt.

Ein Blick in den 6. Familienbericht (Bundeskanzleramt, 2021) und die darin zitierten Ergebnisse aus Studien wie etwa des Generations und Gender Programme (GGP) von 2012/2013 zeigen allerdings, dass etwa das Vereinbarkeitsdilemma um das Jahr 2010 nicht mehr nur von Müttern, sondern auch von Vätern als belastend empfunden wird. Gleichzeitig beträgt jedoch im Jahr 2010 die Teilzeitquote von Frauen mit Kindern unter 15 Jahren im Haushalt fast 70 Prozent und die von Männern 5 Prozent (Statistik Austria, 2011). Ein Blick in die Daten einer Studie zu Elternkarenz zeigt, dass Väter vier Prozent aller Elternkarenz-Tage beanspruchen und wenn überhaupt, meist maximal zwei Monate Elternbetreuungszeit nehmen (Reidl & Schiffbaenker, 2013). Die Zeitverwendungsdaten für Österreich aus dem Berichtszeitraum spiegeln diese geschlechterspezifische Sorgearrangements wider (Berghammer, 2013; Statistik Austria, 2009b; Wernhart, Dörfler, Halbauer, Mazal, & Neuwirth, 2018). Insbesondere jüngere Väter, die dem Bild des aktiven Vaters entsprechen und eine gleichberechtigte Elternschaft leben wollen, stoßen auf strukturelle Hindernisse (Zerle & Krok, 2008).

Wernhart, Dörfler-Bolt und Neuwirth (2021) setzten sich in ihrem Beitrag im 6. Familienbericht mit dem Spannungsfeld von Arbeit und Familie auseinander und verweisen darauf, dass im voranschreitenden 21. Jahrhundert der Anteil der Mütter in Erwerbsarbeit weiterhin stark gestiegen ist, allerdings rund 75 Prozent der Mütter mit Kindern unter 15 Jahren in Teilzeit arbeiten. Gleichzeitig wird im Beitrag von Baierl und Kaindl (2021) deutlich, dass die institutionelle Betreuungsquote von unter 3-Jährigen ist in den Jahren von 2008 bis 2018 von 14 Prozent auf 26,5 Prozent gestiegen. Allerdings variiert diese weiterhin deutlich zwischen den unterschiedlichen Bundesländern. Während etwa in Wien 2018 44 Prozent Kleinkinder Kinderbetreuungseinrichtung besuchen, sind dies in der Steiermark 15,6 Prozent.

Zeitverwendungsstudien zeigen, dass Väter ihren Wunsch mehr Zeit mit ihren Familien zu verbringen (etwa 60 Prozent) zunehmend realisieren. Allerdings verbleiben, im Gegensatz zu den mehrheitlich Teilzeit erwerbstätigen Müttern, Väter Vollzeit erwerbstätig bzw. erhöhen ihre Arbeitszeit sogar noch, wenn sie Kleinkinder haben (Wernhart et al., 2021). Die viel längeren Phase der Kinderbetreuungszeit von Frauen mit 2–3 Jahren im Vergleich zu Männern mit

2–3 Monaten, verstärkt die ungleiche Verteilung von Pflege- und Erwerbsarbeit zwischen Müttern und Vätern (Mauerer & Schmidt, 2019).

Auf der Einstellungseben haben traditionelle Geschlechterrollen – männlicher Hauptverdiener und weibliche Kinderbetreuerin – insbesondere bei Frauen an Zustimmung verloren, wie Mauerer und Kroismayr (2021) betonen. Familienpolitiken und Familienrecht sind in den der Theorie weitgehend genderneutral. Ergänzend zu den Beiträgen aus dem sechsten Familienbericht kann jedoch für den Wandel von Familienpolitiken in westlichen Ländern allgemein festgehalten werden, dass „in practice policy commonly reinforces and reproduces gender inequality in the making and unmaking of families" (Hewitt & Brady, 2018, p. 289). Die Hauptverantwortung für familiale Sorge liegt auch in Österreich weiterhin hartnäckig bei den Müttern, sowohl als gesellschaftliche Norm als auch in den alltäglichen Praktiken von Mutterschaft (Sardadvar, Mairhuber, & Neuwirth, 2017; E.-M. Schmidt, Zartler, & Vogl, 2019; E. M. Schmidt et al., 2023). Das bedeutet, auch wenn es einen Wandel in Bezug auf Partnerschaft und familiale Lebensformen gibt, so zeichnet sich in Österreich eine starke Dauerhaftigkeit traditioneller und genderspezifischer Arbeitsteilung ab (Beham-Rabanser, Berghammer, & Zartler, 2018).

Rolle und Bedeutung von Großeltern

Neben der Zunahme der väterlichen ‚Mithilfe' bei der Kinderbetreuung hat in den Jahren von 1969 bis 1983 die Beteiligung von Großeltern an der Kinderbetreuung zugenommen (ÖStZ, 1985). Daher ist an dieser Stelle ist ein kurze Darstellung der Großelternrollen für die Einbettung wichtig, denn schon im Familienbericht von 1969 (Bundeskanzleramt, 1969) werden Großeltern als eine wichtige Ressource für die Betreuung der Kinder und die Mithilfe im Haushalt genannt.

Der Mikrozensus 1983 (ÖStZ, 1985) zeigt, dass bei über 23 Prozent der Frauen mit Betreuungspflichten diese täglich durch Großeltern unterstützt werden und 12 Prozent mindestens einmal pro Woche. In Haushalten mit Kindern in einem Alter von bis zu zwei Jahren werden 29 Prozent von diesen Kindern täglich von den Großeltern mitbetreut. Höher ist dieser Anteil noch, wenn die Mutter erwerbstätig ist, im ländlichen Raum und in Einelternfamilien (fast 39 Prozent). Der ISSP von 1988 zeigt, dass 85 Prozent der befragten Personen Großeltern und 72 Prozent Tagesmütter für sehr bzw. geeignet für die Betreuung eines Kleinkindes halten.

Im Familienbericht von 1989 wird angemerkt, dass bei Scheidung bzw. Veränderungen von Familienformen Großeltern als „Stützsystem in Krisenzeiten" (BMUJF, 1989, p. 373) und als sichere und dauerhaft vorhandene Bezugspersonen für Kinder verstanden werden. Insbesondere mütterliche Großeltern scheinen in

Folge einer Scheidung mehr involviert zu werden, so der Verweis auf Cherlin und Furstenberg (1986) im Bericht. Der Mikrozensus von 1991 zeigt, dass beinahe ein Viertel der Kinder unter 18 Jahren mit einem Großelternteil im selben Haushalt leben. Die Großelternrolle ist jedoch gesellschaftliche – im Gegensatz zur rechtlichen Definition – nicht klar definiert. Mit der Großelternrolle verbundene Verhaltenserwartungen sind in den 1970er- und 1980er-Jahren einem Wandel unterworfen, so sind Zuneigung, gegenseitiges Verständnis, Nähe und Emotionalität Werte der modernen Großeltern-Enkel-Beziehung (Cherlin & Furstenberg, 1986).

Grundsätzlich findet Großelternschaft als familiäres Generationsverhältnis im 20 Jahrhundert in Österreich wenig wissenschaftliche Beachtung, hält Wilk (2010) im 5. Familienbericht (BMWFJ, 2010) fest. Sie verweist jedoch darauf, dass Großelternschaft bei elterlicher Trennung oder Scheidung international ab den 1980er-Jahren Beachtung in der Forschung Beachtung findet (Bridges, Roe, Dunn, & O'Connor, 2007; Fabian, 1994; W. E. Fthenakis, 1998; Gladstone, 1988; Matthews & Sprey, 1985; Pryor & Rodgers, 2001). Diese Studien verdeutlichen, dass Großeltern – mehrheitlich Großmütter – als finanzielle, emotionale oder betreuende Unterstützungsressource zum Teil auch Elternfunktionen übernehmen. Aus Kindersicht zeigt eine österreichische Scheidungsstudie (Zartler, Kränzl-Nagl, & Wilk, 2004) die Bedeutung von Großeltern als Bezugsperson für Kinder in Nachtrennungsfamilien. Grundsätzlich sind Großeltern – bzw. mehr Großmütter als Großväter (ÖIF, 2008) – auch am Beginn des 21. Jahrhunderts vielfach Unterstützende, Entlastende und teilweise Ersetzende für ihre eigenen Kinder in der Erfüllung der elterlichen Aufgaben (Wilk, 2010). Laut SHARE-Studie wird die Betreuung von Enkelkindern von 61 Prozent der befragten Großeltern in Österreich als ihre Pflicht angesehen (Wernhart, Kaindl, Schipfer, & Tazi-Preve, 2008). Es besteht scheinbar eine unausgesprochene soziale Erwartung, dass Großmütter Betreuungsleistungen übernehmen. Großeltern – und speziell Großmütter – sind ein „zusätzliches Sicherheitsnetz" (Wilk, 2010, p. 415) zu Eltern und öffentlicher Kinderbetreuung. Damit ist auch die Großelternrolle grundsätzlich genderspezifisch differenziert.

Eltern-Kind-Beziehung, Erziehung und Rolle der Kinder

In den vergangenen 70 Jahren gab es einen tiefgreifenden Wandel in den Werten, Normen und Anforderungen an Kindererziehung und Interaktionsformen innerhalb der Familie (Ecarius, 2020; Schierbaum & Ecarius, 2022). Dieser steht auch in einem engen Zusammenhang mit der veränderten Perspektive auf Kinder und Kindheit, die auch die Erwartungen und Anforderungen an Eltern und Familien vielfältiger werden ließen (Jurczyk, 2020a). Eltern-Kind-Beziehungen sind nicht nur von den jeweils spezifischen Beziehungspartner*innen bestimmt, sondern zutiefst gesellschaftlich determiniert, wie auch in einem Beitrag von Beham und Wilk (1999a) im Familienbericht von 1999 postuliert wird, d. h. auch von der zur jeweiligen Zeit vorherrschenden Perspektive auf das Kind und genderspezifischen Eltern-Kind-Beziehung.

Im Familienbericht von 1969 (Bundeskanzleramt, 1969) ist thematisiert, dass traditionelle Erziehungsgrundsätze für die Lösung erzieherischer Probleme nicht mehr ausreichen. Eltern bedürfen an Beratung und Schulungen, die etwa von Jugendämtern geboten werden. Die wesentliche Aufgabe der Familie – so wird im Familienbericht 1979 (Bundeskanzleramt, 1979a) geschrieben – ist die Kindererziehung. Der Mikrozensus Österreich von 1973 veranschaulicht allerdings die genderspezifische elterlicher Zuständigkeit im familiären Alltag. So ist es vorwiegend die Mutter (61,1 Prozent) bzw. häufiger die Mutter (14,5 Prozent) und seltener Vater und Mutter gleich oft (12,1 Prozent) jedoch fast nie häufiger der Vater (1,4 Prozent), die bzw. der mit dem Vorschulkind spielt. Bei den Hausaufgaben hilft vorwiegend und häufiger die Mutter (59 Prozent) bzw. der Vater (6,2 Prozent). Kontakt mit der Schule hält im Jahr 1973 auch in erster Linie die Mutter (64,4 Prozent) und nicht der Vater (11,3 Prozent) (Rosenmayr, 1975). Väter fühlen sich für Erziehungsaufgaben nicht bzw. erst mit zunehmendem Alter des Kindes zuständig, so wird im Heft 1 des Familienberichts von 1979 postuliert (Bundeskanzleramt, 1979a). Die Mutter ist, so ist dort weiter festgehalten, die hauptsächliche Erziehungsperson, insbesondere in der frühkindlichen Phase. Bedingt scheint dies durch die außerhäusliche Berufstätigkeit des Vaters zu sein, wohingegen die Mutter vor allem in der Kleinkindphase zu Hause ist. Im Familienbericht wird dies als die wesentliche Ursache der „Sozialisationsschwäche" (ebd., p. 149) der Kleinfamilie festgehalten. Generellen wird in dem Bericht der Sozialisationsmangel durch die große Distanz zwischen Vater und Kind postuliert.

Grundsätzlich nimmt jedoch ab den 1950er-Jahren die väterliche Beteiligung an der Erziehung der Kinder stetig zu, ebenso die Berufstätigkeit von Müttern. Die Erziehungswerte Gehorsam und Unterordnung verlieren leicht an Bedeutung und ein verständigungsorientierter Erziehungsstil nimmt zu. Das angestiegene väterliche Interesse an und die zunehmende Beschäftigung mit den Kindern führt zu einem Wandel der Vater-Kind-Beziehung. Singly (1995) postuliert eine Gleichzeitigkeit von Kontinuität und Diskontinuität von Vaterschaft. So scheint sich einerseits die Vorstellung von Vaterschaft von einer väterlichen Autorität hin zu einem Ideal einer emotionalen und körperlichen Nahebeziehung zum Kind zu wandeln. Im Familienbericht von 1989 (BMUJF, 1989) wird dem Phänomen „Neue Väter" im Beitrag von Wilk und Beham (1989) auch ein eigenes Kapitel gewidmet. Der Begriff der „neuen Väter" (ebd., p. 369) bezieht sich auf väterliche Verhaltensweisen, die in vorhergehenden Generationen von Vätern noch nicht denkbar gewesen wären.

Sozialwissenschaftliche Vaterforschung hält sich bis in die Mitte der 1980er Jahre im deutschsprachigen Raum in Grenzen, wird in einem Beitrag von Wilk (1999a) im Familienbericht von 1999 angemerkt. Im Gegensatz zu dem jahrzehntelangen wissenschaftlichen Fokus auf die Mutter-Kind-Beziehung in den Sozialwissenschaften, allen voran der Psychologie, rückt in den 1980er-Jahren schließlich vermehrt auch der Vater und die Vater-Kind-Beziehung in den Fokus der Wissenschaft (W. E. Fthenakis, 1988a, 1988b; Nave-Herz, 1985). Zahlreiche Forschungsarbeiten – auf die auch im Familienbericht von 1989 verwiesen wird – zeigen den Wandel des Selbstverständnisses und der Rolle von Vätern weg von einem autoritären Erzieher hin zu einem emotionalen Beziehungspartner und liebevollen Vater (Lüscher & Fisch, 1982; Nave-Herz, 1988; Ryffel-Gericke, 1983; Wahl, Tüllmann, Honig, & Gravenhorst, 1980). Es scheint ein weitgehend übereinstimmendes Bild im wissenschaftlichen Diskurs zu der damaligen Zeit zu Vaterschaft zu geben, dass sich das Rollenbild des Vaters und Mannes ebenso wie das Selbstverständnis dieser und die männliche Werthaltung stark gewandelt hat (Klages, 1985). So stellt Stein-Hilbers (1994) in ihrer Forschung fest, dass die Identität des Mannes brüchig geworden ist. Konzepte der ‚Männlichkeit' werden hinterfragt und Emotionalität rückt in das wissenschaftliche Blickfeld (Hollstein, 1988). Insbesondere kommt es zu einem Wandel des Selbstverständnisses von Männern als Väter (Nickel & Köcher, 1986). Das Leitbild des traditionellen Vaters – autoritär, streng und distanziert – verliert zunehmend an Bedeutung (Mühling & Rost, 2007; W. Schneider, 1989). Während die Vater-Kind-Beziehung bis dato vorrangig von Instrumentalität und der Erwartung der ‚strengen Erziehung' gekennzeichnet war, wird diese nun emotional besetzt. Fürsorge und Zärtlichkeit in der Eltern-Kind-Beziehung ist nun gesellschaftlich nicht mehr nur mit der Mutter verbunden, sondern auch dem Vater wird die Rolle des emotionalen Beziehungspartner für das Kind zuerkannt (Nave-Herz, 1988; Rerrich, 1990; Stein-Hilbers, 1994).

Im Familienbericht von 1989 (BMUJF, 1989) wird zu diesem Wandel festgehalten, dass auf der einen Seite die wissenschaftliche Perspektive die Bedeutung des emotionalen Engagements von Vätern betont. Auf der anderen Seite wird in der Forschung zu dieser Zeit deutlich, dass das väterliche Engagement vor allem jene Bereiche betrifft, die den väterlichen Interessen und Bedürfnissen entgegenkommen und emotionale Bereicherung versprechen, während notwendige Routinearbeiten des familialen Alltags, also Kinderbetreuung, -pflege und -beaufsichtigung, fast ausschließlich im Zuständigkeitsbereich der Mütter verbleiben (Wilk & Beham, 1989).

Im Familienbericht von 1999 wird verdeutlicht, dass es für Väter zu dieser Zeit ‚normal' zu werden scheint, Kleinkinder im Sinne einer Unterstützung der Mutter fallweise ‚mitzubetreuen' (Bacher & Wilk, 1992). Die im Bericht zitierten (Zeitverwendungs-)Studien (BMUJF, 1995; Wilk, Beham, & Gitter, 1993) zeigen allerdings, dass der ‚aktive' Vater vorrangig am Wochenende in Erscheinung tritt und Väter ihren Kindern in Summe bedeutend weniger Zeit widmen als Mütter. Die grundsätzliche Verantwortung für alltägliche Care-Tätigkeiten liegt somit auch am Ende des 20. Jahrhunderts im Aufgabenbereich der Mütter (Bacher & Wilk, 1992).

Damit wird deutlich, dass die Veränderung der Vater-Kind-Beziehung bis in die 1980er-Jahre auf der Einstellungs- und Verhaltensebene aber nicht mit einem grundlegenden Wandel der Vaterrolle gleichzusetzen ist. Der ‚neue Vater' der 1990er-Jahre – so wird auch im Familienbericht von 1999 im Beitrag von Beham und Wilk (1999a) betont – ist eine Ausnahme, der sich hauptsächlich auf der Ebene des Rollenverständnisses und der Werthaltung, selten jedoch in der familialen Realität wiederfindet. Allerdings geht der Diskurs um die ‚neuen Väter' mit der veränderten rechtlichen Definition der Vaterrolle einher und findet seinen Ausdruck auch einer häufigeren Forderung der Übertragung des Sorgerechts an den Vater. Das Idealbild des ‚neuen Vaters' ist auch eng verknüpft mit dem Leitbild der geteilten gemeinsamen Elternschaft, zu dem ich am Ende dieses Kapitels komme.

Die Ausführungen zum Wandel der Eltern-Kind-Beziehung schließe ich ab mit einer Skizzierung der Veränderung der Praktiken und Normen der Kindererziehung sowie der Perspektive auf Kinder und Kindheit im Untersuchungszeitraum. In den 1980er-Jahre wird der Wandel von bis dahin vorherrschenden autoritären Erziehungspraktiken und -normen hin zu einer Anerkennung des Kindes als gleichberechtigtem Partner und egalitären Erziehungsnormen immer deutlicher, wie auch (Beham & Wilk, 1999a) in ihrem Beitrag im Familienbericht von 1999 feststellen. Schon im Familienbericht von 1989 hält Pilgram (1989) in seinem Beitrag über Gewalt in der Familie fest, dass familiäre Gewalt im Berichtszeitraum zwar nicht mehr im selben Ausmaß toleriert wird wir früher, aber immer noch häufig auftritt. Eine Studie aus dem Jahr 1978 (IFES, 1978) zu Erziehungsnormen und Disziplinierung zeigt, dass etwas mehr als die Hälfte der Befragten von ihren Eltern (sehr selten 52 Prozent, manchmal 23 Prozent und 8 Prozent regelmäßig sowie 17 Prozent nie) geschlagen wurden. Pilgram (1989) betont, dass familiäre Gewalt erst im Verlauf der 1970er-Jahre in der Öffentlichkeit und Wissenschaft als soziales Problem thematisiert wird.

Wilk und Beham (1989) halten in ihrem Beitrag fest, dass zu dieser Zeit Kinder immer mehr als aktive Interaktionspartner in den unterschiedlichen familialen Beziehungen und nicht mehr als zu Sozialisierende verstanden werden. Eltern werden als verantwortlich für eine optimale Förderung und Unterstützung ihrer Kinder gesehen. Diese Veränderungen gehen mit Wandel in der Perspektive auf Kinder und Kindheit im 20. Jahrhundert allgemein einher, die auch einen Einfluss auf die Perspektive auf Eltern-Kind-Beziehung und Elternschaft hat und sich auch im Recht niederschlägt (siehe Abschnitt 1.2.1). Mit Verweis auf weiterführende Literatur kommt es in der Kindheitsforschung zu dieser Zeit zu einem Paradigmenwechsel: In Abgrenzung zum sozialisationstheoretischen Blick auf Kindheit, kommt es zu einer Perspektive auf Kinder, die diese als eigenständig handelnde Subjekte wahrnimmt (Honig, Lange, & Leu, 1999; Kränzl-Nagl, Riepl, & Wintersberger, 1998; Krüger & Grunert, 2022; Wilk & Bacher, 1994). Kindheit wird etwa ab den 1980er-Jahren nicht mehr als Phase verstanden, die durch Sozialisation und Erziehung überwunden werden muss und dadurch das Kind als Objekt definiert, sondern als eigenständige Lebensphase verstanden, die spezifischen sozialen Anforderungen und Regelungen unterliegt (Huinink & Grundmann, 1993). Kinder wie Kindheit nehmen einen intensiveren Raum im öffentlichen Diskurs ein. Arbeiten wie die von Stein-Hilbers (1994) mit dem fragenden Titel „Wem gehört das Kind?" verdeutlichen, dass Kindheit nicht selbstverständlich ist, sondern zur Diskussion gestellt wird und die Perspektive sich von dem Zugang zu Familien mit Kindern hin zu Kindern in Familien verschiebt. Für diese Arbeit ist einerseits der Blick auf Kindheit als gesellschaftliche Institution von Bedeutung, „die sich durch allgemeine Leitbilder, Rechtsnormen und Sitten konstituiert, mit der in einer Kultur über dieses Segment des Lebenslaufs Wissen und Wertvorstellungen verankert wird" (Markefka & Nauck, 1993, p. X). Andererseits ist die Perspektive auf Kindheit als Kindschaft und Kindsein, d. h. Beziehung zwischen Generationen und damit verknüpfte Regelungen, Rechte und Pflichten, bedeutsam, insbesondere die lebenslange „dyadischen Beziehungen zwischen Kindern und ihren Eltern" (ebd., p. XI).

Durch diese „Emanzipation der Kinder" (N. F. Schneider, 2002, p. 15) seit den 1980er-Jahren umfasst die Eltern-Kind-Beziehung im ausgehenden 20. Jahrhundert deutlich mehr Verantwortlichkeiten. Gleichzeitig bekommen Kinder immer mehr emotionale und sinnstiftende Bedeutung für Mütter und Väter. Eltern erbringen ein immer höheres Maß an Leistung für ihre Kinder, sowohl emotional als auch ökonomisch (Nave-Herz, 1994). Diese Entwicklungstrends – wie Beham und Gössweiner (1999) auch in ihrem Beitrag im Familienbericht von 1999 thematisieren – führen zu einem hohen Maß an Kindzentrierung von Elternschaft, vor allem in den ersten Lebensjahren eines Kindes. Ein immer höheres Maß an

Zuwendung wird zur Norm. Weiters kommt es zu einer zunehmenden Verbreitung psychologischen und pädagogischen Wissens über Kinder. Zusammen mit einer Eröffnung neuer Gestaltungs- und Handlungsspielräume für Kinder sowie einer Demokratisierung der Eltern-Kind-Beziehung, führt dies zu einer gesteigerten Anforderung an Elternschaft verbunden mit den normativen Forderungen an Eltern Kinder maximal zu fördern (Beham & Gössweiner, 1999). Das Kindeswohl als oberste Prämisse erscheint in Form eines Pflichtenkatalogs für Eltern und der Forderung einer gelungenen Erziehung als Norm (N. F. Schneider & Matthias-Bleck, 2002).

Mit der schon dargestellten Veränderung der Vaterrolle wandelt sich auch die Perspektive auf sowie die Ausformung der Vater-Kind-Beziehung. In diesem Zusammenhang wird festgestellt, dass um die 2000er-Jahre der öffentliche, mediale und wissenschaftliche Diskurs um Vaterschaft und Männlichkeit stark zunimmt (Baader, 2006; Zulehner, 2003). Es gibt nicht mehr den einen Vatertyp, sondern eine große Zahl unterschiedlicher Vaterschaftskonzepte (Gumbinger & Bambey, 2009; Matzner, 2004), mit einer Vielzahl an Vätern, die sich eine Beteiligung am Alltagsleben ihrer Kinder wünschen (Jurczyk & Lange, 2009), d. h. eine spezifische Vater-Kind-Beziehung anstreben und nicht mehr auf die Ernährerrolle reduziert sein wollen. Diese verantwortungsbewusste und aktive Vaterrolle wird 2004 (Stampler & Stiller, 2004) von fast der Hälfte aller werdenden Väter angestrebt. Allerdings zeigen sich der ‚aktive Vater' und die egalisierte Ordnung der Sorge des öffentlich-politischen Diskurses nicht in gleicher Weise in der Empirie, wo Geschlechterasymmetrien in elterlichen Praktiken und Responsibilisierungen durch gesellschaftliche Institutionen Bestand haben (Seehaus, 2015; Seehaus, Rose, & Günther, 2015). In der Familienrhetorik ist der Mythos der ‚guten Mutter' stets präsent (Schenk, 1998; Vinken, 2007) inklusive damit verbundener genderspezifischer Aufgabenzuweisungen in Öffentlichkeit und Familie sowie Eltern-Kind-Beziehung. Dem gegenüber stehen Leitbilder wie ‚intimate fathering' (Dermott, 2007) oder ‚reflexive fatherhood' (Westerling, 2015), die die Emotionalität der Vater-Kind-Beziehung illustrieren.

2010 wird in der Familienforschung – wie auch im Familienbericht von 2010 deutlich wird (BMWFJ, 2010) – die Entgrenzung von Familie und familialem Alltag diskutiert, die Durchlässigkeit von Arbeit und Privatem, aber auch die Entgrenzung von Privatem und Wissenschaft beinhaltet: psychologischen, therapeutischen und sozialwissenschaftlichen Wissen dringt in Familie, mit einer bedeutsamen Wirkung auf Vorstellung darüber, was ein gutes und richtiges Familienleben, richtige Kindererziehung ist. Care-Tätigkeiten und auch Erziehungsaufgaben sind allerdings in den ersten Jahrzehnten des 21. Jahrhunderts nach wie vor nicht egalitär aufgeteilt, wie die Daten des Generations and Gender

Programme (GGP) veranschaulichen (Buber-Ennser, Neuwirth, & Testa, 2013): Zu Bett bringen, Ankleiden, zur Schule bringen, bei Aufgaben helfen und beim kranken Kind zuhause bleiben – für alle diese Betreuungsaufgaben ist in erster Linie die Mutter zuständig. Spielen und zu Bett bringen wird von beiden Eltern etwa bei der Hälfte der Befragten gleich oft gemacht. 2013 ist die Aufteilung zwar egalitärer, der Übergang zu Elternschaft führt allerdings weiterhin zu einer Retraditionalisierung einer bislang egalitären Partnerschaft mit zwei vollerwerbstätigen Partner*innen.

In den vergangenen Jahren ist – so kann abschließend festgehalten werden – der Anspruch an Eltern-Kind-Beziehung der einer „verantworteten Elternschaft" (Jurczyk, 2020b, p. 27), sowohl auf individueller als auch auf gesellschaftlicher Ebene (E. M. Schmidt et al., 2023). Diese Erwartung wirkt sich auch auf Normen und Werte für Elternschaft nach einer Trennung und Scheidung bzw. für Eltern-Kind-Beziehung bei nicht gemeinsam lebenden Eltern aus. Diesen Aspekt widmet sich das abschließende Unterkapitel der Einordnung dieser Arbeit in den soziohistorischen und -demographischen Wandel.

Von der Restfamilie zur gemeinsamen (Nachtrennungs-) Elternschaft

Aus demographischer Sicht waren in den Jahrzehnten bis zum ausgehenden 20. Jahrhundert vor allem der Anstieg von multipler Elternschaft und Stieffamilien, sinkende Geschwisterzahlen sowie ein steigender Anteil unehelicher Geburten die größten Veränderungen von Familienleben. Beham et al. (1999) halten in ihrem Resümee im vierten Familienbericht außerdem fest, dass insbesondere mit dem Anstieg der immer brüchigeren Paarbeziehung auf individueller Ebene die Eltern-Kind-Beziehung an sinnstiftender und emotionaler Bedeutung zunimmt. Die Eltern-Kind-Beziehung unterliegt der starken Norm der unkündbaren Verbindlichkeit und ist emotional hoch besetzt. Gleichzeitig bedarf sie allerdings einer laufenden Aushandlung entlang einer Vielzahl an Gestaltungsmustern. Wenn die Eltern-Kind-Beziehung nicht in das Modell der heteronormativen, bürgerlichen Kernfamilie eingebettet ist – also etwa bei einer getrennten Elternschaft oder einer Differenzierung in biologische und soziale Elternschaft – bestehen weniger verbindliche Erwartungen bezüglich Beziehungsgestaltung und Rollen als für traditionelle Kernfamilien.

Wie im Familienbericht von 1969 (Bundeskanzleramt, 1969) wird auch Familienbericht von 1989 (BMUJF, 1989, p. 525) von „Scheidungswaisen" geschrieben, ein Begriff, der impliziert, dass ein Kind durch eine Scheidung einen Elternteil verliert (Dopffel, 1994). Allerdings wird im Bericht des Jahres 1989 auch darauf verwiesen, dass eine Scheidung zwar die Ehe trenne, nicht aber das

Ende der Familie bedeute. Die zu dieser Zeit auch für die Sozialwissenschaften neue Perspektive auf Scheidung (Ahrons, 1980; W. Fthenakis, Niesei, & Griebel, 1993) versteht Scheidung und Trennung nicht mehr als abweichendes Verhalten, sondern als Reorganisationsprozess, als Neuordnung familialer Beziehungen und nicht mehr als Auflösung von Familie. Gemeinsame Elternschaft besteht weiter, auch wenn komplexe familiale Gefüge wie Stieffamilien auf die Scheidung folgen. Während also im ersten Familienbericht noch davon ausgegangen wird, dass Scheidung das Ende einer aktiven Beziehung zum getrenntlebenden Elternteil bewirkt, kommt es in den 1970er-Jahren zu einer Wende der Normen und Wert zu Nachtrennungselternschaft und Elternschaft in Ein-Eltern-Familien. Elterliche Trennung oder Scheidung bedeutet nun, dass Elternschaft und elterliche Verantwortung neu verhandelt und verteilt werden muss. Die Erwartung an getrennte oder nie in Partnerschaft gelebte Eltern ist, das Kind und dessen (seelisches) Befinden und Entwicklung im Zentrum zu stellen. Eltern trennen sich zwar als Beziehungspartner*innen oder waren nie solche, sollen sich aber als Mutter und Vater des gemeinsamen Kindes akzeptieren, um Loyalitätskonflikte des Kindes zu vermeiden.

Diese Anforderung spiegelt sich auch im Besuchsrecht wider, das dem nicht obsorgeberechtigten Elternteil zugeschrieben wird (siehe Abschnitt 1.2.1). Eine im Familienbericht von 1989 zitierte Studie aus dem Jahr 1988 (IMAS, 1988) verdeutlicht die Herausforderungen, die mit diesem Anspruch verknüpft sind. So geben ein Drittel der in dieser Studie befragten Alleinerziehenden an, dass die Besuchsrechtsregelung gerichtlich festgesetzt werden musste. Eine weitere Studie mit Alleinerziehenden aus dieser Zeit (ÖIBF, 1986), auf die im Bericht verwiesen wird, ergibt, dass fast die Hälfte der Befragten das Gefühl hat, dass dem Kind der andere Elternteil fehlt. Durch das International Social Survey Program von 1988 (ISSP 1988) wird die hinter diesem Gefühl stehende vorherrschende Norm deutlich: Kinder sollten idealerweise in einer Familie mit zwei Eltern aufwachsen. Die Ergebnisse des ISSP 1988 zeigen aber auch, dass 56,1 Prozent der Meinung sind, dass alleinerziehende Mütter genauso wie ein Ehepaar ein Kind großziehen können. 39 Prozent der Befragten lehnen diese Aussage ab. Zu beachten ist der deutliche genderspezifische Unterschied im Antwortverhalten: Während zwei Drittel der befragten Frauen Zweielternfamilien und Familien mit alleinerziehenden Müttern gleichsetzten, tat dies nur die Hälfte der befragten Männer. Alleinerziehenden Vätern wird allerdings nur von 25 Prozent der Befragten die gleiche Erziehungskompetenz zugesprochen, 20 Prozent sind unentschlossen und 55 Prozent lehnten diese Meinung ab.

Beham et al. (1999) halten im vierten Familienbericht fest, dass im ausgehenden 20. Jahrhundert familiale Beziehungen und deren Gestaltung sowie familiale

Lebensformen vom Modell der bürgerlichen Kernfamilie determiniert sind, die durch eheliches Zusammenleben von Mann und Frau mit leiblichen Kindern sowie genderspezifischer Aufgabenteilung und Zuständigkeiten charakterisiert ist. Gleichzeitig postulieren N. Schneider und Matthias-Bleck (1999), dass gelebte Familie „vielgestaltig und wandlungsfähig" (p. 205) ist und familiale und elterliche Vorstellungen und Praktiken von vielen Menschen sich gewandelt haben: Ehe und Familie sowie Partnerschaft und soziale sowie leibliche Elternschaft erscheinen entkoppelt. Allerdings lösen nichtkonventionelle Lebensformen die auf Ehe gegründete Familie nicht ab, sondern treten neben diese. Grundsätzlich wird von Eltern gefordert, dass sie ihre Paar- bzw. Elternkonflikte von ihrer Beziehung zu ihren Kindern trennen und damit gemeinsame Verantwortung als Eltern entsprechend dem erstarkenden Paradigma des Kindeswohls wahrnehmen (Eckert-Schirmer, 1995). Die in dieser Zeit immer stärkere Verbreitung pädagogischen und psychologischen Expert*innenwissens über Bedürfnisse von Kindern und Anerkennung von Kindern als eigenständige Persönlichkeiten, führt auch zu steigenden Anforderungen an Nachtrennungseltern inklusive der ‚Korrektur' von möglichen Fehlern, wie Beham und Zartler (2010) festhalten. Elternschaft wird als lebenslange Verpflichtung und auch bei getrennter Partnerschaft im Sinne des Leitbilds der „verantworteten Elternschaft" (Kaufmann, 1995, p. 42) erwartet. Allerdings sind Ideal und Anspruch des Leitbilds der Kernfamilie persistent, d. h. dass für eine gelungene ökonomische, psychische und physische Betreuung eines Kindes eine Elternschaft von einer Mutter- und einer Vaterperson zur Verfügung stehen muss. Für von diesem Leitbild ‚abweichende Familienformen' gibt es zu dieser Zeit keine konkreten Vorgaben, wie Beham und Wilk (1999a) in ihrem Beitrag im 4. Familienbericht betonen. Verantwortete Elternschaft beim Auseinanderfallen von biologischer und sozialer Elternschaft wird damit in den 1990ern als Herausforderung thematisiert.

Zartler und Wilk (2010) stellen im fünften Familienbericht fest, dass am Beginn des 21. Jahrhunderts die Situation von Kindern in Nachscheidungs- und Nachtrennungsfamilien im europäischen Raum noch wenig erforscht ist. Die vorliegenden Studien (Amato, 2001; Wendt & Walper, 2007), auf die die beiden Autorinnen verweisen, zeigen, dass es einige Risikofaktoren für ein Aufwachsen von Kindern in Nachtrennungsfamilien gibt. Neben ökonomischen Herausforderungen sind für Kinder die an diese Familien herangetragenen sozialen Normen sowie ein fortdauernder elterlicher Konflikt belastend. Diese konkrete Lebenswelt findet sich innerhalb des Spannungsbogens von Gesellschaft – Erziehende – Kind. Wie auch durch die Rechtsreformen um 2000 auf der normativen Ebene deutlich wird (Anm.: gemeinsame elterliche Verantwortung als Regelfall und Recht des Kindes auf persönlichen Verkehr mit beiden Eltern), wirkt das Leitbild der gemeinsamen und verantwortenden Elternschaft zu dieser Zeit auch immer deutlicher auf Nachtrennungselternschaft, stellen Zartler und Wilk (2010) fest. Das birgt die anspruchsvolle Herausforderung für Eltern nach einer Trennung gleichzeitig die Paarbeziehung aufzulösen und die Elternbeziehung aufrechtzuerhalten. Wie diese Herausforderung in der Praxis bewältigt wird, ist entscheidend für das Wohl der Kinder, stellen die beiden Autorinnen mit Verweis auf etliche Forschungsarbeiten fest (Ahrons, 2007; Emery, 1999; Flowerdew & Neale, 2003; Hetherington & Kelly, 2002; Moxnes, 2003; Sarrazin & Cyr, 2007). Gemeinsame Elternschaft bedeutet rege Kommunikation, gemeinsame Planung, Abstimmung von Aktivitäten und Zeitplänen. Das Leitbild einer gemeinsam fortbestehenden und kooperativen Elternschaft spiegelt sich aber nur zum Teil in den elterlichen und familialen Praktiken getrennter Eltern wider. Die meisten Nachtrennungseltern leben eine parallele Elternschaft mit wenigen Konflikten und wenig Kommunikation, einem weiteren Teil gelingt beides nicht, stellen Zartler und Wilk (2010) fest.

Den polarisierenden Diskurs um Nachtrennungselternschaft zu Beginn des 21. Jahrhunderts spiegeln Ergebnisse des Gender and Generations Survey 2008/09 wider: So zeigt sich in der österreichischen Gesellschaft eine Tendenz zu einer konservativen und geschlechterpolarisierenden Meinung zu Elternschaft. 26 Prozent der Befragten stimmten der Aussage „Wenn sich Eltern scheiden lassen, ist es besser, wenn das Kind bei der Mutter bleibt und nicht beim Vater" (sehr) zu; 19,6 Prozent stimmten (überhaupt) nicht zu und mehr als die Hälfte der Befragten stimmten weder zu noch lehnten die Aussage ab (Zartler, 2012a).

In der Wissenschaft herrscht allerdings – so Zartler und Wilk (2010) im fünften Familienbericht – ab dem Beginn des 21. Jahrhunderts eine weitgehende Übereinstimmung darüber, dass die Vater-Kind-Beziehung nach einer Trennung für Kinder aufrechterhalten werden sollte, sowohl für das subjektive Wohlbefinden als auch für die Förderung der Entwicklung eines Kindes (Amato & Gilbreth, 1999; Hetherington, 2003; Juby, Billette, Laplante, & Le Bourdais, 2007; Peters & Ehrenberg, 2008; Beate Schwarz & Noack, 2002). Der Wandel der Vaterrolle spiegelt sich auch in Nachtrennungsfamilien wider, in der die Aufrechterhaltung der Vater-Kind-Beziehung an Bedeutung gewinnt (Zartler & Wilk, 2010). Die Neustrukturierung Vater-Kind-Beziehung, die in den meisten Nachtrennungsfamilien nicht von ständigem Zusammenleben geprägt ist, erfordert allerdings besondere Gestaltungsleistungen (Werneck, 2004). Mütter werden als ‚gatekeeper' für diese Beziehung thematisiert (Madden-Derdich, Leonard, & Christopher, 1999). Die Möglichkeit der Aufrechterhaltung der gemeinsamen Obsorge wird dabei als begünstigendes Element für die Aufrechterhaltung und positive Gestaltung des Vater-Kind-Kontaktes erlebt (Bauserman, 2002) und erscheint auch als entscheidend für die Häufigkeit des Kontakts (Figdor, Barth-Richtarz, Kränzl-Nagl, & Pelikan, 2006). Zartler und Wilk (2010) verweisen im Familienbericht auf eine Studie aus Deutschland aus dem Jahr 2005, die ergab, dass 50 Prozent der befragten Väter aus Nachtrennungsfamilien ihre Vaterrolle unverändert sahen, 40 Prozent sich als Wochenendvater bezeichneten und zehn Prozent sich ihrer Vaterrolle beraubt sahen. Um 2000 lässt die österreichische Datenlage auf Vater-Kind-Beziehungen in Nachtrennungsfamilien nur bedingt repräsentative Aussagen zu, so Zartler und Wilk (2010). Allerdings scheint es Hinweise darauf zu geben, dass etwa die Hälfte der Kinder ihren Vater nach einer elterlichen Trennung mindestens einmal wöchentlich sehen, der Kontakt zwischen getrenntlebenden Vätern und ihren Kindern seit Anfang der 1990er-Jahre allerdings zugenommen hat (Zartler & Wilk, 2010). Die Mehrzahl der Kinder (85 Prozent und mehr) wohnen zu dieser Zeit aber – sei es bei gemeinsamer oder bei alleiniger Obsorge – hauptsächlich bei der Mutter (Atteneder et al., 2005; Figdor et al., 2006). Alltagsaufgaben werden vorwiegend von Müttern übernommen (Figdor et al., 2006). Obwohl von manchen Eltern gelebt, ist das Modell der Doppelresidenz am Beginn des 21. Jahrhunderts rechtlich noch nicht verankert, wird aber kritisch diskutiert (Barth-Richtarz, 2009a, 2009b; Barth, 2009; Jensen, 2009; Verschraegen, 2009).

Im 21. Jahrhundert wird Elternschaft als sozial definierter Status normativ auch nach einer Scheidung als ‚co-parenting' erwartet (Pryor & Rodgers, 2001; Smart, Neale, & Wade, 2001). In der konkreten, alltäglichen Sorge von Nachtrennungselternschaft zeigen sich allerdings weiterhin grundlegende Unterschiede nach Geschlecht (Kortendiek, 2010). Elternschaft und Familie erscheinen entgegen der in der gegenwärtigen geschlechtsneutralen rechtlichen Perspektive ein besonders hartnäckiger Bereich von geschlechtsdifferenten Erwartungsstrukturen zu sein (Müller, 2017). Normative Vorstellungen zu Sorge und tatsächliche physische wie psychische Sorge zeigen sich als nicht übereinstimmend, wodurch die normative Erwartung an beide Elternteile gemeinsame Verantwortung zu übernehmen Konflikte birgt (Wolde, 2007).

In der Gegenwart ist die gemeinsame Obsorge bzw. Obsorge beider Elternteile zumindest normatives Leitbild von Elternschaft nach einer Trennung (Halatcheva-Trapp, 2022; Zartler, 2021). Allerdings sind trotz der Entstehung diverserer familialer Strukturen und Geschlechterrollen und der auf rechtlicher Ebene stetig verringerten Diskriminierung von Männern und Frauen, genderspezifische Strukturierungen standhaft (Hewitt & Brady, 2018). Thiessen (2024) spricht von der „scheinbar in Beton gegossene[n] Trias: Familie – Care – Geschlecht" (p. 49), die trotz der Pluralisierung von Familienverhältnissen konstant ist. Diese scheint auch in Co-Parenting-Familien wirkmächtig (Wimbauer, 2021). Empirische Befunde zu Trends im Familienleben veranschaulichen, dass Care-Tätigkeiten immer noch Geschlechterverhältnisse begründen. Aus einer praxeologischen Perspektive und mit den Worten von Thiessen (2024) bedeutet dies: „Doing Family while Doing Care while Doing Gender“ (p. 49), und ergänzend: while Doing Parenthood – mit dieser Verknüpfung setze ich mich in Abschnitt 2.1.2 im Zuge der Darstellung der Erarbeitung des theoretischen Zugangs dieser Dissertation im Detail auseinander.

Abschließend sei zur Einbettung dieser Arbeit grundlegend festgehalten, jedoch in Abschnitt 2.1 noch detaillierter ausgearbeitet: *Elternschaft* ist die soziale, rechtliche und biologische Rolle, die verbunden ist mit der Übernahme bzw. der grundsätzlichen Erwartung der Übernahme bestimmter Aufgaben von fürsorglichen familialen Praktiken in Beziehung zu einem Kind. Fürsorgliche Praktiken, die ihre Wurzeln in einer Geschlechterkonstruktion haben, sind die Basis von Elternschaft und Familien (Thiessen, 2024). Die Elternschaft wird *in* Praktiken normiert sowie bewertet und normiert sowie bewertet *durch* Praktiken (Lind, Westerling, Sparrman, & Dannesboe, 2016). Elternsein ist dabei die Summe an individuellen elterlichen Praktiken der Kindererziehung und -betreuung. *Eltern-Kind-Beziehung* ist die soziale und emotionale Beziehung zwischen einem Elternteil und einem Kind. Elterliche Praktiken – also das Elternsein – sind als kulturelles Konstrukt und Produkt historisch und sozial situiert (Faircloth, Hoffman, & Layne, 2013; Lee, Bristow, Faircloth, & Macvarish, 2014; Lind et al., 2016). Dementsprechend variieren elterliche Erwartungen und Vorstellungen an und für ihre Kinder sowie elterliche Idealbilder und Praktiken im Wandel der Zeit sowie in unterschiedlichen Kontexten (Lind et al., 2016).

Einer der Kontexte von Elternschaft, Elternsein und Eltern-Kind-Beziehung bzw. dessen Differenzierung in Mutter- und Vaterschaft sind Pflegschaftsverfahren. Der soeben noch breitere und auch soziohistorische Blick auf relevante Veränderungen, empirische Erkenntnisse und auch soziologische Befunde zu rechtlichen und sozialen Aspekten von Elternschaft wird nun fokussiert. Das folgende Kapitel fasst den konkreten Forschungsstand zum Thema Elternschaft vor dem Gericht zusammen, an den ich mit dieser Arbeit anknüpfen möchte bzw. den diese Arbeit erweitern soll.

1.3 Elternschaft vor Gericht: konkreter Forschungsstand, Forschungslücke und Forschungsfragen

Der Überblick zur sozialwissenschaftlichen Forschung zu sozialen, normativen und geschlechtsbezogenen Vorstellungen und Konzepten zu Elternschaft und Familie sowie zu den soziohistorischen und rechtlichen Konstruktionen von und diversen Narrativen zu Mutter- und Vaterschaft erfolgte in den beiden vorangegangenen Kapiteln dieser Arbeit. Die theoretischen und methodologischen Konzepte und Theorien, die für die Bearbeitung der Forschungsfragen dieser Arbeit als relevant erarbeitet wurden, werden in Kapitel 2 ausführlich diskutiert. In der Folge wird der Blick gezielt auf empirische Forschung fokussiert, die sich mit der Verhandlung und Konstruktion von Mutter- und Vaterschaft bei Gericht auseinandersetzen und diese Arbeit erweitern soll.

1.3.1 Forschungsstand

Grundsätzlich finden sich nur sehr wenige Studien, die sich mit Elternschaft in Gerichtsverfahren befassen. Einige davon greifen auf Datenmaterial jenseits von Gerichtsakten zurück (Battle, 2023; Müller, 2017; Trinder, 2007), konkret mit Gerichtakten als Datenmaterial befassen sich zwar etwas mehr Studien (Atteneder et al., 2005; Kratky, 2020; May & Smart, 2007; O'Donnell et al., 2024; Rhoades, 2002; Smart & May, 2004; Smart, May, Wade, & Furniss, 2003, 2005; Tolasch, 2016; Vered, 2020), in Summe jedoch nur wenige aus einer soziologischen Perspektive (Battle, 2023; May & Smart, 2007; Müller, 2017; Smart & May, 2004; Smart et al., 2003, 2005; Tolasch, 2016). Ich skizziere in der Folge die Aspekte dieser Studien, die für meine Forschung relevant sind; zunächst jener Arbeiten, die sich mit Elternschaft in Gerichtsverfahren auseinandersetzen aber nicht auf Gerichtsakten als Datenmaterial zurückgreifen, anschließend jene Studien, die sich (unter anderem) mit Gerichtsakten befassen.

So basiert etwa die rechtswissenschaftliche Studie von Trinder (2007) über die Effektivität von Entscheidungen in Kontaktrechtsverfahren in Großbritannien auf den Befragungen von Müttern und Vätern. Die in der Studie herausgearbeiteten konkurrierenden geschlechtsspezifischen Erzählungen zu „dangerous dads“ als Gefährdern und „malicious mothers“ als Gatekeeperinnen (Trinder, 2007, p. 82) scheinen in den Augen der Autorin auch dem binären Zugang des Familienrechts geschuldet, das Gegensätze konstruiert und komplexe Konflikte auf einfache Darstellungen reduziert. Für meine Forschung wird durch diese Studie deutlich, dass in Gerichtsverfahren geschlechtsspezifische Subjektpositionierungen von guten und schlechten Müttern und Vätern wirkmächtig werden.

Ebenso mit familiengerichtlichen Entscheidungen sowie familiengerichtlicher Praxis befasst sich (Müller, 2017) in einer explorativ ethnografischen Forschung; konkret mit dem inhaltlichen Deutungswandel des deutschen Familienrechts in Bezug auf geschlechtsspezifische und familienrechtliche Normen. In dieser Studie wird deutlich, dass trotz der Einführung des geschlechtsneutralen Partnerschaftsmodells im Gesetz in familienrechtlichen Verfahren geschlechtliche Differenzierungen von Eltern weiterhin wirkmächtig werden.

Beide Studien zeigen die Relevanz von Forschung, die sich mit geschlechtsspezifischer Elternschaft in der familiengerichtlichen Praxis auseinandersetzt. Allerdings haben sie vorrangig eine rechtswissenschaftliche oder rechtssoziologische Perspektive auf das Forschungsfeld.

Mit der Verhandlung von elterlichen Verantwortlichkeiten befasst sich eine US-amerikanische Studie zu gerichtlichen Unterhaltsverfahren (Battle, 2023). Mit einer Beobachtung von Unterhaltsverfahren und Interviews mit Mitarbeitenden von Institutionen zur Unterhaltsregelung beschäftigt sich diese Forschung u. a. mit der Frage, ob die institutionelle Logik von Unterhaltssystem und -verfahren geschlechtliche Normen von Elternschaft und Familie reflektiert. Ein Ergebnis dieser Studie ist, dass institutionelle Erwartungen an Eltern moralisierend mit einer stereotypisierenden Konzeption elterlicher Verantwortlichkeiten verknüpft sind. Diese Arbeit legt nahe, dass Gerichtsverfahren als Ort staatlicher Intervention sowie als Ort der Konstruktion spezifischer Erwartungen an Elternschaft erforscht werden können. Der Fokus dieser Studie liegt jedoch auf der Ebene der institutionellen Akteur*innen.

Empirische Forschung zu Mutter- und Vaterschaft in Gerichtsverfahren mit Gerichtakten als Datenmaterial ist grundsätzlich rar. Die wenigen Arbeiten, die in der Recherche gefunden wurden, bleiben analytisch zumeist auf der manifesten Ebene (Atteneder et al., 2005; Kratky, 2020; May & Smart, 2007; Rhoades, 2002; Smart et al., 2003, 2005; Vered, 2020), nur zwei nehmen eine soziologische Perspektive ein (May & Smart, 2007; Smart et al., 2003, 2005; Tolasch, 2016) und wenige sind im deutschsprachigen Raum verortet (Atteneder et al., 2005; Kratky & Schröder-Abé, 2020; Tolasch, 2016). So befasst sich etwa eine rechtswissenschaftliche Studie aus Österreich (Atteneder et al., 2005) mit den Auswirkungen von Gesetzesreformen auf Scheidungsfolgen und greift dabei auf eine Analyse von über 7000 österreichischen Gerichtsakten aus Scheidungsverfahren aus den Jahren zwischen 1997 und 2003 zurück. Einen (rechts-) psychologischen Fokus haben wiederum drei aktuelle Studien über Verfahren zu

Kindeswohlgefährdung bzw. -misshandlung (Kratky, 2020; Kratky & Schröder-Abé, 2018, 2020; O'Donnell et al., 2024; Vered, 2020). Kratky und Schröder-Abé (2018, 2020) fokussieren inhaltlich auf das Kindeswohl und den Kindeswillen und verdeutlichen durch die Analyse von Gerichtsakten aus deutschen Kinderschutzverfahren das wirkmächtige Wechselspiel innerfamiliärer und juristischer Prozesse. Eine ähnlich gelagerte australische Studie (O'Donnell et al., 2024) identifiziert Charakteristika von Familien und Eltern in solchen Verfahren, die eine Relevanz im Verfahrensverlauf zu haben scheinen. Auch die israelische Studie von (Vered, 2020) befasst sich mit Verfahren zu Kindeswohlgefährdung, in denen elterliche Rechte aberkannt und Kinder abgenommen wurden. Im Zentrum dieser Forschung steht die Frage, wie das Recht auf Elternsein gegen Interessen der Kinder abgewogen wird. Methodisch bleiben alle diese Studien hauptsächlich auf der manifesten Ebene. In den Ergebnissen wird aber die Handlungsmacht professioneller Akteur*innen deutlich.

Einen konkreten geschlechterspezifischen Blick auf Elternschaft in Gerichtsverfahren werfen sowohl eine britische (May & Smart, 2007; Smart & May, 2004; Smart et al., 2003, 2005) als auch eine australische (Rhoades, 2002) Studie zu Vater- bzw. Mutterschaft in Kontaktrechtsverfahren. Bei beiden Studien war eine Gesetzesnovelle und deren Auswirkung auf Konflikt- und Verfahrensdynamik Ausgangspunkt der Forschung. Die Autorinnen der britischen Studie (May & Smart, 2007; Smart & May, 2004) befassen sich konkret mit der Bedeutung des Kindeswohls in Kontaktrechtskonflikten und untersuchen die Fallentwicklung aus einer soziologischen Perspektive basierend auf einer Analyse von Stellungnahmen und Berichten aus 430 Gerichtsakten von Bezirksgerichten sowie 61 narrativen Interviews. Inhaltlich bietet diese Studie insofern Anknüpfungspunkte für meine Forschung, als die beiden Forscherinnen in ihrer Arbeit einen „moralischen Code" (May & Smart, 2007, p. 68) einer geschlechterdifferenzierten Elternschaft identifizieren. Dieser Code verweist auf klare Vorstellungen darüber, wie Elternschaft nach einer Trennung ausgeformt sein sollte und welche Pflichten ein Vater (finanzielle Unterstützung und Verantwortungsübernahme für das Kind) und eine Mutter (Ermöglichen der Vater-Kind-Bindung) zu übernehmen hat.

Rhoades (2002) befasst sich aus einer rechtswissenschaftlichen Perspektive mit der Rekonstruktion von Mutterschaft in Kontaktrechtsverfahren in Australien. Dabei greift sie auf 100 Gerichtakten aus dem Jahr 1999 zurück um das Narrativ ‚selfish mother' im Zusammenhang mit der Einführung des ‚shared parenting' im australischen Familienrecht zu diesem Zeitpunkt zu untersuchen. Beide Studien sind insofern von Bedeutung für meine Forschung, als sie u. a. die Bedeutung geschlechtsspezifischer Narrative sowie Normalitätsvorstellungen von

Elternschaft in Gerichtsverfahren sichtbar machen. Methodisch sind jedoch auch diese Studien eher auf der manifesten Ebene angelegt.

Anders ist dies bei der soziologischen Studie von Tolasch (2016), die auf fünf Akten aus Strafrechtsverfahren zu Kindstötungsdelikten basiert. Die Autorin befasst sich in dieser Forschung mit der diskursiven Konstruktion der guten Mutter im strafrechtlichen Diskurs um Mutterschaft anhand einer Verknüpfung von Aktenanalyse mit der wissenssoziologischen Diskursanalyse. In dieser Arbeit wird deutlich, dass ein qualitativ-diskursanalytischer Ansatz gewinnbringend ist, um normative Vorstellungen von Mutterschaft herauszuarbeiten und Subjektpositionen sichtbar zu machen.

1.3.2 Forschungslücke

Insgesamt kann mit diesem Überblick über Forschung zu Elternschaft vor dem (Familien-)Gericht festgehalten werden, dass Studien zu geschlechtsspezifischer Konstruktion von Mutter- und Vaterschaft in Gerichtsverfahren generell rar sind und es – soweit meine Kenntnis reicht – spezifisch zu Sorgerechtsverfahren bis dato keinerlei Forschung gibt. Weiters sind Forschungsarbeiten in diesem Bereich vorrangig psychologisch (Kratky & Schröder-Abé, 2018, 2020; O'Donnell et al., 2024; Vered, 2020) oder rechtswissenschaftlich (Atteneder et al., 2005; Rhoades, 2002; Vered, 2020) ausgerichtet. Soziologische Studien in diesem Gebiet greifen zumeist ausschließlich (Battle, 2023; Müller, 2017) oder teilweise May und Smart (2007) auf Methoden wie Beobachtungen oder Interviews zurück. Die soeben vorgestellten Studien, die ausschließlich mit Gerichtsakten als Datenmaterial arbeiten (Atteneder et al., 2005; Kratky & Schröder-Abé, 2018, 2020; O'Donnell et al., 2024; Rhoades, 2002; Tolasch, 2016; Vered, 2020), basieren mit Ausnahme der Studien von Tolasch (2016) und O'Donnell et al. (2024) auf einem umfassenden Datenkorpus von mehreren hundert bis tausenden Akten. Analytisch bewegen sich diese Arbeiten meist auf der quantitativen oder manifesten Ebene. Allerdings vertiefen bzw. verdichten einige Arbeiten ihre Ergebnisse anhand einer zusätzlichen qualitativen Analyse eines Subsamples (Kratky & Schröder-Abé, 2018, 2020; O'Donnell et al., 2024; Vered, 2020). Diese und insbesondere die Arbeit von Tolasch (2016) bieten für meine Forschung methodische und methodologische Anknüpfungs- und Erweiterungsmöglichkeiten. Gleichzeitig wirft dieser Blick auf konkrete Forschung zu Elternschaft in Gerichtsverfahren aber die Frage auf, wie Gerichtsakten als Datenmaterial für die familiensoziologische Forschung gewinnbringend greifbar gemacht werden können.

Inhaltlich bieten die dargestellten Studien einzelne Anknüpfungspunkte, indem etwa deutlich wird, dass Forschung zu Elternschaft in Gerichtsverfahren anhand von Gerichtsakten das Potenzial hat, einerseits gezielt Machtverhältnisse, Prozesse oder Sprechpositionen in den Blick zu nehmen, dies allerdings bisher nur aus einer rechtswissenschaftlichen oder psychologischen Perspektive vorgenommen wurde (Atteneder et al., 2005; Kratky & Schröder-Abé, 2018, 2020; O'Donnell et al., 2024). Andererseits zeigen die Arbeiten von Rhoades (2002), Smart und May (2004) und Tolasch (2016), dass solche Forschung es ermöglicht, normative Vorstellungen zu geschlechtsspezifischer Elternschaft und konkrete Subjektpositionen von Mutter- und Vaterschaft zu untersuchen. Zusammenfassend kann jedoch gesagt werden, dass bisherige Forschung, die sich mit der Verhandlung und Konstruktion von Mutter- und Vaterschaft bei Gericht auseinandersetzt, sich zumeist auf einen dieser Aspekte konzentriert – entweder auf Dynamiken, Prozesse und Abläufe oder auf konkrete (Re-)Konstruktion von Positionen oder Vorstellungen. Ebenso fokussieren bisherige Studien auf einen kürzeren Zeitraum und vernachlässigen somit das Potenzial der Erforschung möglicher Veränderungen im untersuchten Feld.

Generell wurde eine soziologische Perspektive auf Verhandlung und Konstruktion von Mutter- und Vaterschaft bei Gericht über einen längeren Untersuchungszeitraum hinweg bisher nicht eingenommen. Konkrete gendersensible familiensoziologische Forschung zu Pflegschaftsverfahren anhand eines qualitativ-diskursanalytischen Zugangs zu Gerichtsakten aus Sorgerechtsverfahren scheint es bis dato nicht zu geben. Eine Forschung, die Pflegschaftsverfahren als Diskursfeld versteht und sich der darin stattfindenden diskursiven und praxeologischen Herstellung und Verhandlung von Elternschaft vor Gericht aus einer gendersensiblen familiensoziologischen Perspektive mittels wissenssoziologischer Diskursanalyse anhand von Gerichtsakten widmet, gibt es bisher nicht. Diese Forschungslücke ein Stück weit zu schließen, setzt sich diese Arbeit zum Ziel.

1.3.3 Forschungsfragen

Aus diesem Forschungsziel ergeben sich die bereits in der Einleitung formulierten Forschungsfragen. Diese drehen sich einerseits um das Interesse daran, wie an österreichischen Familiengerichten seit 1945 mütterliche und väterliche Praktiken, Ressourcen und Argumentationen von unterschiedlichen Akteur*innen verhandelt werden, sowie auf welche Macht- und Hierarchiestrukturen, Leitbilder und Deutungsmuster damit verwiesen wird. Andererseits zeigt bisherige Forschung, dass es eine Entwicklung eines theoretischen, methodologischen und methodischen

Zugangs braucht, damit Gerichtsakten als Datenmaterial zugänglich und nutzbar gemacht werden können und damit das Forschungsziel dieser Arbeit erreicht werden kann.

Konkret lassen sich somit basierend auf Erkenntnisinteresse, Einordnung und Einbettung dieser Forschung sowie anknüpfend an den empirischen Forschungsstand und entsprechend dem soeben skizzierten Forschungsziel folgende leitende Forschungsfragen für meine Dissertation formulieren:

- Auf welche Konstruktionen von Mutter- und Vaterschaft verweisen die im Rahmen von Pflegschaftsverfahren produzierten gerichtlichen Dokumente im Zeitverlauf?
- Welche (Dis-)Kontinuitäten in Narrativen von Mutter- und Vaterschaft und welche geschlechterstereotypen Konstruktionen zeigen sich im Diskurs vor Gericht?
- Welche sozialen, normativen und geschlechterbezogenen Vorstellungen und Konzepte finden sich in den Argumentationen der beteiligten Akteur*innen (z. B. Mütter, Väter, Richter*innen, Sachverständige, Anwält*innen)?
- Welche Machtstrukturen und Hierarchiebildungen werden in den Kommunikations- und Legitimationsprozessen der an der Produktion der Gerichtsakten beteiligten Akteur*innen sichtbar?
- Mit welcher theoretischen Perspektive und methodologischen Forschungshaltung sowie mit welchen methodischen Mitteln können Gerichtsakten für die Beantwortung dieser Fragestellungen fassbar und nutzbar gemacht werden?

Der letzten Forschungsfrage widme ich mich nun im folgenden Kapitel. Auf dem Weg zur Beantwortung dieser Frage gab es viele Abzweigungen, die ich ein Stück weit gegangen bin und Umwege, die ich genommen habe. Diese sind zwar Teil der Entstehungsgeschichte dieser Arbeit, ich möchte den Leser*innen aber das nochmalige Gehen dieses Weges ersparen und beschränke mich im folgenden Kapitel auf die Quintessenz meiner Auseinandersetzung mit Theorie, Methodologie und Methode. So stelle ich zunächst den erarbeiteten theoretischen Rahmen dieser Arbeit dar und zeige damit auch auf, an welche theoretischen Konzepte ich mit dieser Forschung anknüpfe. Anschließend expliziere ich den methodologischen Zugang sowie die methodische Umsetzung meiner Forschung.

2 „Auseinandersetzung mit Diskursen und Praktiken zum Thema machen" – die Entwicklung des theoretischen und methodologischen Zugangs und der methodischen Umsetzung

An der Schnittstelle von Familien- und Wissenssoziologie sowie einer feministisch orientierten Sozialforschung hat diese Arbeit das Ziel, Interdependenzen von sozialen Praktiken, Wissen, Macht, Geschlechterbeziehungen und Recht tiefgehend erfassen und verstehen zu können.[1] Daher sehe ich diese Forschung notwendigerweise im interpretativen Paradigma verortet und gehe davon aus, dass die soziale Wirklichkeit sozial konstruiert ist, also nicht ‚an sich' existiert. Individuelle und kollektive Akteur*innen – entsprechend auch Forschende selbst – stellen Wirklichkeit durch ständige Situationsdefinition und -interpretation aktiv her und erlangen erst durch diese Deutungsarbeit Zugang zu eben dieser Wirklichkeit. Das Interesse gilt dementsprechend grundsätzlich den ständigen Sinngebungsprozessen und Bedeutungszuschreibungen von Elternschaft in Pflegschaftsverfahren (Berger & Luckmann, 2010 [1969]; Blumer, 1969; Schütz, 1971).

Eine soziologische Forschung, die sich mit der Konstruktion von Elternschaft, mit Fragen nach Macht und Wissen sowie mit diskursiven, familialen und genderdifferenzierenden Praktiken beschäftigt, muss sich auch mit Strukturen beschäftigen, die den Akteur*innen als konkrete Handlungssubjekte entgegentreten. Daher ist auch eine Auseinandersetzung mit der Rekonstruktion von Sinnzusammenhängen und Interpretationsmustern sowie mit Konzepten zu sozialen Normen, Erwartungssystemen, Leitbildern und Deutungsmustern sowie Wertorientierungen und kulturellen Traditionen notwendig (Oevermann, 2001 [1973]). Dieser Aufforderung Oevermann (2001 [1973]) will ich im folgenden Abschnitt nachkommen und damit auch nachzeichnen, wie ich die Forschungsfrage, nämlich mit welcher theoretischen Perspektive und methodologischen Forschungshaltung sowie

[1] Das Zitat in der Kapitelüberschrift stammt aus Keller, 2011c, p. 221.

M. Zuccato-Doutlik, *Gute Mutter, guter Vater*, Theorie und Praxis der Diskursforschung, https://doi.org/10.1007/978-3-658-51890-5_2

mit welchen methodischen Werkzeugen Gerichtsakten für die Beantwortung der empirischen Fragestellungen fassbar und nutzbar gemacht werden können, beantwortet habe.

Zu diesem Zweck stelle ich zunächst meine theoretische Perspektive bzw. die Zusammenführung der meinem Zugang zugrundeliegenden theoretischen Konzepte dar. In diesem Sinne folgt nun keine deskriptive, ausführliche Abhandlung zu den einzelnen Theorien. Vielmehr beschränke ich mich auf die Quintessenz, die für ein Verständnis dieser Arbeit und der ihr zugrundeliegenden theoretischen Zugänge notwendig ist. In den folgenden Kapiteln widme ich mich daher zunächst den theoretischen Konzepten und Perspektiven, auf denen diese Forschungsarbeit basiert und mit denen diese Arbeit auch in die aktuelle Forschungslandschaft theoretisch eingebettet wird. Warum schreibe ich im Plural? Weil die Komplexität der empirischen Fragestellungen und des Datenmaterials sowie der große Zeitraum, den dieses Forschungsprojekt umfasst, eine innovative Kombination mehrerer theoretischer Zugänge verlangt. Anschließend wende ich mich den methodologischen Überlegungen und den konkreten methodischen Umsetzungen zu, die ein Ergebnis der intensiven Auseinandersetzung mit der Fassbarkeit und Analysierbarkeit des für die Soziologie ungewöhnlichen Datenmaterials darstellen.

2.1 Theoretischer Zugang

Im Fokus der Analyse steht zunächst der theoretische Aspekt der Frage, welche kollektiven Selbstverständnisse, Wissensbestände und normativen Wertorientierungen in der Konstruktion von Elternschaft berücksichtigt und in Praktiken realisiert werden sowie welche Machtverhältnisse strukturell und diskursiv wirkmächtig sind. Aus diskursanalytischer Perspektive und mit einem sozialkonstruktivistischen Zugang gehe ich von der Annahme aus, dass die Konstruktion von Mutter- und Vaterschaft diskursiv entsteht. Die einzelnen theoretischen Konzepte, die als Theorienfusion die Grundlage für meine Forschung darstellen, sind der forschungstheoretische Zugang der Wissenssoziologischen Diskursanalyse (Abschnitt 2.1.1), praxeologisch orientierte Konzepte des UnDoing Family und des Doing Good Parenthood (Abschnitt 2.1.2) und schließlich eine Verknüpfung dieser Zugänge über die Konzepte Family Troubles und Troubling Family (Abschnitt 2.1.3). Diese theoretischen Perspektiven und Konzepte werden in Folge samt relevanter Begriffsklärungen dargestellt und nachvollzogen, wie die einzelnen Ansätze verwoben werden können, um meine Forschungsfragen zu beantworten.

2.1.1 Wissen-Macht-Diskurs: Wissenssoziologische Diskursanalyse

In den vorangegangenen Kapiteln habe ich wiederholt Begriffe wie Diskurs, Wissensbestände, Leitbilder, Deutungsmuster, Werte, Machtverhältnisse, familiale Wirklichkeiten und Realitäten usw. verwendet. Diese werden nun theoretisch verortet, um sie später im Detail zu erklären. Zunächst befasse ich mich also mit den wissenssoziologischen und diskurstheoretischen Elementen meines theoretischen Zugangs, die einen Verweis auf Berger und Luckmann (2010 [1969]), Foucault (2014 [1974], 2015 [1973]) und Schütz (1971, 1974 [1932]) unabdingbar machen, da das Ziel meiner Forschung grundsätzlich ist, einen Ausschnitt der „gesellschaftliche[n] Konstruktion der Wirklichkeit zu analysieren" (Berger & Luckmann, 2010 [1969], p. 3). Der wissenssoziologische und diskurstheoretische Zugang auf Basis dieser Konzepte wird in Folge konkretisiert.

Berger und Luckmann (2010 [1969]) haben eine ‚Theorie der Wissenssoziologie' entwickelt, die in der hermeneutischen Wissenssoziologie in eine methodisch reflektierte empirische Wissensforschung überführt wurde (Hitzler, Reichertz, & Schröer, 1999, 2017). Diese zielt auf das „Erkenntnis der Konstitutionsbedingungen von Wirklichkeit und damit auf die Entzauberung gesellschaftlicher Wirklichkeitskonstruktionen" (Hitzler et al., 2017, p. 11) ab. Die Hermeneutische Wissenssoziologie geht davon aus, dass soziale Akteur*innen sinnhaft-deutend handeln. Damit reiht sich die hermeneutische Wissenssoziologie in die Forschungstradition von Schütz (1971, 1974 [1932]) ein, der Konstitutionsprozesse in der Praxis von Handelnden analysiert und die soziale Konstruktion von Deutungsschemata betont. Im Fokus einer hermeneutischen Wissenssoziologie steht also der soziale Sinn sowie die sozialen Konstruktionsprozesse und Erscheinungsformen gesellschaftlicher Wissensvorräte (Keller, 2007).

Die Wissenssoziologische Diskursanalyse (WDA) erweitert den eher mikroanalytischen Zugang der Hermeneutischen Wissenssoziologie um die Meso- und Makroebene von Wissensverhältnissen und -politiken und um die Konstitution von Wissensvorräten, die der Kontext alltagspragmatischer Deutungen sind (Keller, 2007). Damit bezieht die WDA nach Keller (1997, 2010) die Überlegungen zur ‚gesellschaftlichen Konstruktion der Wirklichkeit' von Berger und Luckmann, den diskurstheoretischen Ansatz von Michel Foucault, diskursanalytische Elemente des Symbolischen Interaktionismus und Überlegungen der Hermeneutischen Wissenssoziologie ein. Auf diese Weise werden theoretische Perspektiven zu Wissen, Macht und Legitimation von Sprechpositionen, zu Strukturen, Interaktivität und Prozesshaftigkeit sowie Definitionskonflikte und Akteur*innen verbunden und einem interpretativen hermeneutischen Paradigma zugeordnet (Keller, 2010). In der Folge werden nun die Herleitung, Eckpunkte und relevanten Konzepte der WDA diskutiert.

Diskursforschung – eine Herleitung der theoretischen Perspektive

Diskursanalyse kann als „Hybrid begriffen" werden, da sie „sowohl gegenstandskonstituierende Theorie als auch Forschungsstrategie" ist (Großkopf, 2012, p. 209). Diskursanalyse und Diskurstheorie können zusammen als die zwei Teile von Diskursforschung verstanden werden, die in der Forschungspraxis verschränkt werden müssen und zwar in Form einer reflektierenden Ergänzung. Um das Zusammenspiel der beiden Bereiche für meine Forschung nachvollziehbar zu machen, nehme ich daher in diesem Abschnitt eine Abgrenzung und in weiterer Folge Zuspitzung der in meiner Arbeit verwendeten Diskursanalyse vor. Die konkret eingenommene diskurstheoretische Haltung muss klar expliziert werden, damit überhaupt festgelegt werden kann, was der Untersuchungsgegenstand und der gesellschaftliche Kontext ist (Keller, Hirseland, Schneider, & Viehöver, 2011). Dies will ich in der Folge tun.

Eine Einführung über die vielfältigen Strömungen der Diskursforschung generell, deren theoretische Hintergründe, Herausforderungen und Nutzen sowie einen beispielhaften Einblick in die Empirie der Diskursforschung bietet beispielsweise P. Ullrich (2008). Daher folgt hier nun in aller Kürze eine Einführung der sozialwissenschaftlichen Diskursforschung, um die grundsätzliche Forschungshaltung und Herleitung der WDA und damit die von mir für dieses Forschungsprojekt als sinnvoll erachtete theoretische Haltung nachvollziehbar zu machen.

Diskurstheoretischen Ansätzen liegt üblicherweise die Annahme zugrunde, dass kommunikative Prozesse und v. a. die Sprache einen „entscheidenden Anteil an der sozialen Konstitution der Welt haben" (P. Ullrich, 2008, p. 19). Ihr Forschungsinteresse gilt der Produktion gesellschaftlich akzeptierten Wissens sowie von Deutungs- und Aushandlungsprozessen (P. Ullrich, 2008). Die sozialwissenschaftliche Diskursforschung allgemein beschäftigt sich nicht nur mit dem Zusammenhang zwischen Sprechen, Text sowie sozialen Praktiken und der (Re-)Produktion von Wissensbeständen und Wissensordnungen. Sie befasst sich auch mit den Intentionen und Kontexten, mit den eingebundenen sozialen Akteur*innen und den diskursiven Prozessen zugrunde liegenden Regeln und Ressourcen (Keller, 2011a; Schutter, 2012). Mit anderen Worten: sozialwissenschaftliche Diskursforschung beschäftigt sich mit der „Analyse institutioneller Regulierungen von Aussagepraktiken und deren performative[r], wirklichkeitskonstruierende[n] Macht" (Keller, 2011a, p. 8), also mit dem Sprachgebrauch und weiteren Symbolformen gesellschaftlicher Praktiken.

In diesem praktischen Sprach- bzw. Zeichengebrauch wird „der Bedeutungsgehalt von Phänomenen sozial konstruiert und diese damit in ihrer gesellschaftlichen Realität konstituiert" (Keller, 2011a, p. 9). Dabei wird angenommen, dass es eine umfassende Diskursstruktur gibt, die Interpretationsangebote beinhaltet und die durch spezifische institutionell-organisatorische Kontexte temporär geschaffen und gefestigt wird und Interpretationsangebote beinhaltet (Keller, 2011a). D. h. basierend auf Mustern wird eine gemeinsame Wirklichkeit gedeutet und geschaffen, die in der Regel als selbstverständlich und allgemein bekannt vorausgesetzt wird. Gleichzeitig kann diese erzeugte Wirklichkeit auch jederzeit zum Gegenstand von widersprüchlichen und diskursiven Deutungsprozessen werden. In diesem Sinne geht Diskursforschung davon aus, dass der Gebrauch der symbolischen Ordnung Regeln des Deutens und Handelns unterliegt, die rekonstruierbar sind. Diskurs*theorie* bezieht sich dabei eher auf die wissenschaftliche Tätigkeit. Diskurs*analyse* hingegen bezeichnet die forschungspraktischen methodischen Umsetzungen der empirischen Untersuchung von Diskursen (Keller, 2011a) und damit die „Analyse von Wissensformen *in ihrem Verwendungszusammenhang* über eine gewisse Zeitdauer" (Traue, Pfahl, & Schürmann, 2019, p. 567). Diskursanalyse als Forschungsperspektive hat zum Ziel, Diskurse als „übersituative und überindividuelle Praktiken der Wissens- und Sinnproduktion zu analysieren" (ebd., p. 566) und befasst sich im Allgemeinen mit dem Verhältnis von Wissen, Macht, Akteurskonstellationen und sozialen Konstruktionsprozessen.

Der diskurstheoretische Zugang zum Diskursbegriff und zur Analyse von Diskursen hat seine Wurzeln in den 1960er Jahren in Frankreich ausgehend von einer strukturalen Linguistik, deren sozialwissenschaftlicher Adaption und Kritik der Semiotik und Sprachphilosophie. Sprache und Zeichen sowie die konkrete Sprechpraxis und deren Bedeutung für die Entstehung von Ideologie und Wissensordnungen und demzufolge die Analyse der Strukturen und Eigenheiten stehen im Zentrum dieses Zugangs. Zentral für die Entwicklung der Diskurstheorie sind Foucault (2014 [1974], 2015 [1973]) Überlegungen zum Zusammenhang von übersubjektiven Wissensordnungen und diskursiven Praktiken. Eine umfassende Darstellung der Foucaultschen Theorien würde den Rahmen dieser Arbeit sprengen. Daher beschränke ich mich auf eine verknappte Darstellung der wichtigsten Eckpunkte und greife dabei vor allem auf die Interpretation und Kritik Kellers zurück, um den Bezug zur theoretischen Perspektive dieser Arbeit herzustellen. Von besonderer Bedeutung in der foucaultschen Theorie ist die Verknüpfung von Diskurs, Macht und Wissen. Foucault entwickelt seinen Diskursbegriff und dessen Zusammenhang mit dem Wissens- und Machtbegriff unter anderem in den Werken „Archäologie des Wissens" Foucault (2014 [1974], 2015 [1973]) und „Die Ordnung des Diskurses" (Foucault, 2014 [1974]).

Darin betont er Diskurse als Praktiken des Sprachgebrauchs. Foucaults Interesse zielt, so Keller et al. (2011), auf „die formalen Bedingungen der Produktion von Wissenscodes (Aussagenkorpi), die Regeln der Produktion und Kontrolle von Diskursen, der Erzeugung, Aufrechterhaltung und Transformation von gesellschaftlichen Wissensbeständen, den Zusammenhang von Wissen und Macht sowie die institutionellen und diskursiven Formen der Subjektkonstitution“ (Keller et al., 2011, p. 12). Die Praxis der Diskursproduktion und die diskursiven Machtkämpfe, die dabei ein Erkenntnisinteresse sind, dienen dabei nicht nur einer Konsensfindung, sondern auch einer Definition von Normalität und Abweichung sowie einer Umwandlung von bestehenden Wissens- und Moralsystemen (Keller et al., 2011).

Im Gegensatz zum foucaultschen Diskursverständnis ist die kulturalistische Diskursanalyse stärker handlungstheoretisch und hermeneutisch-interpretativ ausgerichtet. Unter Einfluss der Perspektiven des *„Kulturwissenschaftlichen Textualismus“* (Reckwitz, 2000, p. 173), des *cultural turn* (Alexander, 2021; Robertson, 2000) und des *interpretative turn* (Sullivan & Rabinow, 1979) steht in dieser Perspektive der Prozess der sozialen Konstruktion und die relative Autonomie kultureller Sinnzusammenhänge im Vordergrund (Keller et al., 2011). Die sozialwissenschaftliche Diskursforschung wurde seither weiterentwickelt unter anderem durch die kritische Diskursanalyse von S. Jäger (2015), die Erweiterung der Grounded Theory um eine diskursanalytische Perspektive von Clarke (2012), die kulturalistischen Ansätze von Viehöver (2011) mit seinem Verständnis von *Diskursen als Narrationen,* die akteursorientierte Perspektive auf diskursive Prozesse von Schwab-Trapp (2011), die *feministisch orientierte Diskursforschung* (Hark, 2011), sowie schließlich die dieser Arbeit zugrundeliegende WDA von Keller (2011b, 2011c). Auf die eben genannten Weiterentwicklungen gehe ich in aller Kürze ein, da sie für diese Forschung auch theoretische Inspiration waren, um mich dann konkret der WDA zuzuwenden.

Die *Kritische Diskursanalyse* (S. Jäger, 2015) stammt aus einem ursprünglich sprachwissenschaftlichen Interesse am Sprachgebrauch. Jäger fusionierte den Diskursbegriff Foucaults mit Link (2012) Verständnis, dass Diskurse institutionell verfestigte Redeweisen sind, die das Handeln bestimmen. Diskurse selbst aber bilden die Voraussetzung und die Elemente von Dispositiven, also einem Wissenszusammenhang, der in Sprechen, Denken, Tun und Vergegenständlichung eingeschlossen ist. Die Kritische Diskursanalyse fragt nach dem Zustandekommen und den Kriterien gültigen Wissens, wie dieses weitergegeben wird und nach seiner welt- und subjektkonstituierenden Bedeutung, aber auch nach dem Zusammenspiel von Praxen (diskursiv und nicht-diskursiv) mit der materialen Vergegenständlichung der Diskurse (Keller et al., 2011). Mit diesem Zugang rückt der Zusammenhang von Macht und Wissen sowie diskursive und nicht-diskursive Handlungen in den Fokus.

Im kulturalistischen Ansatz von Viehöver (2011) stehen *Diskurse als Narrationen* im Zentrum. Dieser theoretische Zugang betont die Bedeutung des Konzepts der Narrationen für die Analyse von Diskursen. Narrationen sind in dieser Perspektive nicht nur Ergebnisse von Diskursen selbst, sondern auch die Möglichkeit, den Prozess, in dem soziale Akteur*innen Realität konstruieren, als Narrativisierung zu beschreiben (Keller et al., 2011). Wie dieser Ansatz auch in Zusammenhang mit der WDA für dieses Forschungsprojekt fruchtbar gemacht werden kann, wird weiter unten in diesem Kapitel noch geklärt.

Diskursive Formationen, Diskursfelder und *diskursive Gemeinschaften* sind die zentralen Analysebegriffe der akteursorientierten Perspektive auf diskursive Prozesse von Schwab-Trapp (2011), die auch für dieses Forschungsinteresse wichtige Begriffe sind und in Folge noch expliziert werden. Seine empirischen Analysen von Diskursen fokussieren auf die verbindlichen Deutungen und deren Verbreitung und Institutionalisierungen, die Diskursakteur*innen in konflikthaften Auseinandersetzungen für soziale und politische Ereigniszusammenhänge produzieren (Keller et al., 2011).

Geschlecht bzw. Geschlechterdifferenz als Erkenntnismittel, -gegenstand sowie Ergebnis soziokultureller Praxis und die (Re-)Produktion von Geschlecht durch diskursive Praktiken stehen im Fokus der *feministisch orientierten bzw. feministischen Diskursforschung* (Hark, 2011; Wedl, 2014). Hark rekonstruiert die Bedeutung des Diskurskonzepts für die Reflexion und Entwicklung feministischer Forschung (Keller et al., 2011). So nehmen diskurstheoretische Zugänge der feministischen Theorie u. a. die Produktion von Wissen um geschlechtliche Unterschiede in den Fokus und „die Frage, wie dieses Wissen in sozialen Praktiken und Institutionen, die das Verhältnis der Geschlechter festlegen, ebenso wie in Subjektivitäten verankert wird“ (Hark, 2011, p. 387). Ziel dieser Orientierung der Diskursforschung ist dabei nicht, die „Wirklichkeit des Geschlechts“ (ebd., p. 396) zu finden, sondern Geschlecht als Gegenstand kontextualisierter und kontextualisierender Lesarten zu verstehen. Auf diese Weise können die Komplexität der Verhältnisse und Diskurse sichtbar gemacht werden und gleichzeitig ermöglicht werden, „homogenisierenden und identitätslogischen Tendenzen einer Verabsolutierung der Zweigeschlechtlichkeit entgegenzuwirken“ (ebd., p. 396). Da die Eltern-Kind-Beziehung ein solch komplexes Verhältnis ist, soll Geschlecht als Lesart berücksichtigt werden. Ebenso soll berücksichtigt werden, dass die Differenzierung von Elternschaft in Mutter- und Vaterschaft auf Grund des Geschlechts nicht als gegeben angenommen wird. Vielmehr ermöglicht eine feministische Perspektive auf Elternschaft, Geschlecht als Ergebnis von Macht-Wissens-Konfigurationen und von diskursiven Prozessen der Konstruktion von Unterschieden zu verstehen und zu analysieren.

Die Begriffsdiskussionen von Viehöver (2011) und Schwab-Trapp (2011) sowie die explizite Integration von Geschlecht in die Diskursforschung waren für eine Vertiefung in die WDA und damit auch für die Erarbeitung des theoretischen Rahmens dieser Forschung äußerst dienlich und fließen auch in die weiteren Begriffsklärungen ein. Denn auch wenn Keller (2011c) Ansätze wie die Kritische Diskursanalyse und Critical disourse analysis (teilweise) kritisiert, streicht er deren Beitrag für die Weiterentwicklung der Foucaultschen Diskursperspektive heraus, etwa deren komplexes „Verständnis der mehrfachen Einbettung diskursiver Ereignisse“ (p. 173).

Durch die Verbindung von Diskurstheorie und kulturalistischer Diskursanalyse in der WDA kann eine Verknüpfung von Wissen und Handlung hergestellt werden. Die WDA wird dabei als „Spielart der Hermeneutischen Wissenssoziologie“ und „sozialwissenschaftliches Forschungsprogramm“ (Keller, 2011c, p. 192) verstanden. Sie hat die Untersuchung von gesellschaftlichen Prozessen der kommunikativen Konstruktion, Objektivation und Legitimation von Wissens- und Handlungsordnungen und die Analyse der sozialen Konstruktion von Deutungs- und Handlungsmustern und -strukturen in einem Diskurs zum Ziel (Keller et al., 2011). Der Forschungsgegenstand der WDA ist somit „die Produktion und Transformation gesellschaftlicher Wissensverhältnisse durch Wissenspolitiken, d. h. diskursiv strukturierte Bestrebungen sozialer Akteure, die Legitimität und Anerkennung ihrer Weltdeutung als Faktizität durchzusetzen“ (Keller, 2011c, p. 193).

Diskurs – eine definitorische Eingrenzung eines vielschichten Begriffs

Wenn eine empirische Forschung unter anderem diskurstheoretisch begründet wird, so muss zunächst definiert werden, von welchem Diskursbegriff ausgegangen wird. Eine ausführende Beschreibung des Diskursbegriffs würde den Rahmen dieser Arbeit sprengen und wurde auch bereits von einigen Autor*innen (bspw.: Angermuller et al., 2014; Bublitz, 2003; Schwab-Trapp, 2011; P. Ullrich, 2008) ausführlich behandelt. Für die weiteren Überlegungen beschränke ich mich auf die für diese Arbeit relevante theoretische Bestimmung des Diskursbegriffs.

In den verschiedenen Disziplinen der Sozial- und Geisteswissenschaft bezieht sich Diskurs stets auf die Analyse von Sprache, Sprachgebrauch, von mündlichen oder schriftlichen Texten und deren Strukturierungen und Regeln. Die

Bandbreite reicht dabei von eher konkreten Perspektiven auf spezifische Kommunikationsprozesse bis hin zur abstrakten Analyse großer Textkorpora (Keller et al., 2011).

Keller (2011c) versteht allgemein *Diskurse* als konkrete und materiale, somit gesellschaftliche Praxis, die wirklichkeitskonstituierende Effekte im Sinne einer symbolischen Ordnung haben. Kurz: Diskurse produzieren die symbolische Ordnung einer Gesellschaft. Dementsprechend sind soziologische Kategorien und soziale Phänomene wie ‚Geschlechterdifferenz' oder ‚Familie' sozial und diskursiv hergestellt. Diskursanalyse kann also „Wirklichkeit entzaubern" (Keller, 1997, p. 328), indem sie Wirklichkeit in ihrer sozialen Konstruktion versteht.

Keller (2011c) unterscheidet auf der theoretischen Ebene bzw. konkretisiert begrifflich *öffentliche Diskurse*, d. h. Diskurse mit allgemeiner Publikumsorientierung in der massenmedial vermittelten Öffentlichkeit, *Spezialdiskurse* als Diskurse innerhalb von gesellschaftlichen Teilöffentlichkeiten sowie *teilöffentliche Spezialdiskurse* als Diskurse, zu denen Teilnehmende und Publikum nur begrenzt zugelassen sind. Schließlich definiert Keller (2011c) auch noch den Begriff *Diskursfeld* bzw. *diskursives Feld* als Arenen, in denen „verschiedene Diskurse um die Konstitution bzw. Definition eines Phänomens wetteifern" (p. 234).

Pflegschaftsverfahren, als Gegenstand dieser Forschungsarbeit, können in diesem Verständnis einerseits als teilöffentliche Spezialdiskurse verstanden werden, da sie meist unter Ausschluss der Öffentlichkeit geführt werden und nur bestimmte Akteur*innen mitunter auch nur für begrenzte Zeit teilnehmen können. Andererseits können sie als Diskursfeld verstanden werden, da sie eine Arena sind, in der unterschiedliche Diskurse um die Konstitution bzw. Definition eines Phänomens – im Falle dieser Forschungsarbeit um das übergeordnete Phänomen ‚guter Elternschaft' – wetteifern. Die Gewissheit, dass ein bestimmtes Phänomen wirklich ist und bestimmte Eigenschaften hat, wird von Berger und Luckmann (2010 [1969]) als ‚Wissen' definiert. Der folgende Abschnitt beschäftigt sich mit dem Wissensbegriff der WDA.

Wissen, Wirklichkeit, Wahrheit und Sinn

Die menschliche Wahrnehmung, Erfahrung aber auch das Handeln wird durch sozial konstruiertes, typisiertes und in unterschiedlichen Graden als legitim anerkanntes und objektiviertes Wissen vermittelt. Dieses Wissen ist dabei auf gesellschaftlich hergestellte symbolische Systeme zurückführbar. Solche symbolischen Ordnungen werden zumeist in Diskursen produziert, legitimiert, kommuniziert und transformiert. Diskurse haben dabei gesellschaftlich-materiale Voraussetzungen und Folgen (Keller, 2011b). Im Sinne der sozialkonstruktivistischen

Wissenssoziologie ist Wissen dementsprechend das, was als Wissen behauptet wird (Keller, 2011c). In Anlehnung an Foucault ist ‚Wissen' damit wie ‚Wahrheit' eine diskursive Konstruktion, und Diskurse selbst sind strukturierende Praktiken von gesellschaftlichen Wissensverhältnissen. ‚Wahrheit' wird dementsprechend nicht verstanden als „'richtige' Abbildung von Realität", sondern ist vielmehr ein historisch bedingtes Ergebnis von Wissenspolitiken (Keller, 2011c, p. 139). ‚Wahrheit' ist zu bestimmter Zeit und an bestimmten Orten jeweils „Geltung beanspruchendes Wissen über die Welt, an dem sich soziales Handeln orientiert und damit ‚Wirklichkeit' schafft" (Hirseland & Schneider, 2011, p. 402). ‚Wirklichkeit' und ‚Wahrheit' sind in dieser Perspektive der „gesellschaftliche Effekt machtvoller diskursiver Praktiken" (ebd., p. 402).

In jeder Gesellschaft besteht zu jeder spezifischen Zeit ein spezifisches Gemisch von ‚Wirklichkeit' und ‚Wissen' (Berger & Luckmann, 2010 [1969]). Wissen ist dabei die Grundlage von Handeln und die Gestaltung von Wirklichkeit. Damit werden Wissensformen und -vorräte vor allem in der Praxis, im lebensweltlichen Handeln einzelner Akteur*innen wirksam (S. Jäger, 2011; Schetsche & Schmied-Knittel, 2013). Wissen ist daher mit Akteur*innen verknüpft, quasi als „Seinsverbundenheit des Wissens" (Mannheim, 1959) und auf diese Weise ist das Denken an einen sozialen Standort gebunden und in sozialen Zugehörigkeiten wie beispielsweise Geschlecht und Generation verwurzelt (Lüders & Meuser, 1997).

Gesellschaftliches Wissen wird in der Sozialisation erworben, vermittelt die Strukturen der sozialen Welt und ist im Bewusstsein der einzelnen Gesellschaftsmitglieder internalisiert. Nach Berger und Luckmann (2010 [1969]) objektiviert Wissen damit die „Welt durch Sprache und den ganzen Erkenntnisapparat" (p. 71). Die Denkschemata einer bestimmten Zeit entstammen historisch entstandenen Wissensordnungen, die verbunden sind mit sozialen Praktiken, Prozessen und Konstellationen, die festlegen, was von wem zu welcher Zeit sagbar ist (Foucault, 2014 [1974]). Diskurse sind Versuche, „Bedeutungszuschreibungen und Sinn-Ordnungen zumindest auf Zeit zu stabilisieren und dadurch eine kollektiv verbindliche Wissensordnung in einem sozialen Ensemble zu institutionalisieren" (Keller, 2011a, p. 8). Solche kollektiv erzeugten symbolischen Sinnsysteme der Wissensordnung vermitteln die Beziehungen der Menschen zur Welt und bilden den Sinnhorizont von Individuen (Keller, 2011a, 2011c).

Wenn nun Pflegschaftsverfahren als Diskursfeld definiert werden, dann bestehen sie aus strukturierenden Praktiken von zu einer spezifischen Zeit jeweils vorherrschenden Wissensverhältnissen, die wiederum im Handeln beteiligter Akteur*innen wirkmächtig sind und ihren Ausdruck finden und deren soziale Gebundenheit, Zugehörigkeit und Zuschreibungen berücksichtigt werden müssen. Unter der Berücksichtigung dieser Überlegungen können die Versionen des

Wissens um Elternschaft rekonstruiert werden, die sich im Diskurs von Pflegschaftsverfahren empirisch entfalten (Halatcheva-Trapp, 2018). Dies ist insofern von Bedeutung, als Diskurse eine machtvolle Wissensordnung herstellen, diese aber nicht als Abbildung von Wirklichkeit verstanden wird, sondern ebensolche Diskurse und diskursive Praktiken Wirklichkeit erst konstituieren (Keller, 2011b; Keller et al., 2011).

Gesellschaftliche Wissensverhältnisse sind daher die sozial erzeugten und historisch verorteten Gestaltungen von ‚Wirklichkeitsbehauptungen'. Solche Normativitätsbehauptungen umspannen das, was als ‚gesellschaftliche Wirklichkeit' gilt (Keller, 2013, p. 27). Damit werden in Diskursen, wie eben der Diskurs um ‚gute' Elternschaft in Pflegschaftsverfahren, Denkformen verändert und verhandelt und „neue Werte gesetzt, die den Denkstil der Menschen prägen und insofern sich auf ihre Alltagspraxis auswirken" (Mansfeld, 2015, p. 166). Dementsprechend ist das Handeln der Menschen „über sozial konstruiertes, typisiertes, in unterschiedlichen Graden als legitim anerkanntes und objektiviertes Wissen vermittelt" (Keller, 2011b, p. 125). Für Keller (2011b) entspricht damit auch der subjektiv mit dem Handeln verbundene Sinn als sozialer Sinn und objektivierte Bedeutung dem gesellschaftlichen Wissen. Als solches kann dieser auch in der WDA rekonstruiert werden (wie das möglich ist, wird in Abschnitt 2.2 dargestellt).

In der WDA ist Wissen weiters Bestandteil eines objektivierten kollektiven Wissensvorrates als „ein soziales ‚Produkt', das aus unzähligen historischen Deutungs- und Handlungsereignissen entstanden ist" (Keller, 2011c, p. 222). Der Wissensvorrat umfasst damit „symbolische Ordnungen, die in Diskursen als adäquate Bestimmung von ‚Wirklichkeit' behauptet werden [sowie] Modelle für Deuten und Handeln" (ebd., p. 235), Handlungsweisen, Regeln, Normen und Moralvorstellungen (Keller, 2011b). Verschiedene Instanzen, wie Familie, Peers, Institutionen oder Medien vermitteln diesen historisch entstandenen Wissensvorrat an Individuen als objektiv. Individuen eignen sich diesen Wissensvorrat in unterschiedlichen Prozessen und Situationen an und geben ihn von Generation zu Generation weiter.

Der gesellschaftliche Wissensvorrat ergibt in gewisser Weise die ‚Ortsbestimmung' eines Individuums in einer Gesellschaft und seine entsprechende ‚Behandlung' im Sinne von „standardisierte[n] Formen von Rollenspiel, zu denen alle Mitglieder einer Gesellschaft Zugang haben" (Berger & Luckmann, 2010 [1969], p. 78). Von Rollen kann im Sinne von Berger und Luckmann (2010 [1969]) gesprochen werden, wenn es innerhalb der Zusammenhänge eines objektivierten Wissensbestandes zu einer Typisierung einer Handlung von Akteuren kommt. Dabei sind dann Typen von Handelnden Rollenträger*innen. Keller greift diese Überlegungen auf und schreibt:

> *„Gesellschaftliche[n] Prozesse der Wissenskonstruktion verlaufen als Stufenabfolge der situativen Externalisierung von Sinnangeboten, der interaktiven Verfestigung von Handlungen und Deutungen durch Prozesse der wechselseitigen Typisierung durch unterschiedliche Akteure, der habitualisierten Wiederholung, der Objektivation durch Institutionenbildung (etwa in Rollen) und der Weitergabe an Dritte in Formen sozialisatorisch vermittelter Aneignung. Institutionen stellen Wissensvorräte auf übersituative Dauer, ‚verschleiern' ihre geschichtliche Kontingenz und setzen dazu verschiedenste Kontroll- und Sanktionsmechanismen ein" (Keller, 2011b, p. 131).*

Umgelegt auf das Forschungsfeld dieser Arbeit können Pflegschaftsverfahren als Orte verstanden werden, an denen Individuen entsprechend ihrer Ortsbestimmung – zu der wie weiter oben festgestellt auch Geschlecht und Generation gehören – eine entsprechende Behandlung erfahren, es zu wechselseitigen Typisierungen von Handlungen durch unterschiedliche Akteur*innen kommt und Kontroll- und Sanktionsmechanismen von Institutionen wie etwa einem Gericht wirksam werden.

Institutionen und mit ihnen verknüpfte Expert*innen haben eine besondere Bedeutung in der Produktion von Wissensbeständen, die wiederum gesellschaftliche Wirklichkeit konstituieren (Keller, 2011b). In Pflegschaftsverfahren, wie noch im Detail weiter unten nachvollzogen wird, sind bestimmte Expert*innen, wie Richter*innen oder Sachverständige, besondere Rollenträger*innen. Sie sind nicht nur für einen bestimmten Sektor eines gesellschaftlichen Wissensvorrates zuständig, sondern „beanspruchen vielmehr die absolute Jurisdiktion über den gesamten Wissensvorrat" (Berger & Luckmann, 2010 [1969], p. 125). Expert*innenwissen nimmt damit Einfluss auf Praxisbereiche und Detailfragen der Lebenspraxis und unterzieht diese nicht nur systematischen Reflexionsprozessen, sondern gewinnt daraus auch ‚reflexives' Handlungswissen (Keller et al., 2011, p. 9). Diskurse und Diskursfelder finden somit Eingang in alltägliche Praktiken und auch in Akteur*innen. In Pflegschaftsverfahren findet Expert*innenwissen etwa durch Gutachten oder Stellungnahmen Eingang in Gerichtsverfahren. Dieses Wissen nimmt dementsprechend direkt Einfluss auf das Urteil der Richter*innen und damit auf die Lebenspraxis der beteiligten Akteur*innen.

Gleichzeitig wird so auch deutlich, dass Macht und Wissen „in einem relationalen Wirkungsverhältnis zueinander [stehen]" (Bublitz, 2011, p. 250), da die Entstehung von Wissen und Bedeutung das Ergebnis von sozialen Machtverhältnissen ist. „Macht als wirklichkeitskonstituierende Kraft" (Alemann, 2019, p. 276) ist damit Bestandteil von Bedeutung und Wissen, da Akteur*innen durch dieses Wissen einen Handlungsbezug zur sozialen Welt herstellen können (Alemann, 2015). In der theoretischen und analytischen Zusammenführung von Diskursen, Materialitäten und Praktiken erhält die Verbindung zwischen Macht und Wissen somit in ‚Wahrheitskonstruktionen' eine zentrale Bedeutung (Keller, 2011c). Im Kellerschen Sinne ist ‚Wahrheit' daher folgendermaßen definiert: „'Wahrheit' ist demnach keineswegs eine ‚richtige' Abbildung von Realität und niemals eine substanzielle Qualität von Aussagen, sondern ein historisch kontingentes Ergebnis von Wissenspolitiken" (Keller, 2011c, p. 139).

Aus diesem Blickwinkel können auch Pflegschaftsverfahren niemals auf ‚Wahrheit', sondern stets auf ‚Wahrheits- oder Wirklichkeitskonstruktion' hin untersucht werden. Und wenn davon ausgegangen wird, dass Diskurs ein „Fluß von Wissen bzw. sozialen Wissensvorräten durch die Zeit" (S. Jäger, 2004) ist, dann muss berücksichtigt werden, dass dieser Fluss in individuelles und kollektives Handeln hinein wirkt und Macht ausübt und beinhaltet (S. Jäger, 2011). Die einzelnen Überlegungen, Konzepte und Begriffe der WDA, wie etwa Macht, werden nun in den folgenden Kapiteln im Detail und in Hinblick auf das Forschungsprojekt spezifiziert.

Deutungsmacht, Machtverhältnisse und Recht

Diskurse haben die Macht, diese und keine andere Wirklichkeit zu erzeugen. Diskurse machen soziale Beziehungen und Verhältnisse sinnvoll, in dem Sinne, dass sie Ordnung schaffen und nicht etwa Ordnung abbilden. Sie grenzen den Spielraum der Handlungsmöglichkeiten ein, indem sie andere Möglichkeiten unsichtbar machen (Hark, 2011). Reckwitz (2008) setzt sich intensiv mit dem Verhältnis von Diskurs und Praktiken auseinander (hierzu auch noch genauer in Abschnitt 2.1.3) und versteht Diskurse selbst als Praktiken, „in denen die Dinge auf bestimmte Art und Weise repräsentiert werden" (ebd., p. 204). In der theoretischen und analytischen Zusammenführung von Diskursen, Materialität und Praktiken erhält die Verbindung zwischen Macht und Wissen in ‚Wahrheitskonstruktionen' eine zentrale Bedeutung (Keller, 2011c). Denn Diskurse üben Macht aus, indem sie Wissen transportieren; ein Wissen, das das individuelle und kollektive Bewusstsein nährt, damit die Grundlage für individuelles und kollektives Handeln ist und in der Folge ‚Wirklichkeit' gestaltet (S. Jäger, 2011). Da Diskurse zwar Explizites verhandeln, aber auch implizite Codes und Wissensordnungen beinhalten, können Diskurse mit Keller (2011c) weiter konkretisierend definiert werden als:

> *„Komplex von Aussagenereignissen und darin eingelassenen Praktiken, die über einen rekonstruierbaren Strukturzusammenhang miteinander verbunden sind und spezifische*

Wissensordnungen der Realität prozessieren. Dieser Strukturzusammenhang umfasst die den Ereignissen gemeinsamen Regeln und Ressourcen der Diskursformation." (Keller, 2011c, p. 235)

Mit dem Begriff der *Diskursformation* oder *diskursiven Formation* bezeichnet Keller (2011c) den abgrenzbaren Zusammenhang von Diskurs(en), Akteur*innen, Praktiken und Dispositiven, also etwa Materialitäten, Äußerungsmodalitäten, Begriffsformationen und Diskursstrategien. Verbunden mit den Regeln der Ressourcenverteilung spielen die Regeln der diskursiven Formationen eine entscheidende Rolle „für die Teilnahme am kommunikativen Austausch und für die formulierbaren Inhalte" (ebd., p. 233). Keller (2011c) verdeutlicht dies mit der Formulierung von drei Fragen: „Wer darf legitimerweise wo sprechen? Was darf/kann dort wie gesagt werden? Welche Konsequenzen sind damit verbunden?" (p. 233). Daran anknüpfend wird auch deutlich, dass Diskurse in *Diskursordnungen* konstituiert werden, d. h. „in Sets von Konventionen des Sprachgebrauchs, die mit sozialen Institutionen verknüpft sind" (Keller, 2011a, p. 29). In diesem Verständnis zeigt sich wieder die Verknüpfung von Diskurs im Sinne einer diskursiven Wahrheitsordnung und von Akteur*innen in der WDA (Bosančić, 2016).

Diskurse sind aber auch Arrangements von (Be)Deutungen, die spezifische Handlungsvoraussetzungen und -folgen, wie Institutionen und Praktiken, beinhalten (Keller, 1997). Es besteht also ein enges Wechselverhältnis zwischen Diskursstruktur und dem einzelnen diskursiven Ereignis (Keller, 2011c). Diskursstrukturen und Diskursordnungen sind dementsprechend zugleich Machtstrukturen, -ordnung und -verhältnisse und daher diskursive Auseinandersetzungen und Ereignisse auch als „machthaltige Konflikte um Deutungsmacht" (Keller, 2010, p. 207) zu verstehen.

Damit lassen sich in einer Analyse von Diskursen nicht nur die Macht-Wissens-Komplexe, sondern auch die „wirklichkeitskonstituierenden Prozesse" (Schetsche & Schmied-Knittel, 2013, p. 2) eines Diskurses rekonstruieren. Aus einer wissenssoziologischen Perspektive bedeutet das, dass diese Prozesse der Wirklichkeitskonstitution „in der Triade Wissen-Deuten-Handeln die deutungsgenerierenden und wissensbasierten Bedingungen für die Handlungsfähigkeit von Akteuren konstituieren" (Schetsche & Schmied-Knittel, 2013, p. 2).

Allerdings ist zu betonen, dass *Machtverhältnisse* Bedingungen für, aber auch Effekt von Diskursen sein können. So können einerseits Zugang oder Besetzung von Sprechpositionen (dazu im nachfolgenden Kapitel) diskursiv geregelt sein – also *wer* darf sprechen, und andererseits normative, normalisierende oder legitimatorische Deutungen produziert werden – also *was* gesagt werden kann oder darf (Traue et al., 2019). Da aber nicht alle Akteur*innen die Kriterien erfüllen oder über die notwendigen Ressourcen verfügen, um an einem spezifischen Diskurs teilzunehmen, sind Diskursstrukturen auch Machtstrukturen und der Diskursbegriff stets mit einem Machtbegriff verbunden, da „diskursive Auseinandersetzungen [...] machthaltige Konflikte um Deutungsmacht" (Keller, 2011c, p. 208) sind. Kurz: Machtverhältnisse sind stets auch Ungleichheitsverhältnisse. Ungleichheitsdimensionen wie Alter, Religion, Ethnizität, Klasse und Geschlecht führen zu ungleichen Machtpotenzialen und sozialen Ungleichheiten in Organisationen und Institutionen (Acker, 2006).

Für eine Forschung wie diese, die sich mit Pflegschaftsverfahren als Diskursfeld von Elternschaft befasst, ist von besonderer Bedeutung, dass Gerichte als staatliche Institutionen sowie an den Gerichtsverfahren beteiligte Akteur*innen soziale Kontrolle und Macht diskursiv verhandeln, indem sie institutionelle und handlungspraktische Deutungsmacht besitzen. Gerichte vermitteln symbolische Praktiken und Kommunikation (Keller et al., 2011, p. 9). Pflegschaftsverfahren können somit als diskursiv strukturiertes professionelles Feld verstanden werden. Sie sind eines der Felder, in denen Diskurse um Elternschaft erzeugt und verhandelt werden. Gleichzeitig sind sie aber auch in breitere Prozesse der (Re)Produktion von Diskursen eingebunden (Halatcheva-Trapp, 2019).

In diesem Sinne umfasst der *Rechtsbegriff* dieser Arbeit nicht nur Normen bzw. verschriftlichte Gesetzestexte, sondern auch die Auslegung dieser Gesetze und damit auch die Institutionen inklusive der darin tätigen Akteur*innen sowie das Rechtswissen von Personen. Konkret bedeutet dies, dass Recht in dieser Arbeit als ein gesellschaftlich sanktioniertes Instrument verstanden wird, das soziale Ordnung schaffen, erhalten und auch verändern soll. So sind Gesetze zwar festgeschrieben, aber über ihre Auslegung gibt es „herrschende" und „abweichende" Meinungen (Blankenburg, 1975, p. 193). Dies geschieht auch vor dem Hintergrund einer kulturell vorherrschenden ‚Ordnung der Familie' und dem Ungleichheitsregime Geschlecht (Acker, 2006) – besonders bedeutend für die Fragestellung dieser Forschungsarbeit. Recht und Familie, damit Recht und familiale Beziehungen, sind somit als verzahnt zu verstehen. Akteur*innen, Institutionen, Praktiken, Theorien entfalten als „Diskursgegenstand" (Foucault, 2015 [1973]) ihre Wirkung als komplexes Bündel von Beziehungen „zwischen Institutionen, ökonomischen und gesellschaftlichen Prozessen, Verhaltensformen, Normsystemen, Techniken, Klassifikationstypen und Charakterisierungsweisen" (Foucault, 2015 [1973], p. 68). Recht ist damit zu verstehen als ein Machtfaktor und Herrschaftsinstrument und verweist auf die Wirkung normativer Vorstellungen (Baer, 2010). Gerichte und deren Akteur*innen rahmen elterliche Praktiken durch spezifische Semantiken. Diese lassen dann eben jene Praktiken „als ‚gut' oder

‚schlecht', ‚falsch' oder ‚richtig' erscheinen" (Thiessen & Villa, 2009, p. 13). Wenn etwa der Vater als Haupt der Familie festgesetzt wird, so verweist das auf bestimmte Normalitäts- und Wertvorstellungen einer geschlechterdifferenzierten Elternschaft, die an institutionellen Orten, wie Gerichten, wirkmächtig sind und das konkrete Handeln und Beurteilungen von Akteur*innen beeinflussen (Wrana, 2014). D. h. der spezifische Wirklichkeitscharakter einer Situation wird durch Aussagen erlangt, die Akteur*innen in der Auseinandersetzung mit dieser Situation tätigen. Solche Aussagen erzeugen symbolische Ordnung, Bedeutungsstruktur und haben Konsequenzen, wie etwa bestimmte Klassifikationen, Artefakte, Praktiken und auch Gesetze. Auf diese Weise wird deutlich, dass Recht und Gesetze nicht nur Rahmen, sondern auch *„Effekte der diskursiven Konstruktion des Wissens"* (Keller, 2011c, p. 237) sind.

Aussageereignisse oder diskursive Ereignisse (analytisch: *Diskursfragmente*) sind „die sprachliche Realisierung eines Diskurses als Aussage" (Keller, 2011c, p. 234) bzw. „die Teilmengen aller sprachlichen bzw. Kommunikations-Ereignisse, denen Diskurse als Strukturierungsprinzipien zugrunde liegen" (ebd., p. 205). Mit anderen Worten: Ohne diskursive Ereignisse kein Diskurs und ohne Diskurs kein Verständnis und keine Interpretation oder Typisierung von Aussageereignissen. Keller (2011c) Keller bezeichnet dies mit der „Dualität von Struktur" (p. 205). Dies ist in Bezug auf die Ordnung und die Kontrolle von Diskursen von besonderer Bedeutung. Denn es stellt sich in Zusammenhang mit Diskurs auch immer die Frage, welchem Diskurs gelauscht wird, welcher Diskurs zirkuliert. Im Sinne Foucaults Foucault (2014 [1974]) treffen auf Diskurse dabei die Prozeduren der Kontrolle, Ausschließung und Einschränkung einer Gesellschaft zu. Diese ergeben sich aus dem Zusammenspiel von Diskurs, Wissen, Macht und Begehren. Ein Mittel dieser Prozeduren ist die Verknappung der sprechenden Subjekte. Dabei geht es um die Regeln, die Akteur*innen auferlegt werden und die des Zugangs zum Diskurs an sich. D. h. in einen Diskurs kann nur eintreten, wer gewisse Erfordernisse erfüllt und dafür von vornherein qualifiziert ist (Foucault, 2014 [1974]). Dies gilt ebenso für das Diskursfeld Pflegschaftsverfahren. Daher wird in Folge ein weiteres und besonders bedeutsames Element der WDA – die Akteur*innen – im Detail expliziert.

Akteur*innen, Sprecher*innen, Subjekte

Keller (2011c) kritisiert an der Foucaultschen Diskursperspektive, dass dieser ‚Eigenmächtigkeit' und Widerstandskraft von Individuen gegenüber dem Macht/Wissens-Regime in Diskursen vernachlässigt. Die WDA betont die Rolle von Akteur*innen und Strukturierungsprozessen in der Produktion und dem Wandel von Diskursen (Keller & Truschkat, 2013). Es ist daher nach Keller notwendig, die Kategorie der sozialen Akteur*innen einzuführen. Akteur*innen beziehen sich „interpretierend auf soziale Konventionen und Institutionalisierungen diskursiver Praktiken“ (Keller, 2011c, p. 146). Durch die Berücksichtigung des praktischen Handelns sozialer Akteur*innen wird betont, dass ein Diskurs sich nicht selbst vollzieht, sondern eben durch dieses Handeln (re)produziert und verändert wird (Keller, 2011c, p. 146). Dementsprechend spielt der „menschliche Faktor“ (Keller, 2013, p. 33) in der WDA (und damit auch in dieser Forschungsarbeit) eine bedeutende Rolle. Grundsätzlich versteht die WDA menschliche Akteur*innen zeitgleich als selbstreflexive Subjekte und als Adressat*innen von Wissensbeständen. Sie sind zwar durch sozialisatorische Prozesse mit den Regeln spezifischer Diskurse vertraut und zu regelkonformem Vollzug fähig, haben aber auch „Spielräume der Kreativität“ (Keller, 2013, p. 34) bei der (aktiven) Auseinandersetzung mit Deutungs- und Handlungsproblemen. Sie tätigen ihre Äußerungen basierend auf Regelwissen im Sinne von Instruktionen und nicht im Sinne einer Determinierung. Soziale Akteur*innen können in Diskursen institutionelle wie persönliche Interessen verfolgen und sie können auf legitime und illegitime Strategien und Ressourcen des Handelns zurückgreifen. Allerdings sind Interessen, Bedürfnisse oder Zweck ebenso das Ergebnis kollektiver Wissensvorräte und diskursiver Konfigurationen, wie die Wahrnehmung und Einschätzung der Wege und Mittel, die dabei zum Einsatz kommen (Keller, 2011c). Damit realisieren, aktualisieren und verändern Akteur*innen im Sozialraum und im Zeitverlauf Diskurse.

Ganz allgemein sind in der WDA Akteur*innen zu verstehen als individuelle oder kollektive Produzent*innen von Aussagen. Akteur*innen (re)produzieren und transformieren durch ihre Interpretation und durch ihre Praktiken sowie unter Rückgriff auf jeweils spezifische Ressourcen und Regeln Diskurse (Keller, 2011c). Soziale Akteur*innen ist die allgemeine Kategorie, die Keller Keller (2011c) in die WDA einführt, um die Bedeutung des praktischen Handelns von Akteur*innen im Diskurs zu betonen. Akteur*innen sind die „Vermittlungsinstanz zwischen Diskursen und Aussageereignissen“ (ebd., p. 209). Mit ihrer diskursiven Praktik greifen Akteur*innen „die in Gestalt von Diskursen verfügbaren Regeln und Ressourcen der Deutungsproduktion auf oder reagieren als Adressaten darauf“ (ebd., p. 209). Adressat*innen oder auch Publikum sind jene Akteur*innen, an die sich ein Diskurs richtet oder von denen er angeeignet wird (Keller, 2011c).

Soziale Akteur*innen haben im Diskursverständnis der WDA allerdings unterschiedliche Erscheinungsweisen und es bedarf daher auch unterschiedlicher Analysekonzepte, um diese zu erfassen (dazu in Abschnitt 2.2). Die WDA differenziert zwischen sozialen Akteur*innen, Sprecher*innen- bzw. Sprechpositionen, Subjektpositionen sowie Adressat*innen tatsächlicher Subjektivierungsweisen. Durch diese Ausdifferenzierung können „die Spielräume der Einbindung in und

Auseinandersetzung mit Diskursen und Praktiken zum Thema machen“ (Keller, 2011c, p. 221), weil die WDA Diskurs und Akteur*innen auf unterschiedliche Weise in Beziehung zueinander setzt. Zunächst können Akteur*innen *Sprechpositionen* einnehmen und so Diskursproduzent*innen werden. Weiters sind Akteur*innen Teil von Diskursen, indem sie als Modellsubjekte oder Negativbeispiele in Form von *Subjektpositionen* erscheinen, die Rollenvorgaben vermitteln und Verhaltensweisen prozessieren. Schließlich reagieren Akteur*innen im Rahmen der jeweiligen situativen Kontexte und auf Grundlage individueller sozialstruktureller und biographischer Prägung auf diese Adressierungen mit *tatsächlichen Subjektivierungsweisen*. Diese Subjektivierung ist ein doppelseitiger Prozess, der Subjektpositionen im Diskurs erzeugt, transformiert, prozessiert und transformiert, aber auch die Reaktion der Akteur*innen im Sinne eines Freiheitskonzepts einschließt (Bosančić, 2016).

Da in Diskursen neben den Regeln diskursiver Formationen auch Ressourcenverteilungen, die „für die Teilnahme am kommunikativen Austausch und für die formulierbaren Inhalte“ (Keller, 2011c, p. 233) entscheidend sind, eine zentrale Rolle spielen, ergibt sich wer wo legitimerweise sprechen darf und wer nicht. *Sprechpositionen* umfassen Akteur*innen als Sprecher*innen und strukturieren in spezifischen Diskursfeldern vor, welche Akteur*innen legitimerweise an der Aussageproduktion beteiligt sind und somit die narrative Struktur und entsprechende Deutungsmuster (zur Klärung dieser Begriffe in Kürze) auf bestimmte Art und Weise in diskursiven Praktiken einsetzen und (re-)formulieren können (Keller, 2011c). In Spezialdiskursen besteht eine strukturell verankerte Hierarchisierung, da die Besetzung von Sprechpositionen durch fachliche Qualifikation oder berufliche Sozialisation bestimmt ist (Halatcheva-Trapp, 2016b). Daraus ergibt sich für Pflegschaftsverfahren als Spezialdiskurs um Elternschaft noch die genauere Definition der Sprechposition. So sind unter anderem *professionelle Akteur*innen* in einer spezifischen Sprechposition Teil von Pflegschaftsverfahren. Sie vollziehen praktische Prozesse der Beratung oder Beurteilung (z. B. als Sprecher*innen der Behörde bei Gericht, oder in der Sprechposition von Sachverständigen) sowie institutionalisierte Prozesse (Richter*innen), und realisieren mit ihrem Wissen und Handeln den Spezialdiskurs von Elternschaft. Sie sind auf Grund ihrer fachlichen Qualifikation sowie durch ihre Zugehörigkeit zu bestimmten Institutionen *legitime Sprecher*innen* und als solche zuständig für Problemdefinitionen und Lösungsentwürfe. Damit verfügen sie auch über die Möglichkeit, „Elternschaft als symbolische Ordnung sinnhaft zu modellieren“ (Halatcheva-Trapp, 2019, p. 252). Legitime Sprecher*innen sind neben den Verfahrensbeteiligten (vorrangig Eltern, tlw. Kinder, aber auch bspw. Großeltern) auch Expert*innen in ihrer professionellen Berufsrolle oder Vertreter*innen einer

Institution bzw. Organisation. Diese Akteur*innen können auch als Subjektivierungsinstanzen verstanden werden, da diese weiteren Akteur*innen im Diskurs die an diese gerichtete Subjektposition interpretierend herantragen (Bosančić, 2016). Es gibt aber auch potentielle Sprecher*innen bzw. Silent Voices. Diese sind Akteur*innen, deren Beteiligung in einer diskursiven Auseinandersetzung erwartbar wäre, die aber aus unterschiedlichen Gründen und zu unterschiedlichen Zeiten nicht aktiv in die diskursive Verhandlung eintreten.

Subjektpositionen erscheinen, wenn Subjekten im Diskurs eine bestimmte Position zugeschrieben wird, wobei diese sich nicht tatsächlich durch einen konkreten Diskursbeitrag zu Wort melden müssen (Keller, 2011c). Mit der Subjektposition in einem Diskurs sind in diesem konstituierte Subjektvorstellungen und Identitätsschablonen für seine möglichen Adressat*innen verbunden. Auf diese Weise entstehen auch Positionierungsvorgaben für Akteur*innen, indem ein Diskurs auf sie Bezug nimmt bzw. über die er spricht und sie etwa als ‚Problemverursachende' oder,Held*innen' definiert (Keller, 2011c). Subjektpositionen sind somit die in Diskursen vorgenommenen Positionierungen und Adressierungen von sozialen Akteur*innen ‚als etwas'. Von einem solchen ‚Subjekt' wird in diesem Sinne ein spezifisches, dem herrschenden Diskurs entsprechendes, Selbstverständnis der reflexiven Handlungssteuerung unterstellt. Diskursfelder beinhalten komplexe Subjekt-Kartographien, die Subjektpositionen im Sinne von *Identifikationsangeboten für Subjektivierungen* erschaffen. Dabei entstehen mitunter *Modellsubjekte* im Sinne komplementärer sozialer Figuren und Subjektpositionen, also positive und negative ‚Blaupausen' von gegensätzlichen Subjektpositionen (Keller, 2013). Allerdings ist mit Verweis auf die Subjektivierungsforschung festzuhalten, dass die Subjektwerdung ein Prozess ist und Subjekte historisch konstituiert sind. Außerdem ist das menschliche Sein und Handeln nicht völlig determiniert, sondern gleichzeitig fremd- und selbstkonstituiert. Menschen sind in ihrer Subjektwerdung durch normierende Diskurse, etwa als Mann oder Frau, adressiert. So ist „die Handlungsfähigkeit von Subjekten und deren widerständiges Potenzial stets innerhalb von machtvollen Strukturen [verortet]" (Bosančić, 2016, p. 101). Der Prozess der Subjektwerdung erlaubt also Spielräume, weshalb in der Subjektivierungsforschung die Aufmerksamkeit auf die Transformationen der Aneignungsprozesse und auf abstrakte, normative Ordnungen – wie das Geschlechterverhältnis – gerichtet werden sollte (Bosančić, 2016). Eine Aufforderung, die in dieser Arbeit durch die zentrale Positionierung von Geschlecht auch aufgegriffen wird.

Im Gegensatz zur Subjektposition, die in einem Diskurs festgesetzt wird, ist die *Diskursposition* der spezifische ideologische Standort einer Person, also der Ort, von dem aus eine Beteiligung am Diskurs stattfindet und die Bewertung des

Diskurses für Einzelne, Gruppen und Institutionen erfolgt. Die Diskursposition ergibt sich aus einer Verstricktheit der Person (ebenso der Gruppe, des Mediums, der Institution) in diverse Diskurse, die diese Person im Zeitverlauf zu einer ideologischen Position verarbeitet hat (M. Jäger, 2010a; S. Jäger, 2011). Wenn eine Gruppe von Akteur*innen und ihre Aussagen demselben Diskurs zugerechnet werden können, also wenn sie etwa die gleiche ‚story-line' – zu diesem Begriff weiter unten – benutzen, dann kann von einer *Diskurskoalition* gesprochen werden. Ein solcher Zusammenschluss muss allerdings nicht unbedingt bewusst oder strategisch erfolgen (Keller, 2011c). Allerdings ist er für die Analyse von Pflegschaftsverfahren im Hinblick auf Wissen, Deutung und Praktiken insofern wichtig, als damit gefragt werden kann, welche Diskurskoalitionen und -positionen im Diskurs um Elternschaft eingenommen werden. Anknüpfend an diese Überlegungen ist es notwendig, eine weitere Begriffsklärung nachzuzeichnen, die des Handelns und der (diskursiven) Praktiken. Diesem Thema widmet sich das folgende Kapitel.

Handeln und (diskursive) Praktiken

Durch die konzeptuelle Differenzierung des ‚menschlichen Faktors' in der WDA können auch die Spielräume der Einbindung von Akteur*innen in und die Auseinandersetzung mit Diskursen und Praktiken zum Thema der Forschung gemacht werden, da soziale Akteur*innen nicht nur als Adressat*innen von Wissensbeständen und darin eingelassenen Wertungen verstanden werden, sondern auch als selbstreflexive Subjekte. Solche Subjekte interpretieren – mehr oder weniger eigensinnig – mit und in ihrer alltäglichen Deutungsleistung soziale Wissensbestände als Regelbestände (Hitzler et al., 1999; Keller, 2011c). Soziale Akteur*innen können mit dieser Perspektive in Diskursen institutionelle wie persönliche Interessen verfolgen, auf legitime und illegitime Strategien und Ressourcen des Handelns zurückgreifen. Das Handeln sozialer Akteur*innen versteht Keller (2012) in diesem Sinne als Form von Politik. Mit ihrem Handeln reagieren Akteur*innen auf Deutungs- und Handlungsprobleme, indem sie Wissen aktivieren und durchsetzen.

Gleichzeitig orientieren Akteur*innen aber ihre Praktiken an bestehenden Diskursen. Sie beziehen sich dabei interpretierend auf Regeln und Ressourcen (Keller, 2011c). Das Alltagshandeln und die Komplexität von Handlungsmöglichkeiten ist demzufolge strukturiert und reduziert durch Deutungs- und Handlungsanleitungen wie Deutungsmuster. D. h. Interessen oder Bedürfnisse, wie sie auch in Pflegschaftsverfahren zum Ausdruck kommen, sind ebenso das Ergebnis kollektiver Wissensvorräte und diskursiver Konfigurationen wie die Wahrnehmung und Einschätzung der Wege und Mittel, die dabei zum Einsatz kommen (Keller,

2011c). Menschen greifen in ihrer Wahrnehmung der sozialen Welt nicht nur auf individuell-biographische Wissensbestände, sondern besonders auf sozial geteilte Deutungsangebote zurück. Denn nur so ist ein routinehaftes, unreflektiertes und spontanes Deuten und Handeln in Alltagssituationen möglich (Pfister, 2020). Ausgehend vom Konzept des regelgeleiteten Handelns besitzen Akteur*innen ein *implizites Regelwissen.* In diesem Sinne verfügen Handelnde über ein praktisches Bewusstsein über handlungsleitende Regeln, das allerdings nicht diskursiv verfügbar ist (Meuser & Sackmann, 1992a), auf dessen Basis Akteur*innen aber handlungsangemessen handeln und urteilen.

Keller (2007) definiert *Praktiken* als „sozial konventionalisierte Arten und Weisen des Handelns, also typisierte Routinemodelle für Handlungsvollzüge" (Keller, 2007, p. 44), die sowohl sprachlicher als auch nicht-sprachlicher Art sein können. Praktiken sind als „offene, raum-zeitliche verteilte Menge des Tuns und Sprechens" (Schatzki, 2016, p. 33), also als Sprechakte (sayings) und körperliche Bewegungen (doings) (Hillebrandt, 2015, p. 16) zu verstehen. Solche Praktiken können einem Diskurs zurechenbar sein, die Produktion eines Diskursbeitrags begleiten, sich aber auch unabhängig von Praxisfeldern entwickeln (Keller, 2011c; Keller & Bosančić, 2018). Praxisfelder sind analytisch gesehen „diskursunabhängig oder -extern bestimmte, unterschiedlich spezialisierte Bereiche der sozialen Praxis" (Keller, 2011c, p. 235).

In *diskursiven Praktiken* sind Denk- und Deutungsschemata mit spezifischen Handlungsschemata verknüpft, die diese stützen, und sind beispielsweise bestimmte Regeln für die Verfassung legitimer Aussagen, institutionell gesteuerte Interaktionsprozesse oder auch Kleidervorschriften (Keller, 1997). Diskursive Praktiken können weiters spezifische Formen des Sprechens, Schreibens, der Nutzung von Symbolen etc. sein, die sich auch textförmig materialisieren können (Keller, 2011c; Keller & Bosančić, 2018). Diskursive Praktiken sind geregelte Handlungsvollzüge, die eine Produktion eines Diskursbeitrags ermöglichen, und „kommunikative Muster der Aussagenproduktion" (Keller, 2011c, p. 234). Dies ist in Bezug auf ein Diskursfeld, das stark institutionell gesteuert und formalisiert ist wie Gerichtsverfahren, von besonderer Bedeutung für die darin enthaltenen, möglichen und abgebildeten (diskursiven) Praktiken.

Denn in Diskursen und mit diskursiven Praktiken geht es um die Durchsetzung von Wissen. Dabei können beteiligte Akteur*innen auf *symbolisch-kulturelle* Mittel zurückgreifen, damit ihre Erzählungen beachtet werden. Dieser theoretische Aspekt ist insbesondere für das Forschungsfeld dieser Arbeit spannend, da davon ausgegangen werden kann, dass gerade in einem Gerichtsverfahren die Erzählungen der unterschiedlichen, teilweise in Konfrontation stehenden Akteur*innen auf die Durchsetzung der jeweiligen Erzählung angelegt sind. Solch aufgegriffene symbolisch-kulturelle Mittel sind etwa verbreitete Metaphern oder gängige Deutungsmuster, die in einem Diskurs auf unterschiedliche Art *materiale Gestalt* annehmen können (Keller, 2011c). In Zusammenhang mit der Formulierung von Problemmustern entwickeln Akteur*innen *Diskursstrategien* und setzen diese ein. Diskursstrategien sind nach Keller (2011c) „argumentative, rhetorische, praktische Strategien zur Durchsetzung eines Diskurses" (p. 235), mit anderen Worten das, was (Gruppen von) Akteur*innen absichtlich und unabsichtlich anstreben (Traue et al., 2019). Von Diskursstrategien hängt der Erfolg einer Problemwahrnehmung ab. Emotionen, die in die Problemwahrnehmung eingeschrieben werden, und damit einhergehende Emotionalisierung führt zu einer schnelleren und nachhaltigeren Akzeptanz eines Problemmusters durch Subjekte. Dadurch gelangt ein Problemmuster in das Alltagsbewusstsein und wird schneller in der alltäglichen Wahrnehmung und im Handeln reproduziert werden (Schetsche, 2008). Allerdings haben Akteur*innen, als Sprecher*innen in Diskursen und in unterschiedlichen Sprechpositionen, „unterschiedliche und ungleich verteilte Ressourcen der Artikulation und Resonanzerzeugung" (Keller, 2011c, p. 234) wie in den vorangegangenen Kapiteln schon expliziert worden ist.

In der Folge sollen nun die schon eingeführten Begriffe wie Deutungsmuster, narrative Strukturen, Klassifikationen und Phänomenstrukturen als konzeptuelle Anhaltspunkte und gleichzeitig heuristische Werkzeuge der WDA (Keller, 2007) theoretisch eingeführt werden, um den theoretischen Zugang mittels WDA für diese Forschungsarbeit abzurunden.

Deutungsmuster, Leitbilder, Normalitätsvorstellungen, Ideologien

Deutungsmuster sind ein konzeptueller Anhaltspunkt der WDA, der neben Klassifikationen, Phänomenstruktur und narrativer Struktur als Brückenkonzept eine Untersuchung von Diskursen in gesellschaftlichen Praxisfeldern ermöglicht (Keller, 2007). Die Ebene der analytischen Umsetzung dieses Zugangs soll aber erst in Abschnitt 2.2 vorgenommen werden. An dieser Stelle wird nun die theoretische Definition von Deutungsmustern und angrenzenden Konzepten dargestellt.

In der Sozialforschung gibt es keine eindeutige, verbindliche Definition des Deutungsmusterbegriffs. Einen übersichtlichen historischen Abriss über die Genese und Diskussion des Deutungsmusteransatzes findet sich beispielsweise bei Höffling, Plaß und Schetsche (2002), Pfister (2020) oder C. G. Ullrich (2019), weshalb an dieser Stelle nur ein kurzer Einblick in diese Auseinandersetzung gegeben wird und auf die Definition im Sinne einer WDA fokussiert wird.

Das Konzept *Deutungsmuster* hat seinen Ausgang in einem Manuskript von Oevermann (2001 [1973]) und wird seither theoretisch diskutiert (Alemann, 2019; Bögelein & Vetter, 2019; Höffling et al., 2002; Lüders & Meuser, 1997; Meuser & Sackmann, 1992b; Oevermann, 2001; Plaß & Schetsche, 2001; Schetsche & Schmied-Knittel, 2013). So werden Deutungsmuster als eine „Formkategorie sozialen Wissens" (Plaß & Schetsche, 2001, p. 522), als soziales und veränderliches Phänomen und Teil eines kollektiven Wissensvorrats definiert, die als solche von Einzelnen erlernt und immer wieder „kommunikativ validiert" (C. G. Ullrich, 2019, p. 13) werden. Pfister (2020) hält aber fest, dass diese Differenzen eher analytischer als inhaltlicher Art sind. Er arbeitet aus der breiten Diskussion des Deutungsmusterbegriffs als gemeinsamen Kern heraus, dass „Deutungsmuster sozial geteilte Bündel von Wissensbeständen [sind], die unreflektiertes Deuten und Handeln erlauben" (ebd., p. 163). Mit dieser Conclusio wird auch die enge Verbindung der Konzepte Deutungsmuster und Wissensvorrat und -bestände deutlich.

Bögelein und Vetter (2019) sehen zwei Traditionen des Deutungsmusteransatzes, nämlich einen strukturalistischen und einen wissenssoziologischen. Ersterer, beruhend auf Oevermann (2001), betont eine makrosoziologische Sicht auf das Verhältnis von Individuum und Struktur, in der Deutungsmuster ein Eigenleben entwickeln und Subjekte als Träger*innen dieser Muster verstanden werden. Nach Oevermann (2001) sind Deutungsmuster lebensweltlich verankerte „Legitimationen einer Lebensweise" (p. 38). Kollektiv validierte Deutungen von Handlungsproblemen sind in diesem Sinne auf einem geteilten, latent zugänglichen Wissensbestand gegründet (Bögelein & Vetter, 2019). Der wissenssoziologische Deutungsmusteransatz betont dagegen die gestaltende Rolle der Individuen (Lüders & Meuser, 1997; Plaß & Schetsche, 2001). Das soziale Handeln ist aber seinerseits von einem sozialen Sinn geleitet (Bögelein & Vetter, 2019). Plaß und Schetsche (2001) definieren Deutungsmuster als eine „Formkategorie sozialen Wissens" und „strukturierte kollektive Wissensbestände" (p. 522). In ihrem Verständnis sind Deutungsmuster „sozial geltende, mit Anleitung zum Handeln verbundene Interpretationen der äußeren Welt und der inneren Zustände" (p. 523). Deutungsmuster sind dementsprechend lebensweltliche Wissensformen, die das Alltagshandeln strukturieren und die Komplexität von Handlungsmöglichkeiten reduzieren, Deutungen und Handlungen anleiten und so Handlungsunfähigkeit verhindern. Allerdings wird bei der individuellen Antizipation einer Handlungsentwicklung und deren Folgen nicht auf individuelle, sondern auch auf kollektive Erfahrungen zu einer Situationsentwicklung zurückgegriffen und von der Annahme ausgegangen, dass für die an der Situation ebenfalls beteiligten Personen die gleichen Deutungsmuster gelten (Plaß & Schetsche, 2001).

Lüders und Meuser (1997) setzen sich mit den strukturtheoretischen Zugängen des Deutungsmusterbegriffs auseinander, der sich auf Deutungsmuster als generative Regelstruktur bezieht. Soziales Handeln erzeugt in dieser Perspektive eine Regelstruktur, die es Akteur*innen ermöglicht, ihren Alltag zu deuten, zu ordnen und zu organisieren, somit Deutungs- und Handlungsprobleme zu lösen. In diesem Verständnis des Deutungsmusterbegriffs werden zwei soziale Realitäten unterschieden. Erstere sind empirisch beobachtbare Phänomene als Manifestationen von Deutungsmustern, etwa Überzeugungen, Argumentationen, Erzählungen, Beschreibungen oder konkrete Handlungen. Zweitere sind phänomenerzeugende Muster der Weltdeutung und Selbstdarstellung, die den Manifestationen im Sinne von Interpretationsmustern oder Regelstrukturen zugrunde liegen (Lüders & Meuser, 1997). Die interaktionistisch ausgerichtete Denkrichtung im strukturtheoretischen Zugang versteht Deutungsmuster „als historisch, in Interaktionen ausgebildete Interpretationsmuster der Weltdeutung und Problemlösung“ (ebd., p. 62) und betont damit die gestaltende Rolle handlungsfähiger Subjekte. Menschen werden in ein bestehendes, historisch entwickeltes sowie durch Sprache repräsentiertes System an Regelstrukturen, Wissensbeständen und sozialer Praxis hineingeboren und in diesem sozialisiert. Anzumerken ist, dass Akteur*innen in erster Linie Erzeugende, Gestaltende und Nutzende dieser Deutungsmuster sind und diese nicht einfach tragen (ebd.).

Keller (2007) kritisiert allerdings diese Sortierung des Deutungsmusterbegriffs von Lüders und Meuser (1997), da es sich seines Erachtens bei beiden Positionen um das gleiche Deutungsmusterkonzept handelt. Keller (2013, 2014) betont wie (Schetsche & Schmied-Knittel, 2013), dass Deutungsmuster nicht als isoliert in öffentlichen Arenen und Medien zirkulierend zu verstehen sind, sondern in Diskurse integriert sind. „Diskurse beinhalten häufig mehrere miteinander verbundene Deutungsmuster“ (Keller, 2013, p. 46) und „verknüpfen verschiedene Deutungsmuster zu spezifischen Deutungsarrangements“ (Keller, 2014, p. 156). Dabei greifen Diskurse einerseits auf den gesellschaftlich verfügbaren Wissensvorrat dieser Deutungsmuster zurück, transformieren aber andererseits bestehende Muster und generieren auch neue Deutungsmuster, die damit Diskurse „auf der gesellschaftlichen Agenda […] platzieren“ (Keller, 2014, p. 156). Damit sind Deutungsmuster das wandelbare Ergebnis einer gesellschaftlichen und kollektiven Konstruktionsleistung und komplexe Interpretationsmuster für Phänomene, in denen Deutungs- und Kommunikationsmittel mit spezifischen Regeln, Handlungsorientierungen usw. verbunden werden. Deutungsmuster strukturieren als

Teil kollektiver Wissensvorräte die Deutungs- und Handlungspraktiken sozialer Akteur*innen (Keller, 2007), diese aktualisieren aber auch mit ihrer individuellen und kollektiven Deutungsarbeit und in ereignisbezogenen Deutungsprozessen Deutungsmuster (Keller, 2010).

Mit Kellers (2013) Worten – auf die für den Deutungsmusterbegriff in dieser Arbeit auch speziell zurückgegriffen wird – sind Deutungsmuster demzufolge:

> *„Interpretationsschemata für weltliche Phänomene, Situationen, Ereignisse und Handlungen [...] [und] verknüpfen Faktisches mit Normativem, Argumentationen mit Beispielen und moralischen Schlussfolgerungen. Das Element des Musters verweist auf den Aspekt des Typischen – es handelt sich um allgemeine Deutungsfiguren nicht nur für Sachverhalte, sondern bspw. auch für Subjektpositionen, die in konkreten Deutungsakten und Handlungen zum Einsatz kommen und dabei in unterschiedlicher symbolisch-materialer Gestalt manifest werden: Als Cartoon, als Satz oder Satzzusammenhang, als Fotografie, als Verkettung von Praktiken. Bedeutungen liegen in den Diskursen nicht als lose und isolierte Zeichenpartikel, sondern in Gestalt solcher Deutungsmuster vor" (Keller, 2013, p. 46f.).*

Damit lässt sich in aller Kürze sagen, dass der WDA folgend der Deutungsmusterbegriff dieser Arbeit als der sozial typische Sinn einer Aussageeinheit (Keller, 2011a) konzeptualisiert wird. Eine Aussage ist der „typisierbare und typische Gehalt einer konkreten Äußerung bzw. einzelner darin enthaltener Sprachsequenzen, der sich in zahlreichen verstreuten Äußerungen rekonstruieren lässt" (Keller, 2011c, p. 234). Eine Äußerung ist schließlich eine konkrete dokumentierte, sprachliche Materialisierung eines Diskurses (Keller, 2011c). Unter diesem Blickwinkel – und wie in Abbildung 2.1 visualisiert – kann davon ausgegangen werden, dass sich auch in den Dokumenten von Pflegschaftsverfahren solche Materialisierungen des Diskurses um Elternschaft und damit auch Deutungsmuster und die weiteren Elemente des Interpretationsrepertoirs der WDA (in den folgenden drei Abschnitten noch expliziert) rekonstruieren lassen. Zu den konkreten methodologischen Überlegungen und der methodischen Umsetzung dieser theoretischen Ausführungen komme ich in Abschnitt 2.2.

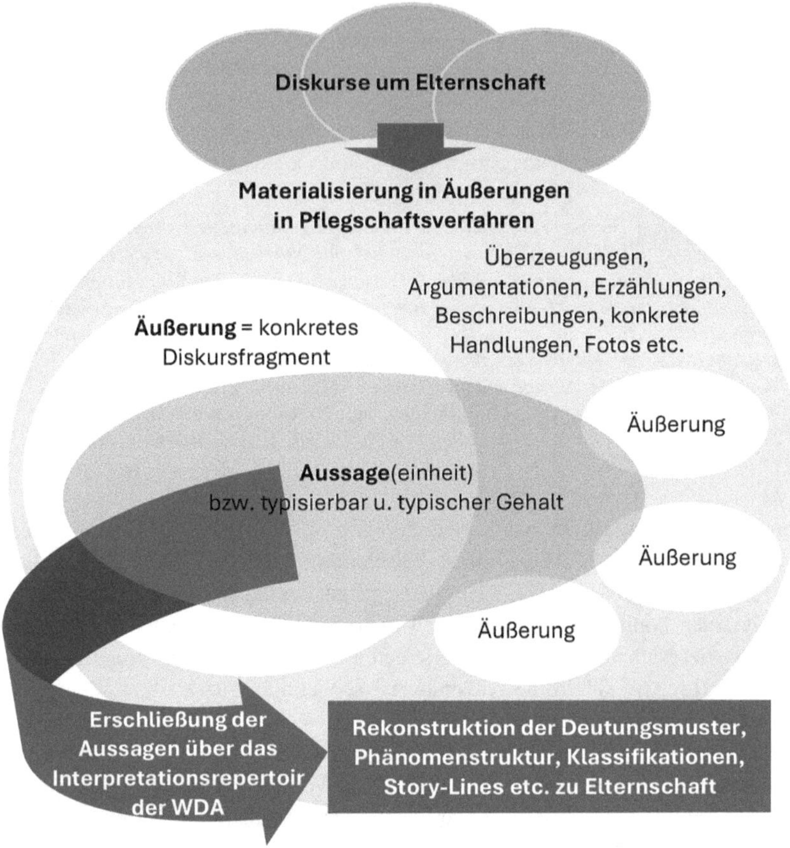

Abbildung 2.1 Schematische Darstellung der Materialisierungen, Äußerungen und Aussagen in Diskursen

Zunächst ist es aber erforderlich auf den Aspekt von Macht im Zusammenhang mit Deutungsmustern einzugehen, um auf theoretischer Ebene zu klären, wie die Frage nach Hierarchien und Machtstrukturen im Diskursfeld Pflegschaftsverfahren beantwortet werden kann. Alemann (2019) betont, dass Macht eine zentrale Rolle für die Analyse von Deutungsmustern spielt. Denn Akteur*innen versuchen in der Interaktion eigene Deutungsmuster durchzusetzen, sei es auf Ebene von sozialen Beziehungen oder im größeren Rahmen (Alemann, 2019).

An dieser Stelle ist daher eine Einbeziehung des Ansatzes der Ungleichheitsregime von Acker (2006) sinnvoll, um die Verknüpfung von Deutungsmustern mit Macht und sozialer Ungleichheit auch in Bezug auf Elternschaft für diese Arbeit fruchtbar zu machen. Ungleichheiten wie Geschlecht basieren auf einem Ungleichheitsregime, das Praktiken, Prozesse und Bedeutungen umfasst. Das Ungleichheitsregime Geschlecht bezieht sich auf sozial konstruierte Unterschiede zwischen Frauen und Männern sowie damit verbundene und den Ungleichheiten zugrunde liegende Überzeugungen, Annahmen und Identitäten. Vergeschlechtlichte und sexualisierte Deutungsmuster fließen in Folge in Bewertungen von Praktiken und Prozessen ein. Die Machtverhältnisse in diesen Ungleichheiten beziehen sich dabei neben den Strukturen und Akteur*innen auf diese Weise aber auch auf Definitionshoheit und Macht über Deutungsmuster (Acker, 2006). Es kann also davon ausgegangen werden, dass die Aushandlung von Elternschaft in Pflegschaftsverfahren anhand von Deutungsmustern und Praktiken im Rahmen eines Ungleichheitsregimes Geschlecht passiert.

Akteur*innen können sich im Diskursfeld bestimmter *Leitbilder* bedienen, um ihr Bild, ihre Version plausibel zu machen. Leitbilder sind ein strategisches Mittel für Akteur*innen, um ihre Sicht auf eine Situation/einen Sachverhalt durchzusetzen bzw. ihr Bild von guter oder schlechter Elternschaft zu plausibilisieren. Zur theoretischen Differenzierung von Leitbildern und Deutungsmustern erfolgt an dieser Stelle eine Definition des Begriffs Leitbild. Auch bei diesem Begriff gibt es unterschiedlichste Begriffsverständnisse, theoretische Annahmen und konzeptionelle Ansätze. Giesel (2007) erfasst in ihrer umfassenden Analyse des Leitbildbegriffs und dessen Genese in den Sozialwissenschaften dennoch einen größten gemeinsamen Nenner und beschreibt Leitbilder als „sozial geteilte (mentale oder verbalisierte) Vorstellungsmuster von einer erwünschten bzw. wünschbaren und prinzipiell erreichbaren Zukunft“ (p. 38). Eine solche Zukunft sollte durch entsprechendes Handeln realisiert werden. Dementsprechend beziehen sich Leitbilder auf zukunftsgerichtete sowie handlungsrelevante Vorstellungen von Erstrebenswertem aber gleichzeitig auch Realisierbarem (ebd.). Giesel (2007) differenziert unterschiedliche Typen von Leitbildbegriffen, deren Erscheinungsform und Handlungswirksamkeit. Einige dieser von ihr definierten Formen von Leitbildern lassen diese in die Nähe von Deutungsmustern rücken. Allerdings sind Leitbilder im Gegensatz zu Deutungsmustern konkret formulierte oder formulierbare Grundorientierungen und Intentionen. Sie werden formuliert, um Sozietäten zu konstituieren, aber auch, um sich gegenüber anderen abzugrenzen. Leitbilder sind für Individuen einer Gemeinschaft wahrnehmungsstrukturierend und handlungsbestimmend. In ihnen kommen Erwartungen, Aufmerksamkeiten und Anforderungen an adäquate Praktiken zum Ausdruck. Leitbilder werden somit als programmatische Konzepte, Orientierungspunkte und konkrete Bilder in Diskursen festgeschrieben und legitimiert (Betz et al., 2013; de Haan, 2001).

In dieser Forschungsarbeit wird davon ausgegangen, dass Familiengerichtsverfahren institutionalisierte Praktiken sind, mit denen auch Recht durchgesetzt wird. Dieses Recht spiegelt zentrale Leitbilder wider. Damit sind über die Leitbilder spezifische Ziele mit dem Recht verbunden. Diese kommen in der Rechtspraxis allerdings nur in ihrer Abhängigkeit von einzelnen Regelungen und Praktiken zur Geltung (Barbara Schwarz, 2011). Leitbilder beziehen sich also auf konkrete und grundsätzlich erreichbare Ziele (Honecker, 1985), sind aber gleichzeitig auch „eine Idealvorstellung, die in der Regel mehrere Wertungen miteinander verknüpft" (Lück, 2009, p. 58). Damit sind Leitbilder normativ aufgeladen, unterscheiden sich aber von Normen durch ihre mehrdimensionale Struktur. Leitbilder sind umfassender und vereinen komplexe Gruppen an Vorstellungen (Oechsle, 1998). Mit den Worten von Diabaté und Lück (2014) und einem passenden Beispiel illustriert, ist ein Leitbild:

> *„ein Bündel aus kollektiv geteilten bildhaften Vorstellungen des „Normalen", das heißt von etwas Erstrebenswertem, sozial Erwünschtem und/oder mutmaßlich weit Verbreitetem, also Selbstverständlichem. Leitbilder und Normalitätsvorstellungen sind grundsätzlich realisierbar und als Handlungsorientierung konzipiert. Komplementär zu den „positiven" Leitbildern im engeren Sinne (z. B. dem der „Guten Mutter") kann es „negative Leitbilder" geben (z. B. das der „Rabenmutter"), die als vermeidenswert und sozial unerwünscht wahrgenommen werden. Diese bieten indirekt ebenfalls eine Orientierungsmöglichkeit, indem man davon abweichen möchte" (Diabaté & Lück, 2014, p. 56).*

Der soziologische Leitbildbegriff, auf den in dieser Arbeit schließlich auch zurückgegriffen wird, ist somit eine soziale bzw. kulturelle Kategorie, die auch gesellschaftliche Rollenstereotype bzw. soziale Verhaltenserwartungen einbezieht. Leitbilder sind eine Ziel- oder Modellvorstellung und als solche verknüpft mit bestimmten Modellsubjekten bzw. positiv besetzten Subjektpositionen. Soziale Leitbilder sind in diesem Verständnis Modelle oder „normativ aufgeladene Normalitätsvorstellungen" (Giesel, 2007, p. 52), z. B. von Familienleben, von Partnerschaft, von der Rolle der Frau oder des Mannes. Diese Normalitätsvorstellungen sind von gesellschaftlichen Gruppen, Institutionen, Organisationen oder von der Gesellschaft allgemein gestützt und bieten bzw. geben dem Einzelnen Orientierung. Damit sind Leitbilder wie Deutungsmuster ein grundlegendes Element einer Wissensordnung (Giesel, 2007).

Kulturelle *Normalitätsvorstellungen* regulieren nach Goffman (1975) unsere Selbstentäußerungen in Interaktionen und unser eigenes Selbstverhältnis.

Bosančić (2016) geht mit Verweis auf Goffman von der Annahme aus, dass „der wesentliche Grund für die Normalitätsorientierung des Selbst […] die beständigen Identifizierungen durch Andere, bspw. in Bezug auf soziale Merkmale wie das Geschlecht oder die Ethnizität oder auch persönliche Merkmale wie das äußere Erscheinungsbild [ist]" (Bosančić, 2016, p. 107).

Normen ebenso wie Wertorientierungen sind Elemente von Deutungsmustern, da sie begründete oder als vernünftig geltende Deutungen von physikalischen und sozialen Tatsachen implizieren und somit ihrerseits ihre Geltungsgründe aus diesen Deutungen beziehen (Oevermann, 2001 [1973]). Kulturell-normative Leitbilder, wie genderspezifische Arbeitsteilung oder Stile von Ritualen, sind die Referenz für im Entstehen befindliche Gemeinschaftsprodukte, die auf Basis von geteilten Werten und Überzeugungen entstehen. Im Hinblick auf diese Wissensbestände, Erwartungen und Normierungen wie Normalitätsvorstellungen entsteht etwa auch die identitätsorientierte Konstruktion von Familie als „sinnhafte Konstruktion eines gemeinsamen ideellen Beziehungsgefüges" (Jurczyk, 2020a, p. 45). Aber dazu mehr in Abschnitt 2.1.2 und zuerst noch zu einem weiteren Begriff in dieser Thematik, der Ideologie.

Im Gegensatz zu Leitbild, Norm und Deutungsmuster wird Ideologie – in aller Kürze zwecks theoretischer Abgrenzung definiert – als „eine transhistorische strukturelle Form begriffen" (Hirseland & Schneider, 2011, p. 410). Diese zeigt sich allerdings in Form von konkreten Ideologien und ideologischen Effekten je nach historischen Kontexten unterschiedlich. Ideologie adressiert einzelne Individuen als ‚etwas' – z. B. als Mutter oder als Vater – und bindet sie als solche in Praktiken ein, „die zur Reproduktion der damit einhergehenden Beziehungsstruktur erforderlich sind (etwa durch die Befolgung der entsprechenden Rituale der bürgerlichen Familie)" (Hirseland & Schneider, 2011, p. 411). Der ideologische Effekt dabei ist, dass Individuen nicht nur die Praktiken, sondern auch die immanenten Bedeutungen und Subjektpositionen für ‚offensichtlich' und ‚selbstverständlich' erachten (Hirseland & Schneider, 2011).

Narrationen, Narrative Strukturen und Story-Lines

Damit Leitbilder und Ideologien wie Deutungsmuster Kollektivität erlangen, müssen sie weitergegeben und zwischen einzelnen Subjekten ausgetauscht werden. Dies geschieht in Diskursen durch die Übermittlung idealtypischer Fallbeispiele in Narrationen (Plaß & Schetsche, 2001). *Narrationen* sind als Haupt- und Nebenerzählungen, allgemeine oder generalisierende Narrationen (bspw. illustrierende Beweisgeschichten) Teil von narrativen Strukturen (Keller, 2013). Narrationen ermöglichen, den Prozess der Konstruktion von Realität durch soziale Akteur*innen als *Narrativisierung* zu definieren (Keller et al., 2011, p. 25).

Das Konzept der *Narrativen Strukturen* ist verknüpft mit jenem der *Story-Lines* oder *Plots* (Viehöver, 2011). Story-Lines sind jene „strukturierenden Momente von Aussagen und Diskursen […], durch die verschiedene Deutungsmuster, Klassifikationen und Dimensionen der Phänomenstruktur (z. B. Akteur(inn)en, Problemdefinition) zueinander in spezifischer Weise in Beziehung gesetzt werden“ (Keller, 2007, Abs. 28). Narrative Strukturen sind der gestaltende Akt der Verknüpfung verschiedenartiger Zeichen und Aussagen in Form von Erzählungen im Sinne eines „Grundmodus der menschlichen Ordnung von Welterfahrung“ (ebd., Abs. 28). Narrative Strukturen schließen abgrenzbare Episoden, Prozesse, Akteur*innen und ihre jeweiligen Positionierungen, Raum- und Zeitstrukturen und die Dramaturgie bzw. den Plot einer Handlung ein (Keller, 2007; Viehöver, 2011). Sie verknüpfen in diesem Sinne in synchroner Hinsicht „die unterschiedlichen Deutungselemente eines Diskurses zu einem zusammenhängenden, darstell- und erzählbaren Gebilde“ (Keller, 2007, Abs. 29) und in diachroner Hinsicht werden im Zeitverlauf Aktualisierungen und Veränderungen der Diskurse verbunden. Narrative Strukturen sind als Aussagen performativ und „konstituieren (bestreitbare) Weltzustände als Erzählungen, in denen es handelnde Akteur(inn)en, Ereignisse, Herausforderungen, Erfolge und Niederlagen, ‚Gute‘ und ‚Böse‘ etc. gibt“ (ebd., Abs. 28).

Mittels Narrationen versuchen Akteur*innen, spezifische soziale Positionen zu vertreten, anderen ihre eigene Sicht der Realität aufzuerlegen, Praktiken anzuregen und unterschiedliche bzw. abweichende soziale Arrangements zu kritisieren (Keller, 2010). Die Sprechpositionen umfassen Handlungsträger*innen als Sprecher*innen, die narrative Struktur und entsprechende Deutungsmuster auf bestimmte Art und Weise in diskursiven Praktiken einsetzen und (re-) formulieren. Sprache objektiviert die Welt, transformiert Erfahrung in eine kohärente Ordnung und verwirklicht eine Welt, indem sie sie begreift und gleichzeitig erzeugt (Berger & Luckmann, 2010 [1969], p. 174). Die Sprache in Gerichtsakten kann demzufolge als verschriftlichtes Sprechen über Interaktion, Situationen, Handlungen, Verhalten, Deutungen, Vorstellungen etc. interpretiert werden.

Die Story-Line eines Diskurses ist dessen ‚roter Faden‘. Durch diesen werden die verschiedenen Bestandteile des Interpretationsrepertoires verknüpft und die verschiedenen Diskurselemente zu einer Grunderzählung verbunden (Keller, 2011c). Dabei werden in einzelnen Aussagen und Äußerungen typisierte Ensembles von Deutungsbausteinen aktualisiert. Dementsprechend kann die schematische Darstellung zu Materialisierungen, Äußerungen und Aussagen in Diskursen (siehe Abbildung 2.1) auch um das Konzept der Story-Lines ergänzt werden (siehe Abbildung 2.2).

Mit dieser Abbildung wird auch veranschaulicht, dass diese Ensembles von Deutungsbausteinen – Deutungsmuster, narrative Struktur bzw. Story-Line, Phänomenstruktur und Klassifikation – nicht nur Diskurselemente, sondern auch das Interpretationsrepertoire der WDA sind (Keller, 2007). Letztere zwei Bausteine werden im Folgenden in aller Kürze theoretisch geklärt.

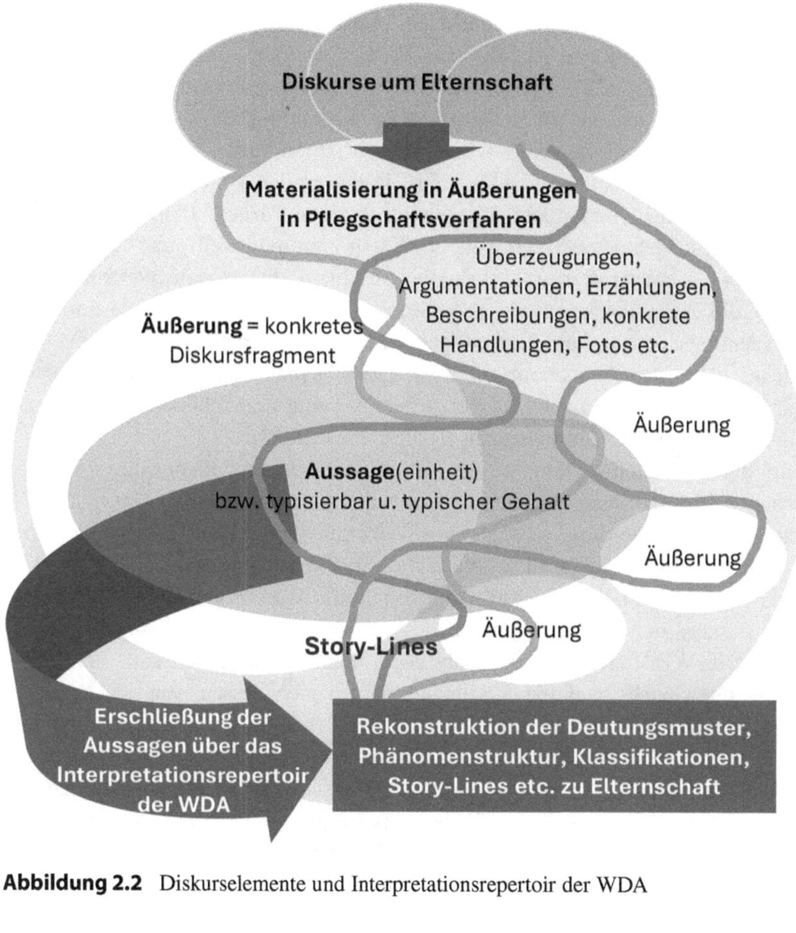

Abbildung 2.2 Diskurselemente und Interpretationsrepertoir der WDA

Phänomenstruktur und Klassifikationen

Wissen wurde bereits definiert „als die Gewissheit, daß Phänomene wirklich sind und bestimmte Eigenschaften haben" (Berger & Luckmann, 2010 [1969], p. 1). Als Phänomen – konkret das Phänomen Eltern-, Mutter- und Vaterschaft – wird in dieser Forschungsarbeit nicht nur Handlung und Interaktion in sozialen Situationen (Strauss & Corbin, 1996), sondern vor allem die diskursive Sinnstruktur (Sommer, 2018) konzipiert.

Klassifikationen sind Qualifikationen von Phänomenen und damit „formalisierte und institutionell stabilisierte Formen sozialer Typisierungsprozesse" (Keller, 2007, Abs. 22). Damit ordnen Klassifikationen nicht etwa eine ‚vorgefundene Wirklichkeit' in entsprechende, passende Kategorien ein, sondern begründen vielmehr, wie diese Wirklichkeit erfahren wird. Alltagsroutinen sind ein ständiger Prozess des Klassifizierens. Dabei greifen Akteur*innen auf angeeignete Elemente von kollektiven Wissensvorräten zurück. In Diskursen wird mittels Sprachgebrauchs die Welt in Kategorien eingeteilt und gleichzeitig über diese Klassifikationen verhandelt. In einem diskursiven Wettstreit geht es um die Auseinandersetzung mit diesen Klassifikationen, also darum, welche Identitätsangebote als legitim gelten, welches Verhalten als korrekt und welches als verwerflich betrachtet wird. Damit haben Klassifikationen Kontingenz, Strukturierungsleistung, performative Wirkung und schließlich spezifische handlungspraktische Konsequenzen (Keller, 2007, 2013).

In der Konstitution ihres referentiellen Bezuges und damit ihres Themas benennen Diskurse verschiedene Elemente oder Dimensionen ihres Gegenstandes. Dabei verbinden sie diese zu einer spezifischen Gestalt. Keller (2007) bezeichnet diese Phänomenkonstellation auch als das Ergebnis der Phänomenstruktur. Mit der Phänomenkonstellation ist allerdings nicht die Wesensqualität eines Diskurs-Gegenstandes zu verstehen, sondern dessen diskursive Zuschreibungen (Keller, 2013). Die WDA zielt in der Analyse der Phänomenstruktur „auf eine Typisierung der Gehalte, auf die Regeln oder Prinzipien dessen, was als Inhalt in Frage kommt und wie dies geschieht" (Keller, 2007, Abs. 27). Diese einzelnen Elemente der Phänomenstruktur eines Diskurses müssen aus den Daten erschlossen werden. Wie dies in dieser Arbeit umgesetzt wird und wie damit auch die Frage nach der Fassbarkeit des Phänomens Eltern-, Mutter- und Vaterschaft in und durch die Analyse von Pflegschaftsverfahren beantwortet werden kann, wird in den folgenden Kapiteln genauer behandelt.

Zusammenfassung bisheriger theoretischer Konkretisierungen

Die bisherigen theoretischen Grundannahmen dieser Forschungsarbeit zusammenfassend kann festgehalten werden, dass durch eine diskursanalytische Erweiterung des interpretativen Paradigmas und der sozialkonstruktivistischen Wissensanalyse mit einer Weiterführung des symbolischen Interaktionismus Wissensvorräte *und* Wissenspolitiken in den Blick genommen werden können (Keller, 2011c, p. 187 ff.). In diesem Sinne versteht Keller (2011c) die WDA „als Vorschlag zur Entfaltung grundlegender Potenziale der sozialkonstruktivistischen Wissenssoziologie“ (Keller, 2011c, p. 190) mit einer Berücksichtigung der Diskurstheorie Foucaults, mit der die Bedeutung von Macht und institutionellen (Vor-)Strukturierungen von Sprechpositionen sowie legitimen Inhalten einbezogen wird. Diskurse können damit auch als strukturierte und strukturierende Strukturen erkannt werden (Keller, 2011c, p. 190). Durch das An- und Verknüpfen von Symbolischem Interaktionismus, wissenssoziologischer Tradition von Berger und Luckmann und Foucaultscher Diskurstheorie „rückt die Handlungsgrundlage, dialektische Gestalt und Prozesshaftigkeit der ‚gesellschaftlichen Konstruktion der Wirklichkeit‘ in den Mittelpunkt“ (Keller, 2011c, p. 190) einer WDA. So wird das komplexe Wechselspiel von Prozessen gesellschaftlicher Objektivierung von symbolischer Ordnung und sozialen Akteur*innen ebenso berücksichtigt wie die Rolle gesellschaftlicher Akteur*innen in den „Machtspielen des Wissens“ (Keller, 2011c, p. 191) und das Wechselspiel zwischen Wirklichkeitskonstruktion, -objektivierung und Interessen und Strategien sozialer Akteur*innen.

Für die Erforschung von Pflegschaftsverfahren als Diskursfeld von Elternschaft bedeutet das, sowohl für die institutionellen Strukturen eines Gerichtsverfahrens als auch die (Vor-)Strukturierung von Sprechpositionen und damit verknüpfte Machtstrukturen sensibilisiert zu sein. Gleichzeitig können auch die Akteur*innen, ihre Interessen und Strategien, sowie verhandelte Wissensvorräte interpretierend herausgearbeitet werden.

Die WDA versteht Keller (2011c) als „sozialwissenschaftliches Forschungsprogramm“ und „Spielart der Hermeneutischen Wissenssoziologie“ (p. 192) mit der sich die Objektivität der Ordnung von Diskursen und deren kommunikative Konstruktion untersuchen lassen. Das Ziel einer WDA ist die Rekonstruktion von „Prozessen der sozialen Konstruktion, Zirkulation und Vermittlung von Deutungs- und Handlungsweisen auf der Ebene von institutionellen Feldern, Organisationen, sozialen Kollektiven und Akteuren“ (ebd., p. 192). Der Forschungsgegenstand der WDA ist mit Kellers Worten:

„Die Produktion und Transformation gesellschaftlicher Wissensverhältnisse durch Wissenspolitiken, d.h. diskursiv strukturierte Bestrebungen sozialer Akteure [sic!], die Legitimität und Anerkennung ihrer Weltdeutung als Faktizität durchzusetzen" (Keller, 2011c, p. 193).

Für eine Rekonstruktion von Themen wie Elternschaft eignen sich Diskursfelder, in denen diese Konzepte auch vermittelt und interpretiert werden (Görgen et al., 2018). Vor Gericht bestimmen ‚Wahrheit', ‚Wirklichkeit' und machtvolle Regeln, was als ‚wahr' anerkannt wird (Hirseland & Schneider, 2011). Ein Familiengericht kann also als Praxis- und Diskursfeld verstanden werden, in dem um die Konstitution und Definition des Phänomens ‚Elternschaft' gewetteifert wird (Keller, 2011c). Dieser Diskurs um ‚gute' Elternschaft ist ein „Kräftevergleich, ein Gefecht um Worte und mittels Worten" (Foucault, 1975, p. 9), den Richter*innen, Eltern, Rechtsanwält*innen, Sachverständige, Zeug*innen etc. führen.

2.1.2 Konstruktion und Praktiken von Familie und Elternschaft

Familien, die ihre Beziehungen vor Gericht verhandeln, befinden sich an Grenzbereichen des Alltagslebens. Diese stellen ein besonderes Deutungs- und Handlungsproblem dar und führen zu einem besonderen Deutungs- und Handlungsdruck (Pfister, 2020). Elternschaft und Eltern-Kind-Beziehungen sind durch Diskurse, rechtliche Legitimation, Geschlecht sowie alltägliches Handeln strukturiert und dabei hierarchisch geordnet (Schutter & Lange, 2018). Um diese Beziehung, deren Konstruktion und verbundene Praktiken für dieses Forschungsvorhaben theoretisch fassbar zu machen, werden daher im folgenden Kapitel weitere theoretische Konzepte und Annahmen expliziert, um anschließend eine Fusion dieser Ansätze mit der WDA und in Hinblick auf Pflegschaftsverfahren vorzunehmen.

Familiale Praktiken und UnDoing Family

Der in dieser Arbeit verwendete Begriff *Family Practice* bzw. *familiale Praktiken* beruht auf dessen Konzeption von Morgan (1996) und ist umfassend und weitreichend gedacht. Praktiken generell sind die „Menge des Tuns und Sprechens, [...] die materielle Arrangements hervorbringen, gebrauchen, verändern, auf sie gerichtet oder untrennbar mit ihnen verbunden sind" (Schatzki, 2016, p. 33). Familiale Praktiken sind spezifische Praktiken, die von Akteur*innen als unterschiedlich zu nicht-familialen Praktiken verstanden werden (Morgan, 1996).

Konkreter sind familiale Praktiken somit die Menge des Tuns und Sprechens von organisatorischen, koordinatorischen und logistischen Abstimmungsleistungen von Familienmitgliedern. Diese Praktiken machen familialen Alltag praktisch lebbar (Jurczyk, 2020a).

Familiale Praktiken verleihen den Begriffen Familie und familiale Beziehung eine spezifische Bedeutung, weil sie Aktivitäten oder Geschehnisse mit Bedeutung versehen (Morgan, 2019). Somit sind solche Praktiken eine der beiden Formen, mit denen im Sinne des Konzepts des *Doing Family* von Jurczyk (2020c) Familie ‚hergestellt' wird. Damit verknüpft sind die verschiedenen individuellen Lebensführungen innerhalb dieser Herstellungsprozesse, in denen unterschiedliche Bereiche – Beruf, Familie, Ausbildung, Kinderbetreuung, Gesellschaft usw. – und unterschiedliche Bedürfnisse und Interessen sowohl mental und emotional ausbalanciert als auch zeitlich, räumlich und sachlich koordiniert werden müssen. Denn die Herstellung von Familie im Sinne des Konzepts des Doing Family ist keine Leistung eines einzelnen Individuums, sondern basiert auf der Interaktion verschiedener Familienmitglieder (Jurczyk, 2020a, 2020c).

Die unterschiedlichsten Beziehungsgeflechte der vielfältigen familialen Akteur*innen und Teilsysteme konstituieren Familie. Diese Konstitution ist keinesfalls konfliktfrei und beinhaltet wechselseitige Grenzziehungen und Perspektiven einzelner Familienmitglieder. Individuelle Perspektiven, Interessen und Praktiken lassen Familie „als ambivalentes Spannungsverhältnis zwischen Gemeinschaft und Individualität, Solidarität und Autonomie" (Jurczyk, 2020a, p. 46) konstituieren. Damit ergibt sich eine Verschränkung von Lebensführung im doppelten Sinn, nämlich auf Ebene der Personen und auf Ebene der Lebensbereiche dieser Personen.

In diesen familialen Praktiken der Koordination und der Abstimmungsleistungen spielen auch Rechte und Pflichten eine Rolle, da diese – auch im Rahmen rechtlicher Vorgaben (Betzler & Bleisch, 2015) – verhandelt werden. Insbesondere dann, wenn familiale Beziehung durch elterliche Trennung und Scheidung oder andere Veränderungen eine Auslösung oder Veränderung der Verschränkung von Lebensführungen notwendig machen. Dann kann die zweite Form der Herstellung von Familie, wie sie Jurczyk (2020c) definiert, besonders konflikthaft werden, und kulturell-normative Leitbilder und handlungsorientierende Deutungsmuster erfassbar werden lassen. Diese zweite Form der Herstellung von Familie geschieht durch „die sinnhafte Konstruktion eines gemeinsamen ideellen Beziehungsgefüges in einem spezifischen sozialkonstruktivistischen Verständnis" (Jurczyk, 2020a, p. 45).

Damit verbunden sind aber auch die unterschiedlichen individuellen, alltäglichen und familialen Lebensführungen, im Sinne einer Art und Weise, mit der familiale Akteur*innen ihre Tätigkeiten im Alltag in den einzelnen Lebensbereichen zu einem praktischen Arrangement bindet, und die stets abgestimmt werden müssen. Lebensführung ist eine Konstruktionsleistung, die aufgrund vorhandener gesellschaftlicher Rahmenbedingungen und Veränderungen eine strukturelle Eigenlogik hat und nicht so einfach veränderlich ist. Lebensführung kann damit als konzeptuelle Vermittlung zwischen Person und Gesellschaft verstanden werden (Jochum, Jurczyk, Voß, & Weihrich, 2020). Dementsprechend sind auch Reproduktion und Veränderung auf beiden Seiten verknüpft.

Werden also Konzepte der Family Practice, des Doing Family und der Lebensführung zusammengedacht, so kommen damit kollektive Wissensbestände, Erwartungen und Normierungen zum Tragen, die im Rahmen der Konstruktion familialer Beziehungsgefüge stattfinden. Diese identitätsorientierte Konstruktion von Familie geschieht im Hinblick auf geteilte Werte und Überzeugungen, die emergente Gemeinschaftsprodukte entstehen lassen, die ihrerseits Bezug nehmen auf kulturell-normative Leitbilder, wie etwa eine genderspezifische Arbeitsteilung (Jurczyk, 2020a).

Wenn nun aber im Falle einer Umstrukturierung von Beziehungsgefügen in einer Familie auf Ebene der Elternbeziehung gerade dieses gemeinsame Beziehungsgefüge nicht mehr angestrebt wird bzw. aufgelöst werden soll, so bekommen die unterschiedlichen Formen familialer Praktiken einen besonderen Stellenwert. Jurczyk (2020a) definiert ‚*Grenzarbeit*‘, also In- und Exklusion von Menschen als familienzugehörig oder nicht, Herstellung von *Wir-Gefühl* mit Konstruktion von Intimität und Zugehörigkeit durch eine spezifische Vorstellung einer Familienkultur sowie die „inszenatorischen Selbstvergewisserungspraxen“ (ebd., p. 45) im Sinne eines *Displaying Family* (Finch, 2007) als drei Unterformen familialer Praktiken. Displaying Family nimmt Bezug auf gesellschaftliche Normen in besonderem Maß bei Familien, die sich unter Legitimationsdruck sehen, da sie nicht gängigen Familienbildern entsprechen. Diese Praktiken dienen der Darstellung der Familie als ‚richtig‘ und ‚gut‘ (Jurczyk, 2020a).

Wird oder wurde eine Paarbeziehung aufgelöst, eine Eltern-Kind-Beziehung bleibt aber bestehen, so muss die Gleichzeitigkeit von Herstellung und Auflösung von Familie berücksichtigt werden. Dies ist durch die Einbeziehung des Konzepts des *UnDoing Family* in die theoretische Perspektive dieser Arbeit möglich. Als forschungsprogrammatische Perspektive ermöglicht dieser Ansatz, die Herstellungs- und Auflösungsprozesse von Familie aus der Perspektive verschiedener Akteur*innen zu beleuchten (Jurczyk, 2020c), und Praktiken, die im Rahmen eines Displaying Family als ‚gut‘ oder ‚schlecht‘ gewertet werden, in den Blick zu nehmen. Das Konzept des UnDoing Family „bezeichnet das praxeologische Gesamtkonzept von Familie, das die Praxen sowohl von Neutralisierung und Auflösung als auch von Herstellung umfasst" (Jurczyk, 2020c, p. 10). Wenn die Herstellung fürsorglicher Familienbeziehungen sowie „inszenatorische Selbstvergewisserungspraxen" (Jurczyk, 2020a, p. 45) und Displaying Family als Ausgangspunkt und Ziel von Doing Family verstanden werden, kann mit Rückbezug auf die beschriebenen Konzepte in der empirischen Forschung der Knackpunkt zwischen Doing und Undoing Family erfasst werden (Jurczyk, 2020c). So kann die familiale Bindung an eine*n (Ex)Partner*in oder ein Kind geleugnet oder ignoriert werden oder eine aktive betriebene Distanznahme zu familialen Lebenszusammenhängen gesetzt oder entsprechende Praktiken von anderen Akteur*innen als solche angezeigt werden. Ein solcher Ansatz verweist damit nicht nur auf die Summe an Praktiken, die mit der Idee von Familie und Elternschaft zu tun haben und mit den damit verbundenen Erwartungen und Verpflichtungen, sondern er erlaubt auch die empirische Berücksichtigung dieser Praktiken (Morgan, 1996).

Allerdings erscheint Familie im Konzept des UnDoing Family in erster Linie als geschlechtsneutral. Familiale Praktiken überlappen und interagieren allerdings mit vergeschlechtlichten Praktiken (Morgan, 1996). Machtverhältnisse und Geschlechterdifferenzen spielen eine wesentliche Rolle in Familien, da – wie in Abschnitt 1.2 dargestellt – Familie auf Fürsorgepraktiken beruht, die in Geschlechterkonstruktionen wurzeln (Thiessen, 2024). UnDoing Family bezieht sich vor allem auf Praktiken, die im weitesten Sinne familiale Fürsorgetätigkeiten sind und die kulturell wie strukturell nach wie vor feminisiert sind (Jurczyk, 2020b). Daher kann die Herstellungsleistung des Zusammenlebens, also wie Familien ihre Alltagspraktiken gestalten, nur verstanden werden, wenn soziale, politische und historische Kontexte von familialen Beziehungen berücksichtigt werden. Daher werden im folgenden Kapitel die Vergeschlechtlichung von familialen Praktiken und das Konzept des *Doing Parenthood* (Dermott, 2016; Lind et al., 2016) als weitere theoretische Perspektive eingeführt.

Doing Parenthood, Kindeswohl, Motherhood and Fatherhood

Elternschaft ist wie Familie als etwas zu verstehen, das *getan* wird und keine statische Struktur oder Position beinhaltet. Elternschaft wird nicht nur mit den Praktiken der Kindererziehung getan, sondern auch, wenn Eltern mit anderen – Lehrpersonal, Sozialarbeitenden, anderen Eltern, Großeltern usw. – interagieren. Elternschaft wird getan, so Lind et al. (2016, p. 2), „[w]hen parents argue in favour of their strategies, when they negotiate with an ex-partner, when they conform to (or refuse) the demands placed upon them by schools, when they consume goods or choose destinations for family outgoings". *Good parenting* wird in diesem Sinne als individuelle Praktiken verstanden. *Good Parenthood* hingegen anerkennt die Beteiligung unterschiedlicher Akteur*innen an der Konstruktion als gut interpretierter Praktiken von Elternschaft und die Rolle kultureller Idealvorstellungen sowie sozialer Verortung von Eltern (Dermott, 2016). Aus dieser Perspektive umfasst *Doing Parenthood* neben den Eltern selbst auch andere Eltern, Kinder, Expert*innen sowie Akteur*innen aus unterschiedlichsten Professionen als Co-Akteur*innen (Lind et al., 2016).

Wenn Eltern in spezifischen Situationen Elternschaft im Sinne des Konzepts des Doing Parenthood *tun*, werden Vorstellungen davon wirksam, was in der Sicht des jeweiligen Elternteils ‚gute' Elternschaft ist bzw. was Eltern erwarten, dass von anderen Beteiligten als ‚gute' Elternschaft verstanden wird und welche Praktiken wie beurteilt werden. D. h. Eltern wollen, wenn sie Elternschaft vor einem Publikum machen, als ‚gute Eltern' wahrgenommen werden (Caputo, 2007; Finch, 2007). Damit kann Elternschaft als etwas verstanden werden, das normiert und bewertet wird, sowie normt und bewertet durch und in Praktiken (Lind et al., 2016). Die theoretische wie empirische Verhandlung eines Doing Parenthood beinhaltet damit stets auch die Frage nach dem *Doing Good Parenthood*. Dabei rücken die Praktiken in den Fokus, durch die und mit denen unterschiedliche und vielzählige Akteur*innen Elternschaft machen, durch die die Bedeutung guter Elternschaft sichtbar wird und durch die die Positionierung von bestimmten elterlichen Praktiken als gut erreicht wird (Dermott, 2016; Lind et al., 2016).

Parenting – also die individuellen Praktiken – ist stets eine historische und sozial situierte Praktik. D. h. elterliche Erwartungen und Wünsche von Eltern an und für ihre Kinder, Ideale und Praktiken zu *Elternsein* variieren historisch, kulturell und räumlich gesehen (Lee et al., 2014; Lind et al., 2016). Das Konzept von Elternschaft kann dabei nicht ohne das Konzept von Kindheit sowie Gender verstanden werden, da diese nicht nur verwoben sind, sondern einander auch formen (Lind et al., 2016). Elternschaft wird nicht von Eltern, sondern von Frauen, Männern und Kindern (in welcher Zusammensetzung auch immer) getan, indem diese Praktiken der Kindererziehung *tun* und miteinander interagieren. ‚Gute' Elternschaft ist dabei kein fixes oder stabiles Konzept, sondern häufig durch das Kindeswohl als Maßstab bewertet. Normative Vorgaben zu Elternschaft sind verbunden mit Vorstellungen darüber, was eine gute Kindheit ausmacht, und von Entwicklung und Bedürfnissen von Kindern, mit zu jeweiligen Zeiten bestehenden Idealen von Familie, aber auch politischen und staatlichen Zielen wie öffentliche Gesundheit oder Bildung (Lind et al., 2016). Damit kann postuliert werden, dass Doing Good Parenthood verknüpft ist mit *Doing Kindeswohl*. Durch das Verständnis des Konzepts Elternschaft in Bezug zu Kindheit kann Elternschaft als strukturelle und diskursive Kategorie sowie elterliche Praktiken in den Fokus genommen werden.

Wenn nun aber Elternsein, also individuelle elterliche Praktiken als kulturelles Produkt und historisch wie sozial situierte Form der Kindererziehung verstanden wird (Lee et al., 2014), dann muss Parenting wohl auch in seiner Ausdifferenziertheit in *Mothering* und *Fathering* verstanden werden. Normen und Leitbilder einer geschlechtsdifferenzierten Elternschaft werden im Rahmen eines Doing Good Parenthood reproduziert und transformiert und konstituieren damit elterliche Praktiken in geschlechtsdifferenzierender Weise (Thiessen & Villa, 2009). Ideologien und Leitbilder wie etwa „intensiv mothering" (Hays, 1996, p. 97), ‚intimate fathering' (Dermott, 2007) oder ‚reflexive fathering' (Westerling, 2015) strukturieren – wie in Abschnitt 1.2 schon veranschaulicht – Erwartungen an Mutter- und Vaterschaft unterschiedlich. Solche Leitbilder deuten darauf hin, dass es dementsprechend neben oder verwoben mit einem Doing Good Parenthood als allgemeine, scheinbar geschlechtsneutrale Form der Normierung und Bewertung in und von elterlichen Praktiken, auch ein *Doing Good Motherhood* und *Doing Good Fatherhood* geben muss. Durch eine Verschränkung des Konzepts des Doing Good Parenthood mit jenem des Doing Gender kann Elternschaft also um die wichtige Facette der „Sozialen Konstruktion von Geschlecht" (Gildemeister, 2020, p. 174) im Rahmen eines Doing Good Parenthood erweitert werden. Entsprechend der „Formel […] Doing Family while Doing Care while Doing Gender" (Thiessen, 2024, p. 49) können auf diese Weise auch Praktiken – elterliche wie diskursive – in den Fokus genommen werden, die Elternschaft als strukturelle und diskursive sowie genderdifferenzierte und genderdifferenzierende Kategorie und elterliche Praktiken differenzierend in mütterliche und väterliche Praktiken verstehen lassen. Die Zweigeschlechtlichkeit, die einer solchen Differenzierung von Elternschaft anhaftet, kann auch als Folge von machtvollen Wissenspolitiken verstanden werden (Wedl, 2014), die eine geschlechtliche Subjektivierung von Elternschaft hervorbringt.

Seehaus et al. (2015) fordern dazu auf, sowohl die diskursive als auch die praktische Herstellung und Bearbeitung von Elternschaft sowie Orte in den Blick zu nehmen, „an denen tagtäglich Elternschaft praktisch und diskursiv hervorgebracht wird, die aber als solche bislang nur selten im geschlechtskritischen Fokus sind" (ebd., p. 12). Ein solcher ‚Ort' der praktischen und diskursiven Herstellung von Familie und seine theoretische Fassbarkeit wird in der Folge nun expliziert.

2.1.3 Family troubles, troubling families – Pflegschaftsverfahren als Diskurs und Praktik

Reckwitz (2008) fordert dazu auf, Praktiken und Diskurse zusammenzuführen und sie als ineinandergreifende Erscheinungsformen der Materialität von kulturellen Wissensordnungen zu verstehen. Das Konzept der Wissensordnung ist dabei das, „was in Praktiken und Diskursen verhandelt wird und ihnen ihre Form gibt“ (ebd., p. 202). Die konzeptuelle Perspektive für diese Zusammenführung ist die einer aus Praktiken zusammengesetzten sozialen und menschlichen Welt. Diese Praktiken sind Bewegungs- und Äußerungsmuster, die wiederholt und dabei ständig leicht verändert werden. Gleichzeitig werden diese durch verschiedene Arten von implizitem Wissen, wie Routinen, Sinnzuschreibungen, kulturell geformte Affekte sowie Motivationen, zusammengehalten (Reckwitz, 2008).

Da das Konzept des Doing Good Parenthood einen Fokus auf elterliche Praktiken legt und dabei die Beteiligung und Verhandlung von guter Elternschaft in seiner gesellschaftlichen, kulturellen und historischen Einbettung berücksichtigt, halte ich – mit Verweis auf die Reckwitz'schen Überlegungen – eine weitere theoretische Spezifikation für diese Arbeit für sinnvoll. Wenn nämlich Familien und Eltern-Kind-Beziehungen in den Fokus genommen werden, die außerhalb des engeren familialen Rahmens thematisiert werden, so muss einem praxeologischen Zugang eine weitere Ebene der Komplexität hinzugefügt werden. Denn durch Family Practices werden individuelle Probleme zu familialen Problemen – *Family Troubles* (Morgan, 2019; Ribbens McCarthy et al., 2019). In diesen Praktiken und Interaktionen werden Familienidentitäten und -zugehörigkeiten bekräftigt oder etabliert.

Wenn aber innerfamiliäre Themen vor ein Familiengericht gebracht werden, kommt es zu einem expliziten Aufbrechen der Grenze zwischen Privatheit und Öffentlichkeit. In der gerichtlichen Verhandlung von Obsorge wird der Diskurs um Elternschaft dann weiter entfaltet und stabilisiert. Wenn Diskurs als diskursive Praktiken bzw. als *„Praktiken der Repräsentation“* (Reckwitz, 2008, p. 203) verstanden werden, dann kann angenommen werden, dass im Verlauf des Gerichtsprozesses Problematisierungen aktiv und handlungspraktisch werden und „Elternschaft als symbolische Ordnung“ (Halatcheva-Trapp, 2016b, p. 365) zugleich hervorgebracht und objektiviert wird.

Ein solches Zusammenwirken von Diskurs und Praktiken zeigt sich somit in familialen Problemen, die in unterschiedlicher Weise erlebt werden und wirken können. Manche sind Teil des Alltags und schließen nicht alle Familienmitglieder ein, andere sind umfassender und schließen außerfamiliale Akteur*innen ein. Morgan (2019) sieht an diesem Punkt die Grenze zwischen *Troubled Families* und *Troubling Families.*

Familien sind durch Abhängigkeiten, Wechselseitigkeiten und Verpflichtungen gekennzeichnet. Wie schon weiter oben ausgeführt, brauchen sie dabei Praktiken der Koordination, der Abstimmungsleistungen und der Herstellung einer gemeinsamen Vorstellung von Beziehungen (Jurczyk, 2020a). Diese Merkmale haben allerdings eine temporäre und wandelbare Dimension, bei der vielfältige Herausforderungen eine Rolle spielen. Insofern ist Familie stets mit ‚Troubles' verbunden. Das Konzept der Family Troubles bezieht sich auf die ‚normalen' und ‚herkömmlichen' Veränderungen und Herausforderungen im Familienleben mit Kindern und jungen Erwachsenen (Ribbens McCarthy et al., 2019). Family Troubles können somit definiert werden als "unexpected disruptions and/or as disruptive changes, and/or as a chronic failure of life to live up to expectations" (Ribbens McCarthy, Hooper, & Gillies, 2013, p. 14), also als Probleme, die ‚normale' Erwartungen von Familienmitgliedern herausfordern, aber Teil des Familienlebens sind. Damit wird mit diesem Konzept anerkannt, dass die Erwartungen an und von Akteur*innen an sich selbst eben diese ‚beunruhigen' können. Allerdings unterliegt insbesondere das Familienleben seit etlichen Jahrzehnten einer bedeutenden Idealisierung (Ribbens McCarthy et al., 2019). Der an sich wichtige, unabdingbare und ‚normale' Wandel als Teil des Lebens bringt in einer Gesellschaft, die unrealistische Erwartungen an das Leben entwickelt hat, neue und besondere Herausforderungen (Craib, 1994). Ribbens McCarthy et al. (2019) führen beispielsweise die Idealisierung von Kindheit an. Wenn Kindheit als spezielle Lebensphase konzipiert wird, auf die jedes Kind ein Recht hat, dann wird alles, was diese Kindheit stört, als signifikante Quelle von ‚Troubles' verstanden.

Familien werden also, so dieser theoretische Zugang, auch durch die Art und Weise konstituiert, wie ihre Mitglieder einerseits mit Herausforderungen und Wandel umgehen und wie sie andererseits ihre Probleme kreieren. Wie allerdings soeben verdeutlicht, sind Family Troubles eingebettet in spezifische, wandelbare und teils unrealistische Erwartungen von Abhängigkeit, Gegenseitigkeit und Verantwortung (Morgan, 2019) und wirken damit in familiale Praktiken ebenso wie in die Erhaltung der Aspekte von Displaying Family (Finch, 2007) ein.

Dieses Zusammenspiel rechtfertigt und bestätigt den Anspruch darauf, in den Augen eines bestimmten Publikums eine ‚Familie' zu sein. Aus dieser Perspektive heraus ergibt sich durch Family Troubles eine Verwischung der Grenzen zwischen Privatheit und Öffentlichkeit und dem relationalen Charakter von alltäglichen Problemen, an dem nicht nur Familienmitglieder beteiligt sind (Morgan, 2019). Während sich die Bezeichnung Family Troubles eher auf alltägliche Herausforderungen in einer bestimmten Familie bezieht, hat das Konzept von *Troubling Families* eine weitreichendere Bedeutung, da es Praktiken, Alltagsprobleme und den Umgang mit diesen sowie den Diskurs um Familie umfasst und in einem breiteren Kontext einbezieht. Troubling Families ist, wenn externe Standards an Familien herangetragen werden und individuelle wie innerfamiliäre Probleme in den öffentlichen Diskurs treten, Familien an diesem Diskurs zurückprallen und bestimmte Bedeutungen an bestimmte Family Practices herangetragen werden (Morgan, 2019).

Family Troubles werden nicht nur als innerfamiliäres ‚Problem' verstanden, sondern als Probleme, die neben den individuellen Akteur*innen auch Akteur*innen außerhalb der Familie einschließen, wie Expert*innen, Nachbarn und politische und mediale Diskurse (Morgan, 2019). Ein ‚Problem' in diesem Sinn ist dann eines, das „im öffentlichen Diskurs als solches bezeichnet und in den entsprechenden alltäglichen Praxen reproduziert wird" (Schetsche, 2008, p. 48). Beispielhaft sei hier – mit Verweis auf Abschintt 1.2 – Scheidung, Trennung, alleinerziehende Mütter oder Väter als solches im Diskurs bezeichnetes ‚Problem' genannt. Für die theoretische und empirische Auseinandersetzung mit ‚Problemen' empfiehlt Schetsche (2008), zu unterscheiden zwischen dem einzelnen sozialen Problem, das auch Gegenstand empirischer Analyse ist, und einem sozialen Problem als theoretische Kategorie. Im zweiten Fall sind soziale Probleme wissenschaftlich definiert als „öffentliche Thematisierungen" (Schetsche, 2008, p. 48). Dabei werden von sozialen Akteur*innen materielle oder immaterielle Forderungen an gesellschaftliche und staatliche Instanzen gestellt, wobei die Existenz dieser sozialen Sachverhalte mit drei Eigenschaften behauptet wird. Erstens sind solche Sachverhalte entsprechend einer vorherrschenden gesellschaftlichen Werteordnung negativ zu bewerten und somit nicht erwünscht. Zweitens gibt es in ihrer Lage teilweise schuldlos Geschädigte oder Benachteiligte. Drittens ist eine Abhilfe bzw. Linderung der Not im Rahmen der herrschenden sozialen Ordnung möglich und moralisch erstrebenswert (Schetsche, 2008). Von Bedeutung für dieses Verständnis von sozialen Problemen ist das Verhältnis von gesellschaftlichen Wissensbeständen und den Diskursen, in denen diese verhandelt werden. Denn in Diskursen wird, wie schon in Abschnitt 2.1.1 thematisiert, ‚Wirklichkeit' verhandelt. ‚Gesellschaftliche Wirklichkeit' ist als gleichsam ‚objektive Wirklichkeit' das Ergebnis vergesellschafteter Tätigkeit von sozialen Akteur*innen, die ihrerseits in ihrer Sinngebung und ihren Handlungsweisen, also in ihren Praktiken, diese ‚Wirklichkeit' realisieren oder auch problematisieren (Keller, 2013).

Akteur*innen können durch Narrationen, wie in Abschnitt 2.1.1 diskutiert, diskursive Kategorien auch unterschiedlicher Herkunft in einem schlüssigen Zusammenhang aktualisieren. Dabei sind die Herstellung von Kausalzusammenhängen sowie die Betonung von Handlungsdringlichkeiten etwa in Form von Moralgeschichten oder Dramen bedeutsam. Durch die Benutzung von gemeinsamen Grunderzählungen koalieren kollektive Akteur*innen unterschiedlicher Kontexte miteinander, um Problemdefinitionen, -lösungen, -dringlichkeiten, Verantwortungen, Schuldige, Opfer etc. zu entwerfen. Dabei können Probleme dramatisiert, versachlicht, moralisiert, politisiert oder ästhetisiert werden und Akteur*innen aufgewertet, ignoriert oder denunziert werden (Keller, 2007)

Wenn nun die gesellschaftliche Wirklichkeitskonstruktion als ein andauernder und fortschreitender Prozess verstanden wird, „indem kollektive Akteure in einem symbolischen Kampf um die Durchsetzung ihrer Deutungen" (Keller, 1997, p. 314) stehen, dann geht es in diesem ‚Kampf' um eine Problematisierung von ‚Wirklichkeiten' und um die Formulierung von Problemdefinitionen, Verantwortlichkeiten, Handlungsnotwendigkeiten. Als ein solcher ‚Kampf' können Pflegschaftsverfahren verstanden und damit analytisch in den Blick genommen werden.

Auf theoretischer (und methodologischer, aber dazu genauer im folgenden Kapitel) Ebene können mit Family Troubles zusammenhängende Praktiken als diskursive Praktiken und damit Diskurs erforscht werden. Dies wird etwa möglich, wenn Praktiken eines intersubjektiven Austausches zwischen weiblichen und männlichen Subjekten unter dem Aspekt betrachtet werden, „>was< gesagt wird, wie die Welt auf der Ebene der Propositionen repräsentiert wird und wie diese Repräsentationen strukturiert sind, zum Beispiel wie sich bürgerliche Ehepartner im 19. Jahrhundert ihre Ehe, ihre Geschlechterpositionen, Fragen der Kindererziehung usw. vorstellen und wie diese Aussagesysteme aufgebaut sind" (Reckwitz, 2008, p. 203). Aus diesem Blickwinkel betrachtet, können dann solche Praktiken als Diskurse verstanden und dementsprechend analysiert werden.

In diesem Sinne ist eine Inklusion des Konzepts der Troubling Family in die WDA für die Erforschung der diskursiven Verhandlung und Konstruktion von Elternschaft in Pflegschaftsverfahren sinnvoll. Denn, wenn Familiensorgen oder -schwierigkeiten von Familienmitgliedern oder von außerfamilialen Akteur*innen als so beunruhigend oder besorgniserregend – kurz: troubling – empfunden werden, dass entweder das Verständnis von Familie selbst problematisch wird oder eine Intervention als notwendig erscheint, so wird aus Family Troubles eine Troubling Family (Ribbens McCarthy et al., 2019). Durch die Einbeziehung dieser Konzepte können Pflegschaftsverfahren als Ort verstanden werden, an denen das Verschwimmen von Privatheit und Öffentlichkeit, aber auch Macht(strukturen) sichtbar werden. Denn „[w]ho defines trouble – and who gets defined as 'troubled' or 'troublesome' – is inextricably bound to a society's distribution of symbolic and material resources" (Francis, 2013, p. 64). Mit anderen Worten, es kann gefragt werden, wie, wann, auf welcher Basis und in wessen Sichtweise ‚normale' Family Troubles und somit Family Practices als beunruhigend, als Troubling Families oder gar als ‚Problemfamilien' oder ‚gestörte' Familien etikettiert werden (Ribbens McCarthy et al., 2019).

Ebenso kann dann die Praktik der Textproduktion für ein Gerichtsverfahren – sei es das Schreiben, das Aussagen und dessen Protokollieren, das Erstellen eines Gutachtens – unter dem Aspekt ihrer Herstellung (wer verfasst den Text) oder unter dem Aspekt der Rezeption untersucht werden. Damit können die Texte in Pflegschaftsakten selbst als Diskurs verstanden und analysiert werden, wenn diese Texte als Repräsentationsformen einer hervorgebrachten Welt verstanden werden. Dann ist die Frage, welche „Ordnung der Dinge" Texte einer spezifischen historischen Zeit herstellen (Reckwitz, 2008, p. 204).

Basierend auf den bisher diskutierten Überlegungen möchte ich daher auch für dieses Konzept eine gedankliche Verschränkung mit dem Konzept des Doing Gender vornehmen und damit die Ansätze von Family Troubles und Troubling Family um eine Facette erweitern. Gender kann im Kontext von Familie als *troubling* Dimension verstanden werden, da sich diese in spezifischen Interpretationen davon niederschlägt, was Familie bedeutet und was entsprechende familiale Praktiken sind. So ist die Mutter-Kind-bzw. die Vater-Kind-Beziehung und die Beziehung zwischen den Eltern und Geschwistern, aber auch zwischen Großeltern und Eltern usw. neben der Dimension von Generation auch durch die Dimension Gender geprägt. Es ist relevant, welche Bedeutung diese Dimension für das jeweilige individuelle Verständnis von Familienmitgliedern, aber auch für das kollektive Verständnis von externen Akteur*innen dafür hat, was Familie ausmacht (Ribbens McCarthy et al., 2019).

In diesem Sinne kann daher spezifiziert werden, dass die Dimension Gender auch Auswirkungen darauf hat, welche Family Troubles und familialen Praktiken genderspezifisch als troubling etikettiert werden. Wenn auf einer theoretisch konzeptionellen Ebene Parenting in Mothering und Fathering differenziert und Doing Good Parenthood in Doing Good Motherhood und Doing Good

Fatherhood aufgeschlüsselt werden kann, so bedeutet das auch, dass unterschiedliche Zuschreibungen und Legitimationen wirksam werden, wenn mütterlichen und väterlichen Praktiken als jeweils spezifisch troubling für das Verständnis von Familie bewertet werden. Dann kann angenommen werden, dass ein und dieselbe Family Practice und ein und dasselbe Doing Parenthood je nach Geschlecht unterschiedlich wahrgenommen, gedeutet und bewertet wird. Gleichzeitig können auch Family Troubles selbst als *gendered* in den Fokus genommen werden, wenn berücksichtigt wird, dass die Erwartungen an Eltern bezüglich Abhängigkeit, Gegenseitigkeit und Verantwortung ebenso genderspezifisch sind und damit auch geschlechtsdifferenzierend auf familiale Praktiken und Displaying Family wirken. Es kann damit gefragt und hinterfragt werden, welche Praktiken, welche sozialen Sachverhalte überhaupt als problematisch definiert werden.

Diese Überlegungen können ihrerseits an die Ausführungen Kellers zur Dialektik zwischen Diskurs und diskursiven Ereignissen sowie zu deren sozialräumlicher, zeitlicher und institutioneller Einbettung angeknüpft werden (Keller, 2011c). In diesen Ausführungen verdeutlicht Keller das Wechselspiel von Akteur*innen, ihren Praktiken und Diskurs sowie diskursiven Ereignissen, da Akteur*innen sich auf Diskurse beziehen, um Praktiken zu vollziehen, die Aussageereignissen zugrunde liegen. Diese Prozesse realisieren einerseits Diskurse, andererseits aktualisieren sie aber auch die Diskursstruktur. D. h. Akteur*innen orientieren ihre Praktiken, indem sie sich deutend auf Regeln und Ressourcen (also auf bestehende Diskurse) beziehen. Mit dieser Deutungsarbeit werden Diskursstrukturen aber im Zeitverlauf nicht nur aktualisiert oder reproduziert, sondern auch transformiert und zur Basis für nachfolgende Aussageereignisse (Keller, 2011c).Mit diesen theoretischen Überlegungen kann die Gesamtheit der diskursiven und nicht diskursiven Praktiken als Teil der Konstruktion von ‚Wahr' und ‚Falsch' in den Fokus genommen werden und damit der Prozess des Problematisierens – und zwar unter den jeweiligen historischen, institutionellen Zusammenhängen – in den Mittelpunkt dieser Forschung gerückt werden. In der theoretischen und analytischen Zusammenführung von Diskursen, Materialitäten und Praktiken erhält die Verbindung zwischen Macht und Wissen in ‚Wahrheitskonstruktionen' eine zentrale Bedeutung (Keller, 2011c, p. 138). Abbildung 2.3 illustriert zusammenfassend den theoretischen Gesamtzugang:

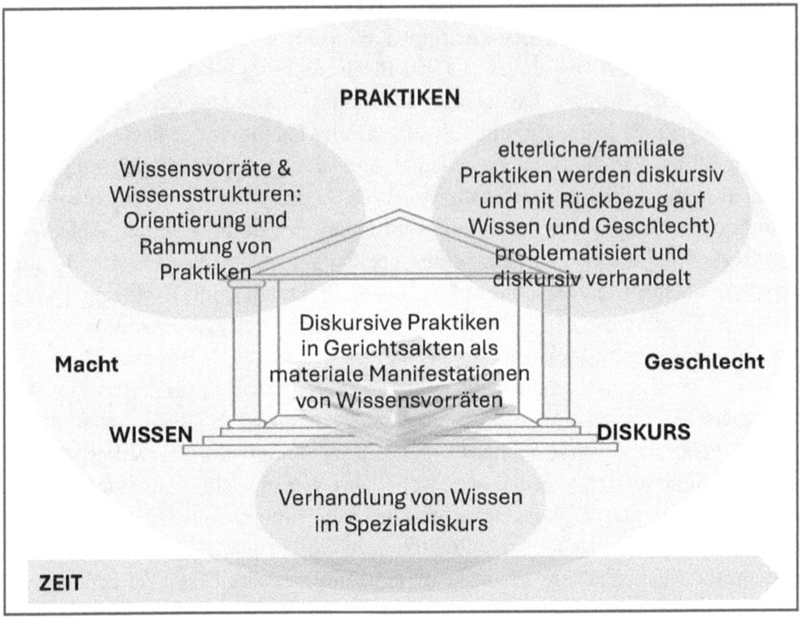

Abbildung 2.3 Theoretischer Zugang

Mit einer solchen erweiterten theoretischen Perspektive können daher Pflegschaftsverfahren als Ort in den Fokus genommen werden, an dem die Grenzen zwischen privat und öffentlich, zwischen Diskurs, diskursiven Praktiken und familialen Praktiken verschwimmen, an dem Diskurse und Praktiken über und von Familie sowie Elternschaft als verschränkte Elemente der gesellschaftlichen Konstruktion von Wirklichkeit analysiert werden können, da diskursive Praktiken Teil von nicht-diskursiven Praktiken und Teil von Diskursen sind (Reckwitz, 2008). In diesem Sinne können kulturelle Differenzierungen, die in Praktiken eingesetzt werden, selbst zum Thema diskursiver Repräsentationen werden. Das ist etwa der Fall, wenn „Formen des Subjekts, die soziale Praktiken stillschweigend enthalten (wie etwa die Darstellung und Thematisierung von Maskulinität und Femininität in […] Texte[n] […]) zum Gegenstand werden und damit selber die Transformation von gesellschaftlichen Wissensordnungen beeinflussen" (Reckwitz, 2008, p. 205). Reckwitz (2008) expliziert dies am Beispiel „der historischen Transformation der Privatsphäre, das heißt der Praktiken und Diskurse persönlicher Beziehungen" (ebd., p. 206). Aus dieser Perspektive macht es wenig

Sinn, Diskurse, im Sinne der Repräsentation von Partnerschaft, Geschlecht etc. in Wissenschaft, Medien und Öffentlichkeit, und Praktiken, im Sinne von Routinepraktiken von Familienleben, gegeneinander „auszuspielen", sondern eher zu erkennen, dass die kulturellen Ordnungen sich sowohl in den Praktiken als auch in den Diskursen manifestieren. In einer Kombination aus Diskurs- und Praktikenanalyse von Dokumenten verschiedener Art können über die Betrachtung der unterschiedlichen Praktiken zentrale kulturelle Unterschiede herausgearbeitet werden, „die einer historisch spezifischen Wissensordnung und einer eigentümlichen Praxis/Diskurs-Formation ihre Form geben" (ebd., p. 206). Von Bedeutung dabei ist aber, dass bestimmte Praktiken und Diskurse „nicht einen einzigen widerspruchsfreien Code [enthalten], sondern eine Überlagerung mehrerer, aneinandergekoppelter Sinnmuster, die teilweise im Spannungsverhältnis zueinander stehen" (ebd., p. 207). Dieses Spannungsverhältnis, das sich in diesem Dreieck von Praktiken, Diskurs und Wissen ergibt und der diskursiven Konstruktion von – im Falle dieser Forschungsarbeit – Elternschaft inne liegt, schlägt sich auch in Pflegschaftsverfahren als Diskursfeld nieder. Das „tatsächliche Geschehen" in einem Pflegschaftsverfahren kann damit so interpretiert werden, dass es „keine direkte Folge der Strukturmuster und Regeln, sondern Ergebnis des aktiv-interpretierenden Umgangs sozialer Akteure mit diesen Orientierungsmustern [ist]" (Keller, 2011c, p. 206).

Pflegschaftsverfahren können daher als Ort verstanden und erforscht werden, an dem ‚normale' Familien bzw. Eltern zu ‚problematischen' Familien bzw. Eltern werden und an dem ‚gute' und ‚schlechte' elterlichen Praktiken verhandelt werden. Dies geschieht allerdings stets auf der Basis von als selbstverständlich angesehenen Annahmen, Wissensordnungen darüber, wie Familienleben aussehen sollte, welche familialen Praktiken diesem zugehörig sind sowie wie eine Mutter-Kind- und eine Vater-Kind-Beziehung aussehen sollte und welche elterlichen, genauer mütterlichen und väterlichen Praktiken diesen zugehörig sind. Pflegschaftsverfahren sind schließlich der Ort, an dem erforscht (und problematisiert) werden kann, welche Bedeutungen in der Zuschreibung und Legitimation in der Verwendung von Begriffen wir ‚normale' oder ‚problematische' Familie, ‚gute*r' oder ‚schlechte*r' Mutter oder Vater liegen.

Zusammengefasst basiert die empirische Arbeit somit auf einer Fusion unterschiedlicher theoretischer und konzeptioneller Überlegungen. Ich gehe davon aus, dass Elternschaft als sozial definierter Status grundlegende Unterschiede je nach Geschlecht des Elternteils aufweist (Kortendiek, 2010) und Elternschaft, elterliche Praktiken und die diskursive Verhandlung von Elternschaft daher geschlechtsdifferenziert analysiert werden muss. Auch das Recht als Machtfaktor und Herrschaftsinstrument ist verwoben mit elterlichen Praktiken und verweist auf bestimmte Normalitäts- und Wertvorstellungen einer geschlechterdifferenzierten Elternschaft (Baer, 2010; Thiessen & Villa, 2009). Elternschaft ist wie Familie ein Phänomen, das Projektionsfläche einer Vielzahl von Wissenssystemen (Recht, Politik, Geistes- und Sozialwissenschaft, aber auch des ‚Allgemeinwissens') ist. Das ‚Wahrheitsspiel' um Elternschaft verläuft entlang unterschiedlichster Ideologien und wird durch verschiedene Akteur*innen und Wissensbestände sowie in diversen Zusammenhängen verhandelt. Pflegschaftsverfahren werden damit als institutionalisiertes Feld der diskursiven und praktischen Produktion von *Gendered Parenthood* verstanden. In diesen Diskursfeldern werden historisch wandelbare und strukturierte kollektive Wissensbestände zu bzw. Bedeutungen einer geschlechtsdifferenzierten Elternschaft sowie institutionalisierte Regeln mit mehr oder weniger klaren Sprecher*innenpositionen sowie hierarchische Strukturen wirkmächtig. Diese strukturieren nicht nur diskursive und nicht-diskursive Praktiken, sondern reduzieren und eröffnen auch Deutungs- und Handlungsmöglichkeiten. Aus einer wissenssoziologisch diskursanalytischen Perspektive gehe ich in meiner Forschung daher der Verbindung von Wissen, Deutung und Handeln, aber auch Macht in Pflegschaftsverfahren nach und frage: Welche Deutungsmuster und Leitbilder von guter Mutter- und Vaterschaft zeigen sich in den Gerichtsverfahren und welche Praktiken werden wie, von wem und in welcher geschlechtsdifferenzierenden Weise herangezogen und beurteilt?

Eine soziologische Untersuchung des Diskurses zu Elternschaft in Pflegschaftsverfahren als Praxisfeld aus der Perspektive einer WDA anhand der „Brückenkonzepte" (Keller, 2007, Abs. 16) Deutungsmuster, Klassifikationen, Phänomenstrukturen und narrative Strukturen, verschränkt mit den Konzepten der Family Practices, des UnDoing Family, Doing Gender, Doing Good Parenthood und Troubling Families erscheint demnach gehaltvoll und erkenntnisreich. Aus dieser Perspektivenkombination können Aspekte von Geschlecht, Macht und Hierarchie in der diskursiven Konstruktion und Problematisierung von Mutter- und Vaterschaft sowie Kindeswohl in und durch Pflegschaftsverfahren erforscht werden.

Damit ist auch der erste Teil der Forschungsfrage, mit welcher theoretischen Perspektive und methodologischen Forschungshaltung sowie mit welchen methodischen Mitteln Gerichtsakten für die Beantwortung dieser Fragestellungen fassbar und nutzbar gemacht werden können, beantwortet. Im folgenden Kapitel werden nun die Ergebnisse meiner Überlegungen zur methodologischen ‚Übersetzung' des theoretischen Zugangs nachvollzogen und diskutiert, warum Dokumente aus Gerichtsakten als „materiale Manifestationen gesellschaftlicher Wissensordnungen" (Keller, 2013, p. 49) eine Rekonstruktion kollektiver Wissensvorräte und -politiken samt deren Produktion und Veränderung sowie eine

Erforschung von Praktiken, Infrastrukturen, Materialitäten und Akteur*innen zulassen (Keller, 2013).

2.2 Methodologische Überlegungen und Methodische Umsetzung

Im Vordergrund einer sozialwissenschaftlichen Analyse von Diskursen steht „der Zusammenhang von übersubjektiven Wissensordnungen und diskursiven Praktiken“ (Keller et al., 2011, p. 12) wobei im Foucaultschen Sinne das Interesse sich vor allem „auf die formalen Bedingungen der Produktion von Wissenscodes (Aussagenkorpi), die Regeln der Produktion und Kontrolle von Diskursen, der Erzeugung, Aufrechterhaltung und Transformation von gesellschaftlichen Wissensbeständen, den Zusammenhang von Wissen und Macht sowie die institutionellen und diskursiven Formen der Subjektkonstitution“ (Keller et al., 2011, p. 12 f.) richtet. Da es das Ziel meiner Forschung ist, die Konstruktionen von und Wissensbestände zu Elternschaft sowie die Regeln und Machtstrukturen im Diskursfeld Pflegschaftsverfahren zu rekonstruieren, war es erforderlich, ein am theoretischen Zugang und am konkreten Datenmaterial orientiertes Untersuchungsdesign zu erarbeiten. In diesem Sinne hat sich im Laufe der empirischen Arbeit, in der Auseinandersetzung mit der Besonderheit und Beschaffenheit des Datenmaterials und unter der diskurstheoretischen und praxeologisch ausgerichteten theoretischen Perspektive ein konkretes methodisches Vorgehen entwickelt, das nach einer Darstellung der Auseinandersetzung mit den einhergehenden methodologischen Überlegungen in weiterer Folge nachvollziehbar gemacht wird.

Aus einer intensiven Zusammenarbeit mit Viktoria Parisot und Ulrike Zartler im Rahmen des DOC-team-Projekts *DoingDivorce*, ist eine gemeinsame Publikation (Parisot, Zuccato-Doutlik, & Zartler, 2021) unter der Federführung von Viktoria Parisot entstanden, die sich ausführlich mit der Methodologie und Methode von Gerichtsakten als Datenmaterial für die soziologische Familienforschung auseinandergesetzt hat[2]. Wir diskutieren in diesem Artikel drei zentrale methodologische Bereiche der Forschung mit Familiengerichtsakten und entwickeln einen Vorschlag für einen neuen methodischen Zugang qualitativer Aktenanalyse. Dieser ermöglicht, Gerichtsakten als durch ein UnDoing Family erzeugt und ein UnDoing Family erzeugend zu erfassen. Für eine tiefergehende

[2] Der Artikel ist veröffentlicht unter der Creative Commons Attribution 4.0 International License und open access abrufbar unter: https://www.qualitative-research.net/index.php/fqs/article/view/3649

Auseinandersetzung zu dem Thema erlaube ich mir an dieser Stelle auf den Artikel zu verweisen und greife im folgenden Kapitel die wichtigsten Punkte daraus auf, um die methodologischen und methodischen Aspekte von Gerichtsakten als Datenmaterial im Hinblick auf Pflegschaftsverfahren und den soeben dargestellten spezifischen theoretischen Zugang dieser Dissertation hin zu konkretisieren.

2.2.1 Gerichtsakten aus Pflegschaftsverfahren als familiensoziologisches und diskursives Datenmaterial - methodologischer Zugang

Akten aus Pflegschaftsverfahren sind das Ergebnis einer Verhandlung der Eltern-Kind-Beziehung vor Gericht und ermöglichen daher eine Analyse der sozialen Produktion, Konstitution und Transformation von Wissensverhältnissen und -politiken im Zusammenhang mit Elternschaft (Keller et al 2011). Außerdem stellen Pflegschaftsverfahren und damit deren in Text geronnene Interaktion als Gerichtsakten ein relevantes Diskursfeld aus dem Gesamtdiskurs zu Familie, konkreter zu Elternschaft und – noch spezifischer – zu Mutter- und Vaterschaft dar, in dem Sprachgebrauch und weitere Symbolsysteme im Sinne einer Konstruktion gesellschaftlicher Wissensordnung verstanden werden können (Keller et al., 2011, p. 8). Gerichtsakten können in der Perspektive einer WDA als „materiale Manifestation gesellschaftlicher Wissensordnung“ (Keller, 2013, p. 49) interpretiert werden und damit als Basis einer wissenssoziologischen Rekonstruktion von Produktion, Stabilisierung und Veränderung kollektiver Wissensvorräte dienen. Durch einen praxeologischen und wissenssoziologischen Ansatz kann die soziale Konstruktion von Mutter- und Vaterschaft und damit verbundene Praktiken in den Blick genommen werden. Es kann erforscht werden, auf welche soziokulturell institutionalisierten Wissensbestände und kulturellen Deutungsmuster und Leitbilder zurückgriffen wird, wie diese situationsspezifisch bedient und damit auch reinterpretiert werden.

Juristisch betrachtet sind Gerichtsakten aus Pflegschaftsverfahren das Ergebnis eines Rechtsstreits um Obsorge, Kontaktrecht, Vermögensangelegenheiten etc. Sie sind das Resultat des Prinzips der Schriftlichkeit der Verwaltung, durch das die Nachprüfbarkeit und Personenunabhängigkeit von Vorgängen ermöglicht werden soll (Noetzel, Krumm, & Westle, 2018, p. 372). Auf Grund der institutionellen Logik der Rechtsprechung haben Akten eine zentrale Rolle in der Kontrollfunktion. Verfahrensablaufe, Zuständigkeiten und Archivierungen sind nach entsprechender Prozessordnung und Verfahrensart klar definiert. Dementsprechend sind Akten in die gerichtlichen Praktiken eingelassen. So werden einerseits die am Verfahren beteiligten Akteur*innen als ‚Fall' bezeichnet und durch die staatlichen Institutionen kontrolliert. Andererseits werden die aktenführenden Akteur*innen durch vorgesetzte Personen sowie die jeweilige Institutionsebene (also etwa Akteur*innen des Bezirksgerichts) durch das nächsthöhere Gericht als Aufsichtsinstanz kontrolliert (Muckel, 1997). Aus einer praxeologischen Perspektive richten solche familiengerichtlichen Dokumente als materiale Arrangements Praktiken aber gleichzeitig aus und ermöglichen diese auch. Gerichte selbst sind aber darauf angewiesen, dass ihre Entscheidungen als legitim wahrgenommen und interpretiert werden. Richter*innen nehmen gesellschaftliche Erwartungen wahr und richten diese Annahmen deutend ihre inner- und außerorganisationalen Praktiken dementsprechend aus (Alemann, 2019). Für Pflegschaftsverfahren bedeutet dies, dass zugehörige Gerichtsakten einen Zugang zu dem Spannungsfeld der Konstruktion von Elternschaft ermöglichen; ein Spannungsfeld, in dem familiale und elterliche Praktiken ermöglicht sowie begrenzt werden und in dem ersichtlich wird, wie Recht auf diese Praktiken anwendbar und legitimierbar wird.

Je nach Fachgebiet bzw. Thema des Disputs, der vor Gericht ausgetragen wird, entstehen unterschiedliche Textsorten, an deren Entstehung verschiedene Akteur*innen beteiligt sind bzw. in denen mannigfaltige Akteur*innen zu Wort kommen. Gerichtsakten enthalten also eine Vielzahl unterschiedlicher Textdokumente. Diese wurden entweder eigens für das Verfahren geschaffen oder werden in Form von Beweisen, Urkunden, Dokumenten Teil des Gerichtakts. Jeder Text, jedes Dokument hat einen Grund, warum er bzw. es Teil des Aktes ist und es gibt zumindest eine*n Akteur*in, der oder die sich auf diesen Text bezieht, mit diesem einen Zweck verfolgt oder auf den oder die dieser Text einen Einfluss, eine Wirkung hat. Damit wird auch einer der wichtigsten Mehrwerte einer Arbeit mit Gerichtskaten deutlich: die Möglichkeit aus einer diskursanalytischen Perspektive und mit einem Fokus auf die verschiedenen Strukturen und den unterschiedlichen Positionen der Akteur*innen in diesem Diskursfeld die Multiperspektivität (Vogl, Schmidt, & Zartler, 2019) der beteiligten Akteur*innen in den Blick zu nehmen (Friedrich & Franzheld, 2020; Schwab-Trapp, 2011).

Soziologische werden Gerichtakten in diesem Sinne als Ergebnis einer „diskursspezifischen Textproduktion" (Keller, 2011c, p. 131) verstanden, in der die in den Diskurs eingebundenen Akteur*innen mit ihrem Deuten und Handeln Bedeutungen aktualisieren. Diese Bedeutungen liegen in Diskursen in „strukturierten Formen, als typisierte und typisierbare Schemata vor" (Keller, 2011c, p. 131). Bedeutungen, im Sinne von Wissensbeständen (Schetsche & Schmied-Knittel, 2013), die in Diskurs prozessiert werden, liegen in Form von Schemata vor und sind Deutungsmuster, roter Faden oder Story-Line und Interpretationsrepertoire (Keller, 2011c). Das Interpretationsrepertoire ist aus den „typisierbare[n] Kernbestand an Deutungsmustern, argumentativen Verknüpfungen und sprachlich-rhetorischen Mitteln eines Diskurses“ (Keller, 2011c, p. 132) gebildet. D. h. Die Dokumente eines Gerichtsaktes sind mit einer Bedeutung, einem Sinn, einer Vorstellung verknüpft und stehen damit in einem engen Zusammenhang mit jeweiligen kulturellen Regelsystemen. Sie ermöglichen es, Wirkungen, Wandel und Entstehung der vor Gericht geltend gemachten Deutungsmuster, Leitbilder und Normalitätsvorstellungen nachzuvollziehen und aufzuzeigen (Schutter, 2012). Gerichtsakten und darin enthaltene Dokumente wie Entscheidungen, Gutachten oder Aussagen enthalten in diesem Sinne als „geronnene Interaktion menschlichen Handelns“ Wissen über Aushandlungsprozesse von Elternschaft und sind „Bestände und Zeugnisse eines Verweisungszusammenhangs und Handlungskontextes“ (Hildenbrand, 2005, p. 56). Gerichtsakten sind Dokumente, durch die Deutungsmuster verbreitet werden (Schetsche & Schmied-Knittel, 2013) und demzufolge auch mittels einer Analyse rekonstruiert werden können. Wie diese Analyse organisiert sein muss soll durch das im folgenden Abschnitt dargestellte methodologische Fazit im Sinne einer „vermittelnde[n] Instanz zwischen theoretischen Überlegungen und forschungspraktischem Vorgehen“ (Truschkat, 2013, p. 70) nachvollzogen werden.

Eine ebenso vermittelnde Instanz ist die methodologische Zusammenführung der einerseits auf Praktiken und andererseits auf Diskurse fokussierenden Analyse von Pflegschaftsakten. Damit soll auch die Forschungsfrage nach der Zugänglichkeit und Nutzbarkeit von Gerichtsakten für die Analyse weiter beantwortet werden. So lassen sich Fragen nach dem *Wie* Akten hergestellt werden und welche Objekte darin enthalten sind, mit einer auf Praktiken fokussierenden Analyse bearbeiten (Scheffer, 2015). Eine diskursanalytische Perspektive lässt hingegen stärker auch das *Was*, also die inhaltliche Ebene, einbeziehen und den Fragen nachgehen, welche und wie Geltungsansprüche und Deutungshoheiten thematisiert und verhandelt werden. Eine Zusammenführung dieser praxeologischen und diskursanalytischen Perspektiven führt dazu, dass Gerichtsakten als Diskursfeld analysiert werden können, in denen Hierarchiestrukturen und verschiedene Sprechpositionen sowie Deutungsmuster und Praktiken abgebildet sind, die durch das Zusammenwirken unterschiedlicher Akteur*innen erzeugt und verhandelt werden (S. Jäger, 2011; Keller, 2011b).

Die Rolle der Akteur*innen wird, ganz im Sinne des Keller'schen Fokus auf den Faktor Mensch, besonders deutlich, wenn das Verhältnis Familienrecht in seinem Verhältnis zu und mit individuellen Akteur*innen reflektiert wird. Das

Familienrecht ist nicht nur ein staatliches Regulativ, das auf die soziale Konstruktion von (familialen) Beziehungen wirkt, sondern wird gleichzeitig von zur jeweiligen Zeit geltenden bestimmten Vorstellungen über und Erwartungen an Subjekte selbst geformt (Zartler, 2012a; Zartler & Hierzer, 2015). In Kürze (Abschnitt 2.2.2) gehe ich noch genauer auf den Entstehungszusammenhang von Pflegschaftsverfahren im Detail ein. Aus methodologischer Perspektive seien an dieser Stelle die auch in dem Artikel von Parisot et al. (2021) ausführlich dargestellten Überlegungen zu Gerichtsakten konkret anhand von Obsorgeverfahren skizziert, d. h. anhand von Pflegschaftsverfahren über Streitigkeiten um Obsorge. Unter der Vielzahl unterschiedlicher Akteur*innen, die in dem Diskursfeld Pflegschaftsverfahren beteiligt sind, kann exemplarisch ein Fokus auf die familialen Akteur*innen gelegt werden. So gehen wir in dem Beitrag davon aus, „dass Familiengerichtsakten erstens *von*, zweitens *mit* und drittens *für* Familienmitglieder hervorgebracht werden" (Parisot et al., 2021, Abs. 49).

Formal wird ein Obsorgeverfahren[3] von einem der beiden Elternteile veranlasst. Dementsprechend ist eines der ersten Dokumente in einem Pflegschaftsakt ein Obsorgeantrag, der Begründungen für eine Sorgerechtszuteilung und/oder Erzählungen über den antragstellenden sowie anderen Elternteil und dessen (Nicht-)Eignung für die Obsorge beinhaltet. Damit wird der Gerichtsakt *von* einer Mutter oder einem Vater erzeugt. Dementsprechend kann aus praxeologischer Perspektive gefragt werden, wie Elternschaft bzw. Mutter- und Vaterschaft von Eltern bei Gericht erzeugt wird. Aus diskursanalytischer Perspektive kann gefragt werden, welche Geltungsansprüche von Eltern-, Mutter- und Vaterschaft durch die Beantragung von Obsorge durch Elternteile problematisiert werden.

Durch die Aufforderungen der zuständigen Richter*in und Eingaben des anderen Elternteils wächst der Gerichtsakt stetig an. Dementsprechend kommt es zu einer Erzeugung des Akts *mit* den Elternteilen, die in einem steten Wechselspiel mit weitere Akteur*innen familiale Praktiken vor Gericht vollziehen. Schlussendlich bildet ein Pflegschaftsakt durch die unterschiedlichsten darin enthaltenen Dokumente (siehe im folgenden Kapitel) mit unterschiedlichen Verfasser*innen und Erzeugenden eine große Diversität an Sprechpositionen ab. Diese lassen den schon erwähnten multiperspektivischen Zugang zu und es kann aus praxeologischer Perspektive gefragt werden, wie Eltern-, Mutter- und Vaterschaft bei Gericht verhandelt wird und wie sich das Wechselspiel der verschiedenen Akteur*innen gestaltet. Zusammen mit dem diskursanalytischen Zugang kann

[3] Ich beziehe mich in Folge exemplarisch auf ein solches Verfahren im Zusammenhang mit einer elterlichen Trennung oder Scheidung.

gefragt werden, welche Akteur*innen welche Perspektiven einbringen und welche Deutungsmuster und Leitbilder sichtbar werden.

Am Ende eines Obsorgeverfahrens steht der Beschluss des Gerichts, den beide Elternteile erhalten. Dieses Dokument soll den Reorganisationsprozess der familialen Beziehungen rechtlich regeln und wird *für* die Eltern sowie Kinder und weitere Familienmitglieder erzeugt. An dieser Stelle wird ersichtlich, dass der Pflegschaftsakt mit dem Ziel eines Beschlusses erarbeitet wird und (so die Erwartung und Vorstellung) durch diesen abgeschlossen werden soll. Praxeologisch kann dementsprechend gefragt werden, wie dieser Reorganisationsprozess und in diesem Eltern-, Mutter- und Vaterschaft für Eltern und Familienmitglieder erzeugt wird und wie diese aus den familiengerichtlichen Praktiken und Strukturen entlassen werden. Aus diskursanalytischer Perspektive können hier auch die Subjektpositionen und Machtstrukturen in den Blick genommen werden in dem gefragt werden kann, wer mit diesem Beschluss adressiert wird, welche Subjekte bei Gericht erzeugt werden und welche Hierarchien und Machtstrukturen in dem Diskurs vor Gericht und um Elternschaft eingebettet sind.

Im theoretischen Kapitel habe ich mich einerseits mit Sprecher*innen- und Subjektpositionen, Macht und Hierarchien sowie Deutungsmustern und Leitbildern auseinandergesetzt. Diese sind methodologisch auf der ‚Diskurs-Ebene' anzusetzen. Die theoretisch thematisierten Konzepte des UnDoing Family und Doing Parenthood befinden sich im Sinne einer Prozessierung sozialer Praktiken methodologisch gesehen auf der ‚Praxis-Ebene'. Die soeben skizzierten Erkenntnisse aus der methodologischen Auseinandersetzung mit Gerichtsakten (nochmals mit Verweis auf (Parisot et al., 2021) verdeutlicht, dass Akten aus Pflegschaftsverfahren nicht nur ein Abbild sondern auch Teil familialer und elterlicher Praktiken sind. Daher sollten diese auch aus diesen beiden Perspektiven erforscht werden. Mit der heuristischen Fragestellung *von*, *mit* und *für* wen Pflegschaftsakten erzeugt werden, kann nicht nur ein UnDoing Family und ein Doing Good Parent-/Mother-/Fatherhood in die Untersuchung einbezogen werden, sondern auch die unterschiedlichen Diskurse um Eltern-, Mutter- und Vaterschaft sowie Sprechpositionen, Subjektpositionen, Deutungsmuster und Machtstrukturen erfasst werden.

Dieser Fokus auf eine Rekonstruktion der im Diskurs konstituierten Wirklichkeitsordnung zu Mutter- und Vaterschaft, sowie auf die diskursive Deutungsarbeit und Praktiken, Deutungsmuster und Leitbilder sowie Macht- und Handlungsstrukturen legt eine methodologische und methodische Kombination der WDA (Keller, 2011c) mit einer wissenssoziologisch und handlungstheoretisch fundieren Deutungsmusteranalyse (Lüders & Meuser, 1997; Meuser & Sackmann, 1992b;

Schetsche & Schmied-Knittel, 2013) sowie der Grounded Theory Methodologie (Strauss, 1994 [1987]; Strauss & Corbin, 1996) nahe (vgl. Halatcheva-Trapp, 2016b; Keller, 2011b; Sommer, 2018). Mit einer Integration von Deutungsmustern und narrativen Strukturen als „Brückenkonzept" kann für die Analyse von Pflegschaftsakten ein analytischer Weg „von der Diskursebene zur alltäglichen Deutungs- und Lebenspraxis" (Keller, 2014, p. 155) eingeschlagen werden und die Verflechtung, Anpassung, Aneignung sowie Abweisung im Gebrauch von Deutungsmustern empirisch rekonstruiert werden.

Keller (2014) betont wie Schetsche und Schmied-Knittel (2013), dass Deutungsmuster nicht als isoliert in öffentlichen Arenen und Medien zirkulierend zu verstehen sind, sondern in Diskursen eingebaut sind. In diesem Sinne eignet sich das Konzept der Deutungsmuster als heuristisches Mittel um Aspekte des Typischen in Aussagen und damit verbundenen Vorstellungen zu analysieren. Deutungsmuster stiften somit Sinn indem sie individuelle und kollektive Erfahrungen organisieren und Vorstellungen von einem für ein konkretes Ereignis angemessenem Handeln beinhalten (Keller, 2014). Zur Rekonstruktion von Deutungsmustern bietet sich ein Vorgehen mit Analyseverfahren der GTM an. Schlüsselkategorien (als methodische Heuristik) und Deutungsmuster (als methodologische Heuristik) können auf Grund der theoretische-methodologischen Annahmen (WDA und Deutungsmusteranalyse), die dieser Studie zugrunde liegen, zu einer Analyseperspektive verknüpft werden (Halatcheva-Trapp, 2019).

Die auf theoretischer Ebene vorgenommene Verknüpfung von Konzept der Family Troubles und diskursiven Praktiken und damit der Verknüpfung des theoretischen Ansätze Doing Good Parenthood mit Diskurs lassen analytisch den Fokus auf Narrationen problematisierter elterlicher Praktiken legen. Analytisch können Narrationen und „Problemkarrieren" (Schetsche, 2008, p. 49) solch problematisierter Sachverhalte eingesetzt werden, um die Macht von spezifischen Akteursgruppen zu erfassen und so Machtstrukturen und Machtkonstellationen sowie Hierarchisierung von Wissensformen, Bedeutungsschemata und Sprechpositionen zu erfassen.

Mit einer Kombination der Deutungsmusteranalyse mit der WDA und einer Analyse der narrativen Struktur kann nicht nur die Reduktion von Textkomplexität (Keller, 2011b) erzielt werden. Es kann auch erreicht werden „die Komplexität des Untersuchungsgegenstandes nicht zu verkürzen, sondern analytisch zugänglich und fassbar zu machen" (Sommer, 2018, p. 109) welche Deutungen von Elternschaft in Pflegschaftsverfahren bestehen, handlungsleitend sind und damit Elternschaft regulieren (Halatcheva-Trapp, 2016b). Weiters wird auch ermöglicht, Macht und Hierarchien auch in Bezug auf Sprecher*innen- und Subjektpositionen über die Zeit hinweg zu erarbeiten, da die soziale Situiertheit einzelner Aussageereignisse erfasst werden kann (Sommer, 2018). Durch Kodierverfahren und das Kodierparadigma der GTM sowie die heuristische Verbindung von Schlüsselkategorien und Deutungsmustern sowie von story-lines, Problemkarrieren und Strategien kann ein empirischer Zugang „zur Binnenstruktur des untersuchten Diskurses" (Halatcheva-Trapp, 2016b, p. 375) erlangt werden. Eine umfangreiche Analyse und sinnverstehende Rekonstruktion von Praktiken sowie ein Erarbeiten von typisierbaren Aussagen über ein komplexes Phänomen wird möglich (Sommer, 2018). Die konkrete methodische Umsetzung wird in den folgenden Kapiteln nachgezeichnet.

Während dieses Kapitel den methodologischen Teil der Forschungsfrage nach dem Zugang zu Gerichtsakten beantwortet hat, wendet sich das folgende Kapitel nun konkreter dem methodischen Aspekt der Frage zu.

- Mit welcher theoretischen Perspektive und methodologischen Forschungshaltung sowie mit welchen methodischen Mitteln können Gerichtsakten für die Beantwortung dieser Fragestellungen fassbar und nutzbar gemacht werden?

Zunächst soll für Leser*innen, die wenig bis nicht vertraut mit diesem spezifischen Datenmaterial sind, dessen Entstehungszusammenhang veranschaulicht werden, um zu verstehen, welche Akteur*innen und Strukturen sich in diesen wiederfinden. Anschließend zeichne ich meine umfassende Auseinandersetzung mit dem methodischen Mitteln und Wegen nach, die zu der Weiterentwicklung bzw. Spezifizierung bestehender methodischer Zugänge für die Beantwortung der Forschungsfrage geführt haben.

2.2.2 Konkretisierung des Datenmaterials und Untersuchungsdesigns

Auf Basis des Überblicks über den Forschungsstand zu Familie, Elternschaft, Geschlecht und Recht sowie der Aufbereitung des theoretischen und methodologischen Zugangs wird im folgenden Kapitel die Konzeption des konkreten empirischen Vorgehens vorgestellt. In den vorangegangenen Abschnitten wurde deutlich, dass Elternschaft ein genderdifferenziertes und genderdifferenzierendes Konstrukt ist, das in vielfältigen Diskursen verhandelt, (re)konstruiert und (re)konstituiert wird. Pflegschaftsverfahren sind eines der Diskursfelder, in denen die Frage thematisiert wird, welcher Elternteil und welche elterliche Sphäre (bzw. andere Bezugsperson, wie Großeltern oder Pflegeeltern) besser geeignet für die

Sicherung des Kindeswohles sind. Dabei stellt sich die Frage, welche Leitbilder und Deutungsmuster sowie welche Hierarchien von Wissensbeständen und Machtstrukturen im Akteur*innenfeld für die und in der Verhandlung von Eltern-Kind-Beziehungen wirkmächtig sind. Bisherige Untersuchungen zu Geschlecht, Recht, Familie und Elternschaft (siehe Abschnitt 1.2) lassen zwar einige Vorannahmen zu, allerdings sehe ich zugunsten eines explorativen Forschungsdesigns von einer vorzeitigen Bildung und Prüfung von Hypothesen ab. Vielmehr soll das gewählte qualitative Forschungsdesign ermöglichen, offene Fragen in der Datenauswahl, -erhebung und -analyse zu stellen und damit eine Beantwortung der Forschungsfragen aus dem Material heraus zuzulassen. Dieses Vorgehen wird in den folgenden Kapiteln expliziert und anhand von Beispielen aus dem Forschungsverlauf skizziert.

Nachdem nun die methodologischen Überlegungen zu Gerichtsakten allgemein und zu Akten aus Pflegschaftsverfahren im Speziellen als Datenmaterial geklärt und meine grundsätzliche Forschungshaltung dargelegt wurde, will ich in der Folge das Untersuchungsdesign nachvollziehbar darstellen. Bei Gerichtsakten aus Pflegschaftsverfahren handelt es sich einerseits um ein ‚exotisches' Datenmaterial (siehe Abschnitt 2.2.1) und andererseits stellt die WDA im Speziellen aber auch eine Diskursanalyse im Allgemeinen kein konkretes Rezept für ein spezifisches methodisches Vorgehen bereit. Daher war der empirische Teil meiner Forschung stark durch die Besonderheit des Untersuchungsgegenstandes gekennzeichnet sowie durch die Fragestellung und forschungspragmatische Überlegungen geleitet, die in der Folge noch deutlich werden (M. Jäger, 2010b; P. Ullrich, 2008).

Für das Untersuchungsdesign orientiere ich mich daher zunächst an den allgemein gehaltenen, von Keller (2007) skizzierten Stufen einer WDA und verknüpfe diese mit den etwas detaillierteren Vorschlägen zu einem diskursanalytischen Forschungsdesign von M. Jäger (2010b) und jenen von Schetsche und Schmied-Knittel (2013), die auf die Verbindung einer Diskurs- und Deutungsmusteranalyse abgestimmt ist. Keller (2007, 2011b) empfiehlt in einem ersten Schritt, mittels Literaturanalyse den zu untersuchenden Diskurs thematisch, disziplinär sowie akteur*innenbezogen festzulegen sowie in einem zweiten Schritt die Fragestellung, die Untersuchungsgröße und deren diskurs-analytische-methodische Fixierung zu bestimmen. Die Festlegung des Diskurses mittels umfassender Literaturarbeit (siehe Abschnitt 1.2) diente auch der Erschließung des diskursiven Kontextes des Untersuchungsgegenstandes, d. h. der Charakterisierung des historischen Verlaufs und der Schwerpunkte des Diskurses anhand bisheriger Forschung (M. Jäger, 2010b) sowie der Verortung des Diskurses und seiner Deutungsmuster wie Machtverhältnisse in seinem sozialen, kulturellen, historischen und wissenschaftlichen Umfeld (Schetsche & Schmied-Knittel, 2013). Mit der Bestimmung von Pflegschaftsverfahren als Diskursfeld und unter Berücksichtigung der Forschungsfrage wurde die Untersuchungsgröße bestimmt. Die diskurs-analytische-methodische Fixierung wurde durch die Erarbeitung des theoretischen Rahmens in Abschnitt 2.1 sowie ebenfalls durch die bisher angestellten methodologischen Überlegungen (Abschnitt 2.2.1) vorgenommen.

Nach Keller (2007, 2011b) folgt in einem dritten Schritt die Definition des Erhebungsverfahrens und entsprechender Auswertungsverfahren. Konkrete Vorgehensweisen zur Erstellung des Datenkorpus anhand heuristischer Kriterien sowie der Datenauswahl einzelner Dokumente für die weitere Feinanalyse beschreibt Keller (2007) als einen offenen und kriteriengeleiteten Suchprozess, um die Bandbreite des Diskurses allmählich zu erschließen. Diese grundlegenden Schritte boten eine grobe Handlungsanleitung für den Forschungsprozess an sich. Der erste Schritt – die Erschließung des diskursiven Kontextes des Untersuchungsgegenstandes, also Elternschaft und Geschlecht in Pflegschaftsverfahren – wurde in den vorangehenden Kapiteln verdeutlicht. Die weiteren Schritte in der Empirie waren durchaus nicht vom Beginn der Forschung an klar, sondern haben sich erst im Zuge der intensiven Auseinandersetzung und durch ständige Reflexion und Adaption des methodischen Umgangs mit dem Datenmaterial und durch die Beschaffenheit des Datenmaterials ergeben. Auch waren die einzelnen Schritte nicht klar voneinander abgegrenzt, sondern griffen ineinander bzw. verliefen zirkulär.

Als konkretere Orientierung für die einzelnen methodischen Schritte diente ein Blick über den Tellerrand der WDA hinaus zum diskursanalytischen Zugang von M. Jäger (2010b) – die Empfehlungen für die Erfassung, d. h. Archivierung und Materialaufbereitung, des Analysematerials im Sinne einer Grobanalyse vorschlägt – gefolgt von einer Strukturanalyse, Feinanalyse und Gesamtanalyse (M. Jäger, 2010b). Diese Empfehlungen können durchaus mit einer wissenssoziologischen Diskurs- und Deutungsmusteranalyse in Einklang gebracht werden, deren methodische Umsetzung ihrerseits von Schetsche und Schmied-Knittel (2013) vorgenommen wird. So war deren Vorschlag zu einem Fokus auf Diskursakteur*innen als Träger*innen und Produzent*innen eines Diskurses und damit die diskurs-institutionelle Strukturierung in Bezug auf Sprechpositionen (Schetsche & Schmied-Knittel, 2013) bei der Materialaufbereitung des Datenkorpus für das empirische Vorgehend anleitend.

Traue et al. (2019) mahnt bei der Zusammenstellung des Datenkorpus für eine Diskursanalyse zu besonderer Aufmerksamkeit, da die Auswahl von Dokumenten, zentralen Texten etc. den Gegenstand, den inhaltlichen Zuschnitt und die

Reichweite der Diskursanalyse festlegt und damit der Forschungsprozess auch den untersuchten Diskurs mitkonstituiert. Daher sollten auch Prinzipien des theoretischen Samplings und explorative Untersuchungen des Forschungsfeldes (etwa durch Literaturstudium, erste Sichtungen von Dokumenten, Sammlung von Erfahrung mit dem Forschungsgegenstand etwa durch teilnehmende Beobachtung) die Zusammenstellung des Datenkorpus leiten. Damit die Eingrenzung und Erweiterung des Korpus und damit der Reichweite der Analyse nicht beliebig sind, sondern auf einer „Vertrautheit der Forschenden mit dem untersuchten sozialen Feld" (Traue et al., 2019, p. 574) basiert. Diese Empfehlungen wurden in den Forschungsprozess aufgenommen und spiegeln sich in den folgenden Kapiteln wider.

Der Entstehungszusammenhang von Pflegschaftsakten

Grundsätzlich zeichnen sich Dokumente dadurch aus, dass sie Kommunikation zwischen den Produzent*innen eines Dokuments und den Empfangenden organisieren. Daraus ergibt sich bei der Arbeit mit Dokumenten die allgemeine Leitfrage: „Wer teilt wem was in welcher Form und mit welcher Absicht mit?" (Noetzel et al., 2018, p. 373). In Bezug auf Dokumente aus Gerichtsverfahren bedeutet das eine Differenzierung der verschiedenen Texte in Bezug auf Autor*innenschaft und vordergründiger sowie weiterer Adressat*innen. Neben den Dokumenten, die sich aus der Verwaltung eines Verfahrens heraus ergeben, wie etwa Register oder verwaltungsbezogene Vermerke, lassen sich die weiteren Textsorten in unterschiedliche Dokumentenarten einteilen. So sind „deskriptive Dokumente" (Noetzel et al., 2018, p. 371), in denen Sachverhalte beschrieben werden, Anträge, Gegenanträge, Klagen, einstweilige Verfügungen, Protokolle, Gutachten, Stellungnahmen, Beschlüsse, (Revisions)Rekurse und Rekursbeantwortungen. Neben diesen finden sich aber auch amtliche Dokumente (Meldezettel, Geburtsurkunden, Heiratsurkunden etc.), Vermögensnachweise (Kontoauszüge, etc.), in den Akten, die nicht eigens für das Verfahren bzw. nicht von den beteiligten Akteur*innen erstellt wurden. Abgesehen von schriftlichen Dokumenten, auf die in dieser Forschung der Fokus gelegt wird, können auch Fotografien und Zeichnungen Teil von Gerichtsakten sein. In der Folge gehe ich auf das Zustandekommen der einzelnen Textformen ein, um einerseits die später beschriebene Auswahl der einzelnen Dokumente und andererseits einen ersten Schritt zur Beantwortung der Frage, wer wem was und in welcher Form mitteilt, nachvollziehbar zu machen.

In Österreich regelt das Zivilrecht[4] u. a. auf Basis des ABGB die Rechtsverhältnisse von Menschen (natürliche Personen) und juristischen Personen (z. B. GmbH) untereinander. Die einander in Zivilverfahren auf gleicher Stufe begegnenden Personen sind die Parteien. Das Familienrecht ist einer der Abschnitte dieses Gesetzes und unterliegt klar definierten Abläufen und Grundsätzen. Der Staat regelt den grundsätzlichen Ablauf von Zivilstreitigkeiten in der Zivilprozessordnung (ZPO) und dem Außerstreitgesetz (AußStrG)[5]. Obsorgeverfahren sind als sogenannte Außerstreitverfahren flexibler und weniger förmlich als streitige Verfahren, sind in der Regel nicht öffentlich und es gilt der Grundsatz des beiderseitigen rechtlichen Gehörs. D. h. jede Partei muss die Möglichkeit erhalten, sich im Verfahren zu äußern, allerdings kann ein sogenanntes Versäumungsurteil[6] gefällt werden, wenn sich eine Partei nicht äußert. Weitere Grundzüge für Zivilverfahren sind die Mündlichkeit der Verhandlung, der Amtsbetrieb oder Offizialitätsprinzip (das Gericht ist für die fristgerechte Abwicklung des Verfahrens zuständig) sowie der Kooperationsgrundsatz. Dieser legt fest, dass die Streitparteien das Beweismaterial selber liefern, aber das Gericht auch zusätzliche Nachweise im Beweisverfahren verlangen kann.

Außerstreitverfahren sind neben u. a. einvernehmlichen Scheidungen, Adoptionen oder Kindesunterhaltsverfahren auch Kontaktrechts- und Obsorgeverfahren. Die beteiligten Parteien entscheiden im Rahmen der definierten Abläufe über Antragserhebung, Beweisführung und Beendigung des Prozesses. D. h. ein Obsorgeverfahren wird durch einen Antrag einer Partei eingeleitet, der beim zuständigen Bezirksgericht eingebracht werden muss (persönlich am Amtstag eines Gerichts oder schriftlich). Amtstage sind bestimmte Tage (für gewöhnlich ein Dienstag) an denen zu einer bestimmten Zeit Rechtsauskünfte erteilt werden, die in Zusammenhang mit bereits laufenden Gerichtsverfahren stehen, oder zur Verfügung stehen, wenn eine Person in Erwägung zieht, gerichtliche Schritte zu ergreifen. An diesen Tagen können Personen ohne rechtsanwaltliche Vertretung u. a. mündliche Klagen, Anträge oder Erklärungen zu Protokoll geben und damit ein Verfahren vor Ort direkt bei Gericht einleiten.

---

[4] Quelle der Zusammenfassung im gesamten folgenden Abschnitt: https://www.oesterreich.gv.at/de/themen/gesetze_und_recht/gerichtsorganisation_der_justiz/zivilrecht/1/Seite.1010110; Zugriff am 07.04.2026

[5] Das Außerstreitgesetz (AußStrG) ist das Bundesgesetz über das gerichtliche Verfahren in Rechtsangelegenheiten außer Streitsachen

[6] Ein Versäumungsurteil kann von einer Prozessgegnerin/einem Prozessgegner beantragt werden, wenn die andere Partei eine aufgetragene Verfahrenshandlung (z. B. Erscheinen zu einer Tagsatzung, Erstattung der Klagebeantwortung) versäumt

Neben der Einleitung eines Verfahrens durch eine Antragsstellung einer Partei kann ein Obsorgeverfahren auch von Amts wegen durch das Gericht eröffnet werden. So kann ein Obsorgeverfahren neben den Eltern auch eine Bezirkshauptmannschaft als KJWT oder Großeltern durch einen Antrag einleiten. Der Antrag wird der antragsgegnerischen Partei zugestellt, die innerhalb einer Frist von vier Wochen mit einer Stellungnahme inkl. Anträge und Einwände reagieren sollte.

Das zuständige Gericht führt durch eine*n Richter*in über dieses anhängige Verfahren die entsprechende Verhandlung mündlich und in Form von stets protokollierten Tagsatzungen. Das Gericht kann im Zuge der Beweisaufnahme auch unabhängig von den Anträgen der einzelnen Parteien Beweismittel bestimmen, also etwa Gutachten in Auftrag geben. Im Beweisverfahren sind Beweismittel wie Urkunden, Vernehmungen von Parteien, Zeug*innen sowie Sachverständigen, Datenspeicher, Bild- und Tonaufnahmen oder ein Lokalaugenschein vorgesehen.

Bei Obsorgeverfahren der ersten und zweiten Instanz können sich Parteien rechtsanwaltlich vertreten lassen aber auch selbst handeln. Bei Unterhaltsverfahren (Unterhaltsansprüche zwischen Kindern und ihren Eltern ab einem Streitwert von 5.000 Euro) muss eine rechtsanwaltliche Vertretung erfolgen. Bei einem Verfahren vor dem OGH muss ein*e Rechtsanwält*in bevollmächtigt werden.

Dadurch ergibt sich in einem Obsorgeverfahren schon alleine aus dem Verfahrensrecht neben einer Vielzahl an unterschiedlichen Dokumenten auch eine Vielzahl potenzieller Akteur*innen. Neben Richter*in und Mitarbeiter*innen bei Gericht sind dies die Eltern als verfahrensinitiierende Parteien sowie potenziell Sachbearbeiter*innen der KJWT, Rechtsanwält*innen oder Großeltern und schlussendlich das Kind bzw. die Kinder selbst. Auf die Akteur*innen wird im nachfolgenden Kapitel eingegangen.

Das Gericht strebt bei Zivilverfahren grundsätzlich eine Einigung der Parteien an. Damit ist eine von den Parteien vor Gericht protokollierte Einigung und in Form eines gerichtlichen Vergleichs als Beendigung eines Gerichtsverfahrens eine vom Gericht initiierte Option. Ein Verfahren kann von dem*r Richter*in aber auch für geschlossen erklärt werden, sobald er*sie dieses als vollständig und entscheidungsreif betrachtet. Das Verfahren ist damit beendet, sobald ein Gericht mittels eines Beschlusses eine Entscheidung trifft und dieses rechtskräftig wird. Ein Verfahren kann aber auch „ruhend" oder durch einen Vergleich beendet werden. Ein Beschluss bezieht sich auf Entscheidungen, Anordnungen und Verfügungen des Gerichts und regelt prozessuale Fragen (z. B. Entscheidungen zu Klagebeantwortungen, Prozesskosten, Gewährung von Verfahrenshilfe). Der Beschluss ist ein schriftliches Dokument, das neben der Bezeichnung des Gerichts, die Namen der Richter*innen, die an der Entscheidung mitgewirkt haben, die Bezeichnung der Parteien sowie Ihrer Vertreter, den Urteilsspruch und die Begründung und damit die Sachverhaltsdarstellung und die rechtliche Beurteilung des Sachverhalts enthält.

Wenn ein gerichtliches Verfahren begonnen wurde, sich die Parteien aber doch außergerichtlich einigen oder diese Einigung zumindest anstreben, so kann in Übereinkunft der Parteien der Rechtsstreit nicht fortgesetzt werden, also ruhend gestellt werden. Auch ein unentschuldigtes nicht Erscheinen beider Parteien führt zu einem Ruhen des Verfahrens. Nachdem ein Verfahren ruhend gesetzt wurde, kann es erst nach drei Monaten wieder fortgesetzt werden.

Ein Gerichtsverfahren, das nicht mit einem Beschluss oder Vergleich in der ersten Instanz seinen Abschluss findet, gliedert sich in mehrere Verfahren und ist zum Teil mit weiteren Verfahren verkettet. So können Beschlüsse der ersten Instanz von den jeweiligen Parteien aus bestimmten Gründen angefochten werden. D. h. mit Hilfe von Rechtsmitteln kann eine Partei gegen eine Entscheidung eines Gerichts vorgehen. Die jeweils übergeordnete gerichtliche Instanz ist dementsprechend für die jeweiligen Rechtsmittel zuständig. Zivilrechtsverfahren, denen Pflegschafts- und Scheidungsverfahren zuzuordnen sind, unterliegen einer klaren Regelung des Verfahrensverlaufs, der mit der Jurisdiktionsnorm rechtlich geregelt ist und in Abbildung 2.4 dargestellt ist.

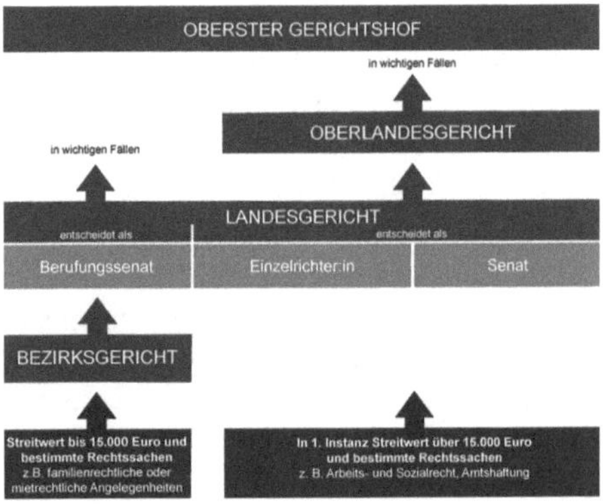

Abbildung 2.4 Instanzenzug in Zivilsachen. (Quelle: https://www.justiz.gv.at/)

In Österreich gibt es aktuell 116 Bezirksgerichte, 20 Landesgerichte bzw. Gerichtshöfe erster Instanz (z. B. LGZ Wien, LG Krems, LG Linz), 4 Oberlandesgerichte bzw. Gerichtshöfe zweiter Instanz (OLG Wien, OLG Graz, OLG Linz und OLG Innsbruck) und den Obersten Gerichtshof (OGH).[7]

[7] Quelle: https://www.justiz.gv.at/justiz/justizbehoerden.8ab4a8a422985de30122a91f9c3962d0.de.html;jsessionid=43EE4C0EDDE4651C346F062E4D403378.s2 sowie https://www.oesterreich.gv.at/de/themen/gesetze_und_recht/gerichtsorganisation_der_justiz/Seite.2310012; Zugriff: 26.03.2026

Bezirksgerichte sind für Entscheidung in erster Instanz für familienrechtliche Streitigkeiten zuständig. Landesgerichte sind in zweiter Instanz zuständig für die Verhandlung von Entscheidungen der Bezirksgerichte zuständig, wenn gegen diese ein *Rechtsmittel* (Rekurs) eingelegt wurde. Ein *Rekurs* in Obsorgeverfahren richtet sich gegen einen Beschluss eines Gerichts. Der Rekurs muss bei dem zuständigen Bezirksgericht eingebracht werden. Das Rekursgericht ist das instanzenmäßig übergeordnete Gericht. Wenn gegen den Beschluss eines Landesgerichts ein Rechtsmittel (Revisionsrekurs) erhoben wird, so wird der OGH als dritte Instanz zuständig. Ein solcher *Revisionsrekurs* muss von einem Rechtsanwalt verfasst werden. Der Rechtszug an den OGH ist allerdings nur dann möglich, wenn Rechtsfragen von grundsätzlicher Bedeutung zu lösen sind, also etwa, wenn das Rekursgericht von der Rechtsprechung des OGH abweicht, eine solche Rechtsprechung fehlt oder uneinheitlich ist. Die Zuständigkeit für die Entscheidungen über einen Revisionsrekurs liegt beim OGH. Auf innerstaatlicher Ebene ist gegen die Entscheidung des OGH kein weiterer Rechtszug möglich.

Konkret kann innerhalb der Rechtsmittelfrist (zwei- bis vierwöchige Frist ab Zustellung des Beschlusses), also solange die Entscheidung noch nicht rechtskräftig geworden ist, gegen einen Beschluss ein entsprechendes Rechtsmittel – Rekurs bzw. Revisionsrekurs – vorgebracht werden. Ein Rechtsmittelverfahren beinhaltet nicht das Erheben neuer Beweise oder das Stellen neuer Ansprüche oder Erheben von Einwänden, sondern beschränkt sich auf die Überprüfung der Sachlage und des Vorbringens der Parteien bis zum Ende der Verhandlung vor dem Gericht erster Instanz, im Fall von Obsorgefällen, des Bezirksgerichts, und der rechtlichen Beurteilung. In der zweiten Instanz kann ein Rekurs bzw. in dritter Instanz ein Revisionsrekurs abgewiesen, teilweise abgewiesen oder diesem gänzlich stattgegeben werden. Bei Ersterem ist der erstinstanzliche Beschluss bestätigt, bei Letzterem muss das Gericht der ersten Instanz neuerlich verhandeln. Bei rechtskräftigen Entscheidungen können in Ausnahmefällen Rechtsmittel in Form eines Nichtigkeits- oder Wiederaufnahmsantrags eingebracht werden.

Jede Instanz legt einen eigenen Verfahrensakt an, der auch eine eigene Geschäftszahl (auch Aktenzahl) erhält. Ein Pflegschaftsakt der ersten Instanz trägt eine Geschäftszahl die sich aus der Nummer der zuständigen Abteilung, dem Kürzel P bzw. Ps, der Fallnummer an dem Bezirksgericht und der Jahreszahl, in der das Verfahren begonnen hat, und dem Prüfbuchstaben zusammensetzt, bspw. 1 P 234/09z. Beschlüsse der zweiten und dritten Instanzen finden sich immer auch im Verfahrensakt der ersten Instanz. Die Akten der vorhergehenden Instanzen werden nach Abschluss eines Verfahrens stets an die erste Instanz zurückgestellt. Pflegschaftsverfahren, die im Gerichtsjargon als P-Akten angelegt werden, sind somit Fallakten, die neben der Pflegschaftssache (Obsorge und Besuchsrecht), Ordner zu Personensorgesachen, Vermögensverwaltungs- sowie Unterhaltssache und Beschlüsse weiterer Instanzen beinhalten können. Tabelle 2.1 stellt ein Beispiel einer Gliederung und Bezeichnung eines Pflegschaftsverfahrens dar.

Tabelle 2.1 Beispiel einer Gliederung und Bezeichnung eines Pflegschaftsverfahrens

Instanz	Gericht	Geschäftszahl	Inhalt des Verfahrensakts
1.	Bezirksgericht	1 P 234/09	Anträge, Äußerungen, Gegenanträge, Klagen, Gegenklagen, Mitteilungen, Stellungnahmen, Protokolle von Aussagen und Verhandlungen, Aktenvermerke, Gutachten, (amtliche) Dokumente, Bild- und Tonmaterial, Beschlüsse, Rekursanträge, Beschlüsse aus 2. und 3. Instanz, etc.
2.	Landesgericht	12 R 345/10	Rekurs, Beschluss
3.	OGH	1 Ob 234/10	Revisionsrekurs, Abstimmungsvermerke, Beschluss

Pflegschaftsakten als Fall

Grundsätzlich dienen Akten und die darin enthaltenen Dokumente der Legitimierung einer Entscheidung. Akten beinhalten eine Vielzahl an standardisierten Texten, wie Formulare und andere, den rechtlichen Anforderungen entsprechende Ausdrucksformen oder Vermerke sowie standardisierte Angaben. Informelle Handlungen, wie Telefongespräche oder mündliche weitergegebene Informationen etwa bei Amtstagen, finden zwar als Aktenvermerke teilweise Eingang in einen Akt, aber im Sinne eine Umgehung der Aktenmäßigkeit können diese auch rein mündlich bleiben und damit keinen Eingang in den Akt finden. Akten enthalten also Lücken. Blankenburg (1975) vermutet diese Lücken „insbesondere dort, wo die Legitimiertheit einer Entscheidung gefährdet ist“ (p. 195). Dementsprechend sind Akten aus soziologischer Perspektive nicht als Dokumente zu verstehen, die Wirklichkeit oder einen wahren Verfahrensablauf widergeben, sondern als „*Realität eigener Art*: Die zum Zwecke der Rechtfertigung von Entscheidungen und ihrer rechtlichen Absicherung produzierten Version eines Entscheidungsablaufs“ (ebd., p. 195). Die aktenmäßige Wiedergabe des Entscheidungsablaufs ist in sich selektiv und der Legitimierung von Entscheidungen geschuldet. In diesem Sinne muss bei einer Interpretation von Dokumenten aus Gerichtsakten stets deren Entstehungszusammenhang berücksichtigt werden: Akten dienen dem Legitimationszweck (Blankenburg, 1975). Ein Gerichtsakt, als juristischer Fall, enthält somit eine Vielzahl unterschiedlicher Dokumente, die im Laufe des Gerichtsverfahrens von unterschiedlichen Akteur*innen produziert werden bzw. in das Verfahren eingebracht werden und auf die im nachfolgenden Kapitel noch eingegangen wird.

An dieser Stelle sei noch eine Spezifizierung des Fallverständnisses für diese Arbeit und damit im soziologischen Sinne dargestellt, da einem diskursanalytischen Vorgehen ein eigenes und anderes Fallverständnis zugrunde liegt als dem eines soeben beschriebenen juristischen Falls. So ist der einzelne Fallakt, als schriftliches Produkt eines Pflegschaftsverfahrens, in der hier eingenommenen sozialwissenschaftlichen Perspektive nicht als ein in sich konsistenter und geschlossener Fall zu verstehen, sondern als „zugleich heterogene und partielle Repräsentation diskursspezifischer Elemente“ (Keller, 2013, p. 50). Somit ergibt sich aus einer wissenssoziologischen Perspektive auf Gerichtsakten, dass die Texte in diesen Akten als spezielle Form, als diskursives Aktenwissen, verstanden werden (Tolasch, 2016). Der soziologische Fall liegt daher quer zu den einzelnen Dokumenten und stellt einen spezifischen Ausschnitt eines Wissensregimes dar, das nicht innerhalb eines Dokumentes gebündelt ist (Truschkat, 2013) Dementsprechend ist das Ziel eines wissenssoziologisch ausgerichteten Forschungsprogramms auch nicht die Rekonstruktion eines Falles als geschlossene Einheit, die sich in den einzelnen Dokumenten eines Falles abbildet, sondern die Rekonstruktion des Zusammenhanges. Die einzelnen Dokumente werden als Diskursfragmente verstanden, die in Beziehung zueinander gesetzt werden müssen, um deren Bedeutung für die forschungsleitende Fragestellung zu erschließen. Diese sind die Hauptgrundlage der Analyse im Sinne der WDA. Diskursfragmente sind ein „Aussageereignis, in dem Diskurse mehr oder weniger umfassend aktualisiert werden“ (Keller, 2011c, p. 234). Ihre empirische Relevanz erschließt sich aus den inhaltlichen Beziehungen zu anderen Dokumenten des Datenkorpus. Diskursfragmente sind Texte oder Textteile, die ein bestimmtes Thema behandeln. Wenn etwa in einem Text ein Subjekt mit einer bestimmten Eigenschaft bezeichnet wird, dann ist das ein Diskursfragment. Solche Fragmente verbinden sich zu Diskurssträngen, die ihrerseits ein thematischer Ausschnitt aus einem Gesamtdiskurs sind. Diskursive Ereignisse sind Aussageereignisse, die besonders herausgestellt werden und damit einen Diskursstrang beeinflussen (M. Jäger, 2010b; S. Jäger, 2011). Im Gegensatz zu anderen qualitativen Zugängen geht die WDA daher von textübergreifenden Verweisungszusammenhängen in Form diskursiver Strukturen der Aussageproduktion aus. D. h. einzelne Aussageereignisse stehen nicht für einzelne ‚Typen‘ (Keller, 2011c). Dementsprechend „müssen die einzelnen Texte des Datenmaterials in verschiedenen Feinanalysen zueinander in Beziehung gesetzt werden, um damit Diskurse Schritt für Schritt rekonstruieren zu können. Die WDA geht daher nicht „von einer in sich konsistenten und geschlossenen Sinn- oder Fallstruktur" (Keller, 2011c, p. 275) pro Text aus und versteht einen einzelnen Text auch nicht als vollständiges Dokument eines Falles. Vielmehr wird davon ausgegangen, dass diskursspezifische Elemente heterogen und partiell in den unterschiedlichen Texten, die einem Diskurs zugeordnet wurden, vorkommen. Daher nutzt die WDA sozialwissenschaftliche Fallstudien und eine historisch-genealogische Vorgehensweise, um die umfassende Komplexität von Diskursen und ihre Effekten zu erfassen (Keller, 2013). Damit sind die Akten aus Pflegschaftsverfahren in diesem Forschungsprojekt zwar als Fälle verstanden, allerdings nicht als jeweils in sich konsistente und geschlossene Fälle, sondern als „zugleich heterogene und partielle Repräsentation diskursspezifischer Elemente" (ebd., p. 50). D. h. die einzelnen Texte steht nicht für sich alleine, sondern müssen aufeinander bezogen werden. Denn der „interessierende Fall liegt hier quer zu einzelnen Situationen oder Dokumenten als Bedeutungseinheit. Der interessierende Fall stellt vielmehr die mehr oder weniger darstellbare Gesamtheit bzw. einen spezifischen Ausschnitt eines Wissensregimes dar, deren Aussagepraxis sich nicht innerhalb eines Dokumentes oder einer Situation bündelt" (Truschkat, 2013, p. 83). Die dokumentenübergreifende Zugangsweise ermöglicht es, diskursive Verflechtungen und Verbindungen als Sinngefüge eines Diskurses zu rekonstruieren (Keller, 2011c; Schwab-Trapp, 2010). Mit dem methodischen Prinzip des ständigen Vergleichens können „Muster von diskursiven Verflechtungen und Verknüpfungen rekonstruiert [werden], die als Sinngefüge einen oder mehrere Diskurse (oder auch Teildiskurse) strukturieren" (Halatcheva-Trapp, 2019, p. 250). Damit bietet sich für den Forschungsprozess einer WDA ein Kodierparadigma (Strauss & Corbin, 1996) an, das auf Wissensregime fokussieren lässt und Orientierung beim theoretischen Sampling und bei der Auswertung bietet (Truschkat, 2013). Bevor ich allerdings noch im Detail auf die methodische Umsetzung eingehe, soll im folgenden Kapitel auf die Akteur*innen eingegangen werden, durch, mit und für die ein solcher Fall erzeugt wird.

Akteur*innen in Pflegschaftsverfahren – eine grundsätzliche Positionierung

In der WDA spielt, wie schon im theoretischen Kapitel dargestellt, der „menschliche Faktor" (Keller, 2013, p. 33) eine bedeutende Rolle, wobei dieser menschliche Faktor analytisch gesehen unterschiedliche Erscheinungsweisen hat. Keller unterscheidet soziale Akteur*innen, Sprecher*innen, Adressat*innen, Sprecherpositionen, Personal der Diskursproduktion und Weltintervention, Subjektpositionen und konkrete Subjektivierungsweisen. Bedeutsam in der Differenzierung ist eine Bestimmung menschlicher Akteure zeitgleich als selbstreflexive Subjekte und als Adressaten von Wissensbeständen. Sie sind zwar durch sozialisatorische Prozesse mit den Regeln spezifischer Diskurse vertraut und zu ‚regelkonformem Vollzug' fähig, haben aber auch „Spielräume der Kreativität" bei der (aktiven) Auseinandersetzung mit Deutungs- und Handlungsproblemen (Keller, 2013, p. 34).

Familiengerichtsverfahren und deren juristisch-formale Regeln ergeben grundsätzlich eine Vielzahl an Sprechpositionen, die verknüpft sind mit spezifischen Rollen. Soziale Akteure werden zu Sprecher*innen, wenn sie Positionen in institutionellen bzw. organisatorischen Diskurssettings einnehmen und Teil der Diskursproduktion werden, indem sie Aussagen formulieren, die ihrerseits den Diskurs formieren. Das Recht ist dabei, wie Wissenschaft oder Religion, ein Spezialdiskurs, der durch eine starke institutionelle Struktur und Hierarchie gekennzeichnet ist und entsprechend verfügbare Sprecherpositionen produziert. Rechtsprechung und Gerichtsverfahren sind aber verknüpft mit öffentlichen Diskursen, die heterogenere Sprechpositionen zulassen, und in denen vielfältigere Ressourcen, Legitimität und Artikulationsmöglichkeiten zum Tragen kommen (Keller, 2013, p. 37). Daher ist in einer Analyse von Obsorgeverfahren auch stets die Frage zu stellen, welche Positionen es gibt und welche nicht bzw. ob es Sprechpositionen gibt, die erst durch im Wandel der Zeit entstehende Diskurse auftreten. So führte etwa der Diskurs um das Kindeswohl (siehe dazu Abschnitt 1.3) zu der Sprechposition ‚Kinderbeistand'. Auf die einzelnen sozialen Akteur*innen, die im Sinne von Sprechpositionen einen aktiven Beitrag zum Diskursfeld um Elternschaft in Obsorgeverfahren eine Rolle spielen, wird nun in Folge eingegangen.

Gerichte, seien es Bezirks-, Landes- oder Oberste Gerichte, entscheiden unter anderem über personen- und familienrechtliche Fragen. Als staatliche Institution und durch die an die jeweils gültige Rechtsordnung gebundenen *Richter*innen* besteht nach allgemeinem Justizverständnis die Annahme eines sachkundigen, unabhängigen und unparteilichen Handelns dieser staatlichen institutionellen Akteur*innen. Durch Richter*innen als Träger*innen der Gerichtsbarkeit übt der Staat die Rechtsfindung und Rechtsprechung aus. Richter*innen sind einzig an das aktuelle Gesetz gebunden und ihre Entscheidungen werden im Allgemeinen anerkannt und wenn nicht, in den Rechtsmittelinstanzen bestätigt oder abgeändert (BMJ, 2013a); so sieht es die österreichische Verfassung vor. Die Betonung der Unabhängigkeit und der Weisungsungebundenheit der Richter*innen beinhaltet aber auch deren individuelle Bedeutung und deren Entscheidungsspielraum. Gerade im Familienrecht gibt es allerdings einerseits häufig keine eindeutigen

Regelungen, berücksichtigt man beispielsweise, dass das Kindeswohl erst mit dem KindNamRÄG 2013 ausdifferenziert wurde. Andererseits kann das Familienrecht an sich als „inherently gendered“ verstanden werden (Gildemeister et al., 2003, p. 17). Schließlich weisen auch Urteilsbegründungen wie „Es ist Erfahrungstatsache, daß Kleinkinder und im allgemeinen auch Mädchen zarteren Alters möglichst bei der Mutter untergebracht werden sollen.“ (Rechtssatz 36.023, EFSlg 17, 1980) auf Geschlechterdifferenzen im Rahmen familiengerichtlicher Verfahren hin, in denen Richter*innen eine übergeordnete Position in der Hierarchie der beteiligten Akteur*innen einnehmen (Müller, 2017). Demzufolge kann festgehalten werden, dass Richter*innen sich in ihrer Praxis weniger an einzelnen Weisungen orientieren, als viel eher an „generellen Normen der juristischen Profession“ (Blankenburg, 1975, p. 194). Die in der EF-Sammlung publizierten Rechtssätze oder das Hinzuziehen von Expert*innenmeinungen können etwa als solche verstanden werden. Solche professionellen Standards machen zusammen mit der Bindung an die Gesetze, die für Richter*innen von ihrer Position her besteht, das nach außen wirkende einheitlich Bild der Justiz aus (Blankenburg, 1975).

Neben Richter*innen sind *Rechtspfleger*innen*, *Sachberarbeiter*innen*, Schreibkräfte als Angehörige des Gerichts aber auch *Dolmetscher*innen* Akteur*innen deren Tätigkeit Eingang in Gerichtsakten findet. Insofern sind dies soziale Akteur*innen, die in die institutionelle Infrastruktur einer Diskursarena eingebunden sind und damit Personal der Diskursproduktion (Keller, 2013, p. 38). Rechtspfleger*innen sind speziell ausgebildete Gerichtsbedienstete, die Richter*innen zugeordnet und nur an deren Weisungen gebunden sind. Diese Akteur*innen finden häufig als Co-Produzent*innen von Texten Eingang in einen Gerichtsakt. So wird etwa eine mündliche Verhandlung mittels Tonbandaufnahme protokolliert, die anschließend von einer Schreibkraft verschriftlicht wird. Auch wenn die Verschriftlichung von den an der Verhandlung beteiligten unterzeichnet wird, so kann angenommen werden, dass es sich bei dem Text nicht immer um eine wortwörtliche Niederschrift des Protokollierten handelt.

Neben diesen Akteur*innen der Rechtsprechung sind die sogenannten *Parteien* Teil eines jeden Pflegschaftsverfahrens. Eine Partei ist nach Paragraph 2 des Außerstreitgesetzes: „§ 2. 1. der Antragsteller [sic!], 2. der vom Antragsteller als Antragsgegner [sic!] oder sonst als Partei Bezeichnete, 3. jede Person, soweit ihre rechtlich geschützte Stellung durch die begehrte oder vom Gericht in Aussicht genommene Entscheidung oder durch eine sonstige gerichtliche Tätigkeit unmittelbar beeinflusst würde, sowie 4. jede Person oder Stelle, die auf Grund gesetzlicher Vorschriften in das Verfahren einzubeziehen ist“ (§ 2 AußStrG). D. h. eine Person stellt z. B. einen Antrag auf alleinige oder gemeinsame Obsorge bzw.

Pflege und Erziehung, auf Unterhaltszahlung, auf Herabsetzung des Unterhaltsbetrags etc. Diese Person kann neben der Mutter oder dem Vater z. B. auch eine Pflegemutter bzw. ein Pflegevater, Großeltern, Geschwister oder eine Person des KJWT sein.

Die *Kinder- und Jugendwohlfahrtsträger (KJWT)*[8] haben eine breite Palette an Handlungsaufgaben. Im Diskursfeld Pflegschaftsverfahren betrifft dies die Aufgaben der Gefährdungsabklärung bei Kindeswohlgefährdung, den Schutz und die Betreuung von für Kindern und Jugendlichen sowie Hilfestellung für diese und schließlich die Bewilligung von Pflegepersonen.

Die *Familiengerichtshilfe (FGH)* ist ein seit der Novellierung des ABGB 2013 institutionalisiertes ‚Instrument' der Familiengerichtsbarkeit. *Psychosoziale Expert*innen* (Sozialarbeiter*innen, Psycholog*innen, Pädagog*innen) unterstützen in dieser Funktion Familienrichter*innen bei Sachverhaltsermittlungen in strittigen Obsorge- und Kontaktrechtsverfahren. Diese können nach einem richterlichen Auftrag als Organ des Gerichts Clearinggespräche führen, punktuelle Erhebungen durchführen oder fachliche Stellungnahmen erarbeiten. Vom Gesetzgeber ist die FGH als Beschleunigung von Verfahren aber auch als „psychoedukatives" Element für Eltern gedacht (BMJ, 2013b).

Seit 2009 ist in Verfahren über Obsorge oder persönlichen Kontakt den betroffenen Minderjährigen unter 14 Jahren und bei besonderem Bedarf mit der Zustimmung von Minderjährigen über 14 Jahren ein *Kinderbeistand* (KB) zu bestellen (§ 104a AußStrG). Dieser hat mit dem*r Minderjährigen Kontakt zu pflegen, ist zu Verschwiegenheit verpflichtet und kann im Einvernehmen die Meinung des*r Minderjährigen vor Gericht äußern. Der Kinderbeistand hat das Recht auf Akteneinsicht und Teilnahme an mündlichen Verhandlungen. In Folge des Hinzuziehens eines Kinderbeistandes finden Briefe der beteiligten Minderjährigen, wenn diese ihr Einverständnis für die Weitergabe geben, Eingang in die Gerichtsakten.

Neben dem Kinderbeistand als Sprachrohr von *Minderjährigen bzw. betroffenen Kindern,* müssen diese selbst in Verfahren über Pflege und Erziehung oder persönliche Kontakte persönlich, durch das Gericht, den Kinder- und Jugendhilfeträger, die FGH oder Einrichtungen der Jugendgerichtshilfe, gehört werden. Ab dem 14. Lebensjahr werden Minderjährige als vor dem Gericht selbstständig handelnde anerkannt. Ab dem 10. Lebensjahr müssen sie gehört werden. Auf

---

[8] Der Begriff Kinder- und Jugendwohlfahrtsträger (KJWT) wird in dieser Arbeit als Synonym verwendet für die im Datenmaterial und im fachspezifischen Sprachgebrauch vorfindbaren Bezeichnungen der Institutionen des Jugendamts, der Kinder- und Jugendhilfe sowie der Referate für Jugend und Familie der Bezirkshauptmannschaften bzw. Magistratsabteilungen.

diese Weise finden auch protokollierte Aussagen von Minderjährigen Eingang in Gerichtsakten.

Eine *rechtsanwaltliche Vertretung* einer Partei ist rein rechtlich in Pflegschaftsverfahren erst ab der dritten Instanz ein Muss, dennoch sind Rechtsanwält*innen häufig Akteur*innen in Gerichtsverfahren und somit auch Produzent*innen von Texten in Familiengerichtsakten. Aus einem informellen Gespräch mit einem Rechtsanwalt möchte ich ein Gedächtniszitat bringen, um die Rolle der rechtsanwaltlichen Vertretung in Gerichtsverfahren zu illustrieren: „Ein Antrag muss so spannend geschrieben sein, dass der entscheidende Richter diese Lektüre sogar auf die Toilette mitnimmt“. In diesem Sinne sind Dokumente, die in Zusammenarbeit mit Parteien entstehen, stets als Ko-Produktionen zu verstehen, in die unter anderem die ‚Wirklichkeiten‘ der jeweiligen Partei sowie das anwaltliche Erfahrungswissen darüber, wie die Interessen dieser Partei bestmöglich vertreten werden können, einfließen.

In Pflegschaftsverfahren werden durch die Parteien häufig *Zeug*innen* als ‚Beweismittel‘ herangezogen, die so potenzielle Sprechpositionen zugewiesen bekommen. Diese können durch schriftliche Eingaben oder durch protokollierte Aussagen vor Gericht Eingang in Gerichtsverfahren finden. Zeug*innen sind in Folge Akteur*innen, die bei Gericht über ihre Wahrnehmungen wahrheitsgemäße Aussagen tätigen sollen (BMJ, 2013a). So können etwa neben Verwandten oder Freund*innen der Parteien auch Personal von Bildungs- und Kinderbetreuungseinrichtungen etwa durch schriftliche Eingaben, Vorladungsprotokolle oder gerichtlich erbetene Stellungnahmen Akteur*innen in einem Gerichtsverfahren werden.

Richter*innen können zur Klärung spezifischer Fragen *Sachverständige* hinzuziehen. In Pflegschaftsverfahren sind das meist psychologisch-psychiatrische Beurteilungen, aber auch Gutachten zu Verdienstmöglichkeiten. Sachverständigengutachten können aber auch als Privatgutachten von den Parteien in das Gerichtsverfahren einfließen.

Durch die Klärung von Unterhaltsansprüchen und -höhen werden auch etwaige Arbeitgeber*innen, Sozialversicherungsanstalten, AMS oder Bank- oder Versicherungsanstalten Akteur*innen eines Gerichtsverfahrens und mit ihren Dokumenten Teil eines Gerichtsakts.

Ein Gerichtsakt enthält somit eine Vielzahl diverser Dokumente, die im Laufe des Gerichtsverfahrens von unterschiedlichen Akteur*innen produziert bzw. in das Verfahren eingebracht werden und somit den ‚menschlichen Faktor‘ in vielfältiger Form und Weise in Erscheinung treten lassen. Dabei ist die strukturell verankerte Hierarchisierung in diesem Spezialdiskurs zu beachten, in dem die Besetzung von Sprechpositionen auch durch fachliche Qualifikation oder berufliche Sozialisation bestimmt ist (Halatcheva-Trapp, 2016b). So können Protokollführer*innen oder Dolmetscher*innen, die durch die institutionelle Infrastruktur in eine Diskursarena eingebunden sind, als „Personal der Diskursproduktion“ (Keller, 2013, p. 38) nur unscharf von Sprechpositionen abgegrenzt werden. Mediziner*innen oder Psycholog*innen (etwa als Sachverständige), pädagogisches Personal (etwa als Zeug*innen), Akteur*innen aus dem Bereich der Familienberatung oder Kinder- und Jugendhilfe sowie Richter*innen sind als Expert*innen in ihrer professionellen Berufsrolle oder als Vertreter*innen einer Institution bzw. Organisation legitime Sprecher*innen von Diskursen. Sie interpretieren in ihrer Rolle aber auch die an weitere Akteur*innen, wie eben Mütter oder Väter, gerichteten Subjektpositionen und sind in diesem Sinne „Subjektivierungsinstanzen“ (Bosančić, 2016, p. 113).

Die Arbeit von professionellen Akteur*innen in Gerichtsverfahren umfasst Praktiken der Aktenführung und beinhaltet Formen der fach- und organisationsspezifischen Diskussion. Mit dem Wissen, der Deutung und der Situationsdefinition der professionellen Akteur*innen findet in ihrer Arbeit eine Umformulieren familialer Krisensituationen in fachlich relevante Fälle statt (Halatcheva-Trapp, 2016b). Damit ist das professionelle Handeln eingebettet in die jeweils diskursiv bereitgestellte „Infrastruktur der Diskursproduktion und Problembearbeitung“ (Keller, 2011c, p. 258). Pflegschaftsverfahren, als professionelles Setting, weisen dadurch einen Handlungs- und Strukturbezug auf. Einerseits entwerfen professionelle Akteur*innen im praktischen Prozess ihrer Arbeit die Fälle sinnhaft von und mit den jeweiligen Familien. Andererseits findet aber im Rahmen der organisationsspezifischen Wissensordnungen und -politiken der Profession eine Objektivierung der einzelnen Fälle statt, da professionelle Akteur*innen stets Sprecher*innen und Repräsentant*innen ihrer Fachdisziplin und ihrer Organisation sind (Halatcheva-Trapp, 2016b). Solche legitimen Sprecher*innen generieren, konventionalisieren und modellieren sinnhaft Deutungen von Elternschaft, da sie über spezifische Zuständigkeiten und Ressourcen verfügen (Halatcheva-Trapp, 2016a).

Von den Sprechpositionen als eine der Erscheinungsweisen des ‚menschlichen Faktors‘ sind somit die Subjektpositionen zu unterscheiden, die in Diskursen soziale Akteur*innen positionieren und adressieren.

> *„Unter „Subjekt“ wird in diesem Zusammenhang eine angenommene Form der Reflexion und Handlungssteuerung verstanden, das heißt ein unterstelltes – gewünschtes, abgelehntes, gelobtes, denunziertes – Selbstverhältnis der reflexiven Handlungssteuerung individueller (und in seltenen Fällen kollektiver) sozialer Akteure. Diskurse*

entwerfen eine komplexe Subjekt-Kartographie des Feldes, von dem sie handeln." (Keller, 2013, p. 39f.)

D. h. im Gegensatz zu Sprechpositionen, also Positionen für Akteur*innen in institutionellen oder organisatorischen Diskurssettings, werden durch widersprüchliche Auseinandersetzungen im Diskurs Subjektpositionen, also „Identifikationsangebote für Subjektivierungen" (Keller, 2013, p. 40) geschaffen. Entlang von Differenzierungen zwischen einem „positiven besetzten ‚Wir' und den ‚gegnerischen Anderen'" werden vielfältige und umfassende Darstellerstrukturen entfaltet und gleichzeitig „*Modellsubjekte*" entworfen, die den Adressat*innen von Diskursen als „Verheißung" oder als „mahnendes Beispiel" vorgehalten werden (Keller, 2013, p. 40). So kann – um diese Differenzierung zu illustrieren – eine Frau in einem Obsorgeverfahren einerseits als antragstellende Partei eine Sprecherinnenposition innehaben und so Diskursproduzentin werden. Sie kann aber auch als Subjektposition erscheinen, auf diese Weise als Modellsubjekt oder Negativbeispiel Teil des Diskurses werden und als derartige Akteurin Rollenvorgaben zu Mutterschaft vermitteln und Verhaltensweisen verhandeln. Diese weibliche Akteurin ist in diesem Sinne eine Darstellerin der Subjektposition ‚Mutter', indem durch diese Positionierung Rollenvorgaben zu Mutterschaft vermittelt und Verhaltensweisen verhandelt werden (Bosančić, 2016).

Ob legitime oder professionelle, individuelle oder kollektive Akteur*innen, sie alle „artikulieren Interessen, vertreten Positionen und agieren als Repräsentanten größerer gesellschaftlicher Zusammenhänge" (Halatcheva-Trapp, 2016b, p. 363). Ihr Handeln versteht Keller (2012) als Form von Politik, mit der Akteur*innen ihr Wissen aktivieren und durchsetzen und dadurch auf Deutungs- und Handlungsprobleme reagieren. Allerdings ist in einer Erforschung von Spezialdiskursen stets die strukturell verankerte Hierarchisierung zu beachten, d. h. welche Form von (fachlicher) Qualifizierung und (beruflicher) Sozialisation die Besetzung von Sprechpositionen bestimmt (Halatcheva-Trapp, 2016b). Den in der Analyse herauskristallisierten Sprechpositionen, sowie mit dem Spezialdiskurs verbundenen Machtstrukturen und Hierarchien widmet sich das Ergebniskapitel 3 im Detail.

Datenauswahl, -erhebung und -analyse

Für die konkrete methodische Umsetzung der Analyse boten – neben der Empfehlung Kellers (2007), sich an der der Grounded Theory Methodologie (GTM) nach Strauss und Corbin (1996) zu orientieren – bestehende Arbeiten mit diskursanalytisch und handlungstheoretisch orientierter Fragestellung Anknüpfungspunkte (Halatcheva-Trapp, 2016a; Schutter, 2011; Schwab-Trapp, 2010; Sommer, 2018; Tolasch, 2016). Diese Arbeiten folgen alle den Überlegungen

Kellers, der für Forschung, bei der es „in erster Linie um die Rekonstruktion der durch und im Diskurs konstituierten Wirklichkeitsordnung geht, [...] Verfahren der interpretativen Textauswertung, wie dokumentarische Interpretation, grounded theory oder Deutungsmusteranalyse“ sowie als „Strategie der Reduktion von Textkomplexität [...] die Rekonstruktion von narrativen Strukturen, der typischerweise erzählten Geschichten in einem Diskurs als Vorgehensweise“ und auch Methodenkombinationen empfiehlt (Keller, 2011b, p. 152).

Als Ergebnis der method(olog)ischen Überlegungen und im Forschungsverlauf zeigten sich folgende Forschungsschritte, die nicht als getrennt voneinander zu verstehen sind, als zielführend. Zunächst erfolgten die Erhebung des Datenmaterials und die Erstellung des Datenkorpus in zwei Erhebungsschritten. Mittels einer Grobanalyse im Sinne eines ersten Zugriffs auf die Daten, der ein Erfassen und informatorisch-analytisches Lesen sämtlicher Texte beinhaltete, wurden zunächst Fallskizzen von jedem der erhobenen Gerichtsverfahren erstellt, um auch eine Basis für ein Theoretical Sampling zu erlangen. Diese Analysephase wurde schrittweise durch eine Strukturanalyse und damit zweiten Zugriff im Sinne eines offenen und kriteriengeleiteten Suchprozesses ergänzt (Keller, 2007), mit der für einige Obsorgeverfahren einzelne Dokumente im Hinblick auf inhaltliche Aspekte untersucht wurden, um einen konkreteren Überblick über Themen sowie deren Bezug und Beitrag zum Diskurs zu erhalten und damit Schlüsseldokumente zu identifizieren, die in ihrer Summe das Datensample bildeten (Schetsche & Schmied-Knittel, 2013). Diese Texte wurden mittels Feinanalyse mit den Methoden der GTM und zirkulären Schritten des Codierens sowie der Theoriekonstruktion, geleitet durch die Idee des Theoretical Sampling, detailliert analysiert (Keller, 2011a). Die Ergebnisse der einzelnen Analyseschritte wurden abschließend in einer Gesamtanalyse interpretierend reflektiert. Die jeweiligen Analyseschritte und die Zusammenführung ihrer Ergebnisse werden in den folgenden Unterkapiteln erörtert.

Dass sich die GTM als methodisches Werkzeug für die diskursanalytische Forschung mit einer Integration von Deutungsmusteranalyse eignet, wird durch einige empirische Studien verdeutlicht (Halatcheva-Trapp, 2016a; Keller, 2010; Schwab-Trapp, 2010; Truschkat, 2013). Allerdings dient der Rückgriff auf Methoden der GTM in einer diskurstheoretischen Anpassung nicht einer Theoriegenerierung im Sinne von Glaser und Strauss (2005), sondern einem „Fokus auf diskursive Prozesse der Interpretation und Erzeugung sozialer Realität“ (Halatcheva-Trapp, 2016b, p. 374). Neben den Kodierstrategien, dem Schreiben theoretischer Memos im Verlauf der Feinanalyse und der Entwicklung von Kategorien auch zur Ergebnisdarstellung ist der Einsatz des *Theoretical Samplings* (Strauss, 1994 [1987]; Strauss & Corbin, 1996) ein hilfreiches Instrument im

Forschungsprozess. So diente das theoretische Sampling in der Phase der Korpusbildung als Mittel, um der Datenmenge habhaft zu werden ebenso, wie in weiterer Folge bei der Auswahl der Dokumenttypen und schließlich einzelner Texte im Verlauf der Feinanalyse (Keller, 2011a). Das theoretische Sampling orientiert sich an „ereignisbezogenen Argumentationen", die für die Fragestellung relevant sind, und „an legitimen Sprechern des zu untersuchenden Diskurses" (Halatcheva-Trapp, 2016b, p. 375). Auf diese Weise ist es auch möglich, aus der großen Datenmenge eine organisierte, theorie- und datengeleitete Auswahl zu treffen. Außerdem können die Akteur*innen als Autor*innen und Adressat*innen von Diskursbeiträgen (also den einzelnen Dokumenten eines Fallakts) zu den Inhalten dieser Texte in Beziehung gesetzt werden und damit die Aussagekraft diskursanalytischer Ergebnisse gefestigt werden (Schwab-Trapp, 2010).

Neben dem Theoretical Sampling können mit dem Prinzip des ständigen Vergleichens und den Kodierverfahren weitere analytische Konzepte für einen diskursanalytischen Zugang zu Daten adaptiert und zielführend eingesetzt werden (Halatcheva-Trapp, 2016b). Wie schon weiter oben sowie im Journalartikel von Parisot et al. (2021) ausgeführt, hat der Einzelfall in der diskursanalytischen Forschung einen relativen Stellenwert für den untersuchten Diskurs, da nicht die „Rekonstruktion von Fällen als geschlossene Einheiten interessiert, die sich jeweils in einem Dokument abbilden, sondern [die] Rekonstruktion ihres Zusammenhangs" (Halatcheva-Trapp, 2016b, p. 375). Dementsprechend stellen die einzelnen Dokumente aus unterschiedlichen Fällen Diskursfragmente dar, deren Bedeutung für die Forschungsfrage erst durch die analytische In-Bezug-Setzung zu weiteren Texten des Datenkorpus erschlossen werden kann. Das Prinzip des ständigen Vergleichens mittels maximaler und minimaler Kontrastierung mit und in den Daten dient daher dazu, den Diskurs in seiner Tiefe, Bandbreite und Variation zu erfassen (Halatcheva-Trapp, 2016b). Durch die Methode der Kontrastierung kann auch die Reichweite und Institutionalisierung von Deutungsangeboten im Diskursfeld beurteilt werden, da „Gemeinsamkeiten im Gebrauch von Argumenten [...] auf kollektiv mehr oder weniger geteilte Deutungen [verweisen], Unterschiede dagegen Konfliktherde [markieren]" (Schwab-Trapp, 2010, p. 175).

In den folgenden Kapiteln stelle ich im Detail die einzelnen Schritte des Forschungsdesigns dar. Dabei soll nochmals betont werden, dass trotz der im Anschluss chronologisch erfolgenden Darstellung des Forschungsprozesses, d. h. der Planung, der Datenerhebung und -analyse, sowie der Theoriebildung, dieser im Sinne des zirkulären Vorgehens der GTM nicht als getrennte Arbeitsphasen zu verstehen sind, die streng nacheinander durchlaufen wurden, sondern ein Wechsel zwischen den bzw. Ineinanderfließen der einzelnen Phasen stattfand (Mey & Mruck, 2009). Als erstes wird der Datenzugang und die Erhebungssituation beschrieben sowie auf die Besonderheiten des Forschungsfeldes verwiesen. Anschließend folgt die Darstellung der einzelnen Analyseschritte. So werden die konkrete Umsetzung, die einzelnen Ergebnisse, die methodischen Erkenntnisse sowie die Herausforderungen der Datenerhebung und -auswahl, der Materialerfassung und -aufbereitung, sowie der Fein- und Gesamtanalyse nachgezeichnet.

Datenzugang

Mit dem Datenzugang zu Gerichtsakten aus Familiengerichtsverfahren allgemein befasst sich die schon erwähnte Publikation von Parisot et al. (2021) ausführlich. Im folgenden Abschnitt soll der Zugang zu den Daten aus Pflegschaftsverfahren konkret nachgezeichnet werden. Der Zugang zu den Pflegschaftsakten erfolgte in zwei Erhebungsschritten über die Bewilligung einer Akteneinsicht und -ablichtung durch das Bundesministerium für Justiz für ausgewählte Pflegschaftsverfahren in einem ausgesprochen komplexen und aufwändigen Prozess. Die konkrete Auswahl der zur Erhebung angestrebten Akten ergab sich über die in der EF-Sammlung veröffentlichten Rechtssätze[9] zu Entscheidungen von Verfahren der zweiten bzw. dritten Instanz (d. h. Landesgericht bzw. OGH). Diese Rechtssätze sind nach den Paragraphen des ABGB sortiert und lauten beispielhaft folgendermaßen:

> *„623. Den [sic!] Wohl eines Knaben entspricht die Belassung beim Vater zweifellos am besten. LG Eisenstadt 2. 3. 1961, 3 R 62/61" (Rechtssatz 623 aus dem Jahr 1961, EF-Sammlung Band I)*

Diese seit 1945 jährlich erstellte Sammlung juristischer Entscheidungen wird von Familienrichter*innen häufig als Orientierung in Bezug auf die Rechtsprechung in Verfahren verwendet[10] und umfasst pro Band mehrere tausend Rechtssätze. Da eine Erhebung sämtlicher Akten, aus denen die in die EF-Sammlung aufgenommenen Rechtssätze stammen, aus forschungspragmatischen Gründen nicht

---

[9] Die EF-Sammlung ist die Sammlung ehe- und familienrechtlicher Entscheidungen bzw. Familien- und erbrechtlicher Entscheidungen, die seit 1945 jährlich herausgegeben wird. Ein Rechtssatz ist die komprimierte Argumentation, die für die Entscheidung eines Gerichts in einem Verfahren ausschlaggebend ist.

[10] Auskunft von Mag[a] Doris Täubel Weinreich, Familienrichterin und ehemalige Präsidentin der Fachgruppe Außerstreit- und Familienrecht der Vereinigung der österreichischen Richterinnen und Richter

möglich war, orientierte sich die weitere Eingrenzung an wichtigen juristischen Ereignissen, grundlegende Gesetzesänderungen und Novellen sowie an soziokulturellen Umbrüchen (vgl. Keller, 2011b). Zunächst wurden also jene Bände der EF-Sammlung gesichtet, die in einem gewissen zeitlichen Abstand zu diesen Gesetzesänderungen und Novellen stehen, um unter der Berücksichtigung der Verfahrensdauer sicherzustellen, dass für Urteilsbegründungen jeweilige Gesetzesnovellen wirkmächtig waren. Akten bis 1970 erfassen dabei gesellschaftliche und rechtliche Veränderungen, die nach der ersten Reform des EheG im Jahr 1945 die Scheidungen prägten (Lehner, 1987). Die wesentlichen Reformen des Familienrechts in den 1970er Jahren, wie beispielsweise die Ablöse des patriarchalen Ehe- und Familienmodells durch die Neuordnung des UeKindG 1977, werden durch Akten nach dem Jahr 1976 erfasst (Deixler-Hübner & Bauer, 2013). Akten um die Jahre 1991 sowie 2002 erfassen die mit dem KindRÄG 1989 und dem JWG 1989 sowie mit dem KindRÄG 2001 erfolgten Veränderungen. Letzter Erhebungszeitpunkt ist das Jahr 2014, welches die letzten Reformen des KindNamRÄG 2013 sowie des B-KJHG 2013 berücksichtigt und damit die aktuelle Situation abbildet (Kerschner & Wagner, 2015).

In einem ersten Schritt wurden konkret acht Bände der EF-Sammlung für den Untersuchungszeitraum von 1976 bis 2014 gesichtet und jene Rechtssätze ausgewählt, die unter den für die Beantwortung der Forschungsfragen relevanten Paragraphen angeführt waren (Kindeswohl §138, §178alt; Kontaktrecht §148alt, Vaterschaft §163alt, Entziehung/Einschränkung der Obsorge § 181, §176alt, Obsorge der Eltern §177, §144alt, Änderung der Obsorge §180, Mindestrechte der Eltern §178alt, Kontaktrecht §186, §187, 148alt). Eine weitere Eingrenzung dieser Rechtssätze auf Basis zentraler Begriffe (z. B. Kindeswohl, mütterlich, väterlich, Erziehung, geeignet, Zuneigung) ergab eine Auswahl von 73 Rechtssätzen.

Die Eingrenzung für die erste Erhebungswelle auf die Zeit ab dem Jahr 1976 ergab sich aus der Annahme, dass auf Grund der rechtlich geregelten Aufbewahrungsfrist, die älteren Akten nicht mehr an den Gerichten selbst zu finden wären und damit die Gewährung des Zugangs nicht über das Bundesministerium für Justiz, sondern über die entsprechenden Stadt- und Landesarchive zu erhalten wäre. Im weiteren Erhebungsverlauf wurde allerdings in Erfahrung gebracht, dass durchaus auch Akten aus den Jahren vor 1976 an den zuständigen Gerichten selbst aufbewahrt sind und dass damit für die Konsistenz der Erhebung auch für die Zeit ab 1945 eine Auswahl der Akten über die EF-Sammlung möglich war. So wurden in einem zweiten Schritt aus weiteren 14 Bänden der EF-Sammlung weitere 87 Rechtssätze auf Basis der oben beschriebenen Auswahlkriterien für den Zeitraum von 1946 bis 1984 ausgewählt. Die Überlappung der beiden Untersuchungszeiträume ergab sich auf Grund der geringen Aktenzahl für die Jahre 1976 bis 1984 im ersten Erhebungsschritt auf Grund der Skartierungspraxis[11] in diesem Zeitraum.

Bei den jeweiligen Rechtssätzen findet sich auch mit der Verfahrensnummer (Geschäftszahl, z. B. 3 R 62/61, siehe obiges Beispiel) und dem Namen des entscheidenden Gerichtes (im obigen Beispiel LG Eisenstadt) der Verweis auf den entsprechenden Verfahrensakt, aus dem dieser Rechtssatz stammt. Mit diesen Informationen wurde zunächst und nach Bewilligung durch das Bundesministerium für Justiz die Einsicht in die Verfahrensregister am OGH bzw. der Landesgerichte persönlich genommen bzw. von der jeweiligen Leitung der zuständigen Abteilung erbeten, um die für die weitere Erhebung notwendigen Informationen wie den Namen des entsprechenden Gerichts der ersten Instanz sowie die zugehörige Geschäftszahl zu erhalten. Nachdem einige dieser Register der Skartierungspraxis der Vergangenheit zum Opfer gefallen waren und manche Gerichte nicht anhand der Geschäftszahlen, sondern anhand der Namen der betroffenen Kinder eines Verfahrens archivierten, hatten wir zu diesen Akten keinen Zugang. Damit reduzierte sich die Zahl der potenziell an Bezirksgerichten verwahrten und für uns zugänglichen Verfahrensakten der ersten Instanz für die erste Erhebungswelle auf 29 und für die zweite auf 81 Geschäftszahlen.

Forschungsethischer Umgang mit den Daten

Gerichtsakten beinhalten hochsensible Daten und Informationen, die einem besonderen Schutz unterliegen. Der Zugang zu diesen Akten ist mit dem § 219 ZPO Abs 4 bzw. § 22 AußStrG eindeutig geregelt. Um Zugang und Einsicht zu erhalten, bedurfte es einer Genehmigung des Bundesministeriums für Justiz, die für sämtliche Akten, die im Zuge dieser Arbeit analysiert wurden, gewährt wurde. Da es nicht möglich war, eine informierte Einwilligung aller in den Gerichtsakten genannten Personen zum Forschungsvorhaben einzuholen, war die Wahrung des Datenschutzes und damit auch die nicht personenbezogene Analyse des Datenmaterials von besonderer Relevanz. Von Seiten des zuständigen Bundesministeriums für Justiz war weder eine Anonymisierung noch Pseudonymisierung der Gerichtsakten vor der Erhebung möglich. Daher wurden alle erhobenen personenbezogenen Dokumente zunächst im Sinne der DSGVO und des österreichischen Datenschutzgesetzes (BGBl I Nr. 23/2018) pseudonymisiert

[11] Pflegschaftsakten können, soweit seit 30 Jahren keine Verfügung mehr ergangen ist, vernichtet (skartiert) werden. Quelle: https://www.ris.bka.gv.at/eli/bgbl/1951/264/P174/NOR40159684; Zugriff: 26.03.2026

und damit sichergestellt, dass die Identität von Personen, Orten und Institutionen nicht nachvollziehbar ist. Sämtliche Daten und Unterlagen sind auf einem passwortgeschützten Server gespeichert und an einem permanent versperrten Aufbewahrungsort gelagert.

An dieser Stelle sei erwähnt, dass der Zugang zu den Daten mit Klarnamen eine spezielle ethische und methodische Herausforderung darstellte. Diese bezieht sich insbesondere auf Sachverständige in den Akten aus den 1960er und 1970er Jahren. Durch den ungeschwärzten Zugang zu den Akten war es möglich, weitere Informationen über Gutachter*innen zu recherchieren, die auf Grund allgemeiner historischer Kenntnisse oder in der ersten Analyse problematisch erschienen (mehr dazu siehe Abschnitt 3.2.1). Dies stellt mich vor das Dilemma (und die Möglichkeit), die von Gutachter*innen produzierten Texte mit deren Biografie und Wirken im Fachgebiet und darüber hinaus in Verbindung zu setzen, diese Herangehensweise aber aus ethischen Gründen für weitere Beteiligte, allen voran Eltern und Kinder, nicht vorzunehmen. Aus diskurstheoretischer Perspektive erschien aber eine Einbeziehung historisch aufgearbeiteter Hintergrundinformationen für jene Gutachter*innen als gerechtfertigt bzw. notwendig.

Datenerhebung und -auswahl

Nun folgte zunächst die ausgesprochen zeitaufwändige Kommunikation mit den einzelnen Bezirksgerichten, um in Erfahrung zu bringen, ob die Akten tatsächlich am vermuteten Ort zu finden sind. Auch musste für jeden einzelnen Verfahrensakt dessen Aushebung vor Ort (Wien und Niederösterreich) bzw. in den meisten Fällen eine Zusendung per Rechtshilfeweg an ein, das Projekt freundlicherweise unterstützendes, Gericht in Wien erbeten werden, um die Akten einsehen zu können. Da viele Akten im Verfahrensverlauf migrierten – d. h. durch Wohnortswechsel des oder der betroffenen Kindes/r wurde zuständigkeitshalber das Verfahren an ein anderes Gericht abgetreten – glich dieser Erhebungsschritt einer ‚Detektivarbeit' und war sehr von dem Wohlwollen der einzelnen Gerichte abhängig. Besonders die zweite Erhebungswelle, d. h. die Erhebung der älteren Akten, glich einer Suche nach der Nadel im Heuhaufen, da nur wenige Gerichte über ein Aktenlager verfügen, das die Aufbewahrung älterer Akten ermöglichte. Dementsprechend konnten leider auch keine Akten vor 1961 erhoben werden, da diese schon fast vollständig skartiert waren und einzig die Beschlüsse an die jeweiligen Landesarchive übergeben wurden. Jedenfalls konnten in einer ersten Erhebungswelle 25 und in der zweiten 28 Pflegschaftakten ab dem Jahr 1961 erhoben werden. Das Erhebungsmoment eines einzelnen Gerichtsaktes dauerte, je nach Umfang des Verfahrensakts, zwischen einer und vier Stunden und beinhaltete genaue Durchsicht, Entscheidung über die Auswahl und Kopie der Dokumente. Der umfangreichste Gerichtsakt, der Eingang in den Datenkorpus gefunden hat, umfasste fünf Bände. Die Zahl der enthaltenen Seiten in den Akten lässt sich mit einer Spanne von 100 bis 2000 Seiten schätzen und soll mit dem Foto in Abbildung 2.5 veranschaulicht werden.

Abbildung 2.5
Pflegschaftsakt im Original. (Eigene Aufnahme)

Im Verlauf der Einsichtnahme zeigte sich, dass aus Zeit- und Kostengründen, aber vor allem aus inhaltlichen Gründen das Kopieren und anschließende Digitalisieren sämtlicher Dokumente eines Gerichtsaktes weder möglich noch notwendig waren. Zum Beispiel fanden sich in den Pflegschaftsakten mitunter eigene Ordner zu Unterhaltssache, Personensorgesache (etwa bei Straffälligkeit des Kindes) oder zu Vermögensverwaltungssachen (betreffend finanzielle Angelegenheiten des Kindes), die inhaltlich nicht als relevant beurteilt wurden. Häufig waren diese Dokumente aber auch chronologisch in den Gesamtakt inkludiert. Dieses ‚zu viel' an Datenmaterial machte eine Reduktion des Datenmaterials auf Basis von Relevanzkriterien notwendig (Noetzel et al., 2018). So wurde noch vor Ort bei jedem einzelnen Dokument entschieden, ob es für die weitere Forschung bedeutsam sein würde und daher erfasst werden musste oder nicht. Nachdem für meine Forschungsfrage etwa detaillierte Unterhaltsverhandlungen nur am Rande von Interesse waren, wurde von einer umfassenden Kopie entsprechender Dokumente abgesehen. Auch rein formale oder die Verfahrensorganisation betreffende

Dokumente wurden großteils ausgespart. Die anschließende Digitalisierung der kopierten Dokumente zeigt jedoch, dass der umfangreichste Akt in etwa 380 Dokumente umfasst. Die seitenstärksten Einzeldokumente stellen familien- und kinderpsychologische Gutachten mit bis zu 200 Einzelseiten dar. Ebenso befinden sich aber auch beispielsweise einseitige Amtsvermerke, Verfügungen oder Registerauszüge unter den erhobenen und digitalisierten Dokumenten. Die in diesem ausgesprochen aufwändigen Erhebungsprozess zusammengetragenen Dokumente der einzelnen Gerichtsakten stellen die Basis für den Datenkorpus dar, der dem empirischen Teil dieser Arbeit zugrunde liegt und dessen Erstellung im Folgenden beschrieben wird.

Materialerfassung, Erstellung Datenkorpus und Fallskizzen (Grobanalyse)

Im Sinne einer Grobanalyse, die ein Erfassen und informatorisch-analytisches Lesen sämtlicher erfassten Dokumente eines Falles beinhaltete, wurde eine allgemeine Charakterisierung des Materials vorgenommen sowie Pseudonyme pro Fall und Fallskizzen zu jedem der erhobenen Gerichtsverfahren erstellt. In diesen ist der Verfahrensverlauf skizziert, Akteur*innen mittels Pseudonyms erfasst, eine Kurzbeschreibung erstellt und eine Verfahrens- und Beziehungsgeschichte auf Basis der gesichteten Dokumente verfasst. Auch wurde ein Verweis auf spezifische Dokumente vorgenommen, wenn diese schon beim ersten oberflächlichen Lesen als besonders relevant für die Forschungsfrage erschienen. Jede Fallskizze wurde auch beschlagwortet sowie erste Eindrücke zu der Fallgeschichte vermerkt. Die Fallskizzen wurden im Analyseverlauf laufend erweitert und verdichtet. Sie waren im gesamten Forschungsverlauf stets hilfreich für die Anleitung von Analysesitzungen und zur Auswahl kontrastierender oder ähnlicher Fälle in Bezug auf Kriterien wie Zeit des Verfahrens, Alter oder Zahl der Kinder, Person der Antragstellung, Art und Entscheidung über die Obsorge, spezifische beteiligte Akteur*innen, weitere Verfahrensinhalte. Dieser Überblick über die die Fälle als Ganzes aber auch über deren Inhalt ermöglichte im weiteren Forschungsprozess stets eine Berücksichtigung des gesamten Materials als Kontext für die im Detail untersuchten Einzeldaten (Keller, 2013, p. 50). Tabelle 2.2 zeigt exemplarisch eine der Fallskizzen[12].

[12] Sämtliche Namen in den Fällen, Fallskizzen und Zitaten aus Dokumenten sind Pseudonyme.

Tabelle 2.2 Fallskizze

Fallskizze Ott 1964–1966 (sämtliche Namen sind Pseudonyme)

Schlagworte: Scheidung, Kind bei GMv, Geschwister getrennt, Obsorge aufgeteilt, KM berufstätig

Gericht	Datum	Obsorge	Verfahren	Urteil
BG	03/1965	beide Kinder KM	Obsorge	
LG	06/1995		Rekurs KV	Rekurs Folge gegeben, Verfahrensergänzung
BG	09/1965	Kind 1962 KM, Kind 1960 KV	Obsorge	
LG	10/1965	beide Kinder KM	Rekurs KM	
OGH	01/1966	Kind 1962 KM, Kind 1960 KV	Rekurs KV	
BG	08/1966	beide Kinder KM	Obsorge	
LG	09/1966	Kind 1962 KM, Kind 1960 KV	Rekurs KV	Rekurs Folge gegeben
OGH	11/1966	Kind 1962 KM, Kind 1960 KV	Revisionsrekurs KM	Revisionsrekurs nicht Folge gegeben

verkettete Verfahren: Scheidung				Datum: 09/1964	Verfahrensinhalte: Verschulden KV	
Name	**Geschlecht**	**Rolle**	**Geburt**	**Alter Beginn Verfahren**	**Beruf**	**Notizen**
Manuela Ott	w	Kind	1960	4		
Martin Ott	m	Kind	1962	2		
P. Ott	w	Mutter			Friseurmeisterin	Verh. 1959–1964
W. Ott	m	Vater			KFZ-Mechaniker	
M. Ott	w	GMv			Pensionistin	
L. S.	w	Freundin KV				
T. G.	w	GMm				

Kurzzusammenfassung: Heirat 1959, Kinder 1960 und 1962, GMv betreut Kinder viel; Scheidung 1964; Antrag KM Obsorge beide Kinder; älteres Kind hauptsächl. bei GMv (tlw. auch KV), KM berufstätig, Argumentation KM Geschwister nicht trennen und Mutterliebe, Argumentation KV: Kind bei GM besser betreut als bei KM; Obsorge schließlich älteres Kind KV (hauptsächl. bei GMv), jüngeres Kind bei KM;

(Fortsetzung)

Tabelle 2.2 (Fortsetzung)

Beziehungsgeschichte: Eheliche Kinder geb. 1960 und 1962. Eheschließung 1959, Scheidung 1964; Akt beginnt mit Unterhaltsantrag der KM, Kinder bei KM in Pflege und Erziehung, KV zahlt keinen Unterhalt; KV gibt an, dass das ältere Kind seit der Geburt bei GMv und ihm lebt und nur zeitweise bei KM; Auch KV scheint bei GMv zu leben; nach der Scheidung gibt KM an, dass das ältere Kind nun auch bei ihr in Pflege und Erziehung ist und begehrt Unterhalt; KV gibt an, dass Tochter 14 Tage bei ihm bzw. GMv ist und dann 14 Tage bei KM; Im Beschluss 1965 wird der KM die Obsorge für beide Kinder zugesprochen: Geschwister nicht trennen, aus erzieherischen Gründen ist Obsorge und Geborgenheit der Mutter durch gute Betreuung der GM nicht zu ersetzen; Wohl der Kinder durch Erziehung bei Mutter besser gewährleistet; 1965 Rekurs KV: Obsorge Tochter KV, Obsorge Sohn KM: Grund unvollständige Erhebung, nicht Zuständigkeit des Gericht; Rekurs wird Folge gegeben; KV spricht sich gegen Antrag der KM aus, weil Kind seit der Geburt im HH des KV bzw. der GMv, bei der der KV auch wohnt, lebt und die KM berufstätig ist; Es werden auch Zeuginnen vernommen, die eine mangelhafte Beaufsichtigung des Kindes durch die Mutter und einen unpassenden Lebenswandel der Mutter zu Protokoll geben; 1965 Beschluss Obsorge aufgeteilt: mangelnde Beaufsichtigung wird aufgenommen und begründet, dass Kind bei KV und GMv gewohnt und gut betreut ist; KM Rekurs: weil Kind eigentlich GMv zugeteilt wird, weil KV nicht wirklich dort wohnhaft; Zuteilung GE ist aber so nicht rechtens; Beschluss LG Obsorge KM: Mädchen brauchen Mutter mehr und eher als den Vater und Pflege und Erziehung ist derzeit bei GMv und nicht KV; Rekurs KV wird Folge gegeben: er gibt an, dass die Geschwister seit Geburt an nicht beieinander gewohnt haben, sondern älteres Kind stets bei GM war, weil beide ET berufstätig; KM hat Kind nicht besucht; 07/1966 neuerlicher Antrag KM Obsorge Kind 1960: KV hat LGv, KM hat nun Angestellte und damit mehr Zeit für Kinderbetreuung, auch Unterstützung durch GMm gegeben; 08/1966 Beschluss BG Obsorge Kind 1960 KM, KV hatte Kind derzeit gegen Willen KM zu sich geholt, Kind hauptsächl. von GMv betreut, Betreuung durch KM vorzuziehen; 09/1966 Rekurs KV Folge gegeben: Kind in Familienverband hineingewachsen, Herausreißen wäre für Kindeswohl abträglich; Revisionsrekurs KM 11/1966 nicht Folge gegeben, nicht begründet;

Antragsinhalt und -begründung KM: Scheidung aus Schuld KV: KM hat schöne, große Eigentumswohnung, Kinder während Berufstätigkeit gut betreut; Gegenantrag KV: Tochter bei GMv gut betreut, Besser als bei berufstätiger KM, die Kinder von Fremden betreuen lassen muss; KM macht von Besuchsrecht keinen Gebrauch;

Wesentliche Konfliktlinien: Perspektive KV: Kind ist bei GMv seit Geburt hauptsächlich in Pflege und Erziehung; KM ist berufstätig und muss Kinder zu Fremden in Betreuung geben; KM hat „zahlreichen Herrenbesuch in der Wohnung"; Perspektive KM: GM verziehen Kinder; gerade Mädchen sollten von Mutter erzogen werden; Geschwister sollten zusammen aufwachsen, Beruf und Kinderbetreuung ist vereinbar, da KM gute Kinderbetreuung gewährleistet: Kontakt mit Gleichaltrigen gut für das Kind;

Wesentliche Punkte der Urteilsbegründung 1. Instanz: Geschwister nicht trennen, aus erzieherischen Gründen ist Obsorge und Geborgenheit der Mutter durch gute Betreuung der GM nicht zu ersetzen; Wohl der Kinder durch Erziehung bei Mutter besser gewährleistet; Feststellungen im Urteil Vater: Obsorge auch um von Unterhaltsbeiträgen freizukommen

Allgemein zeigten sich die Vielfalt und Vielzahl unterschiedlicher Verfahrensinhalte und beteiligter Akteur*innen, sowie in welcher Weise diese auf den ersten Blick auch Einfluss auf den Umfang des Datenmaterials haben können. So gibt es im erhobenen Material auch vier Fälle, in denen bei einem Elternteil schwere psychische Probleme vermutet werden bzw. teilweise im Verfahrensverlauf auch diagnostizierte werden. Dies führte teilweise zu einer unverhältnismäßig hohen Textproduktion von Seiten des betreffenden Elternteils. In weiteren drei Fällen war nicht die Obsorge, sondern das Besuchskontaktrecht bzw. der Unterhalt hauptsächlicher oder alleiniger Gegenstand des Verfahrens. Diese erhobenen Fälle wurden daher nicht in den finalen Datenkorpus aufgenommen. Weitere acht Fälle der zweiten Erhebungswelle aus dem Zeitraum von 1973 bis 1987 wurden schließlich nicht in die weitere Analyse einbezogen, da für diesen Zeitraum schon neun Akten bearbeitet wurden und sich im späteren Analyseverlauf eine Sättigung für diesen Zeitraum abzeichnete.

Auf Basis der Fallskizzen wurden Eckdaten zu den Fällen in eine tabellarische Darstellung übernommen (siehe Tabelle 2.3), um einen raschen Überblick über die Fälle zu erhalten. Die 32 Fälle des finalen Datenkorpus stammen von 28 unterschiedlichen Bezirksgerichten aus sämtlichen österreichischen Bundesländern sowie aus ländlicher und städtischer Umgebung (2 Burgenland, 3 Kärnten, 6 Niederösterreich, 4 Oberösterreich, 5 Salzburg, 6 Steiermark, 1 Tirol, 1 Vorarlberg, 4 Wien). Die bearbeiteten Fälle umfassen zwischen 37 und 380 einzelne Dateien und beinhalten Dokumente aus einer Verfahrensdauer von zwischen ein und sechzehn Jahren[13]. Im Korpus befinden sich sowohl Fälle, die in Zusammenhang mit einer Scheidung stehen (26 Fälle), als auch solche, bei denen die Eltern entweder nie in einer Partnerschaft gelebt oder sich getrennt hatten. Diese sechs Fälle umfassen somit jene Eltern und Kinder, die in den Akten als unehelich bezeichnet werden. In 17 Fällen geht das Verfahren um ein Kind, in elf Fällen um zwei Kinder und in jeweils zwei Fällen um drei bzw. vier Kinder. Teilweise haben oder hatten die Eltern oder ein Elternteil zwar mehr Kinder, aber auf Grund des Todesfalles eines Kindes in drei Fällen, sowie auf Grund der bestehenden Volljährigkeit eines der Kinder verändert sich die Kinderzahl im Verfahrensverlauf. In einem Fall stellte sich im Zuge des Verfahrens heraus, dass der Vater nicht der leibliche Vater eines der beiden Kinder ist, und somit wird das weitere Verfahren ausschließlich über das verbliebene leibliche Kind weitergeführt.

---

[13] Zur Einordnung: Im Jahr 2021 betrug die durchschnittliche Dauer bei Obsorgeverfahren 4,9 Monate (Quelle: https://www.justiz.gv.at/justiz/daten-und-fakten/verfahrensdauer.1e7.de.html; Zugriff 01.07.2024)

Bezüglich der Obsorge gliedern sich die Fälle im Datenkorpus in Familien, in denen am Verfahrensbeginn in sieben Fällen die Mutter und in 25 Fällen beide Elternteile die Obsorge innehaben. Bei den sieben Müttern ging es vor allem um uneheliche Kinder, aber auch um Obsorgeregelungen, die im Zuge der Scheidung vereinbart wurden. In zwei der 25 Fälle mit ursprünglich gemeinsamer Obsorge, bestand diese aufgrund einer entsprechenden Beantragung durch die unehelichen Eltern vor Beginn des Verfahrens. In elf Fällen ist es die Mutter, die die Obsorge beantragt, in 19 Fällen der Vater und in je einem Fall die mütterlichen Großeltern bzw. der KJWT. In elf Fällen erhalten die Antragstellenden schlussendlich auch die beantragte Obsorge. In 14 Fällen erhält die gegenantragstellende Person die Obsorge bzw. verbleibt sie bei dieser Person. In weiteren fünf Fällen wechselt die Obsorgeberechtigung im Verfahrensverlauf im Abstand von einigen Jahren. Eine Aufteilung der Kinder auf Mutter und Vater hinsichtlich der Obsorgeberechtigung besteht in fünf Fällen. Zu einer gemeinsamen Obsorge kam es schließlich in drei Fällen.

Tabelle 2.3 Auszug aus der tabellarischen Darstellung des Datenkorpus

Fall	1. Eintrag	Dauer in Jahren	Kinder	Antrag	Obsorge am Ende	Bundesland
Gerber	1961	4	1 (1)	KM	KV	Sb
Ott	1964	2	2	KM	1 Kind KM, 1 Kind KV + GMv	K
Mank	1966	7	4	KM	KV 3 Kinder, KM 1 Kind	N
Krainz	1966	7	1	KM	KM	K
Langer	1967	1	1	KM	KM	O
Fischer	1968	15	1	KV	KV	St
Gragler	1969	2	1	KV	KM + GMm	St
Planner	1970	2	1 (2)	KM	KV	Sb
Wallner	1973	7	1	KV	KV	W

(Fortsetzung)

Tabelle 2.3 (Fortsetzung)

Fall	1. Eintrag	Dauer in Jahren	Kinder	Antrag	Obsorge am Ende	Bundesland
Santo	1974	4	3	KM	aufgeteilt	Sb
Strolz	1975	10	1	KV	KM	St
Steiner	1976	14	1	KM	KV	St
Lehmann	1976	4	1	KV	KM	W/N
Angerer	1977	5	1 (1)	KV	KV mit GE	W
Najafi	1978	5	2	KM	KV	W
Koller	1982	2	1	KV	KM	V/Sb
Flick	1983	2	2	KV	aufgeteilt	St
Kolarik	1988	16	1	KV	KV später KM	W
Kren	1989	7	2	KM	KM	N
Neidl	1990	13	1	KV	1 + 2.Instanz KM, 3. Instanz KV	T
Wandl	1997	11	1	KV	KM	O
Saur	1998	8	1	KV	KM	St
Holler	1998	10	1	KV	KM	O
Groll	2000	5	1	GEm	GEm, später KV	E
Benkovits	2001	12	1	KV	KM	E
Denk	2002	13	2	KV	KV, später KM, später gemeinsam	N
Pirker	2002	12	1	KV gem. Obsorge	KM, später gemeinsam	N
Aslih	2005	8	3 (4)	KJWT	KJWT	Sb
Bauer-Putz	2005	9	2	KV gem. Obsorge	gemeinsam	O
Brauninger	2009	9	2	KV gem. Obsorge	KM	Sb
Klinger	2010	8	4	KV	aufgeteilt	K
Haidinger	2012	6	2	KM + KV; spät. KM gem.	KV	N

Materialaufbereitung, Datenerschließung und finale Sampleerstellung (Strukturanalyse)

Die Materialerfassung ging schrittweise in eine Materialaufbereitung über. Dieser Analyseschritt war eine notwendige Zwischenetappe, um die große Datenmaterialmenge bewältigen zu können. Die in dieser Phase vorgenommene Strategie der Korpusreduktion war theoriegeleitet durch die Themenwahl (Elternschaft und Obsorge) und bestimmt durch die Suche nach typischen Schlüsseltexten (Keller, 2011b, 2011c). So wurden die einzelnen Dokumente einiger Fälle des Datenkorpus im Hinblick auf inhaltliche Aspekte hin untersucht. Ziel dieser Phase war es, damit eine Bestimmung von Diskursfragmenten innerhalb des Datenkorpus, die auf Grund ihrer Autor*innenschaft, ihres Inhalts, ihrer Relevanz für den Diskurs und ihrer Beziehung zu anderen Dokumenten als typische Texte für das Diskursfeld sowie als relevant für die Beantwortung der Fragestellung erachtet wurden (Halatcheva-Trapp, 2019; Keller, 2011c; Schwab-Trapp, 2010). Auf diese Weise wurde mittels kriteriengeleiteten Samplings aus dem Datenkorpus heraus das Datensample zusammengestellt bzw. begrenzt. Als Kriterium für die minimale und maximale Kontrastierung zur Sampleerstellung wurde die Orientierung an Themen (Schlüsselbegriffe), an Akteur*innen (Sprecher*innen, Adressat*innen) sowie an bestimmten für den Diskurs bedeutsamen Ereignissen (Bsp. Novellen zu Kindeswohl und gemeinsame Obsorge als Leitprinzip) herangezogen (Keller & Bosančić, 2018, p. 901).

Leitende Fragen der Materialaufbereitung und Strukturanalyse (S. Jäger, 2011) und damit der Zusammenstellung der Diskursfragmente in dem Sample orientierten sich auch an der Bedeutung der sozialen Situiertheit von Aussageereignissen (Keller, 2013). So wurde zunächst die Textsorte mit folgenden Fragen bestimmt:

- Was ist das für ein Dokument?
- Was ist die Besonderheit des Dokuments?
- Welchem Bereich ist das Dokument zugeordnet?

Der institutionell-organisatorische Rahmen sowie gesellschaftliche Kontext wurde mit den folgenden Fragen in der Analyse berücksichtigt (S. Jäger, 2011; Keller, 2013):

- Wer kommuniziert hier mit wem?
- Wer erzeugt das Dokument?
- Was ist die Funktion, das Gewicht dieser Autor*in innerhalb des Verfahrens?
- Ist die*er Autor*in einem Spezialgebiet zuzurechnen?
- Wer wird adressiert?

- Was ist der Anlass des Textes?
- Zu welchem Zeitpunkt im Verfahren ist der Text entstanden?
- Welche Form hat der Text?

Der Tabellenausschnitt in Tabelle 2.4 zeigt beispielhaft die Bearbeitung eines Dokuments in dieser Analysephase.

Tabelle 2.4 Beispiel Strukturanalyse

	Bauer-Putz 2013 Protokoll Aussage KV
Textsorte: Was ist das für ein Dokument? Besonderheiten	Protokoll Aussage KV vor Gericht; Antrag gemeinsame Obsorge 2 Kinder
Hinweis auf mögliche diskursive Ereignisse	neue Gesetzeslage 2013: gemeinsame Obsorge
Institutioneller Rahmen: Wer kommuniziert mit wem?	
Wer erzeugt das Dokument? (Autor*in: Funktion, Gewicht innerhalb des Verfahrens, Spezialgebiete usw.)	Zusammenfassung bzw. Verschriftlichung der Aussage des KV vor Gericht; Ko-Produktion KV, Richter, Schreibende
An wen adressiert?	für den Richter als Gedächtnisstütze, Beweiszweck, Entscheidungsgrundlage;
Institutioneller Rahmen: ‚Kontext‘	
Anlass des Textes	Richter ist von ZPO verpflichtet zu protokollieren; KV ist mit der Situation unzufrieden und will eine gerichtliche Lösung
Welcher Bereich/Zeitpunkt im Verfahren	Ausgangspunkt des Verfahrens; 2005 Scheidung mit Vergleich, Obsorge KM; neue Gesetzeslage 2013

Dieser Analyseschritt wurde exploratorisch und exemplarisch für die Dokumente bei drei Fällen vorgenommen. Schon bei der Analyse des ersten Falles zeigte sich, dass Dokumente, die rein administrativer oder organisatorischer Art sind (Bspw. Vollmachtsbekanntgaben, Kommunikationsprotokolle zwischen verschiedenen Behörden, Verfügungen des Gerichts etc.) zwar als Kontextinformationen und für ein Verständnis des Verfahrensverlauf teilweise wichtig sind (Keller, 2013), für die tiefergehende Analyse aber nicht verwertbar waren. Entsprechende Texte wurden in der Folge daher aus dem Sample ausgeschlossen, da in ihnen kein direkter Bezug zur interessierten Thematik besteht (Keller & Bosančić, 2018). Die Analyse ergab aber eine Reihe an Dokumententypen, mittels derer eine rekonstruktive Annäherung an das Feld der beteiligten Sprecher*innen sowie an die in den Texten präsenten Akteur*innen möglich schien (Keller, 2013) und die daher in das Datensample eingeschlossen wurden.

In dieser Phase als hilfreich zeigte sich auch, das Anlegen einer Diskurskartographie der wichtigsten Orte und Sprecher*innen der Diskursarena zu visualisieren. Durch ein solches Mapping (siehe beispielhaft Abbildung 2.6), das auch zu verschiedenen Zeitpunkten und unterschiedlichen Ereignissen im Diskursverlauf vorgenommen wurde, können Veränderungen im Zeitverlauf hinsichtlich Sprechpositionen und Deutungsmuster, sowie deren Erscheinen bzw. Verschwinden und eventuelle Akteur*innenkoalitionen oder -verbindungen ersichtlich gemacht werden. Diese Kartographien sind somit Analysemittel und erleichtern eine Auswahl der Texte für die weitere Analyse im Hinblick auf Sprechpositionen und Deutungsmuster (Keller, 2013; Keller & Bosančić, 2018).

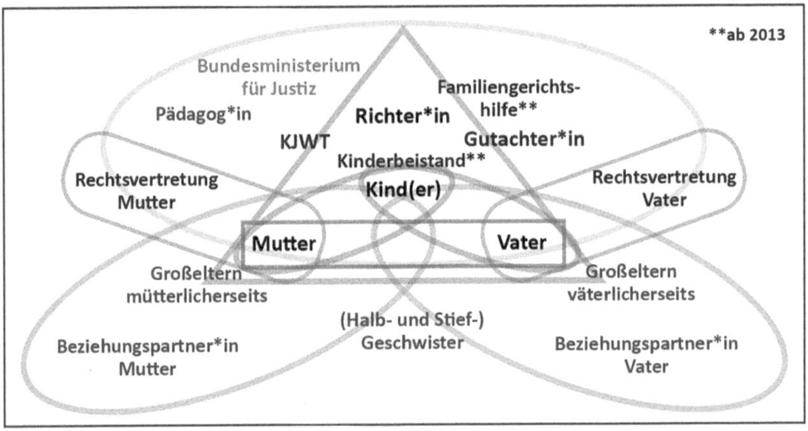

Abbildung 2.6 Kartographie der Sprecher*innen

Als Ergebnis der Materialaufbereitung folgte die laufende Erstellung des Datensamples mit einer Beschreibung der unterschiedlichen Texte, also Diskursfragmente, in Hinblick auf die Besonderheit ihres Entstehungszusammenhanges. So führte insbesondere die Frage nach dem institutionellen Rahmen zu der Erkenntnis, dass eine Feinstrukturanalyse von Texten wie Protokollen von Verhandlungen nicht möglich wäre, da dieser Text durch die Koautor*innenschaft von Befragten oder Aussagenden, Richter*innen und Rechtspfleger*innen und weiteren Akteur*innen schon eine Reproduktion an sich darstellt. So kann nicht rekonstruiert werden, was wer genau gesagt hat. Jedoch sind Protokolle, wie andere Texte auch, verschriftlichte soziale Wirklichkeit. Allerdings müssen sie in ihrer zeitlichen und räumlichen Verbundenheit zum Prozess ihrer regelgeleiteten Erstellung betrachtet werden. Dennoch kann ein Protokoll als Text und somit als Trägerschaft von Sinn und Bedeutung sowie Manifestation gesellschaftlicher Wissensordnung betrachtet werden (Keller, 2011c; Oevermann, 2002). Protokolle – etwa von einer Vorsprache eines Antragstellenden bei Gericht – sind das Produkt einer Kooperation zwischen der*m Richter*in, die die Intention hat, ein Verfahren zu führen und für die das Protokoll als Gedächtnisstütze und Grundlage für Entscheidungen dient und der antragstellenden Person, die die Intention hat, ihre Standpunkte vorzubringen. Adressat*innen sind neben der*n Richter*in potenzielle Sachverständige, Sozialarbeiter*innen und weitere Verfahrensbeteiligte.

Stellungnahmen und Berichte von Behörden, in Obsorgeverfahren vorrangig der KJWT, sowie Sachverständigengutachten, sind ebenfalls Dokumente, die aus einer Ko-Autor*innenschaft heraus entstehen. Die*er zuständige Sachbearbeiter*in bzw. beauftragte Psycholog*in eines Falles erstellt einen Bericht, eine Stellungnahme oder ein Gutachten unter anderem auf Basis von Hausbesuchen und Gesprächen mit Elternteilen und auch Kindern und somit fließen die Perspektiven mehrerer Beteiligter in diese Textsorte mit ein. Gleichzeitig sind Sachbearbeitende und Gutachter*innen aber als professionelle Akteur*innen auf Grund ihrer fachlichen Qualifikation legitime Sprecher*innen (vgl. Halatcheva-Trapp, 2019) und als solche berechtigt und vom Gericht auch aufgefordert, Probleme zu definieren und Wirklichkeit durch ihre Überlegenheit und übergeordnete Rolle als Expert*innen zu deuten (vgl. Alemann, 2019; Shuy, 2015). Als Vertreter*innen ihres Faches sind Sachbearbeitende und Gutachter*innen „aber auch Teil des Rechtssystems und dessen Regeln unterworfen" (Dettenborn & Walter, 2022, p. 20), d. h. sie können ihr Fach ausschöpfen oder auf die Rechtslogik reduziert vorgehen, aber jedenfalls ihre Perspektive als Angebot in das Verfahren einbringen. Im Sinne asymmetrischer Machtverteilung entscheiden sie darüber, wie ein Bericht zu Stande kommt und was in den Bericht aufgenommen wird. Daher ist wie bei den Protokollen auch in diesem Fall der Entstehungszusammenhang in der weiteren Analyse zu beachten (vgl. Shuy, 2015).

Anträge und Gegenanträge können entweder schriftlich oder mündlich, letzteres z. B. am Amtstag, eingebracht werden. Im zweiten Fall gelten für diese Texte die zu den Protokollen angestellten Überlegungen. Im ersten Fall ist es für eine weitere Analyse bedeutsam, ob der Antrag von der antragstellenden Person allein oder in Zusammenarbeit mit einer Rechtsvertretung erzeugt wurde. Dann kommt zur individuellen Perspektive auf die Familien- und Beziehungsgeschichte der antragstellenden Person und deren individuellen Interessen die juristische Expertise der Rechtsvertretung hinzu. Diese verfügt über Argumentationswissen und Erfahrung sowie Kenntnis zu Verfahrenseinleitung und -führung. Diesen Überlegungen zu Folge wurde bei der Sampleerstellung darauf geachtet, sowohl Anträge (und Gegenanträge) mit als auch ohne Rechtsvertretung zu berücksichtigen.

In Tabelle 2.5 sind jene Dokumentsorten, die auf Grund der Strukturanalyse für die Feinanalyse ausgewählt wurden, mit ihren möglichen Autor*innen aufgezählt.

Tabelle 2.5 Dokumentsorte und Autor*innen

Dokumentsorte	Autor*innen
Anträge (mit und ohne RV)	KM, KV, (GE, KJWT, RV)
Gegenanträge, Stellungnahmen (mit und ohne RV)	KM, KV, (GE, KJWT, RV)
Protokolle von Verhandlungen u. Aussagen	KM, KV, (GE, KJWT, RV), Richter*in
Offizielle Stellungnahmen, Berichte, Mitteilungen	KJWT, FGH
Gutachten	SV
Beschlüsse BG	Richter*in
Rekurse und Rekursbeantwortungen	KM, KV, (GE, KJWT) RV
Beschlüsse LG und OGH	Richter*innen (Senat)
Berichte KB	KB, Kinder
Zeugeneingaben (Schreiben, Protokolle)	Pädagogisches Personal, Ärzt*in, nicht gerichtlich beauftragte Psycholog*in u.ä., Rainbows etc.; Lebensgefährt*in, Ehepartner*in, Freund*in, Halb- und Stiefgeschwister, GE, Pflegemutter
Aktenvermerke	Richter*in

Im Verlauf der Materialaufbereitung wurden auch die einzelnen Dokumente für eine Feinanalyse aufgeschlossen (M. Jäger, 2010b) und überblickartig die soziale Typik einzelner Texte erfasst (Keller, 2013). So wurde vor allem bei umfangreicheren Dokumenten der Text zum einen im Hinblick auf seine ‚Text-Oberfläche' (Gestaltung, Themen und deren Überlappungen sowie Berührungen), auf sprachlich-rhetorische Mittel (Argumentationsstrategie, Referenzbezüge, Symboliken, Metaphern, Klischees) sowie inhaltlich-ideologische Aussagen mit

Fragen wie ‚Welche Art von Menschenbild setzt der Text voraus, vermittelt der Text? Welche Art von Gesellschaftsverständnis setzt der Text voraus, vermittelt er? Welche Zukunftsperspektiven entwirft der Text?‘ hin untersucht (M. Jäger, 2010b). Zum anderen wurde gefragt, was das Thema eines Textes ist, in welchen Kategorien, Argumenten, Klassifikationen usw. es behandelt wird, welche Unterthemen als relevant eingeführt werden, was die Kernbestandteile einer Aussage sind und ob es exemplarische Beispiele, Wiederholungen von Aussagen und Begriffen gibt (Keller, 2013). Auf diese Weise konnten einerseits bei umfangreicheren Dokumenten einzelne Textpassagen sowie andererseits inhaltliche Anhaltspunkte für die weitere Feinanalyse herausgearbeitet werden. Außerdem ließ sich eine erste Zusammenfassung der Kernaussage eines Textes, eine allgemeine Botschaft rekonstruieren.

Feinanalyse: Kombination GTM, WDA und Deutungsmusteranalyse

In diesem Sinn ging mit der Leitfrage: „Welches ist hier die eigentliche Geschichte?“ (Strauss, 1994 [1987], p. 66) die Strukturanalyse in die Feinanalyse über, um mittels des Kodierens nach GTM Schlüsselkategorien, im Sinne abstrahierender Bezeichnungen von im Diskursfeld wirksamer Deutungsmuster und Leitbilder, herauszuarbeiten (Halatcheva-Trapp, 2018). Während des gesamten Analyseprozesses wurden in Memos methodologische und theoretische Ideen und Gedanken festgehalten und Deutungshypothesen vermerkt. Am Beginn bezogen sich die Memos noch auf Inhalte zu einzelnen Textsequenzen. Im Forschungsverlauf waren die Memos dann sequenz- und schließlich textübergreifend. Damit beinhalten die Memos auch konzeptionelle Verbindungslinien und weiterführende, generierende Fragen (Halatcheva-Trapp, 2019; Strauss, 1994 [1987]). Die einzelnen Schritte sollen aufbauend auf den methodologischen Überlegungen nun dargestellt werden.

Zunächst wurden die einzelnen Texte Zeile für Zeile gelesen und kodiert, d. h. durch das Stellen generierender Fragen wurde ein „Aufbrechen“ des Textes ermöglicht (Strauss & Corbin, 1996, p. 45). So wurde mit folgenden Fragen der Text „zum Sprechen gebracht“ (Mey & Mruck, 2009, p. 120):

- Um welches Phänomen geht es?
- Welche Akteur*innen sind beteiligt und welche Rollen nehmen sie ein bzw. werden ihnen zugewiesen?
- Welche Aspekte des Phänomens werden behandelt bzw. ausgespart?
- Welche Bedeutung kommt der raumzeitlichen Dimension zu?
- Welche Begründungen werden gegeben bzw. sind erschließbar?

- Welche Strategien werden verwendet?
- Welche Konsequenzen werden antizipiert bzw. wahrgenommen?

Während bei der Analyse des ersten Textes noch die Besonderheiten des Einzelfalles im Vordergrund standen und kleinteilig vorgegangen wurde, wurde beim Kodieren des zweiten Textes schon vergleichend analysiert. Im weiteren Kodierverlauf wurden die Daten dann immer mehr ‚überflogen', „bis etwas Neues die Aufmerksamkeit erregt[e]" (Mey & Mruck, 2009, p. 120).

Während einige Fälle und die mittels Strukturanalyse ausgewählten Texte umfassender kodiert wurden, wurden die restlichen Fälle, bzw. einzelne Texte aus diesen Fällen partiell eingebunden. Geleitet durch die in der Analyse der ersten Fälle entwickelten Kategorien wurden in den weiteren Fällen Texte bzw. Textstellen gesucht, mittels derer ein Kontrast oder eine Ähnlichkeit zu den bisherigen Ergebnissen erreicht werden konnte (Halatcheva-Trapp, 2016b).

Nachdem das Ziel der Analyse die Erarbeitung materialübergreifender Sinnzusammenhänge war, pendelte das Vorgehen stets zwischen Inhalten der einzelnen Dokumente und Fälle und fallübergreifenden Inhalten. Im Prozess des offenen Kodierens, „der konzeptualisierenden Analyse der Daten" (Muckel, 2011, p. 338 f.), entstanden durch das Ordnen der Kodes und die Verdeutlichung der Beziehung dieser untereinander Kategorien. D. h. es wurden „mehrere Phänomenaspekte integrativ auf einem höheren Abstraktionsniveau („Konzept höherer Ordnung") zusammen[gefasst]" (ebd., p. 339). Das „Konzeptualisieren der Daten", also das „Benennen von Phänomenen mithilfe von Begriffen, die abstrakter und prägnanter sind als oberflächliche, allgemein gehaltene Beschreibungen" (ebd., p. 339) verlief fließend. Dementsprechend ging das offene Kodieren auch fließend in das axiale Kodieren über.Die Phase des axialen Kodierens fokussiert auf Kategorien, die sich beim offenen Kodieren als zentral erwiesen haben. Mit der Technik des axialen Kodierens wurden die Kategorien systematisch ausgearbeitet. Methodisch orientierte ich mich dabei am Kodierparadigma nach Strauss (1994 [1987]) (siehe Abbildung 2.7).

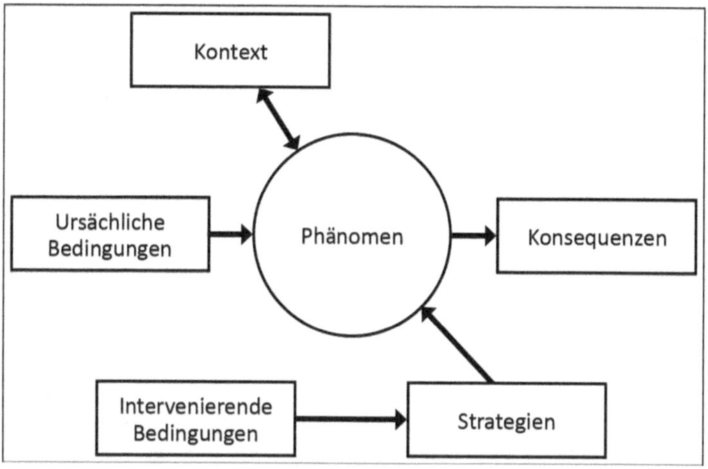

Abbildung 2.7 Kodierparadigma nach Strauss (1994 [1987])

Das axiale Kodierparadigma zielt auf die Bestimmung der Beziehungen zwischen Kategorien, Schlüsselkategorien und Subkategorien ab. Mit den Elementen des Kodierparadigmas lassen sich die Kategorien, die auf der Inhaltsebene des Diskurses generiert wurden, zu Deutungsmustern verdichten (Sommer, 2018, p. 119). Das Phänomen ist in diesem Fall nicht vor allem, wie bei Strauss und Corbin (1996), Handlung und Interaktion in sozialen Situationen, sondern die diskursive Sinnstruktur (weil diskursive Deutungen sozialer Akteure auch in den Fokus der Analyse genommen werden) (Sommer, 2018). Die Analyse der *intervenierenden Bedingungen* und der Handlungs- und interaktionalen *Strategien* sind daher auf Ebene des Materials angesiedelt, während *Phänomen, Kontext, ursächliche Bedingungen* und *Konsequenzen* im Interpretationsrepertoire liegen. Auf Ebene des Materials werden dementsprechend die diskursiven Praktiken und auf Ebene des Interpretationsrepertoires die Deutungsmuster herausgearbeitet (Sommer, 2018).

Um Akteur*innen und deren diskursive Praktiken und Deutungsmuster zu erfassen, ist – wie schon ausführlich dargestellt – eine Verbindung der WDA mit dem Kodieren nach der GTM sinnvoll, da so die soziale Situiertheit einzelner Aussageereignisse erfasst werden kann (Sommer, 2018). Dafür sind drei Dimensionen von Kontexten zu berücksichtigen (Keller, 2011b):

1. In welchem zeitgeschichtlichen Kontext wurden die Aussagen getätigt oder die Daten erzeugt? Was sind die wichtigsten Merkmale des Kontextes? -> Dimension des historisch-sozialen zeitdiagnostischen Kontextes; Im Rahmen des axialen Kodierparadigmas der GT beziehen sich diese Fragen auf intervenierende Bedingungen für ein Phänomen. Diese Bedingungen haben Einfluss auf Handlung, Strategien und Kontext (Sommer, 2018).
2. In welchem institutionellen Feld und organisatorischen Setting sind die Daten entstanden? Was sind die besonderen Strukturmerkmale, Regeln und Textformate des Feldes? Für wen wurden die Texte verfasst? Wie werden sie kundgetan? Welche Sprachformen, Themen, Machtverhältnisse sind für dieses Feld typisch? -> Dimension des institutionell-organisatorischen Kontextes; Mit diesen Fragen werden Handlungs- und interaktionale Strategien berücksichtigt, die ein Phänomen be-/überarbeiten (Sommer, 2018).
3. Wer ist konkrete*r Autor*in, Verfasser*in, Verantwortliche*r des Dokuments? Aus welcher institutionell-organisatorischen und situativen Position wurde der Text verfasst? Was ist der konkrete Zusammenhang von Produktions- und Rezeptionskontext? Wie sieht die Rede-, Schreib- und Aufnahmesituation aus? -> Dimension des situativen Kontextes; In der Phase des axialen Kodierens beziehen sich diese Analysefragen besonders auf ursächliche Bedingungen eines Phänomens (Sommer, 2018).

Diese Erweiterung des Kodierparadigmas um die methodischen Fragestellungen und Überlegungen von Sommer (2018) und Keller (2011b) wird die Herausarbeitung von Deutungsmustern und Leitbildern sowie diskursiven Praktiken mittels des Erfassens der sozialen Situiertheit einzelner Aussageereignisse möglich. Abbildung 2.8 veranschaulicht die Kombination dieses methodischen Schrittes.

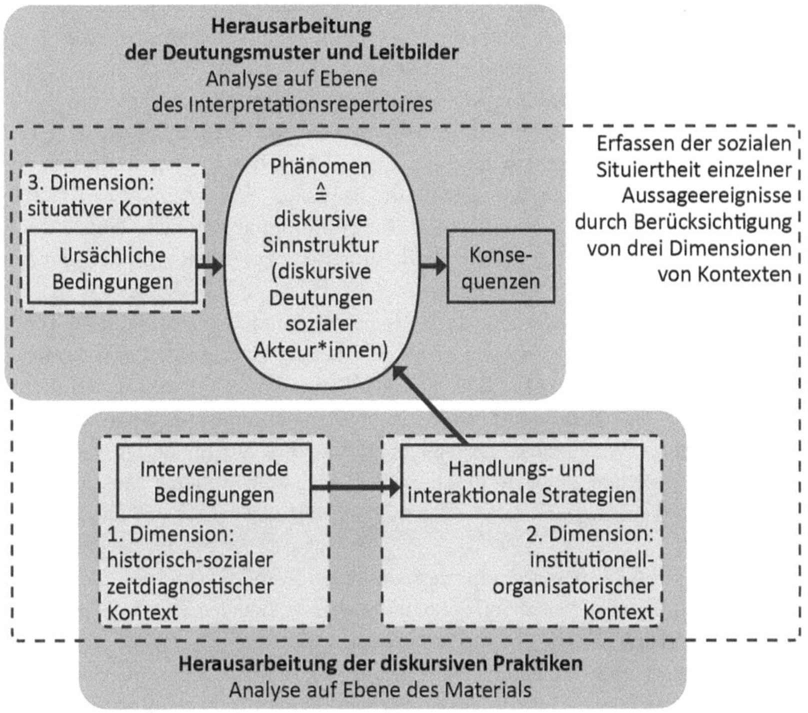

Abbildung 2.8 Darstellung erweitertes Kodierparadigma. (Eigene Erarbeitung)

Der Vorgang des axialen Kodierens geht mit einem Kodieren ausgewählter zentraler Kodes innerhalb und zwischen den Kategorienetzen ins selektive Kodieren über (Halatcheva-Trapp, 2019). Das selektive Kodieren erfolgt dementsprechend teilweise während des axialen Kodierens, besonders aber dann, wenn sich eine Kategorie als zentrale Kategorie, als Schlüsselkategorie herauszeichnet (Mey & Mruck, 2009). Das Herausarbeiten einer solchen Kernkategorie ist der letzte Schritt der Abstraktion und Verdichtung in der Analyse der Texte (Muckel, 2011). In der Phase des selektiven Kodierens werden die Daten allerdings auf einer höheren Abstraktionsstufe interpretiert, um die narrative Struktur eines Diskurses zu rekonstruieren sowie die diskursiven Praktiken und beteiligten Akteur*innen zu erarbeiten. Dazu werden die in der bisherigen Analyse herausgearbeiteten Schlüsselkategorien, also Deutungsmuster, in Beziehung zueinander gesetzt. Deutungsmuster können Kontext für andere Deutungsmuster sein, oder eine Konsequenz einer Phänomenstruktur sein. Einer Phänomenstruktur können unterschiedliche Deutungsmuster zugeordnet sein. Mittels Phänomenstruktur können die Dimensionen des Phänomens Elternschaft über den Zeitverlauf erarbeitet und unter Rückgriff auf Deutungsmuster untersucht werden, wie diese ausgefüllt werden. Um Akteur*innen und ihre Vollzugspraktiken vertiefend zu analysieren, schlägt Sommer (2018) wieder die Erweiterung des Kodierparadigmas der GT um Analysekategorien der WDA vor. Im Fokus steht dabei der konkrete Zusammenhang von Produktions- und Rezeptionskontext sowie die Position (v. a. institutionell-organisatorisch und situativ) der jeweils produzierenden Akteur*innen.

Mit dem selektiven Kodieren ist der Versuch verbunden, die entwickelte Theorie als logische und durchgängige Gestalt zu erfassen, eine „stimmige Geschichte zu erzählen" (Mey & Mruck, 2009, p. 134). Dabei können auch Lücken in der Argumentation und der Bedarf nach weiteren materialreichen Anhaltspunkten erkannt werden. „Wenn diese Leerstellen gefüllt und die für die Ausarbeitung der Theorie relevanten Aspekte gesättigt sind, also kein weiteres Material mehr hinzugezogen werden muss, ist die Auswertung beendet" (Mey & Mruck, 2009, p. 134).

Dabei ermöglicht das Prinzip des ständigen Vergleichens aus der GTM einen kontrollierten und nachvollziehbaren Umgang mit den Daten. Mittels der maximalen Kontrastierung werden möglichst viele unterschiedliche diskursive Elemente erfasst und der untersuchte Diskurs in seiner Bandbreite und Variation aufgefangen. Die minimale Kontrastierung sucht nach Ähnlichkeiten und Wiederholungen in den Aussagen, um die Analyse zu vertiefen und zu schärfen. Sie gilt dann als gesättigt, wenn sie Regelmäßigkeiten und Typiken hervorbringt und zugleich keine für die Fragestellung bedeutsamen Aussageereignisse mehr generiert (Keller, 2007). Die Kontrastierung bietet zudem eine solide Basis zur Beurteilung von Reichweite und Institutionalisierung diskursiver Deutungsangebote: „Gemeinsamkeiten im Gebrauch von Argumenten verweisen auf kollektiv mehr oder weniger geteilte Deutungen, Unterschiede dagegen markieren Konfliktherde" (Schwab-Trapp, 2010, p. 175). Mit dem methodischen Prinzip des ständigen Vergleichens können aber auch „Muster von diskursiven Verflechtungen und Verknüpfungen rekonstruiert [werden], die als Sinngefüge einen oder mehrere Diskurse (oder auch Teildiskurse) strukturieren" (Halatcheva-Trapp, 2019, p. 250).

Gesamtanalyse: Interpretation der Daten mittels heuristischer Werkzeuge (Deutungsmuster, Leitbilder, Story-Lines)

Ziel der Gesamtanalyse ist die Rekonstruktion kollektiver Wissensvorräte (Deutungsmuster und Leitbilder) sowie deren diskursive Produktion, Stabilisierung und Veränderung mittels Erarbeitung textübergreifender Verweisungs- und Sinnzusammenhänge (Keller, 2011c). Konkret folgt die Gesamtanalyse dem Leitgedanken der interpretativen Analytik der WDA, indem unterschiedliche Daten und Auswertungsschritte zueinander in Beziehung gesetzt werden und damit der Diskurs in Pflegschaftsverfahren inhaltlich erschlossen werden kann (Keller, 2007). Durch die Verknüpfung von Schlüsselkategorien als methodische Heuristik und Deutungsmuster sowie Leitbilder als methodologische Heuristik kann ein empirischer Zugang „zur Binnenstruktur des untersuchten Spezialdiskurses um Elternschaft" erreicht werden (Halatcheva-Trapp, 2019, p. 256). Deutungsmuster als Ausgestaltung der Phänomenstrukturen und die entsprechenden Subjektpositionen bzw. Modellsubjekte können so über einen längeren Zeitverlauf in den Blick genommen werden. Mit einer textübergreifenden Analyse und der Berücksichtigung narrativer Strukturen können auch die Definitionshoheit und Macht über Deutungsmuster erfasst werden (Acker, 2006). D. h. rekonstruiert wird, welche Akteur*innen die Deutungshoheit und Macht im Spezialdiskurs innehaben bzw. welche Story-Lines Bestand haben und welche nicht.

Wie schon im theoretischen Kapitel dargestellt, können Akteur*innen durch Story-Lines diskursive Kategorien, die auch unterschiedlicher Herkunft sein können, in einen schlüssigen Zusammenhang bringen. Dabei kann auf die Herstellung von Kausalzusammenhängen, Betonung von Handlungsdringlichkeiten und Moralgeschichten oder Dramatisierungen sowie Zu- und Abweisung von Verantwortlichkeiten, Beschuldigungen und Problemdefinitionen zurückgegriffen werden. Wenn unterschiedliche Akteur*innen gemeinsame Grunderzählungen benutzen ergeben sich Koalitionen von Akteur*innen aus unterschiedlichen Kontexten (Keller, 2007). In diesen Erzählungen, als narrative Struktur, werden Deutungsmuster und Dimensionen der Phänomene in spezifischer Weise in Beziehung zueinander gesetzt. In der Analyse können narrative Strukturen als Haupt- und Nebenerzählungen oder generalisierende Narrationen, in Form von illustrierenden Beweisgeschichten erfasst werden (Keller, 2013). Sobald also Deutungsmuster herausgearbeitet sind, kann textübergreifend, aber fallintern erforscht werden, welches Deutungsmuster in Form von welcher Erzählung und von welchen Akteur*innen aufgegriffen, fallengelassen und in welcher Weise weiterverfolgt wird. So kann analysiert werden, welche Narration zunächst von wem vorgebracht wird und welche Resonanz erzeugt. D. h. welche ‚Probleme' werden benannt und haben ‚Problemkarrieren' über die einzelnen Dokumente eines Falles hinweg (Schetsche, 2008). Da die Durchsetzung der Deutungsmuster bestimmter Akteur*innen bzw. Gruppen in einem Konflikt bedingt ist, durch die Machtkonstellationen einer Organisation oder der Gesamtgesellschaft, kann mit einer solchen textübergreifenden Analyse die Verknüpfung von Sprechpositionen mit Deutungshoheit und daher die Verbindung von Macht und Diskurs herausgearbeitet werden (Alemann, 2019).

In diesem Sinne müssen die Texte stets aufeinander bezogen werden, und zwar innerhalb eines Falles, fallübergreifend und über die unterschiedlichen Erhebungszeiträume hinweg. Dadurch ermöglicht die Interpretation von Texten aus Pflegschaftsverfahren mittels Kodierschema gekoppelt mit diskursanalytischer Perspektive unter Integration einer Deutungsmusteranalyse eine umfassende Analyse und eine sinnverstehende Rekonstruktion von Praktiken sowie ein Erarbeiten typisierbarer Aussagen über ein komplexes Phänomen (Sommer, 2018).

3 „Durch beide wird nicht das Idealbild einer intakten Ursprungsfamilie verkörpert" – die empirischen Ergebnisse

> *„Gesellschaftliche Wirklichkeitskonstruktion findet nicht nur im alltäglichen Leben statt, sondern ist auch ein andauernder Prozess zwischen kollektiven Akteuren, die in einem symbolischen Kampf um die Durchsetzung ihrer Weltdeutungen (Problemdefinitionen, Verantwortungszuschreibungen, Handlungskonsequenzen) stehen." (Keller 2005: S. 73)*

Pflegschaftsverfahren sind, das wurde in der Analyse der vielen und vielfältigen Dokumente deutlich, nicht nur ein solcher im obigen Zitat angesprochener mehr oder weniger intensiv geführter Kampf um Problemdefinitionen, Zuschreibungen von Verantwortlichkeiten und Konsequenzen für die familiale Praktik, sondern auch ein ‚Tummelplatz' von Diskursen.[1] Daher war es in der empirischen Arbeit stets notwendig und hilfreich, die empirischen Forschungsfragen ins Bewusstsein zu holen, die diese Forschung leiteten, um in diesem ‚Tummelplatz' nicht verloren zu gehen. Im Folgenden werden diese nun auch für die Lesenden in Erinnerung gerufen:

- Auf welche Konstruktionen von Mutter- und Vaterschaft verweisen die im Rahmen von Scheidungs- bzw. Pflegschaftsverfahren produzierten gerichtlichen Dokumente?
- Welche (Dis-)Kontinuitäten im Narrativ von Mutter- und Vaterschaft und welche geschlechterstereotypen Konstruktionen zeigen sich im Diskurs vor Gericht?

[1] Das Zitat in der Kapitelüberschrift stammt aus einem Beschluss eines Landesgerichts im Jahr 2001. An dieser Stelle sei nochmal betont, dass sämtliche in den Zitaten aus dem Datenmaterial verwendeten Namen Pseudonyme sind.

M. Zuccato-Doutlik, *Gute Mutter, guter Vater*, Theorie und Praxis der Diskursforschung, https://doi.org/10.1007/978-3-658-51890-5_3

- Welche sozialen, normativen und geschlechterbezogenen Vorstellungen und Konzepte finden sich in den Argumentationen der beteiligten Akteur*innen (z. B. Mütter, Väter, Richter*innen, Sachverständige, Anwält*innen)?
- Welche Machtstrukturen und Hierarchiebildungen werden in den Kommunikations- und Legitimationsprozessen der an der Produktion der Gerichtsakten beteiligten Akteur*innen sichtbar?

Basierend auf den bisherigen theoretischen und methodologischen sowie methodischen Ausführungen lassen sich diese Fragen grob zwei Fragensträngen zuweisen: Einerseits der Frage danach, *wie* Mutter- und Vaterschaft in Pflegschaftsverfahren konstruiert wird und andererseits, *was* im Zusammenhang mit Mutter- und Vaterschaft in Pflegschaftsverfahren konstruiert wird. Dementsprechend gliedert sich die Darstellung der Ergebnisse auch zum einen nach den Erkenntnissen, die sich in Bezug auf Sprechpositionen und Machtstrukturen ergeben haben. Zum anderen werden die Ergebnisse, die sich auf die Ausdrucksformen der Konstruktion von Elternschaft in Form von Deutungsmustern, Leitbildern und Subjektpositionen beziehen, dargestellt. Schließlich zeichne ich auch die Verbindung dieser beiden Ergebnisstränge durch eine Darstellung spezifischer Story Lines nach, die das *Wie* und *Was* der Konstruktion von (geschlechtsdifferenzierter) Elternschaft in Pflegschaftsverfahren verknüpfen.

In der folgenden Ergebnisdarstellung dienen die Zitate aus dem Datenmaterial einerseits dazu eine Vorstellung über Pflegschaftsverfahren zu bekommen und andererseits zur Illustration der Argumentation. Auch wenn in der WDA nicht der einzelne Fall im Vordergrund steht, so veranschaulichen besonders dichte Textstellen aus einzelnen Fällen äußerst deutlich, was in anderen Texten auf einer weniger manifesten Ebene bleibt. Die teilweise mehrfache Zitation einer selben Textstelle begründet sich dadurch, dass diese in nur wenigen Zeilen auf mehrere unterschiedliche Aspekte verweist.

Bevor ich mich den spezifischen Ergebnissen zu den Sprechpositionen und Machtstrukturen (Abschnitt 3.2) sowie den Leitbildern (Abschnitt 3.3), Deutungsmustern (Abschnitt 3.4) und Subjektpositionen (Abschnitt 3.5) sowie damit verbundenen möglichen Narrationen (Abschnitt 3.6) im Detail zuwende, zeichne ich die analytische Bearbeitung des Phänomen ‚Elternschaft in Pflegschaftsverfahren' anhand des weiterentwickelnden methodischen Zugangs und mit Verweise auf exemplarische Ergebnisse nach. Denn erst dadurch wird es möglich, die einzelnen Aspekte dieser Konstruktionen sowie die Verbindung von Bedingungen, Strategien und Konsequenzen nachzuvollziehen, die für dieses Phänomen wirksam sind. Außerdem soll dadurch für die Lesenden verständlich werden, inwiefern die soziale Situiertheit spezifischer Aussageereignisse als Elemente und

Ergebnisse eines Kampfes um die Durchsetzung von Weltdeutungen zu verstehen. Ferner wird aufgezeigt, wie damit Sprechpositionen, Leitbilder, Normalitätsvorstellungen, Deutungsmuster, Subjektpositionen und diskursive Strategien bzw. narrative Strukturen geschaffen und gleichzeitig (re)konstruiert werden können.

3.1 Analytische Annäherung an das Phänomen Elternschaft in Pflegschaftsverfahren

Ich lade im Folgenden dazu ein, meinen analytischen Überlegungen zu folgen, die ich anhand der Positionierung von Elternschaft in Pflegschaftsverfahren als Phänomen in das Zentrum des im Methodenteil explizierten erweiterten Kodierparadigmas (siehe Abbildung 2.8) angestellt habe. Zusammen mit Verweisen auf empirische Ergebnisse der Analyse soll damit auch veranschaulicht werden, wie dieser Zugang die Erfassung von Gerichtsakten ermöglicht und gleichzeitig die Analyse von Gerichtsakten die Erfassung des Phänomens Elternschaft in Pflegschaftsverfahren zulässt. Die folgenden Ausführungen orientieren sich daher an den einzelnen Aspekten des erarbeiteten Kodierparadigmas: den ursächlichen Bedingungen bzw. situativen Kontext, dem intervenierenden Bedingungen bzw. historisch-sozialen zeitgenössischen Kontext, den Handlungs- und interaktionalen Strategien bzw. dem institutionell-organisatorischen Kontext sowie den Konsequenzen.

3.1.1 Ursächliche Bedingungen bzw. situativer Kontext

Zunächst stellt sich die Frage nach *ursächlichen Bedingungen bzw. der Dimension des situativen Kontextes*, der das Phänomen Elternschaft in Pflegschaftsverfahren konstituiert. Dabei lassen sich basierend auf der Analyse für das Datenmaterial drei unterschiedliche Ausgangslagen von Pflegschaftsverfahren benennen. Dies sind erstens Verfahren, die in direktem Zusammenhang mit einer Scheidung oder Trennung stehen, zweitens solche, die auf keiner bestehenden formal geregelten Beziehung zwischen den Eltern beruhen, und drittens Verfahren, an denen neben einem Elternteil oder neben Eltern Dritte (Behörde oder weitere Verwandte) beteiligt sind. Weiters charakterisieren sich die Daten durch eine fast durchgängige Verbindung von Obsorge- und Kontaktrechtsfragen innerhalb dieser Verfahren.

Um den situativen Kontext adäquat zu berücksichtigen, ist es auch erforderlich, die zur jeweiligen Zeit eines Verfahrens geltende Rechtslage zu bedenken und zu beachten, ob es unmittelbar im Verlauf des Verfahrens oder kurz davor eine relevante Gesetzesnovelle gab. So verändert sich der situative Kontext entscheidend je nachdem, ob das Gesetz die Option der gemeinsamen Obsorge vorsieht, welche Bedeutung dem Kindeswohl zugeschrieben wird bzw. inwieweit es im Gesetz benannt und definiert wird oder wie viel Gewicht dem Kontaktrecht zwischen Eltern und Kindern beigemessen wird.

Auf genderspezifischer Ebene ist im Rahmen des situativen Kontexts von Elternschaft in Pflegschaftsverfahren von Bedeutung, auf welche Weise rechtlich zwischen Ehelichkeit und Unehelichkeit differenziert wird, da dies Mutter und Vater in unterschiedliche Ausgangslagen versetzt (siehe Abschnitt 1.2). So erscheint die Mutter-Kind-Beziehung als ein vom Rechtsstaat klar qua Geburt definiertes Verhältnis. Mutterschaft ist biologisch begründet (siehe Abschnitt 1.2.1) und mit einer grundsätzlichen Erwartung einer naturgegebenen Eignung der Mutter für Pflege und Erziehung des Kindes verknüpft (siehe im Detail Abschnitt 3.4.1). Kurz gesagt, Mutterschaft kann nicht in Frage gestellt werden und ist eine Selbstverständlichkeit, Muttersein allerdings schon.

Anders verhält es sich mit der Vaterschaft. Diese ist entweder über die Ehelichkeit des Kindes definiert oder erfordert einen aktiven Schritt der Anerkennung durch den Vater (oder durch ein Gericht) (siehe Abschnitt 1.2). Das heißt, die Vater-Kind-Beziehung und damit verknüpfte Rechte und Pflichten, sind über die Beziehung zwischen Mann und Frau definiert. Vaterschaft muss somit zunächst aktiv konstruiert werden bzw. kann auch in Frage gestellt werden (siehe im Detail Abschnitt 3.4.2).

Dementsprechend gibt es für einen Mann die Option, eine Vaterschaft aktiv anzunehmen und sich dadurch als besonderer Vater zu positionieren, wenn das mit Vaterschaft verknüpfte Vatersein eine Frage von wollen ist. Ein mit Mutterschaft verknüpftes Muttersein hat hingegen kaum Entscheidungsspielraum und unterliegt der Vorstellung einer ‚natürlichen' Erwartung an Mütter, wie in den folgenden Kapiteln noch expliziert wird. Eine Frau, die ihre Mutterschaft nicht in ein Muttersein umsetzt, kann daher als schlechte Mutter positioniert werden. Folgendes Zitat aus dem Gutachten einer Sachverständigen aus dem Jahr 1964 illustriert diese ursächlichen Bedingungen von Elternschaft als genderspezifisch bewertet:

> *„So müssen doch Zweifel an 'den Gefühlen' und ‚der Liebe' der ‚eigenen leiblichen' Mutter aufkommen, erfährt man, daß die Mutter die Kinder knapp nach der Geburt weggegeben hat und sie seither – zumindest äußerst spärlich – besuchte. Während sie sich – als Mutter! – nicht zu ihren außerehelichen Kindern bekannte, hat es der Vater vom ersten Augenblick an getan, hat die Kinder zu sich aufgenommen und bei sich behalten." (Gutachten 1964, Fall Gerber)*

Als weitere ursächliche Bedingung des Phänomens Elternschaft in Pflegschaftsverfahren zeigt sich die Begründung bzw. das Motiv (nicht im forensischen Sinne) für die Entscheidung eines Elternteils oder Dritter, ein Pflegschaftsverfahren anzustrengen. Dabei lassen sich die ursächlichen Bedingungen in zwei Kategorien unterteilen, die zum einen auf einer zielgerichteten und zum anderen auf der inhaltlichen Ebene angesiedelt sind.

Die zielgerichtete Ebene der ursächlichen Bedingungen bezieht sich darauf, dass eine Person (ein Elternteil, weitere Bezugspersonen eines Kindes oder Repräsentant*innen der KJWT) die Notwendigkeit sieht, Personen außerhalb des Familienverbandes, also das Gericht als staatliche Instanz, zur Lösung eines scheinbar innerfamiliär nicht lösbaren Problems hinzuzuziehen. In der Analyse konnten unterschiedliche Zielorientierungen herausgearbeitet werden: der Wunsch danach, die eigenen Rechte zu stärken oder/und die Rechte des anderen einzuschränken, Unrecht zu beheben bzw. Recht bestätigt zu sehen, Verbündete zu finden, Gefahr für ein Kind abzuwenden oder eine fehlende Gesprächsbasis auf Elternebene zu ersetzen.

Die ursächlichen Bedingungen für das Phänomen Elternschaft in Pflegschaftsverfahren auf inhaltlicher Ebene zeigten sich in der grundsätzlichen Uneinigkeit bzw. im nicht vorhandenen Einverständnis darüber, was ein Kind braucht, was Elternteile leisten sollen, wie die Beziehung zwischen Elternteilen und Kind(ern) bzw. zwischen den Eltern selbst ausgestaltet sein sollte, wie Verantwortlichkeiten verteilt sein sollten und übernommen werden sollten, wer wofür zuständig ist, welche Rechte und Pflichten der jeweilige Elternteil hat und wer, abgesehen von den Eltern, (noch) beteiligt sein sollte und sein darf.

Diese ursächlichen Bedingungen stehen in einem klaren Zusammenhang damit, dass die Eltern-Kind-Beziehung ein Phänomen ist, bei dem der Rechtsstaat nur unter bestimmten Bedingungen ein Mitspracherecht hat bzw. als regulierende Institution angerufen werden kann oder muss. Damit zeigt sich der situative Kontext des Phänomens Elternschaft in Pflegschaftsverfahren als einer, in dem Elternschaft und Elternsein beurteilt, verhandelt und infrage gestellt werden muss.

3.1.2 Intervenierende Bedingungen bzw. historisch-sozialer zeitdiagnostischer Kontext

Beurteilungen und Verhandlungen von Elternschaft in Pflegschaftsverfahren müssen stets im *historisch-sozialen zeitdiagnostischen Kontext* betrachtet werden. Diese *intervenierenden Bedingungen* müssen als die jeweils spezifische gesellschaftliche Situation und auch weitere Diskurse zum jeweiligen Zeitpunkt in die Analyse einbezogen werden.

Grundsätzlich zeigt sich Elternschaft in der Analyse als Verhandlungssache, als soziales Produkt, eine Beziehung, die durch die Geburt eines Kindes entsteht, aber allein dadurch nicht final definiert ist. Weder rechtlich noch sozial ist allgemeingültig, zeitüberdauernd, eindeutig und vollinhaltlich definiert, welche Erwartungen und Vorstellungen mit Elternschaft verbunden sind. Im Datenmaterial zeigen sich jedoch Verweise darauf, dass Elternschaft als eine Phase im Lebenslauf verstanden wird, die durch einen biologischen Akt begründet ist und damit einen Bezug von Erwachsenen und Kind(ern) vorgibt. Aus diesem Verständnis des Entstehungszusammenhanges von Elternschaft ergibt sich zunächst die intervenierende Bedingung, dass in Pflegschaftsverfahren Elternschaft als Beziehung zwischen zwei Erwachsenen und zwischen Erwachsenen und Kind(ern) verhandelt wird (siehe auch Abschnitt 3.3.1). Elternschaft wird in der Dimension der Erwachsenenbeziehung und der Eltern-Kind-Beziehung erfasst. Damit sind Eltern sowohl als Frau und Mann als auch als Mutter und Vater gleichzeitig adressierte und handelnde Akteur*innen des Verfahrens. Die Entstehungssituation von Elternschaft, das Elternsein und die elterlichen Praktiken in unterschiedlichen Situiertheiten rücken so in den Fokus der Analyse (siehe bspw. Abschnitt 3.4.5).

Zunächst kann die Biografie eines Elternteiles als intervenierende Bedingung verstanden werden. Dabei zeigt sich im Datenmaterial eine Differenzierung hinsichtlich der Bedingungen, unter denen Elternschaft entstanden ist. So hat es eine entscheidende Bedeutung, ob sich das Verfahren um eheliche oder uneheliche Kinder dreht, ein Kind in einer bestehenden Ehe oder Partnerschaft geboren wurde oder ob eine Ehe wegen einer Schwangerschaft eingegangen wurde. Dieser Umstand verweist etwa auf bestehende Vorstellungen davon, wie es in der jeweiligen historischen Zeitphase idealerweise zur Entstehung einer Eltern-Kind-Beziehung kommen sollte (siehe auch Abschnitt 3.3.1).

Andererseits zeigt das Datenmaterial, dass für Elternschaft die Biografie der Eltern selbst bedeutsam ist. Nicht das aktuelle Elternsein allein, sondern die Herkunftsfamilie, die Kindheit des Elternteils, die aktuelle Beziehungssituation und mögliche zukünftige Beziehungen der Eltern, sowie weitere Beziehungen wie jene zu Großeltern, Geschwistern, Freund*innen und weiteren Verwandten können als intervenierende Bedingungen verstanden werden (siehe Abschnitt 3.4.5).

Weiter bedeutsam für die Erfassung des historisch-sozialen und zeitdiagnostischen Kontextes des Phänomens Elternschaft in Pflegschaftsverfahren sind die jeweils bestehende rechtliche, geografische und soziale Situation. Die rechtliche Situation zeigt sich in der Analyse differenzierter als angenommen. Denn selbst wenn das Gesetz vordergründig klare Regelungen vorgibt – etwa für lange Zeit eine Differenzierung des Status eines Kindes auf Grund einer Ehelichkeit oder die Paragraphen zu geschlechtsdifferenzierten Zuständigkeiten von Elternschaft – so bleiben diese für den Einzelfall auslegungsbedürftig. Daher ist zusätzlich zum jeweils geltenden Gesetzestext, als allgemeingültige Regelungen, die zur jeweiligen Zeit vorherrschende Rechtsprechung bedeutsam. Dementsprechend muss neben dem festgeschriebenen Gesetz die Rolle der jeweiligen Richter*innen als Repräsentant*innen bzw. Interpret*innen der Gesetze als intervenierende Bedingung berücksichtigt werden (siehe Abschnitt 3.2.1).

Auf der Ebene der geographischen Situation muss in der Analyse die Einbettung von Äußerungen in die jeweiligen ländlichen oder städtischen Strukturen oder grenzüberschreitende Situationen berücksichtigt werden. Denn für die Verhandlung von Elternschaft ist beispielsweise bedeutend, wie Kinderbetreuungsalternativen gestaltbar sind oder ob ein oder beide Elternteile eine andere Staatsbürgerschaft besitzen und damit andere Rechtssysteme oder Handlungsmöglichkeiten für die jeweiligen Elternteile bedacht werden müssen.

Die jeweils zu beachtende soziale Situation taucht tief in das Feld des weiter oben angesprochenen ‚Tummelplatzes' der Diskurse ein. So verweisen die Daten aus den 1960er und 1970er Jahren auf ein spezifisches Verständnis von unehelicher Elternschaft in dieser Zeit. In welcher Weise eine uneheliche Mutter und ein unehelicher Vater problematisiert werden können wird in den Abschnitt 3.5.1 und 3.5.2 konkreter thematisiert. Besonders das genderspezifische Rollenverständnis (Abschnitt 3.3.2) von Zuständigkeiten und Verantwortlichkeiten zur jeweiligen Zeit ist ein bedeutsamer Kontext, der in der Analyse berücksichtigt werden muss. Insbesondere die Erwartungen an Eltern, an Frauen und Männer, dahingehend, was sie beruflich und was sie an Care-Arbeit leisten soll(t)en, zeigt sich als intervenierende Bedingung von Elternschaft.

Basierend auf der Berücksichtigung der soeben skizzierten Dimension des historisch-sozialen zeitdiagnostischen Kontexts kann in der Bearbeitung des Phänomens Elternschaft analytisch gefragt werden, welche elterlichen Praktiken und Eigenschaften vor dem jeweiligen kulturellen, geographischen, biographischen, sozialen und rechtlichen Hintergrund als Vorbedingungen für diverse Strategien und Narrationen zu verstehen sind. Damit komme ich auch zu einer weiteren Dimension des Kontextes von Elternschaft in Pflegschaftsverfahren, nämlich zu deren institutionell-organisatorischem Kontext bzw. den Handlungs- und interaktionalen Strategien.

3.1.3 Handlungs- und interaktionale Strategien bzw. institutionell-organisatorischer Kontext

Für ein Verständnis des pflegschaftsrechtlichen Diskurses allgemein bzw. des Entstehungszusammenhangs des Datenmaterials speziell ist eine Erfassung des institutionell-organisatorischen Kontextes und damit der potenziellen Handlungs- und interaktionalen Strategien, die auf das Phänomen Elternschaft in Pflegschaftsverfahren wirken, wichtig. Die analysierten Texte und Dokumente wurden fast ausschließlich zum Zwecke des Verfahrens selbst produziert und sind schriftliche und verschriftlichte mündliche Eingaben und somit Produkte von unterschiedlichsten aktiv und passiv beteiligten Akteur*innen. Protokolle von Aussagen vor Gericht oder Schreiben von Beteiligten, Stellungnahmen, Gutachten oder Berichte von Behörden oder der FGH sowie Beschlüsse und weitere Texte von Richter*innen verweisen auf die Vielzahl an Sprechpositionen, die in und um die familienrechtliche Verhandlung von Elternschaft entstehen. Damit rückt die Bedeutung der Position, aus der ein Text produziert wird, in den Fokus. Dabei ist zu unterscheiden, ob eine Sprechposition einer offiziellen Stelle oder einer verfahrensbeteiligten Akteur*innengruppe zuzuordnen ist. Gleichzeitig lassen sich damit aber auch die unterschiedlichen Themen analytisch fassen, die mit dem Phänomen Elternschaft in Pflegschaftsverfahren verknüpft sind.

Der institutionell-organisatorische Kontext in Bezug auf das in seinem jeweils historisch-sozial und zeitdiagnostischem Kontext verortete Verfahren beeinflusst die Möglichkeiten des Verfahrensverlaufs und die Handlungsmöglichkeiten unterschiedlicher Akteur*innen in ihren jeweiligen Sprechpositionen. Abschnitt 3.2 befasst sich daher ausführlich mit den unterschiedlichen Sprechpositionen. An dieser Stelle werden nur die Sprechpositionen kurz skizziert, die sich in der Analyse als besonders relevant für das zentrale Phänomen zeigten: Richter*innen, Eltern, Sachverständige und weitere Expert*innen. Mit diesem kurzen Einblick soll verdeutlicht werden, inwieweit der institutionell-organisatorische Kontext in der Analyse der Handlungs- und interaktionalen Strategien in Bezug auf das Phänomen Elternschaft wirksam wird.

*Richter*innen* unterliegen der Vorgabe einer möglichst umfassenden, vollständigen und zugleich möglichst kurzen Verfahrensführung. In Familiengerichtsverfahren ist dabei besonders handlungsleitend, eine einvernehmliche Lösung zwischen den Parteien zu finden. Die Handlungsmöglichkeiten von Richter*innen sind geleitet davon, wer rechtlich gehört werden muss und darf. Richter*innen entscheiden daher unter den genannten Vorgaben, wer als Sprecher*in zugelassen wird.

Eltern sind im Rahmen von Pflegschaftsverfahren Akteur*innen, die aus einem grundsätzlich als privat betrachteten Handlungsbereich heraustreten und in einen institutionell-organisatorischen Kontext eintreten, der bestimmte Strategien ermöglicht oder unterbindet. Dadurch sind Eltern gleichsam zu einer Rechtfertigung der Gestaltung ihres Elternseins gezwungen.

Je nach finanziellen Möglichkeiten kann eine Rechtsvertretung die Sprechposition der Eltern ergänzen und damit das Spektrum elterlicher Strategien erweitern. Auch biographische und soziale Bedingungen erweitern oder beschränken elterliche Handlungs- und interaktionale Strategien im Hinblick darauf, welche Allianzbildungen, Argumentationsmöglichkeiten oder Beweismitteleingaben möglich werden.

*Sachverständige und weitere Expert*innen*, denen eine Urteils- und Beurteilungskompetenz zugesprochen wird, können oder müssen in Verfahren hinzugezogen werden. Sie besitzen in diesem Kontext eine Deutungshoheit. Ihre Strategien sind durch den jeweiligen historisch-sozialen und zeitdiagnostischen Kontext insofern beeinflusst, als in ihren Deutungen vorherrschende Paradigmen wirkmächtig werden.

Auf einer rein institutionell-organisatorischen Ebene gelten für alle Sprechpositionen Handlungsmöglichkeiten wie etwa die Vorgaben und Regelungen der Textproduktion, der Eingabemöglichkeiten, der Beweismittelführung oder des Instanzenzuges.

Diese hier mit Verweis auf die Abschnitt 3.2, 3.5 und 3.6 bewusst nur skizzierten Ausführungen zu den Sprechpositionen bzw. Strategien und möglichen Positionierungen sowie Narrationen, stellen zusammen mit den beiden weiteren Dimensionen – den intervenierenden und den ursächlichen Bedingungen – den Kontext des Phänomens Elternschaft in Pflegschaftsverfahren dar, dessen Konsequenzen ich mich im folgenden Unterkapitel zuwende.

3.1.4 Konsequenzen

Wenn Elternschaft sich in der Analyse von Pflegschaftsverfahren als Verhandlungssache zeigt, so lassen sich unterschiedliche Konsequenzen erfassen, die in auf das Phänomen bezogene Handlungsmöglichkeiten und Strategien resultieren können. Je nachdem worauf der Fokus gelegt wird oder an welcher ‚Schraube' im situativen oder zeitlichen Kontext gedreht wird, werden andere Konsequenzen sichtbar. Fragen – wie etwa jene nach möglichen und geltend gemachten Argumenten, jene nach möglichen Positionierungen oder eine Frage nach bestehenden oder geschaffenen Sprechpositionen – können je nach Kontext differenziert beantwortet und analytisch herausgearbeitet werden. Die Konsequenzen sind sodann als Verknüpfung der ursächlichen und intervenierenden Bedingungen sowie Handlungs- und interaktionaler Strategien analytisch fassbar.

Liegt etwa in der Dimension des situativen Kontexts ein Fokus auf der Frage, was ein Kind braucht und die Begründung des Anrufens des Gerichts in einer subjektiv oder objektiv befundenen Gefahr für das Kind, dann kann das Kindeswohl als Argument bedient werden (Abschnitt 3.3.3). Aber auch biologistische bzw. naturalisierende Argumente und dramatisierende Zukunftsprognosen können von unterschiedlichen Akteur*innen wirksam gemacht werden. Eltern können sich in solchen Kontexten als Expert*innen für das Kind, als erfolgreich und den anderen Elternteil als schädlich für die Wahrung des Kindeswohles positionieren (Abschnitt 3.5.1 und 3.5.2). In dieser Logik müssen oder können dann auch weitere Personen involviert werden. Damit werden Sprechpositionen wie Sachverständige oder Fachpersonen, denen eine objektive Beurteilung des Kindeswohls zugeschrieben wird, Teil einer diskursiven Auseinandersetzung mit Elternschaft.

In einem solchen Kontext zeigen sich in der Analyse als Konsequenz eine breite Möglichkeit an Positionierungen von Eltern. Diese können in Bezug auf das Argument Kindeswohl als erfolgreich, als teilweise erfolgreich, als ungeeignet sowie als unterstützungsbedürftig oder -würdig oder als inakzeptabel positioniert werden. Letzteres wird genährt durch Verweise auf intervenierende Bedingungen wie die Biografie oder Gesundheitszustände eines Elternteils.

Die Einbeziehung von situativen und historisch-sozialen Kontexten hat aber auch als Konsequenz, dass Eltern genderspezifisch differenziert als Mutter und Vater positioniert werden können oder sich selbst als solche positionieren können. Wie die Ergebnisse zeigen, wird eine solche Positionierung etwa möglich, wenn auf Ebene der intervenierenden Bedingungen ein Fokus auf genderspezifische Erwartungen und Vorstellungen von elterlichen Rechten und Pflichten gelegt wird und auf Ebene der ursächlichen Bedingungen keine Einigkeit darüber besteht, welcher Elternteil wofür zuständig ist.

Neben einer Positionierung von Eltern oder durch Eltern zeigen sich auch unterschiedliche mögliche Konsequenzen für eine Positionierung von Kindern oder des Kindes im Phänomen Elternschaft in Pflegschaftsverfahren. Kinder können als Opfer eines misslungenen oder nicht erfolgreichen Elternseins positioniert werden. Sie können auch als Schutzbedürftige thematisiert werden, wenn im historisch-sozialen Kontext das Kindeswohl als Richtschnur wirksam ist. Wird der Kontext von Elternschaft unter dem Leitbild einer gemeinsamen Elternschaft verhandelt, so können Kinder auch als Spielball positioniert werden. Liegt der Fokus auf dem Aspekt der Verhandlungssache von Elternschaft, in die der Rechtsstaat mit Rückgriff auf die Sprechposition von Sachverständigen oder anderen Expert*innen mit Deutungshoheit über das Kindeswohl intervenierend eingreifen kann bzw. muss, so können Kinder als ‚Beweis' für ein (nicht) gelungenes Elternsein positioniert werden.

Durch die Kontextualisierung von Elternschaft in Pflegschaftsverfahren als ein Phänomen, zu dessen Beurteilung, Verhandlung und Infragestellung das Gericht berufen ist und damit der institutionell-situative Kontext wirksam wird, können bzw. müssen als Konsequenz weitere Sprechpositionen entstehen. Neben Sachverständigen, können Akteur*innen aus dem familialen Netzwerk (allen voran Großeltern) und institutionelle Akteur*innen, die mit den Eltern oder dem Kind in Verbindung gebracht werden Sprechpositionen erhalten. Auf diese Weise werden Pädagog*innen, Ärzt*innen aber auch Freund*innen und Verwandte mit einem unterschiedlichen Maß an Deutungshoheit ausgestattet (siehe Abschnitt 3.2.2).

Auf Basis dieser analytischen Annäherung an das Phänomen Elternschaft in Pflegschaftsverfahren und erste Einblicke auf empirische Ergebnisse wird deutlich, dass mit einer Berücksichtigung der jeweils unterschiedlichen Verknüpfung der drei Dimensionen von Kontexten (situativ, historisch-sozial zeitdiagnostisch und institutionell-organisatorisch) auf Ebene des Materials und des Interpretationsrepertoires die soziale Situiertheit einzelner Aussageereignisse fassbar gemacht werden kann. Schließlich konnten damit die vielfältigen Deutungsmuster und Leitbilder von und in Zusammenhang mit Elternschaft erarbeitet werden, die in den folgenden Abschnitten im Detail dargestellt und illustriert werden. Außerdem ließen sich diskursive Praktiken und Strategien unterschiedlicher Akteur*innen verdichten, die sich durch diesen analytischen Zugang als besonders gehaltvoll herauskristallisierten.

Erstens sind dies Praktiken der Richter*innen, deren spezifische Rolle deutlich wird, da sie in besonderem Maße Sprechpositionen schaffen oder zulassen können und neben der positionsinhärenten Logik als Rechtsprechende auch als soziale Akteur*innen Teil des jeweils historisch-sozialen zeitdiagnostischen Kontext sind. Ebenso sind dies Sachverständige und Expert*innen der Behörden und gerichtsnahen Institutionen. Mit ihrer jeweiligen Sprechposition sind diskursive Praktiken verknüpft, die sich in der Form der Erfassung und Darstellung der zu Beurteilenden bzw. Begutachtenden niederschlägt, d. h. etwa wie mit diesen gesprochen wird und über diese geschrieben wird. Die dritte Akteur*innengruppe, deren diskursive Strategien sich in der Analyse als besonders gehaltvoll und gleichzeitig vielschichtig zeigten, waren die Eltern.

In der Sprechposition der Eltern zeigte sich besonders deutlich, wie changierend die Möglichkeiten der Subjektpositionierung (siehe Abschnitt 3.5) sind und in welchem Maß sie auf das Zusammenspiel mit weiteren Akteur*innen beruhen. Die Möglichkeiten einer widerständigen Positionierung etwa kann einerseits, als ‚besonders' und andererseits als ‚ungeeignet' im jeweiligen Kontext definiert werden. Eine Strategie der Bedienung bestehender Konzepte und Vorstellungen kann zu einer konformen Positionierung führen. In welcher Weise Positionierungen vorgenommen, beurteilt und gedeutet werden, spiegelt die narrativen Strukturen wider, die um das Phänomen Elternschaft in Pflegschaftsverfahren wirksam sein können. Diese Narrationen sind angereichert mit Deutungsmustern und Leitbildern und abhängig von den unterschiedlichen Sprechpositionen. Gleichzeitig produzieren diese Narrationen wiederum Möglichkeiten und Varianten von Subjektpositionen von Elternschaft (siehe Abschnitt 3.6).

Die bisherigen Ausführungen veranschaulichen die grundlegenden Erkenntnisse zur Erfassung des Phänomens von Elternschaft in Pflegschaftsverfahren und zeigen Elternschaft als heteronormativ determinierte und genderspezifisch konstruierte Verhandlungssache, indem die jeweilige kontextuelle Einbettung und Konsequenzen bedeutsam werden. Ausgehend von diesen grundlegenden Erkenntnissen gehe ich nun auf die empirischen Ergebnisse entlang der unterschiedlichen heuristischen und analytischen Konzepte ein, die auch in der Abbildung 3.1 überblicksmäßig dargestellt sind.

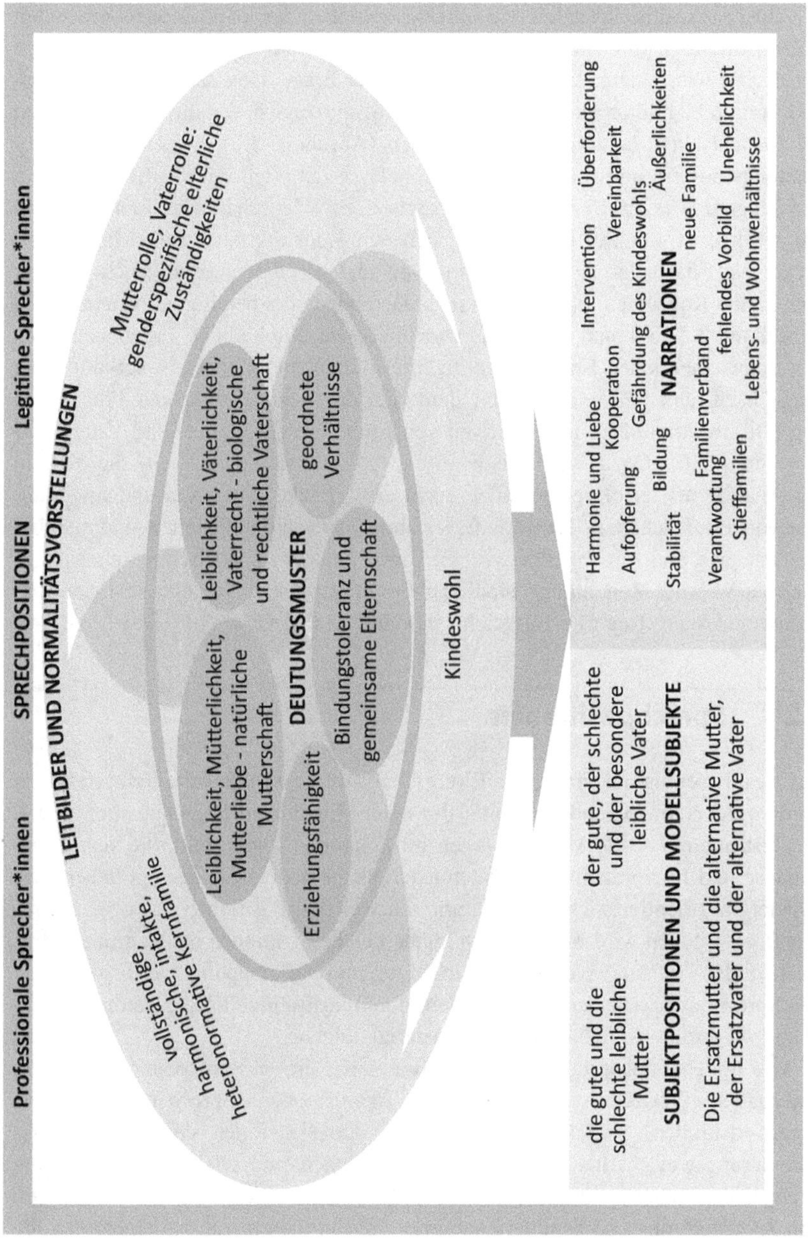

Abbildung 3.1 Überblick empirische Ergebnisse entlang der unterschiedlichen heuristischen und analytischen Konzepte

Zunächst widme ich mich den unterschiedlichen Sprechpositionen sowie den Machtstrukturen, um mich der Frage, *wie* Elternschaft in Pflegschaftsverfahren konstruiert wird, anzunehmen, d. h. konkret der Frage nach den Machtstrukturen und Hierarchiebildungen in den Legitimationsprozessen der an der Produktion der Gerichtsakten beteiligten Akteur*innen (Abschnitt 3.2). In den Kapiteln zu Deutungsmustern und Subjektpositionen befasse ich mich mit der Beantwortung der Fragen, *was* in Bezug auf Elternschaft in Pflegschaftsverfahren konstruiert wird, d. h. konkret den Fragen nach den Konstruktionen von Mutter- und Vaterschaft, nach den sozialen, normativen und geschlechterbezogenen Vorstellungen und Konzepten in den diskursiven Deutungen der beteiligten Akteur*innen (Abschnitt 3.3, 3.4 und 3.5). Das abschließende Kapitel des Ergebnisteils zu den unterschiedlichen Erzählungen zu Elternschaft und Elternsein verknüpft die Frage nach dem *Wie* und *Was* mit dem Ziel der Beantwortung der Frage nach den (Dis-)Kontinuitäten in Narrativen von Eltern- sowie Mutter- und Vaterschaft (Abschnitt 3.6). Dazu werden spezifische Narrationen dargestellt, die sich in der Analyse als ‚erfolgreiche' oder ‚nicht erfolgreiche' Praktiken und Erzählungen von Elternschaft in Pflegschaftsverfahren herauskristallisierten und sichtbar machen, wie und mit welchen Mitteln sowie unter welchen Bedingungen, d. h. auch zu welcher Zeit, unterschiedliche Deutungsmuster, Subjektpositionen und Modellpraktiken ‚(nicht) erfolgreich' verknüpft werden.

3.2 Sprechpositionen

Zur Beantwortung der Frage, *wie* Elternschaft in Pflegschaftsverfahren produziert wird, werden im folgenden Kapitel die unterschiedlichen Sprechpositionen und Machtstrukturen sowie Veränderungen im Zeitverlauf dargestellt, die sich in der Analyse und Interpretation des Datenmaterials als bedeutsam gezeigt haben. Die Gliederung orientiert sich dabei daran, von welchen Positionen aus über Elternschaft gesprochen wird bzw. werden kann, welche Positionen als legitim identifiziert werden können, welche Machtstrukturen und Verknappung oder Erweiterung von Sprechpositionen sich im Zeitverlauf durch institutionell-organisatorische und historisch-soziale Kontexte im Datenmaterial zeigen.

Wie im Theoriekapitel expliziert, differenziert die Wissenssoziologische Diskursanalyse (WDA) zwischen sozialen Akteur*innen, Sprecher*innen- bzw. Sprechpositionen, Subjektpositionen sowie Adressat*innen tatsächlicher Subjektivierungsweisen und setzt damit Akteur*innen und Diskurs in Beziehung zueinander. Während in Abschnitt 2.2.2 bereits eine grundsätzliche Definition von Sprecher*innen vorgenommen wurde, folgt in diesem Kapitel eine durch die empirische Arbeit begründete differenzierende Explikation dieser Sprechpositionen und eine Erörterung der Vielschichtigkeit im Spezialdiskurs. In der Analyse wird deutlich, dass vordergründig klar verankerte strukturelle Hierarchien durchaus Spielraum haben und zusätzlich auch informelle Hierarchisierungen bestehen. Denn auch wenn der institutionell-organisatorische Kontext dieses Diskurses bestimmte Sprechpositionen vorgibt, die nur von professionellen Akteur*innen eingenommen werden können, zeigt sich in den Daten ein differenzierteres Bild, das im folgenden Abschnitt veranschaulicht wird.

So gibt es einerseits Akteur*innen, die auf Grund ihrer fachlichen Qualifikation und ihrer beruflichen Sozialisation praktische und institutionalisierte Prozesse der Beurteilung und Beratung vollziehen. Neben der Sprechposition der Richter*innen sind dies in einem Pflegschaftsverfahren psychosoziale Expert*innen wie Sozialarbeiter*innen, Psycholog*innen und Psychotherapeut*innen des KJWT oder der FGH sowie Sachverständige unterschiedlicher Fachgebiete, die als Gutachter*innen zum Verfahren hinzugezogen werden können bzw. müssen. Diese Sprechpositionen lassen sich als Gruppe der professionellen Sprecher*innen innerhalb der Gruppe der legitimen Sprecher*innen definieren.

Neben diesen professionellen Sprechpositionen gibt es aber noch weitere legitime Sprecher*innen, d. h. Sprechpositionen aus denen heraus Akteur*innen zuständig sein können für die Benennung und Beurteilung von Problemen und Lösungsvorschlägen. Als solche ließen sich unter bestimmten Voraussetzungen Eltern, Großeltern, weitere Verwandte, Lebensgefährt*innen oder neue Ehepartner*innen von Eltern sowie Pädagog*innen aus Betreuungs- und Bildungsinstitutionen bestimmen. Schließlich ließen sich noch Kinder als Akteur*innen bestimmen, die hauptsächlich der Gruppe der potentiellen Sprecher*innen bzw. Silent Voices zugeordnet werden können. Allerdings ist abgesehen von der Gruppe der professionellen Akteur*innen keine scharfe Grenzziehung oder eindeutige Zuteilung möglich, da bestimmte Akteur*innen, gleichzeitig Sprecher*innen und Adressat*innen von Subjektivierungsinstanzen sein können und die Voraussetzungen und Möglichkeiten je nach Kontext unterschiedlich wirksam werden.

In der Folge widme ich mich nun im Detail den Ergebnissen zu den unterschiedlichen Sprechpositionen, indem ich sowohl die einzelnen Sprecher*innen definiere als auch deren Einbettung und Rolle in die Machtstrukturen und Legitimationsprozesse nachzeichne.

3.2.1 Professionelle Akteur*innen

Die Gruppe der professionellen Akteur*innen im Spezialdiskurs von Elternschaft in Pflegschaftsverfahren ist genaugenommen ein Teil der legitimen Sprecher*innen. Diese Akteur*innen sind qua der Sprechposition, die sie einnehmen, grundsätzlich zuständig für die Definition von Problemen und für Lösungsentwürfe. Sie realisieren durch ihr Wissen und durch ihr Handeln in besonderem Maße den Spezialdiskurs um Elternschaft. Auf Grund ihrer fachlichen wie beruflichen Qualifikation und damit verbundenen Zuschreibungen der Deutungshoheit vollziehen sie auch praktische Prozesse der Beratung und Beurteilung sowie institutionalisierte Prozesse im Gerichtsverfahren. Letzteres ist vor allem für die Sprechposition der Richter*innen gültig.

Richter*innen bzw. ,das Gericht'

Wie schon in Abschnitt 2.2.2 ausgeführt, sind Richter*innen vom Rechtsverständnis fachkundige, unabhängige und unparteiliche Akteur*innen. Sie sind an Gesetze gebunden, d. h. die jeweils gültigen gesetzlichen Vorgaben, aber auch die zur jeweiligen Zeit übliche Rechtsprechung dienen Richter*innen als Orientierung und Leitlinie für ihre Entscheidungen. Zitate aus Beschlüssen der ersten Instanz wie *„Das Gericht ist sich bewußt"*, *„nimmt es das Gericht als erwiesen an"* (Beschluss BG 1978, Fall Strolz) oder *„Das Gericht zweifelt nicht"* (Beschluss BG 1969, Fall Krainz) illustrieren, wie die Sprechposition der Richter*innen der ersten Instanz teilweise im Sinne einer diskursiven Praktik ihre Beschlüsse, Begründungen und Argumentationen objektivieren, indem sie den menschlichen Faktor gleichsam hinter dem Gebäude und der Institution sprachlich verschwinden lassen. Beschlüsse werden auf diese Weise nicht von menschlichen Akteur*innen getroffen, sondern werden diskursiv als vom Menschlichen entkoppelt als institutionell konstruiert und damit objektiviert und besonders machtvoll.

Allerdings ist die Sprechposition Richter*in nicht nur in den Dokumenten der ersten Instanz auf eine solche Weise teilweise objektiviert. Auf Ebene der zweiten und dritten Instanz, d. h. wenn ein Verfahren auch den Weg zum Landesgericht oder Obersten Gerichtshof geht (siehe Abschnitt 2.2.2), dann wird die Sprechposition des Gerichts von mehreren Richter*innen eingenommen. Diese nehmen dann als Kollektiv, als „der Senat", am Diskurs teil. Diese Sprechposition hat auch keinen direkten Kontakt mehr mit den Akteur*innen der weiteren Sprechpositionen, sondern die Richter*innen fällen ihre Beschlüsse auf Basis der Dokumente, die von den unterschiedlichen Sprechpositionen für das Gerichtsverfahren geschaffen werden. Sie fungieren als Kontrollorgan und verdeutlichen nicht nur die Hierarchie innerhalb der Sprechposition der Richter*innen, sondern auch, dass Gesetze keine Eindeutigkeit darstellen und das Recht diskursive Auslegung zulässt.

An dieser Stelle tritt wiederum der menschliche Faktor vor die objektivierte Sprechposition und Verweise auf vergleichbare Fälle, allgemeine Lebenserfahrung, Erfahrungswissen und allgemein bekanntes Wissen finden Eingang in Legitimationsprozesse. Richter*innen werden dann nicht nur zu Sprecher*innen des Rechtsstaates, sondern auch individuelle Interpret*innen von familialen Praktiken und Beziehungen, die möglicherweise mit der konkreten Lebensrealität der Richter*innen wenig gemein haben.

Denn wenn etwa 2013 in einem Beschluss steht *„Wie dem gefertigten Richter aus einer Vielzahl vergleichbarer Fälle bekannt ist“* (Beschluss BG 2013, Fall Bauer-Putz), so bezieht sich die Vergleichbarkeit möglicherweise nicht auf die spezifische Lebenserfahrung der betroffenen Familie oder beteiligten Akteur*innen. Wenn in einem Beschluss explizit argumentiert wird, dass *„Zur Beurteilung dieser Umstände allgemeine Lebenserfahrung aus[reicht].“* (Beschluss OGH 1969, Fall Krainz) oder es *„der Lebenserfahrung [entspricht]“* (Beschluss LG 1968, Fall Langer), dann wird nicht berücksichtigt, dass im ersten genannten Fall die Lebensrealität der Elternteile möglicherweise der eines bzw. einer Richter*in entspricht (Fall Krainz, Akademiker*innenhaushalt), in dem Fall Langer allerdings weniger, da beide Elternteile Arbeiter*innen sind.

Insbesondere auf der Ebene der ersten Instanz, also der Verhandlung auf Bezirksgerichten, ist die Sprechposition der Richter*innen jene einer einzelnen Akteurin bzw. eines einzelnen Akteurs. Sie können in ihrer Verfahrensführung und Beschlussfassung auf Strategien des Verweisens auf Gesetze, Judikatur, Erfahrungswissen sowie der An- bzw. Aberkennung von Expertise weiterer Sprecher*innen zurückgreifen. Sie schaffen dadurch Hierarchien innerhalb des Diskursfeldes und definieren, welches Wissen Eingang in einen Beschluss findet. Sie sind gesetzlich beauftragt, umfassende Informationen zu sammeln und die Entscheidung zu begründen. Der Sprechposition Richter*in obliegt die Entscheidungshoheit darüber, welche Themen aus Aussagen und Schreiben – produziert von anderen Sprechpositionen – in die Begründung eines Beschlusses aufgenommen werden und dadurch als gültige Argumente, als „Faktum“, also als etwas, das tatsächlich gegen oder für einen Elternteil geltend gemacht werden kann, anerkannt wird.

Durch die gerichtsinterne Hierarchie muss allerdings die umfassende Erhebung ersichtlich sein: *„Aufgrund der durchgeführten Erhebung ist folgender Sachverhalt erwiesen“ (Beschluss BG 1991, Fall Neidl)*; und es muss den zur jeweiligen Zeit potenziell vorgesehenen Sprechpositionen Raum gegeben werden – *„Auf der*

Grundlage dieses Gutachtens und der zitierten Stellungnahmen der Jugendämter sowie unter Berücksichtigung des sonstigen Akteninhaltes kommt das Gericht zu nachstehenden Erwägungen" (Beschluss BG 1990, Fall Kren) – da von den Parteien Beschlüsse angefochten werden können, wenn keine umfassende Erhebung durchgeführt wurde.

Wie in der Analyse sichtbar wird, agieren Richter*innen nicht in einem objektivierbaren Gesetzesraum, sondern greifen in ihren Legitimierungen auf vorherrschende Vorstellungen, Orientierungen und Leitbilder zurück:

> *„Unter Berücksichtigung des Alters der Kinder von nunmehr 5 ½ bzw. 3 Jahren erscheint die Pflege und Erziehung beider Kinder durch die eheliche Mutter geboten, insbesondere wenn man davon ausgeht, dass ein Mädchen überhaupt die Mutter mehr und eher braucht als den Vater." (Beschluss LG 1965, Fall Ott)*
>
> *„Abgesehen davon, daß die Pflege eines Kleinkindes grundsätzlich Frauensache ist" (Beschluss OGH 1968, Fall Langer)*

Hier wird aus der Sprechposition Richter*in nicht auf Basis von Gesetzen, sondern auf Basis von vermeintlich allgemein gültigem und daher nicht weiter zu begründendem Wissen ein Beschluss gefasst. In diesem Sinne kann auch die Sprechposition der Sachverständigen, die zumeist sehr mächtig ist, in Frage gestellt werden und eine Hierarchie von Wissen produziert werden. Dies zeigt sich in den analysierten Akten etwa dann, wenn die Notwendigkeit der Schaffung der Sprechposition Sachverständige*r verweigert wird:

> *„Zur Beurteilung dieser Umstände reicht allgemeine Lebenserfahrung aus. Dazu bedarf es auch nicht des Gutachtens von Sachverständigen." (Beschluss OGH 1969, Fall Krainz)*
>
> *„Die Tatsache, daß bei Kindern im Alter der Pflegebefohlenen [Anm.: 4 Jahre] die Bindung an die Mutter dominiert und der Kontakt zur Mutter in Form der ständigen Betreuung für die weitere geistige und seelische Entwicklung ausschlaggebende Bedeutung zukommt, ist allgemein bekannt und bedarf nicht unbedingt einer Bestätigung durch ein Sachverständigengutachten." (Beschluss LG 1977, Fall Lehmann)*

Allerdings wird auch deutlich, dass dennoch eine enge Verknüpfung der Sprechpositionen von Richter*in und Expert*innen besteht. Gutachter*innen und Fachpersonen der KJWT sowie ab 2013 der FGH werden von Richter*innen zentrale Sprechpositionen zugeteilt, und das Gericht greift dieses Wissen als gültig bis entscheidend auf:

„Aufgrund des Befundes bzw. des Gutachtens der gerichtlich beeideten Sachverständigen für Jugendpsychologie, Dris. [NameSachverständige], wird nachfolgender Sachverhalt der Entscheidung zugrunde gelegt:" (Beschluss BG 1979, Fall Strolz)

„[Das Gericht] folgte bei seinen Regelungen im wesentlichen den Empfehlungen der Sachverständigen, welche sehr deutlich zur Erkenntnis gelangt sei, dass […]" (Beschluss LG 2014, Fall Bauer-Putz)

Insbesondere das wissenschaftliche Wissen der Gutachter*innen wird als legitimes Wissen und Beurteilungen von Gutachter*innen als objektive Sachverhalte anerkannt und dem Alltagswissen sowie dem elterlichen Wissen und Erzählungen vorgereiht. Richter*innen hierarchisieren in diesem Sinne weitere Sprechpositionen, indem sie Aussagen, Stellungnahmen, Argumente als legitim, als „wahr" definieren und in ihre Beschlüsse aufnehmen.

„Soweit im Folgenden nicht näher ausgeführt […] gründen sich die getroffenen entscheidungsrelevanten Feststellungen auf die eingangs angeführten Beweismittel. In erster Linie ist als Entscheidungsbasis das ausgesprochen umfassende und in seinen Schlussfolgerungen schlüssige und nachvollziehbare schriftliche und mündlich erörterte Gutachten der familienpsychologischen ***Sachverständigen*** *Dr. [Name Sachverständige] samt Ergänzung zu den* ***Willensbekundungen der Minderjährigen*** *heranzuziehen. Dieses Gutachten deckt sich umfassend zum einen mit den Einschätzungen des* ***Jugendwohlfahrtsträgers****, zum anderen mit den Wahrnehmungen und Beurteilungen des gefertigten* ***Richters****, die dieser im Zuge zahlreicher Gespräche mit den* ***Verfahrensbeteiligten*** *gewinnen konnte." (Beschluss BG 2014, Fall Bauer-Putz; Hervorhebungen Autorin)*

In dieser Gewichtung legitimer Sprecher*innen als Inhaber*innen der Deutungshoheit wird aber gleichsam deutlich, dass die Sprechposition Richter*innen eine Diskurskoalition mit der Sprechposition der Sachverständigen eingeht. Auf diese Weise wird Rechtswissen mit Fachwissen kombiniert und dem Alltagswissen als objektiviertes, verlässliches Wissen gegenüberstellt.

So braucht das Gericht ein Gutachten über die zu erwartenden Folgen einer allfälligen gerichtlichen Entscheidung, eine *„fachkundige Ergänzung und Koordinierung der nach den dargelegten Erwägungen maßgeblichen Sachverhaltsgrundlagen im Wege einer ergänzenden zusammenfassenden Gutachtungserstattung, um eine verlässliche Prognose über die Auswirkungen der beantragten Überstellung des Kindes aus dem Lebenskreis der Mutter in jenen des Vaters stellen zu können" (Beschluss OGH 1979, Fall Strolz).*

Damit wird deutlich, dass neben der Sprechposition der Richter*innen jene der Sachverständigen eine mächtige Rolle im Diskursfeld Pflegschaftsverfahren einnimmt. Diese wird im folgenden Kapitel genauer dargestellt.

Gutachter*in bzw. Sachverständige

Die Sprechposition der Gutachter*innen bzw. Sachverständigen ist neben den Richter*innen auch eine, die im Auftrag des Gerichts eine Entscheidungshoheit über die Zulassung und Gewichtung von Sprechpositionen vornimmt. Im folgenden Zitat aus einem Gutachten von 2013 wird deutlich, welche Akteur*innen eine Sprechposition erhalten. Durch die in den Gutachten teils wörtlich wiedergegebenen Gespräche mit den verschiedenen Akteur*innen erhalten diese über das Gutachten eine Sprechposition. Allerdings sind dies, wie in dem Zitat ersichtlich, durchwegs die Erwachsenen. Die Kinder werden hingegen als Untersuchungssubjekte gedeutet, die auf diese Weise, wenn überhaupt, eher indirekte Sprecher*innen werden.

> *„Die dargestellten SV-Empfehlungen basieren auf folgenden Quellen der Erkenntnis:*
>
> *1. Exploratives Gespräche mit der KM, Frau DI Anja Putz.*
>
> *2. Exploratives Gespräch mit dem KV, Herrn DI Horst Putz.*
>
> *3. Untersuchung der mj. Silvia Putz zu verschiedenen Zeitpunkten.*
>
> *4. Untersuchung der mj. Jana Putz zu verschiedenen Zeitpunkten.*
>
> *5. Interaktionsbeobachtung der beiden MJ mit der KM.*
>
> *6. Interaktionsbeobachtung der beiden MJ mit dem KV.*
>
> *7. Testpsychologische Untersuchung der KM.*
>
> *8. Testpsychologische Untersuchung des KV.*
>
> *9. Hausbesuch im kindesväterlichen Haushalt.*
>
> *10. Informatorisches Gespräch mit der [Lebensgefährtin] des KV, Frau Patrizia Brunner.*
>
> *11. Telefonat mit der Kinderbeiständin der beiden MJ, Frau Mag. [Name Kinderbeistand]*
>
> *12. Telefonate mit den KE.*
>
> *13. Informatorisches Gespräch mit der früheren Therapeutin von Jana, Frau [Name Trainerin Rainbows].*
>
> *14. Die Akteninhalte." (Sachverständigengutachten 2013, Fall Bauer-Putz)*

Den Gutachter*innen steht weitgehend offen, wer als Informationsperson gewertet wird und wer als relevant für die Erstellung eines Gutachtens, für die Beantwortung der vom Gericht gestellten Frage oder für die Beurteilung einer aktuellen und zukünftigen Situation als Sprechposition hinzugezogen werden muss. Während in Fällen wie dem oben zitierten, Gespräche mit beiden Elternteilen, Lebensgefährt*innen und weiteren Expert*innen sowie Beobachtungen als Gutachtensgrundlage herangezogen wurden, wird in anderen Fällen ein Aktenstudium und das Gespräch mit einem Elternteil, nämlich dem Vater, als ausreichend erachtet.

In der Analyse der Gutachten aus den 1960er und 1970er Jahren wird die Macht der Sprechposition Gutachter*in besonders deutlich. Nicht nur die Monopolstellung einzelner Gutachter*innen, sondern auch die Nachwirkungen nationalsozialistischer Wertvorstellungen werden in den Deutungsmustern und Narrationen der Gutachter*innen deutlich. Wie schon in Abschnitt 2.2.2 unter dem Aspekt „Forschungsethischer Umgang mit den Daten" angemerkt, ermöglichten die nicht-anonymisierten Daten ein Einholen von Hintergrundinformationen zu einzelnen Gutachter*innen. Dies erwies sich für den diskursanalytischen Zugang zu meinem Datenmaterial insofern als notwendig, als sich die Art des Schreibens über Kinder und Eltern aus heutiger Sicht im Zeitvergleich spezifisch zeigt.

So wurden bis in die 1970er Jahre Akteur*innen in der Sprechposition Gutachter*in zugelassen bzw. von Gericht eingesetzt sowie deren Expertise als Entscheidungsgrundlage herangezogen, deren Verbrechen im Nationalsozialismus zu dieser Zeit bereits bekannt waren oder deren Methoden in der psychotherapeutischen und medizinischen Praxis jenseits der Gutachtenserstellung schon zur damaligen Zeit im Fachdiskurs als fragwürdig thematisiert wurde. In der Folge werden zwei Ausschnitte aus solchen Gutachten zitiert, um zu verdeutlichen, welche Rolle die Deutungshoheit von Gutachter*innen spielt, wenn Ideologien für die Beurteilung des psychischen Zustands eines Kindes herangezogen werden, die der Terminologie der nationalsozialistischen Rassenideologie zugeordnet werden können:

> *„Körperliches Erscheinungsbild: Körperlich altersgemäss, eher gross und kräftig, braune Haare, braune Augen, dicht dunkle Augenbrauen, ovales Gesicht, gute Gesichtsfarbe, „wie Milch und Blut", ein hübsches Mädchen." (Gutachten 1972, Fall Krainz)*

> *„Robert ist ein altersentsprechend großer Bub, kräftige Statur, Schulkindformen. Guter Allgemein- und Ernährungszustand, sauber gekleidet. Ein recht ansprechendes „Lausbubengesicht", gute Gesichtsfarben, die hellen Augen, zu denen die dunklen Wimpern kontrastieren, heben sich von der gebräunten Haut stark ab. Das dichte, dunkelblonde Kopfhaar zeigt normalen Ansatz. Altersgemäßer Zahnwechsel, einige bleibende Schneidezähne, zweite Mahlzähne (6er) vorhanden. Freilich wirkt der Bub*

„auf den ersten Blick" robuster als er ist. Schon im Körperlichen – im stark durchfeuchteten Blick, in der mimischen Unruhe – ist ein Hinweis für eine leichte nervöse (neuropathische) Stigmatisation gegeben. Außer diesen Hinweisen, die nur für den Fachmann erkennbar sind, ergeben sich bei der körperlichen Untersuchung keine Auffälligkeiten." (Gutachten 1964, Fall Gerber)

Der Fokus auf Äußerlichkeiten bei der Beschreibung eines Kindes macht nicht nur die Wissenslogik deutlich, dass ein schönes, sauberes Kind auf gute Eltern schließen lässt; sondern auch, dass dieser Befund eines „Fachmanns" nicht angezweifelt werden kann. Keine andere Sprechposition verfügt über dieses Expert*innenwissen. Auf Grund der Monopolstellung einzelner Gutachter*innen zu dieser Zeit – so gab es etwa in manchen Bundesländern keine weitere Fachperson, die die Sprechposition der Gutachter*in einnehmen konnte – gab es auch keine*n weitere*n Expert*in, die dieses Wissen hätte anzweifeln können.

Die Macht der Sprechposition Gutachter*in wird auch in der Differenzierung im Sprechen über zu Begutachtende deutlich. Während in den 1980er Jahren in den Gutachten im Schreiben über Mütter eine Gewichtung auf das Erscheinungsbild und Aussehen gelegt wird, steht bei der Beschreibung der Väter der Beruf im Vordergrund und Äußerlichkeiten werden in keiner Weise thematisiert:

„Herr Angerer ist gelernter Metallschleifer und Galvaniseur, bis zur Eheschließung lebte er bei seinen Eltern. [...] Frau Kofler-Angerer ist mittelgroß, schlank, hat ein großflächiges, hübsches Gesicht, weit auseinanderstehende Vorderzähne, etwas überschulterlange, gewellte braune Haare. Sie trägt einen sehr knapp sitzenden Lodenmantel, der sehr kurz ist, also keineswegs modisch und Stiefel." (psychologisches Gutachten 1980, Fall Angerer)

„Es erscheint die 34-jährige R. Lehmann, eine recht auffällige, etwas dickliche und sehr ungepflegt Frau gibt an, [Handwerksgeselle] zu sein, [...] Die Mutter wirkt äußerlich etwas verwahrlost, ungleich primitiver als der hochgebildete Vater. [...] Der Vater, 35-jährig, ist [im öffentlichen Dienst tätig], ein gebildeter Mann, der sehr genau weiß, was er will." (Gutachten 1979, Fall Lehmann)

Zusätzlich zu dem Fokus auf das Erscheinungsbild bei der Mutter, wird auch deren beruflicher Status als nicht gesichert dargestellt, der des Vaters hingegen als gesichert gewertet. In neueren Akten wird dieser Fokus in der Beschreibung der Mutter auf Äußerlichkeiten und des Vaters auf Berufstätigkeit durch das Sprechen von Expert*innen über Eltern kontrastiert. Folgendes Zitat illustriert die in der Analyse deutlich gewordene Verschiebung des Fokus in Gutachten auf die Beziehung der Eltern zu ihren Kindern und damit auf von den Gutachter*innen thematisierte elterliche Kompetenzen und Praktiken:

„Beide KE sind sehr gut erziehungskompetent. Die KM ist fähig, die Bedürfnisse der MJ zu erkennen, sie individuell wahrzunehmen und ihnen emotionale Nähe anzubieten. Sie ist auch fähig, die beiden MJ intellektuell und in ihrer Gesamtentwicklung zu fördern, sowie ihnen eine geregelte Tagesstruktur zu bieten. Die KM selbst bringt von ihrer eigenen Lebensgeschichte sichere Bindungserfahrungen mit und kann somit auch ihren beiden Töchtern sichere Bindungen anbieten. Sie hat sich in den letzten Jahren als bindungstolerant erwiesen und hat die Beziehung zwischen den MJ und dem KV wertgeschätzt und die Kontakte gefördert. […] Herr DI Putz ist gleichfalls sehr gut erziehungskompetent und fähig, seine beiden Töchter in ihren individuellen Eigenarten wahrzunehmen und ihnen emotionale Nähe anzubieten. Der KV ist zudem fähig, sie ausreichend gut zu fördern und mit ihnen positive Freizeitgestaltungen durchzuführen. Im Haushalt des KV finden die beiden MJ in der [Lebensgefährtin] des KV, Patrizia Brunner, und in der drei Jahre alten Halbschwester Sabrina weitere wichtige Bezugspersonen vor, zu welchen eine fortgesetzte Beziehungsgestaltung wichtig ist und empfohlen wird." (Familienpsychologisches Gutachten 2013, Fall Bauer-Putz)

Diese Ausschnitte illustrieren nicht nur die Deutungshoheit, die in die Sprechposition Gutachter*in eingeschrieben ist, da diese darüber bestimmt, was zu welcher Zeit als Fachwissen in den Diskurs eingebracht wird. Es wird auch deutlich, dass in und mit dieser Sprechposition Leitbilder und Normalitätsvorstellungen etwa von mütterlichen Erscheinungsbildern, väterlichen Zuständigkeiten, elterlichen Erziehungskompetenzen – in Kürze dazu ausführlicher – als wissenschaftlich belegtes Fachwissen in das Diskursfeld einfließen.

Akteur*innen des KJWT, der FGH und des Kinderbeistands

Ebenfalls fachliche Expertise wird der Sprechposition der Sozialarbeiter*innen und Psycholog*innen als Akteur*innen der KJWT zugesprochen. Diese Sprechposition kann entweder durch eine Beauftragung des Gerichts entstehen oder wenn eine Gefährdungsmeldung an einen der KJWT ergeht. D. h. die Sprechposition kann schon im Vorfeld eines Pflegschaftsverfahrens bestehen und ist eng verknüpft mit der Position des Kindes in einem Verfahren. Im analytischen Sinne kann die Sprechposition als Vertretung der Sprechposition des Kindes interpretiert werden. Dies wird insbesondere deutlich, wenn Kinder per Gesetz nicht persönlich vom Gericht gehört werden müssen.

Der Sprechposition Sozialarbeiter*in wird grundsätzlich die fachliche Expertise zugesprochen, professionell über eine Situation zu berichten oder Stellungnahmen über Prognosen zu verfassen. Allerdings ist in der Hierarchie der Sprechpositionen jene des Gerichts in Form der Richterin oder des Richters höhergestellt und ein Bericht einer*s Sozialarbeiter*in kann als fachliche „Einschätzung" verstanden werden, der sich das Gericht nicht anschließen muss, denn die *„Wahrheitsfindung übersteige die Kompetenz des Jugendamtes" (Beschluss BG*

1989, Fall Kolarik). Denn, obwohl Akteur*innen der KJWT durch Praktiken des Hausbesuchs oder der Gespräche mit Eltern, Kindern und weiteren Akteur*innen vermeintlich tiefgehende Einblicke in eine familiäre Situation erhalten können, so kann das Gericht mit Berufung auf die Hierarchie von Expert*innenwissen der Sprechposition Gutachter*in oder mit Verweis auf das Erfahrungswissen oder auf übliche Rechtsprechung mehr Gewicht verleihen als der Position Sozialarbeiter*in. Eine solche Hierarchisierung von Sprechpositionen wird in der Analyse insbesondere dann deutlich, wenn ein Fall ungewöhnlich ist. Das Gericht kann in einem solchen Fall die Kompetenzen der Sprechposition Sozialarbeiter*in als nicht ausreichend positionieren und daher für notwendig erachten, die Sprechposition Gutachter*in zu schaffen:

> *„Mit Rücksicht auf die Schwierigkeit des Falles, die darin hauptsächlich besteht, dass einerseits ein als namhafter Anwalt berufstätiger Vater, der allein eine 4-köpfigen Haushalt zur Berufsarbeit dazu zusätzlich führt, und eine Mutter, die mit einem Mann verheiratet ist, dem der leibliche Vater die Miterziehungsfähigkeit zur Gänze abspricht, sich darum bewerben, die Kinder in Pflege und Erziehung zu bekommen, ist der Sachverständigenbeweis unerlässlich." (Beschluss BG Gutachtenserstellung 1976, Fall Santo)*

Neben den Verweisen auf geschlechtsdifferenzierte Aufgabenbereiche und Zuständigkeiten sowie Vorstellungen über Beteiligungsmöglichkeiten neuer Partner*innen, auf die in Kürze noch genauer eingegangen wird, werden die Hierarchisierung und Zuständigkeiten der Sprechposition Sozialarbeiter*in illustriert. Diese Sprechposition ist nahe an den beteiligten Akteur*innen, an deren Interaktion und ihr wird die Kompetenz der Beurteilung von familiären Situationen im Rahmen von vorgegebenen genderspezifischen Stereotypen zugesprochen.

Die Analyse verdeutlicht, dass in spezifischen Fällen der Sprechposition des Vaters eine entsprechende professionelle Sprechposition gegenübergestellt werden muss. Dies ist etwa der Fall, wenn eine familiale Konstellation jenseits der Norm ist (alleinerziehender, berufstätiger Vater) und vor allem, wenn die Sprechposition des Vaters von einem Akteur mit hohem beruflichem Prestige, akademischer Bildung und bedeutsamem sozialem Netzwerk eingenommen wird.

Im Kontrast dazu zeigt sich die Macht der Sprechposition Sozialarbeiter*in als Vertretung einer Behörde, einer staatlichen Instanz, die zum Einsatz kommt, wenn das Wohl eines Kindes in Gefahr ist und von Elternteilen erwartet werden kann, dass sie sich der Sprechposition unterordnen. Mit der Sprechposition Sozialarbeiter*in gibt es wenig Verhandlungsspielraum, wenn die Akteur*in, welche die Sprechposition Mutter einnimmt, über wenig Prestige verfügt, wie folgendes Zitat veranschaulicht.

> *„Die Kindesmutter, Fr. Sandra Brauninger, erscheint trotz mehrmaliger Einladung und unangemeldeten Hausbesuchen nicht. Sie nimmt auch telefonisch keinen Kontakt zum Jugendamt auf." (Bericht KJWT 2010, Fall Brauninger)*

> *„Wenn Eltern Hilfen der Jugendwohlfahrt in Anspruch nehmen, so spricht dies dafür, dass sie ihre Verantwortung als Eltern ernst nehmen und sich bemühen, für Abhilfe zu sorgen, wenn sie selbst an die Grenzen ihrer erzieherischen Leistungsfähigkeit gestoßen sind. […] Frau Aslih kann das Ganze nicht nachvollziehen, lehnt alle Vorschläge ab und zeigt keine Bereitschaft zur Zusammenarbeit" (Antrag und Stellungnahme KJWT 2012, Fall Aslih)*

In beiden hier illustrierend angeführten Fällen wird die Sprechposition der Mutter von einer Frau mit Migrationshintergrund und niedrigem Bildungsgrad eingenommen, deren Ex-Mann und Vater der Kinder familiäre bzw. sexualisierte Gewalttätigkeit vorgeworfen wird, und die im Fall Aslih abgesehen von einem Eintrag der Gefährdungsmeldung nicht weiter verfahrensbeteiligt ist. Zwischen den beiden Sprechpositionen Sozialarbeiter*in und Mutter entsteht eine extreme Ungleichheit. Die Mütter können als nicht kooperierend und damit auch in ihrer Kompetenz als Elternteile angezweifelt werden, da die Sprechposition Sozialarbeiter*in ein Selbstverständnis hat, die Interessen des Kindes zu vertreten. Eltern, die nicht kooperieren, handeln dementsprechend auch nicht im Sinne des Kindeswohls.

Andererseits können mit und von der Sprechposition Sozialarbeiter*in Allianzen gebildet werden, um Handlungsmöglichkeiten oder Argumente zu eröffnen, beispielsweise wenn eine Mutter angeben kann, dem Rat der KJWT zu folgen:

> *„Ich habe die oben geschilderten Auffälligkeiten zuletzt auch mit dem Jugendamt und dem Kinderschutzzentrum erörtert. […] Mir wurde von beiden Institutionen empfohlen, vorerst dem Kindesvater keine persönlichen Kontakte zu den Kindern zu ermöglichen." (Stellungnahme KM 2013, Fall Bauer-Putz)*

Oder aber wenn Akteur*innen des KJWT neuen Partner*innen der Eltern Sprechpositionen zuteilwerden lassen oder diese, obwohl sie in den Erzählungen der Eltern und Kinder vorkommen, nicht in ihre Erhebungen aufnehmen und ihnen damit eine Sprechposition verwehren. Damit wird auch die Deutungshoheit darüber ersichtlich, wer als legitime*r Sprecher*in für das Kindeswohl anerkannt wird. Dies sind neben Akteur*innen, die der Familie zugeordnet werden, in erster Linie Akteur*innen aus Betreuungs- und Bildungseinrichtungen, auf die ich in Kürze zurückkommen werden.

Zunächst sei aber der Vollständigkeit halber noch auf zwei weitere Sprechpositionen eingegangen, die erst verhältnismäßig kurze Zeit im Diskursfeld

Pflegschaftsverfahren einen Platz erhalten haben. Dies sind die Sprechposition Kinderbeistand und FGH als psychosoziale Expert*innen (Sozialarbeiter*innen, Psycholog*innen, Pädagog*innen). Diese sind in meinem Datenmaterial kaum vertreten, da erstere in vier und zweitere in nur zwei Fällen, mit wenig dokumentierter Präsenz in den Akten, Teil des Diskurses werden. Dies soll nicht den Rückschluss ergeben, dass die Sprechposition keine Rolle im Diskursfeld spielt. Allerdings ist es aufgrund der Datenlage nicht möglich, genauere Interpretationen vorzunehmen. Es kann jedoch festgehalten werden, dass durch die Einführung der Sprechposition Kinderbeistand jene der Kinder verändert wurde, und zwar im Sinne einer stärkeren Anerkennung der Position des Kindes als Person und nicht als Gegenstand der Verhandlung des Kindeswohls. In diesem Sinne kann die Sprechposition des Kinderbeistands auch als institutionalisierte Allianz mit der Position des Kindes interpretiert werden. Jedoch ist dies nicht im Sinne einer Diskurskoalition als diskursive Praktik von Seiten eines Kindes zu verstehen.

Im Gegensatz dazu können Eltern das Hinzuziehen eines Kinderbeistands beantragen und schaffen damit diese Sprechposition. Dies lässt sich als einseitiger Versuch einer Schaffung einer Diskurskoalition von der Sprechposition Elternteil mit der des Kinderbeistandes interpretieren. Dahinter scheint die Annahme zu stehen, dass der Kinderbeistand als Sprecher*in für das Kind dieselbe Perspektive einnimmt, wie der Elternteil, als Kinderbeistand aber eine unparteiische Position in Bezug auf die Eltern hat, weil die Position parteiisch für das Kind ist. Durch eine solche Diskurskoalition kann die Deutungshoheit eines Elternteils über das Kindeswohl mittels der Sprechposition Kinderbeistand als professioneller Akteur legitimiert werden. Diese diskursive Praktik wird jedoch eher von bildungsnahen Eltern angewandt, denen die Institution eines Kinderbeistands bekannt ist. Hingegen wird die Sprechposition des Kinderbeistands von institutionell-organisatorischer Seite eher bei langwierigen Verfahren oder Verfahren mit bildungsfernen Beteiligten des Samples geschaffen.

Grundsätzlich wird deutlich, dass die professionellen Sprecher*innen als staatliche und damit mit der Deutungshoheit eines objektiven Wissens ausgestatteten Akteur*innen ihre Sprechposition kaum verhandeln müssen, legitime Sprecher*innen hingegen schon. Damit komme ich auch zu dieser Gruppe an Sprechpositionen und der Antwort auf die Frage, wer wo und wann legitimerweise sprechen darf und wer nicht.

3.2.2 Legitime Sprecher*innen

Die in der Folge dargestellten legitimen Sprechpositionen und Akteur*innen, die diese Positionen einnehmen können, ergeben sich einerseits aus der institutionell-organisatorischen Vorgabe des Verfahrensrechts, d. h. welche Sprechposition sieht das Gesetz in familienrechtlichen Verfahren vor. Andererseits stellt sich die Frage, wer tatsächlich wann und warum sprechen darf und schließlich auch gehört wird. Dieses ‚gehört werden' wird im Vergleich der einzelnen Dokumente darin deutlich, welche Äußerungen welcher Sprechposition von professionellen Sprecher*innen aufgenommen werden und von den Richter*innen schlussendlich als entscheidungsrelevant in den Beschluss aufgenommen werden. Allerdings muss in Bezug auf die richterlichen Beschlüsse beachtet werden, dass diese durch die Sprechposition der anderen professionellen Sprecher*innen einer Filterung gleich, diskursiv gestaltet werden.

Eltern

Rechtlich ist die Sprechposition beider leiblichen Eltern in Pflegschaftsverfahren vorgesehen, allerdings ist die nicht gleichzusetzen mit einer tatsächlichen Anerkennung dieser Position. So zeigt sich in der Analyse etwa ein Beispiel für die Machtstruktur innerhalb der Sprechpositionen im Fall Angerer aus dem Jahr 1977. In diesem stimmt das erstinstanzliche Gericht dem Antrag des Vaters auf die alleinige Obsorge für die Kinder aus der geschiedenen Ehe zu, ohne der Mutter eine eigene Sprechposition zuzugestehen. Obwohl zur damaligen Zeit das Gesetz den Mann nicht mehr als „Haupt der Familie" vorsieht, betrachtet der Richter dieses Falles die Erhebung durch die Aussage des Mannes als erfüllt, da dieser als legitimer Sprecher für die geschiedene Frau positioniert wird. Die Sprechposition der Mutter wird gleichsam durch die Sprechposition des Vaters ersetzt, da dieser als legitimer Sprecher für die Mutter seines Kindes verstanden wurde. Der Vollständigkeit halber sei aber erwähnt, dass in diesem Fall die Mutter mit Verweis auf die neue Gesetzeslage ihre Sprechposition einfordern und dadurch – zumindest auf formaler Ebene – ein Machtgleichgewicht herstellen konnte.

Die Anerkennung von Eltern als Sprecher*innen zeigt sich in der Analyse neben der juristisch-formalen Ebene aber auch davon abhängig, ob eine Person gewisse Anforderungen erfüllt, die dieser Sprechposition zugeschrieben sind. So können etwa psychische sowie ethnische Zuschreibung oder der soziale Status entscheidend dafür sein, ob eine Person als legitime Sprechposition Eltern anerkannt wird. Das Gericht kann ein Gutachten über den Gesundheitszustand von Beteiligten einholen, um auf dieser Basis zu entscheiden, ob die Person für mündig befunden wird. In der Analyse wird deutlich, dass auf diese Weise in meinem Datenmaterial durchgängig Frauen auf ihre Mündigkeit hin begutachtet wurden. Beide, Mütter und Väter, hingegen wurden in Gutachten auf ihre psychisch, charakterlich und biographisch begründete Erziehungsfähigkeit (mehr dazu in Abschnitt 3.4.3) klassifiziert. Mit einer Aberkennung oder Bezweiflung der Mündigkeit oder der psychisch begründeten Erziehungsfähigkeit wird zwar die Mutter- oder Vaterschaft nicht aberkannt, aber der jeweiligen Person im diskurstheoretischen Sinne keine legitime oder nur eine geschwächte Sprechposition im Verfahren zuteil. Diese Personen sind zwar weiterhin Akteur*innen im Diskurs, aber ihre Aussagen werden nicht oder nur bedingt gehört.

Besonders Tendenzen der Zuschreibung von „Hysterie“ finden sich vorrangig in Daten bis in die 1970er-Jahre. So verweist etwa im Fall Strolz das erstinstanzliche Gericht in seinem Beschluss, dem Vater die Obsorge zu übertragen, über weite Strecken auf das Gutachten über die Mutter. In diesem steht unter anderem Folgendes:

„wird weiters festgestellt und als erweisen angenommen, dass […]

- *die Fähigkeit der Mutter, das Kind lebenstüchtig zu erziehen, zu bezweifeln ist und es auf die Dauer nicht im Interesse des Kindes zu leigen [sic!] scheint, daß es von der Mutter grossgezogen wird; […]*
- *es sich bei der KM um eine labile Person mit Neigung zu Reizbarkeit, Depressionszuständen und Hysterie handelt; […]*

Außerdem wird in dem Gutachten des Herrn Dr. Z. [Gutachten KM] aufgezeigt, daß die KM praktisch vaterlos als einziges Kind aufgewachsen ist und in der Folge an einer frühkindlichen Bindung festgehalten habe, die sie nicht entsprechend zu verarbeiten mochte. Deshalb sei in ihrem späteren Leben ihre Bindungsfähigkeit beeinträchtigt gewesen. Ihre erste Ehe (1966-68) scheiterte, von ihrem zweiten Mann, dem KV, lebt sie seit 1973 getrennt.“ (Beschluss BG Obsorge KV 1978, Fall Strolz)[2]

Bei der Akteur*innengruppe der Eltern wird allerdings auch deutlich, dass diese stets Sprecher*innen und Adressat*innen von Subjektpositionierungen sind und die analytischen Grenzen daher auch nicht immer deutlich sind. Dies zeigt sich in der Analyse etwa, wenn in einem psychologischen Gutachten, d. h. von der Sachverständigen-Sprechposition, die Mutter zwar als nur bedingt geeignet für die Obsorge eines Kindes gedeutet wird und damit auch die Legitimität der Aussagen aus ihrer Sprechposition heraus angezweifelt werden kann; zur gleichen Zeit

[2] An dieser Stelle sei angemerkt, dass Tipp-, Grammatik- oder Rechtschreibfehler in den Originalzitaten vorhanden sind und nicht weiter gekennzeichnet werden.

diese Mutter aber von der Sprechposition des KJWT als zuverlässige, kooperierende und Hilfe annehmende Mutter positioniert wird und diese damit wieder eine Berechtigung zur legitimen und aktiven Teilnahme am Diskurs um ihr Muttersein einnehmen kann.

Die Daten verdeutlichen, dass eine solche Aberkennung oder Abwertung der Sprechposition Eltern in erster Linie Müttern gegenüber auftritt. Im Gegensatz dazu können vor allem Väter ihren höheren sozialen Status in der Hierarchiestruktur wirksam einsetzen, indem sie etwa aufgrund ihres Berufsstandes (Arzt, Jurist, Bundesbediensteter) bei weiteren Sprecher*innen mehr Anerkennung als legitime Sprecher erhalten und leichter Allianzen bilden können als die Mütter in diesen Fällen, die einen wesentlich niedrigeren beruflichen oder bildungsspezifischen Status innehaben.

> *„Die Antragstellerin ist eine unqualifizierte Hilfsarbeiterin und stammt aus einem primitiven Landarbeitermilieu, das nicht einmal den hygienischen Selbstverständlichkeiten gerecht wird. Ich habe eine qualifizierte Berufsausbildung hinter mir und stamme auch aus wohlgeordneten Familienverhältnissen, meine Geschwister haben teilweise studiert." (Rekurs KV 1968, Fall Langer)*

> *„Alles in allem eine nicht einsichtige, etwas primitive und einfältige Argumentation bei der Mutter. [...] ungleich primitiver als der hochgebildete Vater. [...] Der Vater, 35-jährig, ist [im öffentlichen Dienst tätig], ein gebildeter Mann, der sehr genau weiß, was er will. Er 1978 wieder geheiratet und es bestünde nun die Möglichkeit, daß die Minderjährige in einer Familie heranwächst mit einem etwas gehobenen Bildungsmilieu." (Gutachten 1979, Fall Lehmann)*

In Bezug auf Hierarchien von Sprechpositionen wird in den Daten ersichtlich, dass die Sprechposition Sachverständige mehr Gewicht hat und einzig von Eltern infrage gestellt wird bzw. werden kann, die auf Grund ihrer eigenen höheren Bildung oder unter Hinzuziehen von weiteren Expert*innen (private Gutachten, ärztliche Atteste etc.) legitime Sprechpositionen schaffen können und die Expertise bzw. das Wissen kontrastieren oder in Frage stellen können.

Eine Kumulation mehrerer Deutungsmuster und Narrationen führt in besonderem Maße zu einer geringeren Anerkennung von Aussagen aus einer Sprechposition heraus. So hat eine Mutter zwar formal eine legitime Sprechposition, wird aber in der Diskurshierarchie gering wahrgenommen, wenn sie die Unterstützung der KJWT verweigert, keine Bereitschaft zur Zusammenarbeit mit Behörden zeigt, auf Grund ihres Migrationshintergrunds in Verhandlungen auf Dolmetscher*innen zurückgreifen muss und psychische Probleme hat.

> *„Der Dolmetscher übersetzt den wesentlichen Inhalt des Antrages" (Protokoll Verhandlung 2012, Fall Aslih)*

Dieses Zitat veranschaulicht zum einen die Bedeutung der Sprechposition von Dolmetschenden als vermittelnde Sprechposition zwischen legitimen und professionellen Sprechpositionen. Zum anderen illustriert dieses Beispiel die sprachlichen und bildungsbezogenen Herausforderungen, mit denen Personen mit Migrationsgeschichte oder wenig Affinität zu institutionellen und juristischen Abläufen konfrontiert sind. Somit wird deutlich, dass es auch eine Verschiebung der Machtstruktur gibt, wenn aufgrund sprachlicher oder sozialer Barrieren eine Sprechposition möglicherweise gewisse Informationen nicht erhält oder versteht, die einer anderen Sprechposition aber zugänglich sind.

Eine weitere spezifische Sprechposition ist die des unehelichen Vaters, denn diese *„haben im Regelfall ein anderes Verständnis ihrer Rolle als eheliche, daher steht ihnen auch kein Vorrecht bei der Obsorgezuteilung zu"* (Beschluss BG 2001, Fall Groll), so zumindest das Verständnis des Gerichts in diesem Fall. Auf die Subjektposition bzw. das Modellsubjekt ‚unehelicher Vater' gehe ich in Abschnitt 3.5.2 ein. An dieser Stelle fokussiere ich auf die Sprechposition des unehelichen Vaters, die sich im Zeitverlauf rechtlich (siehe Abschnitt 1.2) und in Bezug auf die Hierarchie der Sprechpositionen stark verändert. Besonders ihr Verhältnis zu der Sprechposition der Großeltern zeigt sich als Spannungsfeld im Diskurs um Elternschaft. Dies wird im Fall Groll aus den Jahren 2000 bis 2005 besonders deutlich, in dem die Mutter zunächst mit dem unehelichen Kind nach der Trennung vom Vater bei den Großeltern mütterlicherseits lebt. Nach dem Tod der Mutter nehmen die Großeltern und der uneheliche Vater jeweils ihre legitime Sprechposition in Anspruch, um die Obsorge für das Kind zu beanspruchen. Beide Positionen werden vom Gericht anerkannt, aber:

> *„Sind sowohl ein Elternteil als auch Großeltern verfügbar, so entscheidet primär das Kindeswohl über die Auswahl des Obsorgeberechtigten (JBl 1994, 328, 608). [...] Strittig ist die Frage, ob der uneheliche Kindesvater den mütterlichen Großeltern bei der Zuteilung der Obsorge vorgeht." (Beschluss LG Obsorge Unterhalt 2001, Fall Groll)*

Die Beurteilung des Kindeswohls liegt allerdings weder im Machtbereich der Sprechposition unehelicher Vater noch Großeltern, sondern in jenem des Sachverständigen, der KJWT und zuletzt der Richter*innen. Auf Basis der Aussagen dieser Sprechpositionen wird auch der Beschluss des Gerichts argumentiert, das Kind in der Obsorge der Großeltern zu belassen, bis das Kind ausreichend „reif" für ein Leben in der Obhut des unehelichen Vater ist.

„Er ist auch noch zu ‚jung und zu wenig durchgereift', um ein sofortiges gänzliches Wohnen beim leiblichen Vater ohne Risiko für diese erst beginnende Stabilität nach dem Tod der Mutter zu garantieren." (Beschluss LG Obsorge Unterhalt 2001, Fall Groll)

Um an dieser Stelle eine eventuelle Neugierde von Lesenden zu stillen, sei erwähnt, dass in diesem Fall die Großeltern die alleinige Obsorge mit einem ausgedehnten Besuchsrecht des Kindes beim Vater bis zum zehnten Geburtstag des Kindes behalten. Ab 2003 bekommt der Vater, der inzwischen wieder geheiratet und ein weiteres Kind bekommen hat, die alleinige Obsorge für das Kind, das sich auch einen Umzug zum Vater wünscht, zugesprochen.

Großeltern

Großeltern haben grundsätzlich gesetzlich festgelegte, spezifische Rechte und Pflichten gegenüber ihren Enkelkindern. Sie erhalten nicht nur, wie im soeben angeführten Beispiel, im Falle des Todes eines Elternteils eine legitime und durchwegs gewichtige Sprechposition in Obsorgeverfahren. Besonders die Sprechposition der Großmutter kann als wirkmächtig gedeutet werden. Vor allem in älteren Akten ist deren Sprechposition selbstverständlicher Teil des Diskurses. Sie tritt meist in Diskurskoalition mit einem Elternteil gleich einer Verdopplung dessen Stimme auf, wie folgendes Zitat aus dem Jahr 1977 veranschaulicht:

„Ausschlaggebend aber war letztlich für die Entscheidung des Gerichtes auch die Persönlichkeit der mütterlichen Grossmutter, die bei ihrer Vorsprache bei Gericht einen durchaus positiven, herzlichen und an dem Wohlergehen des Kindes äusserst interessierten Eindruck hinterliess." (Beschluss BG Obsorge KM 1977, Fall Lehmann)

Die Sprechposition der Großmutter wird im Diskurs nicht nur zugelassen, sondern auch als legitim und beschlussrelevant anerkannt. Dies hat allerdings auch mit der jeweiligen Subjektposition zu tun, die einer Großmutter zugeschrieben wird. Auf den Aspekt dieser Positionierung und Adressierung der Großmutter als spezifische soziale Akteur*innen im untersuchten Diskurs gehe ich in Abschnitt 3.5.3 noch gesondert ein.

Neue Partner*innen

Während die Sprechposition der Großeltern rechtlich vorgesehen ist, so ist dies für neue Partner*innen von Eltern differenzierter zu betrachten. Denn selbst wenn Eltern wieder heiraten, ist es nicht unbedingt notwendig, dass diese Stiefeltern eine aktive Sprechposition in einem Verfahren einnehmen können oder erhalten. Es zeigt sich in den Daten vielmehr, dass es von Geschlecht, Dauerhaftigkeit der Beziehung und sozialem Status abhängt, ob einer neuen Partnerin oder einem neuen Partner von institutionellen Sprecher*innen eine Sprechposition zugestanden wird.

Die Dauerhaftigkeit einer neuen Partnerschaft und damit auch die Bedeutsamkeit dieser für das Verfahren zeigt sich vor allem dann gegeben, wenn ein gemeinsamer Haushalt besteht und ein gemeinsames Kind existiert. So wird etwa die Lebensgefährtin im Fall Bauer-Putz als Sprecherin durch den KJWT zugelassen:

> *„Des Weiteren betont Frau Brunner, dass der Kindesvater während der Besuchskontakte viele Erziehungs- und Betreuungsaufgaben übernommen hätte, sie selbst jedoch z. B. die Kinder häufiger beim Zähneputzen angeleitet hätte als der Vater der Kinder, da sie gelernte Zahntechnikerin sei." (Stellungnahme KJWT 2013, Fall Bauer-Putz)*

Diese neue Partnerin kann diese Position auch einnehmen, da sie wichtige Aufgaben für die Kinder übernimmt, ein gemeinsames Kind mit dem Vater hat und über dieses Kind auch als Mutter des Halbgeschwisterkindes in eine zusätzliche Beziehung zu den Kindern tritt. Außerdem wird sie aufgrund ihres sozialen Status als legitime Sprecher*in anerkannt.

Sowohl von der Mutter als auch deren Lebensgefährten wird etwa im Fall Denk (2001–2015) die Sprechposition für eben diesen Partner der Mutter aktiv eingefordert bzw. kann dieser als Vertreter der Interessen seiner Lebensgefährtin eine Sprechposition einfordern:

> *„Die Anhörung des Lebensgefährten ist wesentlich, zumal dieser mit den Kindern täglich zusammenlebt und von den Kindern als ‚Vater' quasi akzeptiert wird" (Äußerung und Antrag KM Obsorge Besuchsrecht 2002, Fall Denk)*

> *„Ich erlaube es nicht, dass meine Lebensgefährtin Lisbeth Denk, als ‚schlechte Mutter' oder ähnliches bezeichnet wird" (Beschwerde LGm an KJWT 2001, Fall Denk)*

In der Analyse der Akten zeigt sich allerdings auch, dass ein neuer Partner einer Mutter keine Sprechposition erhält, wenn dessen sozialer Status nicht anerkannt und die Beziehung als nicht relevant gedeutet wird, obwohl sogar ein gemeinsames Kind aus dieser Beziehung entstanden ist. Dies wird in zwei Fällen aus den 1960er und 1970er Jahren deutlich, in denen der Diskurs „Gastarbeiter" mit der Sprechposition des neuen Lebensgefährten verwoben ist.

> *„Der Haushalt ist sehr unordentlich, die KM hat einen jugoslawischen Gastarbeiter als Freund." (Beschluss BG Obsorge KV 1979, Fall Lehmann)*

> *„Auf der anderen Seite hat die Antragstellerin ein außereheliches Kind zur Welt gebracht und zwar mit einem Gastarbeiter, und kann man wirklich nicht sagen, daß sie dadurch als Vorbild für die Kinder gelten kann" (Äußerung KV 1970, Fall Mank)*

Die Anerkennung der Sprechposition neue*r Partner*in hängt allerdings auch damit zusammen, inwieweit diese als potenzielle Ausgrenzung, Ersatz oder Ausschließung einer Mutter oder eines Vaters interpretiert wird. So macht etwa die Mutter im Fall Kolarik (1988–2004) geltend, dass die Lebensgefährtin des Vaters nicht als Sprecherin der Mutterrolle gesehen werden kann.

> *„Wenngleich es der Minderjährigen, wie das Rekursgericht richtig feststellt, beim Vater an nichts mangelt, so kann weder die Lebensgefährtin des Vaters noch der Vater die Mutterrolle ersetzen. [...] Das Bestreben des Vaters, die Kindesmutter von der Erziehung der Minderjährigen auszugrenzen, ist ebenso evident, wie der Versuch des Vaters, der Minderjährigen nunmehr eine „Ersatzmutter" vorzusetzen." (Revisionsrekurs KM an OGH 1990, Fall Kolarik)*

Im Fall Benkovits (2001–2013) hingegen wird der Mutter die Zuschreibung des neuen Partners als Vaterersatz durch den zuständigen Sachverständigen negativ ausgelegt.

> *„Versuch, mit ihrer jetzigen Partnerschaft zusammen so zu tun, als ob sie eine echte leibliche Familie wären und den leiblichen Vater ausschließen könnten." (psychologisches Gutachten KIND 2003, Fall Benkovits)*

Bedeutsam in beiden exemplarischen Fällen ist, dass es sich hier nicht um die Schaffung einer zusätzlichen Sprechposition, also ergänzend zur Position der Mutter oder des Vaters, handelt, sondern um den Ersatz der jeweiligen legitimen Sprechposition Eltern. Allerdings sind auch dies Beispiele für die Schwierigkeit einer klaren analytischen Grenzziehung zwischen Sprechposition und Subjektposition. Denn es zeigt sich die Sprechposition sowohl der Mutter als auch der Lebensgefährtin aber auch der neuen Mutter (selbes für das männliche Geschlecht) stets in Verbindung mit der Möglichkeit der Subjektpositionierung und Deutung einer entsprechenden Akteurin. Daher wird das Thema neue*r Partner*in auch im Abschnitt 3.5.3 weiter vertieft.

Inner- und außerfamiliale Auskunftspersonen

Neben Großeltern können weitere Verwandte und auch Bekannte von Eltern sowie weitere mit Familienmitgliedern in Kontakt stehende Personen in Form von Auskunftspersonen oder Zeug*innen eine Sprechposition erhalten. Teilweise von den

Eltern als solche zur Bestätigung und Bestärkung ihrer Position herangezogen oder von professionellen Akteur*innen als Auskunftspersonen für Stellungnahmen und Berichte befragt, erhalten Tanten, Onkel, Nachbarn, Freund*innen, volljährige Geschwister (die nicht mehr Teil des Pflegschaftsverfahrens sind), Arbeitskolleg*innen, Personal von Betreuungs- und Bildungseinrichtungen oder Ärzt*innen eine legitime Sprechposition in Verfahren.

Etwa im schon erwähnten Fall Groll, in dem die Mutter verstorben ist, erhalten Freundinnen der Mutter eine Sprechposition, indem die Großeltern den Briefwechsel zwischen der Mutter und diesen Freundinnen vorlegen sowie diese auch selbst bei Gericht Aussagen tätigen. Auf diese Weise werden diese in der Sprechposition der Zeuginnen und der stellvertretenden Sprechposition für die Mutter zugelassen. Die in diesem Fall aus dieser Position geschilderten Verweise auf sexualisierte Gewalt des Vaters an der Mutter werden allerdings von der Sprechposition des Sachverständigen im Rahmen des Aktenstudiums folgendermaßen bewertet:

> *„Die auch für David spür- und wahrnehmbaren Auseinandersetzungen zwischen den Erwachsenen sind an sich nicht entschuldbar, betreffen jedoch aus Sicht des gefertigten Gutachters ‚lediglich' die Erwachsenenebene mit ihrer konflikthaften Vorgeschichte (Verhalten des Vaters als früherer Partner)" (Psychologisches Gutachten 2001, Fall Groll)*

Mit diesem Zitat wird einerseits wieder die Hierarchie der Sprechpositionen zwischen legitimen und professionellen Sprechpositionen deutlich und andererseits die Differenzierung des Mannes in die Subjektposition Vater und Partner vollzogen, denn im Beschluss selbst wird das Thema der Gewalt nicht weiter erwähnt (zu letzterem Aspekt siehe Abschnitt 3.3).

Außerfamiliale Akteur*innen können aber als relevante Sprechpositionen in Beschlüssen auftreten, wenn sie aus ihrer Position heraus – etwa als potenzielle Betreuungsunterstützung eines Elternteils – als wichtig für die Obsorgeentscheidung und die ‚Beweiswürdigung' erachtet werden, wie etwa im Fall Wandl (1997–2008). Im Beschluss werden dort die Aussagen der Mutter und des Vaters ebenso als Quelle für die ‚Sachverhaltsdarstellung' herangezogen wie das Gutachten, die Einvernahme der Eltern und der Kindergartenpädagogin. Grundsätzlich zeigt sich allerdings, dass die Sprechposition von Bekannten und weiteren Verwandten im Vergleich zu jener von außerfamilialen Akteur*innen, insbesondere von Personen von Bildungseinrichtungen, von Seiten der professionellen Sprecher*innen eine weniger gewichtige Position zugeschrieben wird als der von Akteur*innen mit pädagogischer, medizinischer oder psychologischer Ausbildung.

Während Freund*innen, Bekannte oder Verwandte meist von Eltern in Sprechpositionen gebracht werden, wird Kindergartenpädagog*innen oder Lehrpersonen meist von Akteur*innen der KJWT oder Richter*innen selbst eine Sprechposition zuteil. Diese zeigen sich in der Analyse auch an der Grenze zwischen einer legitimen und professionellen Sprechposition angesiedelt. Sie sind zwar rein institutionell nicht vorgesehene Sprecher*innen, allerdings wird Akteur*innen, die diese Position auf Grund ihres Berufsstandes und ihrer Beziehung zu dem Kind einnehmen können, eine Deutungshoheit über das Wohl des Kindes sowie die familiale Situation zuerkannt und ein hohes Maß an Expert*innenwissen zugesprochen.

So werden Kindergartenpädagoginnen von der KJWT oder dem Gericht selbst als Auskunftspersonen befragt bzw. vorgeladen und erhalten so mehr als eine legitime Sprechposition, wenn sie für die „Untersuchung des Minderjährigen" herangezogen und in den Beschluss Eingang finden, wie beispielsweise im Fall Wandl (1997–2008):

> *„Die Nachfrage im Kindergarten ergibt, dass auch dort keine Auffälligkeiten beobachtbar sind, auffällig ist allerdings ein fallweises aggressives Verhalten, das von Seiten des Kindergartens auf die problematische Hintergrundsituation zurückzuführt wird. In sozialer und emotionaler Hinsicht ist der Minderjährige altersentsprechend unauffällig." (Beschluss Obsorge KM 2001, Fall Wandl)*

Durch den alltäglichen Kontakt mit dem Kind wird Akteur*innen von Betreuungs- und Bildungseinrichtungen ein gewisses Maß an Deutungshoheit über Erziehungs- und Familienverhältnisse zugesprochen und sie erhalten damit über die Zuschreibung als legitime Sprecher*innen einen Status als Expert*innen.

> *„Soweit ich das sehen kann, ist das Kind bei ihrem Vater und seiner Lebensgefährtin gut untergebracht und wird auf jeden Fall gut für das Kind gesorgt. Das Kind ist immer sauber, hat immer eine entsprechende Jause mit und wird auch immer von Frau Fr. P. [LGv] abgeholt, mit der sie anstandslos und ohne Schwierigkeiten mitgeht. […] Ich bin der Ansicht, daß eine Änderung in den Erziehungsverhältnissen in der Form, daß die Mutter das Kind übernimmt, für das Kind gar nicht günstig wäre." (Protokoll Ladung Kindergärtnerinnen 1979, Fall Steiner)*

Dementsprechend können allerdings auch Eltern mit dieser Sprechposition Diskurskoalitionen eingehen, ihre Sichtweise bestärken oder untermauern, indem sie diese im Sinne einer strategischen Praktik in den Diskurs einführen, wie folgende Zitate veranschaulichen:

> *„Die Kindergärtnerin sagte auch etwas, was sicher den Tatsachen entspricht, aber von ihr aus berufenem Munde kommt, dass das Kind nämlich in diesem Alter die Mutter viel nötiger habe als den Vater." (Antrag KM 1967, Fall Krainz)*
>
> *„Was die erzieherische Betreuung betrifft, könnten sicherlich die diversen Schulen Auskunft geben" (Äußerung KV zu Stellungnahme KM 1976, Fall Santo)*
>
> *„Ich kann mir nicht erklären, wieso Frau Brauninger [Anm. Mutter] so lügen kann, dass ich mich nicht um die Kinder gekümmert habe, die Kindergärtnerinnen können bezeugen, dass sie mich sehr oft im Kindergarten mit den Kindern gesehen haben." (Stellungnahme KV 2013, Fall Brauninger)*

Mit diesen Beispielen wird auch illustriert, was in der Analyse deutlich wurde: Es zeigt sich eine klare Hierarchie der inner- und außerfamilialen Sprechpositionen, wenn die Einbeziehung deren Wissens durch professionelle Sprecher*innen in Berichte und Stellungnahmen und schließlich in Beschlüssen als gültiges Wissen über eine familiale Situation oder ein Kind herangezogen wird.

Je nach Ressourcen können Eltern ihre legitime Sprechposition und weitere Sprechpositionen im Sinne von Diskurskoalitionen unterschiedlich nutzen. Ich möchte das an zwei Beispielen veranschaulichen: Einerseits ist das der Fall Aslih (2012–2020) und andererseits der Fall Klinger (2010–2018). In beiden Fällen wird den Müttern eine gewisse psychische Problematik diagnostiziert, die auch auf dramatische biographische Ereignisse zurückgeführt wird. Frau Aslih hat vier Kinder, von denen eines in jungen Jahren an einer plötzlichen schweren Erkrankung verstirbt, zum Vater haben die Kinder nach einer Wegweisung auf Grund sexualisierter Gewalt gegen die Mutter keinen Kontakt. Die Mutter wird in weiterer Folge als alleinerziehende Mutter bezeichnet. Frau Klinger hat ebenfalls vier Kinder aus aktueller Ehe und eine volljährige Tochter aus einer vorherigen Beziehung. Herr Klinger beantragt die Obsorge der beiden mittleren Kinder. Das älteste der vier Kinder ist auf Grund einer schweren Behinderung pflegebedürftig. Beide Familien sind vom KJWT betreut. Beiden Müttern wird eine Überforderung mit der Kinderbetreuung, -erziehung und der Haushaltsführung zugeschrieben. Beide Mütter lehnen Unterstützung durch den KJWT bzw. Familienhilfe zeitweise ab.

Frau Aslih ist auf Grund ihrer schlechten Deutschkenntnisse und ihrer geringen formalen Bildung mit Sprach- und Verständnisbarrieren konfrontiert. Der KJWT kann in seiner Stellungnahme und dem Antrag auf Fremdunterbringung der Kinder im Gegensatz zur Mutter auf eine Vielzahl weiterer Akteur*innen zurückgreifen, denen eine legitime Sprechposition mit anerkannter Deutungshoheit zugesprochen wird:

> *„Der Schulpsychologe stellt bei Jessim Sprachschwierigkeiten fest, die eventuell auf mangelnde Deutschkenntnisse zurückzuführen sind. [...] Die Kindergartenpädagoginnen berichten, dass Owais und Harun geringe Deutschkenntnisse und dadurch Ausdrucksschwierigkeiten haben. Der TAF – Betreuer beobachtet bei der Kindesmutter depressive Verstimmungen und eine Überforderung im Bereich der Förderung und Erziehung ihrer Kinder. [...] Im April 2012 informiert der Hausarzt der Familie Aslih, Dr. [Name Arzt], dass er häufig Noteinsätze bei Frau Aslih zuhause habe, da die Kinder ungewöhnlich oft an Infekten leiden." (Antrag und Stellungnahme KJWT 2012, Fall Aslih)*

Während Frau Klinger zwar zeitweise auch als wenig kooperativ bezeichnet wird und *„hinsichtlich der affektiven Schwingungsbreite etwas bedrückt [erscheint]" (Gutachten 2012, Fall Klinger),* wird bei ihr eine Überforderung als verständlich gedeutet. Vor allem aber kann sie sowohl ihre volljährige Tochter als auch Freund*innen als Sprecher*innen und damit Zeug*innen in das Verfahren einbringen, die vom Gericht auch als legitime Sprecher*innen anerkannt werden. Frau Aslih steht somit als isolierte „Alleinerziehende" im Gegensatz zu Frau Klinger, deren sozialer Status auch anerkannt wird, einer Diskurskoalition von KJWT, Pädagog*innen und medizinischem Fachpersonal gegenüber, die vor Gericht ungleich mehr Anerkennung findet.

Es zeigt sich damit eine klare Diskursordnung, in der Sprechpositionen, die mit anerkannten sozialen Institutionen verknüpft sind, ein höheres Maß an Deutungshoheit zugesprochen wird als der Sprechposition der Eltern vor allem, wenn diesen ein gesellschaftlich geringerer sozialer Status zugeschrieben wird. Bei der letzten Sprechposition, die sich für den Diskurs um Elternschaft als analytisch relevant gezeigt hat, wird die ungleiche Machtstruktur im Diskursfeld Pflegschaftsverfahren besonders deutlich.

Kinder – Unmündige, Silent voices oder legitime Sprecher*innen?

Kinder und Jugendliche sind ab einem per Gesetz festgelegten Alter zwar als legitime Sprecher*innen im Diskursfeld Pflegschaftsverfahren in der Sprechposition Minderjährige*r vorgesehen. In der Analyse der Akten zeigt sich allerdings, dass sie eher passive oder potenzielle Sprecher*innen bzw. Silent Voices sind. Als Akteur*innen, um die es in einem Pflegschaftsverfahren vordergründig eigentlich geht, wäre ihre Beteiligung an der diskursiven Auseinandersetzung erwartbar. Die

Daten ergeben allerdings, dass eine aktive Teilnahme an der diskursiven Verhandlung zu unterschiedlichen Zeiten und aus unterschiedlichen Gründen erschwert wird. D. h. selbst wenn formal die legitime Sprechposition Minderjährige*r vorgesehen ist, so zeigt sich diese in den Daten als mit wenig bis keiner Macht verbunden und wird dadurch zu einer fragilen Sprechposition.

Die Sprechposition Minderjährige zeigt sich in den Daten in erster Linie als mittels anderer oder durch andere Sprecher*innen geschaffen. Etwa wenn sie in Form von Briefen, die nicht spezifisch für das Verfahren erzeugt wurden und von Vater oder Mutter als Beweis in das Verfahren eingebracht werden, als Sprecher*innen positioniert werden, oder wenn Eltern persönlich als stellvertretende Sprecher*innen für ihre Kinder agieren.

> *„Ich möchte mich zu Ihrem Schreiben vom […] 2012 und zu dem beiliegenden Antrag [Anm.: alleinige Obsorge KV] folgendermaßen äußern: 1.) Meine beiden Töchter, Valerie [10 Jahre alt] u. Renate [6 Jahre alt] möchten auf keinem Fall ständig bei Ihrem Vater leben. Besuchen möchten sie Ihren Vater weiterhin gerne, da sie ihn trotz allem liebhaben." (Äußerung KM zum Antrag KV auf alleinige Obsorge 2012, Fall Klinger)*

Die Sprechposition eines 10- und 6-jährigen Kindes zeigt sich hier zunächst als nicht notwendig, da die Mutter aus ihrer Position heraus für die Kinder sprechen kann. Die Mutter geht davon aus, die Deutungshoheit über den Willen der Kinder zu haben.

Des Weiteren erhalten Minderjährige eine Sprechposition, indem sie in den Berichten von KJWT, FGH oder Gutachtenden sowie durch einen Kinderbeistand zu Wort kommen. Allerdings ist dabei zu berücksichtigen, dass diese Sprechposition wie weiter oben erwähnt keine eigenständige Sprechposition ist, sondern vielmehr ein Sprechen durch eine weitere Sprechposition darstellt. Expert*innen befragen, explorieren, untersuchen Kinder und sprechen dann *über* sie. In diesem Sinne nehmen diese Kinder keine aktive Sprechposition ein, sondern werden als Auskunftspersonen, als Untersuchungssubjekte, als zu Beobachtende im Diskurs positioniert.

> *„Während des Gesprächs mit der Kindesmutter und dem Aupairmädchen sprach DSA [Name der Sozialarbeiterin] mit den Kindern Roland, 13 Jahre, Sandra, 6 Jahre, und Ruben, 5 Jahre." (Bericht KJWT 2013, Fall Brauninger)*

Anders betrachtet könnte ein solches Sprechen über oder durch eine machtvolle Sprechposition auch als Diskurskoalition betrachtet werden, die dazu führt, dass die Sprechposition Kind aus der Position der Silent Voices heraustritt. Allerdings widerspricht dieser Perspektive die grundsätzliche und per Gesetz vorgesehene Asymmetrie der Sprechpositionen Minderjähriger in Bezug auf sämtliche weitere Sprechpositionen im Diskursfeld. Dies hängt unter anderem mit der Perspektive auf Kinder und Jugendliche als besonders schutzbedürftige Personen, als auch mit der entwicklungspsychologischen Perspektive auf die Urteilsfähigkeit von Minderjährigen zusammen. Hier zeigt sich auch die Überschneidung mit Diskursen zu Kindeswohl und Kinderrechte.

Selbst wenn ein Kind in einem Verfahren eine aktive Sprechposition erhält und direkt befragt wird, so zeigt sich dessen schwache Position in der Machtstruktur darin, dass diese Sprecher*innen nicht die gleiche Anerkennung erhalten wie andere. Das Recht zu sprechen, wird ihnen zwar zuerkannt, die Legitimität der Aussage und des Willens allerdings aberkannt. So verweist etwa das Gericht im Fall Klinger (2010–2018) im Jahr 2013 in seinem Beschluss auf das Gutachten der psychologischen sachverständigen Person – also die Sprechposition des*der Expert*in –, um zu begründen, warum es die Sprechposition der Kinder (11, 7 und 5 Jahre alt) nicht gänzlich anerkennt:

> *„Aus sachverständiger Sicht kann es nicht maßgebend sein, wenn sich die Kinder momentan gegen einen Umzug zum Vater aussprechen. Sie haben derzeit noch nicht die Reife, langfristig für ihre Zukunft zu entscheiden“ (Beschluss BG Obsorge aufgeteilt 2013, Fall Klinger)*

Auch folgendes Zitat aus dem Jahr 1996 illustriert, dass die Sprechposition eines 9-Jährigen Kindes zwar gegeben ist, diese sich aber als nicht entscheidend zeigt und der Wille des Kindes den Vorstellungen zum Kindeswohl untergeordnet ist.

> *„Daß das Kind sich gegen die Übernachtung ausgesprochen hat, vermag an der Richtigkeit des Beschlusses des Erstgerichtes nichts zu ändern, da die Stellungnahme Unmündiger zu Besuchsrechtsfragen nicht entscheidend ist.“ (Beschluss LGZ Rekurs abgewiesen 1996, Fall Kolarik)*

Kinder werden einerseits bewusst als Silent Voices positioniert in dem Diskurs darüber, welcher Elternteil der ‚bessere‘ Elternteil für das Kind ist, um das Kindeswohl zu schützen, d. h. sie nicht durch eine (direkte) Befragung in den Diskurs einzubeziehen. Andererseits wird Minderjährigen die Urteilsfähigkeit über ihren Willen auf unterschiedliche Weise und im Zeitverlauf keineswegs stringent ab- oder anerkannt und sie so teilweise trotz aktiver Sprechposition zu Silent Voices oder aber zu legitimen Sprecher*innen gemacht, die mit einer gewissen Deutungsmacht ausgestattet sind. Ich möchte diese Vielfalt der Perspektiven auf die Sprechposition Minderjährige mit einigen Beispielen illustrieren:

Im Jahr 1972 schreibt eine 14-Jährige an den verfahrensführenden Richter einen Brief und darin unter anderem „*Und sie, Herr Rat glauben vielleicht, daß ich von meiner Mutter in den Ferien beeinflust wurde, was aber nicht der Fall ist, sondern es ist mein Wille, zu meiner Mutter zu kommen*“ (Brief Kind 1985, Fall Mank) und nimmt somit ihr Recht auf eine legitime Sprechposition in Anspruch. Der angesprochene Richter begründet seinen kurz darauf gefällten Beschluss, die Obsorge beim Vater zu belassen unter anderem folgendermaßen:

> *„Ferner sind die Wünsche der Minderjährigen, wie aufgezeigt, überaus schwankend. Sie können schon deshalb keine Entscheidungsgrundlage abgeben.“ (Beschluss BG Antrag KM Obsorge abgewiesen 1972, Fall Mank)*

Ebenso wird 1981 im Fall Fischer dem 16-jährigen Sohn zwar eine Sprechposition zuerkannt, sein Wunsch, beim Vater untergebracht zu werden, als „*bloss einer unbegründeten Emotion entspring[end]*“ durch das Gericht beurteilt (Beschluss LG Rekurs abgewiesen 1981, Fall Fischer). Die Willensbekundungen werden in diesen beiden Beispielen nicht im Sinne einer rationalen Entscheidung anerkannt, sondern als Emotionalität und Unreife. Dies könnte auch mit der grundsätzlichen Perspektive auf Minderjährige in dieser Zeit begründet werden.

Im Jahr 1984 wird der Wunsch einer 11-jährigen Minderjährigen – die als eigenständige Sprecher*in bei Gericht zugelassen wird – im Beschluss folgendermaßen beurteilt:

> *„Jutta [Anm. 11 Jahre alt] erklärte über Befragen durch den Richter wiederum schlicht und unmißverständlich, daß sie bei ihrem Vater bleiben wolle und keineswegs zu ihrer Mutter zurückkehren möchte. Diese Erklärung des Kindes entspringt offensichtlich nicht einer Laune, sondern ist ein überzeugend vorgebrachter Wunsch. [...] Der Wunsch des Kindes beim Vater zu verbleiben kann nicht als Laune des Mädchens behandelt werden, sondern ist als fundierter Wille anzuerkennen.“ (Beschluss 1984, Fall Flick)*

Möglicherweise ist diese Differenzierung der Anerkennung in diesen drei genannten Fällen auch durch die Berücksichtigung weiterer relevanter intervenierender Bedingungen begründet, die aber in der auf die Beurteilung des Willens reduzierte Argumentation nicht sichtbar werden. Weitere entscheidende Aspekte könnten etwa die in diesen Fällen genderspezifischen Konstellationen sein, ein unterschiedlicher sozio-ökonomischer Status der Eltern oder auch die spezifische individuelle richterliche Deutung des Kindeswillens.

Grundsätzlich ist in diesen Beispielen die Sprechposition der mündigen Minderjährigen vom Gericht geschaffen, wenn auch deren Wünsche von den jeweiligen Gerichten nur teilweise als entscheidend beurteilt werden. In einem weiteren Fall aus den 1970er Jahren wird erst in der zweiten Instanz die Sprechposition Minderjährige – eingenommen von einem vierjährigen Mädchen – über das Schaffen der Sprechposition des „besonders erfahrenen Kinderpsychologen“ (Beschluss LG 1977, Fall Steiner) zugelassen. Welche Minderjährigen als mündig beurteilt und als legitime Sprecher*innen anerkannt werden, scheint nicht einzig altersbasiert zu sein, sondern in ihrer Position zu weiteren Sprecher*innen sowie in der Beurteilung deren Deutungshoheit über die Folgen des eigenen Willens zu liegen.

In der Analyse der jüngeren Fälle zeigt sich jedoch die grundsätzlich gewandelte Perspektive auf Kinder und Jugendliche als anzuerkennende Akteur*innen. So wird etwa 2012 eine 11-Jährige Minderjährige als legitime Sprecherin neben der Sprechposition der beiden Eltern positioniert. Der verfahrensführende Richter beruft sich in seinem Beschluss über die Aufteilung der Obsorge der Kinder auf Mutter und Vater aber nicht nur auf das beauftragte Gutachten, welches er als *„schlüssig und nachvollziehbar“* bezeichnet, sondern auch auf seinen *„persönlichen Eindruck, den der erkennenden Richter von beiden Eltern und Valerie gewonnen hat“* (Beschluss Obsorge aufgeteilt 2013, Fall Klinger). Auch wenn der Wunsch des Kindes im Beschluss nicht anerkannt wird, stellt die richterliche Argumentation nicht die legitime Sprechposition des Kindes selbst in Frage:

> *„Was die Äußerung von Valerie [Anm.: 11 Jahre alt] und Renate [7 Jahre alt] zum Obsorgewechsel betrifft, ist darauf hinzuweisen, dass nach der Rechtsprechung ab dem 12. Lebensjahr von der Urteilsfähigkeit eines Kindes bezüglich einer Obsorgezuteilung auszugehen ist. Dies bedeutet jedoch nicht, dass seinem Wunsch nach einem Obsorgewechsel jedenfalls entsprochen wird.“ (Beschluss Obsorge aufgeteilt 2012, Fall Klinger).*

In einem weiteren Verfahren aus den 2020er-Jahren werden die zwei divergierenden Perspektiven der einerseits an Deutungsmustern und Subjektpositionierungen orientierten Interpretation von Aussagenebene und der andererseits an der Hierarchie der Sprechpositionen orientieren Interpretation, die mit der Legitimität und Professionalität der Sprechposition verknüpft ist, deutlich:

> *„Dies gilt auch für die Darstellung des sehr schmalen Grats zwischen Berücksichtigen des von Silvia und Jana geäußerten Kindeswillens und der vorrangigen Orientierung am keineswegs eins zu eins identen Kindeswohl. […] Bewusst und zurecht geht der Gesetzgeber davon aus, dass die Entscheidung, ob der geäußerte Wille auch dem Wohl der Kinder entspricht den erwachsenen Entscheidungsträgern, sprich den Eltern oder letztlich dem Gericht obliegt.“ (Beschluss gemeinsame Obsorge 2014, Fall Bauer-Putz)*

Diese fallspezifisch höchst divergierende Stellung der Sprechposition Kind bzw. Minderjährige in der Machtstruktur des Diskursfeldes lässt sich in der Analyse nicht einfach auf ein spezifisches Alter zurückführen, das auch rechtlich eine Anerkennung der Sprechposition festlegt. Die Verhandlung und Deutung des Kindeswillens zeigt sich in der Analyse als relevantes Element in der ambivalenten Position von Kindern in Pflegschaftsverfahren als Sprecher*innen einerseits und als Subjekte andererseits. Diese divergierende Positionierung ist neben der Hierarchie der Sprechpositionen und damit verbundenen Deutungshoheiten eng verknüpft mit der Subjektposition des Kindes als manipuliert, als Objekt oder als Beweis für gute oder schlechte Elternschaft sowie dem Leitbild des Kindeswohls (siehe Abschnitt 3.3.3). Auf letzteres gehe ich als eines von drei Leitbildern, die sich in der Analyse herauskristallisierten, nun im folgenden Kapitel ein.

3.3 Leitbilder und Normalitätsvorstellungen

Als sozial geteilte, verbalisierte und teilweise verschriftlichte Vorstellungsbündel eines wünschenswerten Zustandes oder einer wünschenswerten und grundsätzlich erreichbaren Zukunft im Sinne von Normalitätsvorstellungen lassen sich Leitbilder auch in Pflegschaftsverfahren finden. Sie sind als programmatische Konzepte potenziell formulierbare bzw. tatsächlich konkret formulierte Orientierungen und werden auf der Deutungsebene durch Deutungsmuster und Subjektpositionierungen verhandelt. Damit wirken sie einerseits in die Konstruktion von Elternschaft in Pflegschaftsverfahren hinein und werden gleichzeitig in diesen Prozessen (re)konstruiert. In der Analyse ließen sich drei Ziel- oder Modellvorstellungen spezifizieren: erstens ist dies die heteronormative Kernfamilie, die als intakt, harmonisch und vollständig gedeutet wird. Zweitens zeigt sich die Normalitätsvorstellung einer genderspezifischen Elternrolle und drittens das Leitbild des Kindeswohls. Wie sich Akteur*innen dieser Leitbilder bedienen und sie diese als strategisches Mittel einsetzen, um ihre Sicht auf eine Situation, eine Beziehung, einen Zustand durchzusetzen oder ihr Bild auf gute bzw. schlechte Elternschaft zu plausibilisieren, wird in den Kapiteln Subjektposition und Modellsubjekte (3.5) sowie Narrationen zu guter und schlechter Elternschaft (3.6) deutlich.

3.3.1 Die vollständige, harmonische, intakte, heteronormative Kernfamilie

Durch das gesamte Datenmaterial zieht sich das Leitbild der heteronormativen Familienform, mit einem Elternpaar mit biologischen Kindern, als intakte und harmonische Kernfamilie. Dieser Vorstellung entsprechend schaffen Eltern, die diese Verbindung aufheben, eine ungünstige Lebens- und Familiensituation für ein Kind, wie folgendes Zitat verdeutlicht.

> *„Da sich ein günstiges Verhältnis nicht herstellen läßt, da die Eltern nicht daran denken, wieder die Lebensgemeinschaft aufzunehmen, läßt sich also auch der Wunsch des Kindes nach einem Familienleben mit Vater und Mutter nicht verwirklichen. Es bleibt also die Wahl welches ist das größere, welches das kleinere Übel." (Sachverständigengutachten 1968, Fall Krainz)*

Dieses Zitat verweist darauf, dass Eltern, die Entscheidungen treffen, die eine Abweichung von diesem Leitbild bedeuten, grundsätzlich als defizitär betrachtet werden und damit keine guten Eltern sein können. Selbst wenn sie ein alternatives „Familiensystem" erschaffen, das für die zukünftige Entwicklung eines Kindes als gut angesehen werden kann, kann dieses dennoch als *„nicht das Idealbild einer intakten Ursprungsfamilie [verkörpernd]" (Beschluss LG 2001, Fall Groll)* und damit den Eltern als negativ anlastbar diskursiv hergestellt werden.

Aus dieser Perspektive heraus zeigt sich die Ausgangslage von Pflegschaftsverfahren als von einem Defizit geprägt gedeutet; als eine Situation, die in einem Gutachten aus den 1960er Jahren als das Ergebnis einer Handlung definiert wurde, die nicht den natürlichen Verhältnissen entspricht:

> *„Unter natürlichen Verhältnissen besitzt ein Kind eine Heimstätte erster Ordnung, das Elternhaus, kürzere oder längere Aufenthalte bei nahen Angehörigen, Verwandten oder in Heimen werden demgegenüber eher als Besuche empfunden." (SV Gutachten 1968, Fall Krainz)*

Obsorgeverfahren zeigen sich damit als das Ergebnis eines Übels konzipiert, im Sinne eines Nicht-Erfüllens der Erwartung an Eltern, einem Kind eine harmonische, intakte Kernfamilie zu bieten, in der es mit zwei gegengeschlechtlichen Elternteilen zusammenlebt.

Basierend auf diesen Normalitätsvorstellungen können Frauen oder Männer, die sich von dem jeweiligen Partner bzw. der jeweiligen Partnerin trennen, als Familienzerstörende und damit als Mutter oder Vater positioniert werden, die das Wohl des Kindes nicht beachten oder dieses ihren persönlichen Befindlichkeiten unterordnen – dazu mehr im Abschnitt 3.5 Subjektposition. Damit verbunden ist aber auch die Vorstellung der stets harmonischen Kernfamilie. Eine Frau, die in der bestehenden Ehe Gewalt erfährt, kann als Mutter dementsprechend nur unter dem Vorwurf, eine Familie zu zerstören, aus dieser Ehe heraustreten. Das geht so weit, dass in den 1970er Jahren, wie etwa im Fall Santo (1974–1978), gewaltsame Handlungen zwar von einer Mutter als Argumentation gegen den Vater in Bezug auf seine Eignung als Vater angeführt werden, aber das Thema Gewalt nicht im Beschluss erwähnt wird, da sich dieser Mann als Vater deshalb nicht infrage stellen lässt. Dies illustriert auch, die zu der damaligen Zeit vorherrschende Perspektive auf Gewalt in der Ehe. Auf das Thema Gewalt im Zusammenhang mit Kindewohl gehe ich in Abschnitt 3.3.3 noch im Detail ein.

Im Zeitverlauf zeigt sich in der Analyse bezüglich der Bedeutung sexualisierter und häuslicher Gewalt für eine Positionierung eines Mannes als Vater wenig Veränderung. Dies veranschaulicht folgendes Zitat aus einer Stellungnahme des KJWT aus dem Jahr 2014, in dem eine Sozialarbeiter*in das Gespräch mit einem Kind wiedergibt, dessen Vater sexualisierte und häusliche Gewalt an Mutter, Kindermädchen und Kindern vorgeworfen wird:

> *„Auf die Mitteilung, dass sein Papa […] den DSA mitgeteilt hat, dass er ihn lieb hat, ihn vermisst, er ihn gerne sehen möchte, schüttelt Ruben den Kopf und sagt: ‚Er ist nicht mein Papa, er ist mein Stiefvater.' […] Im Hinblick auf Besuchskontakte wird die Situation beim Kinderbeistand, die Ruben kennt und als nicht unangenehm empfindet, besprochen. Mit einer Person ähnlich dem Kinderbeistand im Raum, welcher die Kinder schützt, könnte sichergestellt werden, dass ihnen nichts Schlimmes passiert und sie so den Vater sehen. Zuerst ist Ruben unschlüssig und schüttelt den Kopf um wenig später zu sagen, dass er das einmal probieren will." (Stellungnahme KJWT, Fall Brauninger 2014)*

Mit diesen Zitaten wird auch das Ergebnis illustriert, dass durch sämtliche Sprechpositionen und den gesamten Beobachtungszeitraum hindurch die Normalvorstellung der harmonischen und leiblichen Kernfamilie besteht, die eng verknüpft ist mit den Vorstellungen über Kindeswohl und kindliche Bedürfnisse.

Allerdings zeigt sich auf der Deutungsebene dieser Normalvorstellung ein moderater Wandel im Zeitverlauf. In älteren Akten tritt Familie eher als Co-Präsenz sowie Familie und Haushalt als Synonym auf – wie etwa schon zitiert das Elternhaus oder die Heimstätte. Familie ist dort, wo die biologischen Eltern oder wenigstens ein biologischer Elternteil und ein Stiefelternteil oder eine biologische Großmutter in einem Haushalt leben. In neueren Akten ist Familie eher auf Beziehungsebene und im Hinblick auf das, was als gut für ein Kind gedeutet wird, definiert. Es zeigt sich ein Paradigmenwechsel vom biologistisch definierten Familienbild in einem Heim – etwa wenn der Vater im bereits erwähnten Fall Santo die rhetorische Frage stellt: *„ersetzt wirklich die „Ersatzfamilie“ nach augenblicklichem Wunsch eines der (Ex)„Partner“ die naturgewachsene Familie?“* (Äußerung KV 1977, Fall Santo) – hin zur Normalitätsvorstellung, dass das Kind Kontakt zu beiden leiblichen Elternteilen braucht. Getrennte Eltern werden allerdings über den gesamten Forschungszeitraum hin nur als Teile eines normativen Ganzen gedeutet und können sich dem Leitbild der intakten Familie nur annähern, indem sie als Mutter oder als Vater tun, was als gutes Elternsein gedeutet werden kann.

Der Aspekt des Leiblichen in der Normalitätsvorstellung von Familie kann allerdings bis zu einem gewissen Grad ersetzt und damit mit dem Leitbild des Kindeswohls (dazu in Kürze) in Einklang gebracht werden. Dies zeigt sich im Datenmaterial im Sinne einer diskursiven Praktik dann als erfolgreich, wenn das ‚Übel‘ akzeptiert wird und das Verfahren als Suche nach einer möglichst dem Leitbild entsprechenden Lösung definiert wird. Eltern werden dann als Elternteile positionierbar, denen eine jeweils eigene neue Gesamtheit zugeschrieben wird. Elternteile können dann danach beurteilt werden, wie nahe sie an das Leitbild herankommen:

> *„wobei die Umstände bei dem einen Elternteil denen beim anderen in ihrer Gesamtheit gegenüberzustellen seien. Dabei sei unter anderem darauf zu achten, welcher Elternteil am ehesten ein intaktes Familienleben bieten könne.“ (Beschluss LG 2002, Fall Denk)*

Nahe an dieses Leitbild heranzukommen, sich nur anzunähern oder es nicht zu erreichen, zeigt sich als eines der relevantesten Elemente in der Phänomenstruktur des Diskurses um Elternschaft in Pflegschaftsverfahren. Die „Gesamtheit der Umstände“ (siehe obiges Zitat), ist orientiert an der Normalitätsvorstellung der harmonischen, intakten und idealerweise leiblichen Ursprungsfamilie, eröffnet eine Bandbreite an Deutungsmustern und Subjektpositionierungen sowie breite Möglichkeiten davon genährter Narrationen, auf die in den entsprechenden Kapiteln in weiterer Folge noch eingegangen wird.

Das Idealbild der intakten Kernfamilie, das sich in der Datenanalyse zeigt, basiert auf der Normalitätsvorstellung der monogamen heterosexuellen Ehe, die als Voraussetzung für ein gutes Aufwachsen eines Kindes verhandelt wird und damit eng verknüpft ist mit dem Leitbild des Kindeswohls sowie mit Normativitätsvorstellungen von Mutter- und Vaterrolle.

3.3.2 Mutterrolle, Vaterrolle: genderspezifische elterliche Zuständigkeiten

> *„Ich bezahle soviel Geld, aber die Mutter kümmert sich nicht gut um meine Kinder."*
> *(Protokoll KV 2013, Fall Brauninger)*

Diese Aussage eines Vaters verweist auf die Vorstellung einer klar genderspezifischen Zuständigkeit, die auch im Jahr 2013 als vor Gericht vertretbare Diskursposition angenommen wird. Insbesondere im Bereich elterliche Aufgaben und Zuständigkeiten zeigen sich durch das Geschlecht begründete Vorstellungen im gesamten Untersuchungszeitraum als besonders beständig. Auf diese vermeintlich legitimen und allgemeingültigen Leitbilder davon, was die Mutter- bzw. die Vaterrolle umfasst, wird in Argumentationen von unterschiedlichen Sprecher*innen, im Zeitverlauf und je nach sozialem Milieu jedoch im Detail differenziert zurückgegriffen.

Im Diskurs um Elternschaft in Pflegschaftsverfahren wird deutlich, dass der Mutterrolle inhärent ist, sich als Mutter (gerne) um die Pflege der Kinder zu kümmern. In der Vaterrolle sollte ein Mann in erster Linie finanziell für das Kind sorgen und ab den 1970er Jahren bis zu einem gewissen Grad bei der Pflege mithelfen. Das Kümmern beinhaltet dabei Haushalts- und Care-Tätigkeit und sich idealerweise *„ganztags"* – genau genommen *„rund um die Uhr"* – *„dem Wohl aller Kinder widmen"* (Äußerung Mutter 2002, Fall Denk). Das Sorgen umfasst hingegen die Zurverfügungstellung der notwendigen finanziellen Ressourcen für die Kinder durch eine Vollzeit-Berufstätigkeit des Vaters. Außerdem zeigt sich das väterliche Sorgen auch als eine – in manchen Fällen notwendige bzw. als notwendig dargestellte – Kontrolle der mütterlichen Pflegearbeit. Diese betrifft vor allem die Bereiche der Gesundheit bzw. richtigen medizinischen Versorgung sowie der schulischen Leistungen bzw. Bildung des Kindes.

Es sei der Vollständigkeit halber noch darauf verwiesen, dass in dem eingangs zitierten Fall die väterliche Narration der Mutter als Nichtkümmernde und die Selbstpositionierung als finanziell Sorgender nicht erfolgreich ist – dazu mehr in Abschnitt 3.6. Dennoch verdeutlicht dieses Zitat, dass die Autor*innen der unterschiedlichen Dokumente auf genderspezifische Elternrollen und spezifische mütterliche und väterliche Verantwortlichkeiten, denen bestimmte Normalitätsvorstellungen zugrundeliegen, zurückgreifen, auf die ich nun im Folgenden näher eingehe.

Kümmern und Pflege

Sich um ein Kind kümmern und es zu pflegen, zeigt sich in den Daten durchwegs als ureigenste weibliche Aufgabe gedeutet, die mit der Mutterrolle verbunden und als natürlich begründet ist; dadurch allerdings auch kaum weiter expliziert werden muss. Es sind vielmehr Postulate, die Frauen für die Pflege grundsätzlich als geeigneter und wichtiger anführen, wie folgende Zitate illustrieren:

> *„Pflege eines Kleinkindes grundsätzlich Frauensache ist" (Beschluss OGH 1968, Fall Langer)*
>
> *„Mütter mit Kindern in diesem Altern einen kindgerechteren Umgang pflegen können als Väter [...] Mütter in einem höheren Ausmaß in der Lage sind, Kleinkinder zu betreuen" (Gutachtensergänzung 2001, Fall Wandl)*

Warum die Pflege „Frauensache" ist, Mütter in „höherem Ausmaß in der Lage sind" oder „besonders wichtig" sind, scheint keine weitere Begründung zu benötigen, da von einer allgemein geteilten Normalvorstellung von mütterlichen Eignungen und Fähigkeiten ausgegangen wird. Diese unhinterfragte Perspektive auf die Frau bedeutet zwar in diesen Fällen eine ebenso unhinterfragte Zuteilung der Obsorge, die andere Argumentationen in den Hintergrund zu verdrängen scheint, allerdings kann durch diese Postulierung auch eine Mutter, die diese Norm nicht erfüllt, als schlechte Mutter positioniert werden (siehe dazu im Detail Abschnitt 3.5.1). Die Zuständigkeit und Eignung der Mutter für Pflege werden als selbstverständlich betrachtet, insbesondere für kleinere Kinder. Auch ein Vater kann sich um ein Kind kümmern, aber er muss die damit verbundenen Tätigkeiten erst lernen, da sie nicht als ureigenste männliche Fähigkeiten gedeutet werden, wie etwa in der Stellungnahme einer Sachbearbeiterin des KJWT im Jahr 2001 ersichtlich wird:

> *„Der Vater liebt sein Kind und ist um das Kind bemüht. Da er bis vor kurzer Zeit mit dem Kind zusammenlebte, kann er gut mit ihm umgehen und hat gelernt, ihn zu füttern und wickeln." (Stellungnahme KJWT 2001, Fall Benkovits)*

Die weibliche Zuständigkeit für Pflege zeigt sich in der Analyse als nicht unmittelbar mit der im Zitat auch erwähnten Liebe oder Zuneigung verbunden, sondern mit der Organisation und Verantwortung für das breite Spektrum an Tätigkeiten, die das alltägliche Kümmern um ein Kind beinhalten. Expliziert werden diese Tätigkeiten, wenn die Mutter diese ureigenste Aufgaben (scheinbar) nicht erfüllt oder der Vater diese übernehmen muss, wie etwa folgende Zitate veranschaulichen:

„Ich wiederhole den Antrag, die Kinder in meine Pflege und Erziehung einzuweisen und ersuche zu überprüfen, daß meine Frau vom Anfang der Ehe an an Haushaltsarbeit nicht interessiert war und ich als alleinverdienender, kochender und mit Säuglings- und Kinderpflege beschäftigter Ehemann bestaunt wurde. Es hatte sich bei uns so eingespielt, daß ich die gesamte Hausarbeit verrichten mußte. Beim Heimkommen von der Arbeit gegen 14 Uhr traf ich meine Gattin oft noch schlafend an, der Kindergarten, den ich bezahlt hatte, wurde dadurch oft versäumt. Meine Gattin pflegte mich dann wie selbstverständlich zu fragen, was ich heute koche. Wenn ich sie um etwas bat, z. B. meine Hose zu kürzen, so sagte sie stets, daß sie es machen werde, tat es dann aber einfach nicht, sodaß ich auch Näharbeiten selbst verrichtete. Jeder festeren Bitte meinerseits entzog sie sich durch starkes und langandauerndes Weinen, sodaß ich, um dieses schreckliche Weinen zu verhindern, von selbst alles machte, auch die Arbeit mit den Kindern, u.zw. auch baden, wickeln, reinigen. Ich will dabei nicht sagen, daß sich meine Gattin nicht mit den Kindern befaßt hat. Sie spielte gerne mit ihnen, [...] und redete mit ihnen." (Schreiben KV 1979, Fall Najafi)

„Kritisieren muß ich immer wieder, daß meine Frau sich mit dem Waschen unverhältnismäßig lange Zeit läßt, auch die Bügelsachen liegen oft sehr lange herum. Zum Flicken hat meine Frau in letzter Zeit auch immer weniger Zeit." (Protokoll Vater 1990, Fall Neidl)

„Ich kann nur sagen, daß der Haushalt, trotz meiner täglichen Arbeit, in Ordnung ist. Die Wohnung ist sauber, mein Mann hat noch immer frische Kleidung erhalten und wenn es mir möglich war, habe ich auch immer gekocht." (Gegenantrag Mutter 1990, Fall Neidl)

Wie diese Zitate illustrieren, zeigt sich in der Analyse, dass Kinderpflege nur in Form eines Einspringens, Vertretens oder Übernehmens in den Zuständigkeitsbereich eines Vaters fällt und diesem besonders angerechnet werden kann (siehe Abschnitt 3.5.2). Wenn eine Mutter etwa vorübergehend nicht verfügbar ist, so kann von einem Mann erwartet werden, dass *„das Kind beim Vater ja in guten Händen"* ist (Beschluss Obsorge KM 1989, Fall Kolarik) und die Obsorge dadurch von der Mutter nicht unmittelbar vernachlässigt wird.

Kontrolle und Erziehung

An der Grenze zwischen Kümmern und Sorgen ließ sich in der Analyse die mit der Vaterrolle verbundene Normalitätsvorstellung des Vaters als Förderer und Unterstützer in bildungsspezifischen Fragen, als Autorität in Erziehungsfragen und als Experte in Gesundheitsfragen herausarbeiten. Dahinter liegt die Annahme einer genderspezifischen besseren Eignung eines Mannes für diese Bereiche. Die Interpretation dieser Sorgeleistung als rechtmäßige Kontrolle der mütterlichen

Zuständigkeit für Pflege und Erziehung zeigt sich – auch entsprechend der gesetzlichen Bestimmungen – vorrangig in den Verfahren aus den 1960er bis 1970er Jahren.

Insbesondere die Interpretation der Vaterrolle in Form des ‚strengen Vaters' findet sich in dieser Zeit und ist unmittelbar abhängig vom Alter des Kindes. So ist es eine akzeptierte Normvorstellung, dass Kindererziehung ein gewisses Maß an Strenge, inklusive körperlicher Strafen, erfordert und insbesondere Burschen ab der Pubertät *„der leitenden Hand des Vaters bedürfen."* (Rekurs KV 1976, Fall Santo). Diese *„strenge Hand des Vaters"* (Rekurs KV 1968, Fall Langer) wiegt allerdings bei Kleinkindern nicht so viel wie die Vorstellung davon, dass für Kinder im *„zartesten Lebensalter [...] der unmittelbare Kontakt mit der Mutter für die ganze Entwicklung von entscheidender Bedeutung"* ist und Kleinkinder daher *„noch einer besonderen mütterlichen Obsorge"* bedürfen (Beschluss LG Obsorge KM 1968, Fall Langer).

Zwei weitere Annahmen genderspezifischer Zuständigkeiten im Bereich der Erziehung und Kontrolle werden im Bereich Bildung und Gesundheit ersichtlich. Die Schulbildung liegt grundsätzlich im institutionellen Zuständigkeitsbereich, aber Eltern sollten beide ihre Rolle als Fördernde und Helfende wahrnehmen. Ebenso liegt es im Verantwortungsbereich beider Eltern, sich um die Gesundheit der Kinder zu kümmern. Während allerdings in Bildungsfragen der Vater nur in wenigen Fällen bis zu den 1970er Jahren als Einschreitender und Verantwortung übernehmender interpretiert werden kann, fällt die medizinische Kompetenz über den gesamten Untersuchungszeitraum in den Zuständigkeitsbereich sowohl von Mutter als auch von Vater. Dies betrifft vor allem Fragen der Pflege, die über alltägliche körperliche und hygienische Aspekte hinausgehen und mit der geeigneten medizinischen Versorgung in Zusammenhang stehen. Anzweiflung der elterlichen Eignung für die adäquate medizinische Pflege zeigt sich allerdings in erster Linie durch Väter und institutionelle Sprechpositionen und mit einem Verweis auf die Hierarchie von Wissen im pflegschaftsgerichtlichen Diskurs. So kann beispielsweise 1966 der Vater im Fall Krainz seine Bedenken darüber äußern, ob die Mutter *„im Falle einer Erkrankung des Kindes die richtigen Maßnahmen treffen würde"* (Protokoll KV 1966, Fall Krainz) und sieht darin sein Kontrollrecht begründet. Besonders deutlich wird die Normalitätsvorstellung der väterlichen Vernunft in Bezug auf medizinische Fragen, wenn in zwei Verfahren aus den 2010er Jahren davon ausgegangen wird, dass alternativmedizinische Ansätze der Mütter deren Pflegekompetenz in Frage stellen lassen.

> *„Dazu ist zu sagen, dass die Mutter in den letzten Jahren sehr stark in Richtung Esoterik abgeglitten ist und dies mit einer Vehemenz, die doch Sorge bereitet, da sie in diesem*

Zusammenhang die konventionelle Medizin ablehnt bzw. Behandlungen nur mehr auf dieser Ebene stattfinden lassen möchte.“ (Protokoll KV 2013, Fall Bauer-Putz)

Der Vater, der auf die ‚richtigen‘ Behandlungsmethoden zurückgreift, kann sich so erfolgreich als Einschreitender und die Pflege der Mutter Korrigierender positionieren – dazu mehr in Abschnitt 3.5.2. Vorerst wird noch ein weiterer Bereich genderspezifischer elterlicher Zuständigkeit thematisiert, der in den analysierten Akten, als durchwegs der mütterlichen bzw. weiblichen Zuständigkeit und Verantwortung zugerechnet wird.

Haushaltstätigkeiten

Haushaltstätigkeiten werden grundsätzlich nicht als Teil der väterlichen Zuständigkeiten konzipiert, sondern als Teil der Mutterrolle. Ein Vater kann allerdings gezwungenermaßen, weil die Mutter diesen Teil ihrer Rolle nicht wahrnimmt, oder betont mit Freude – im Sinne des besonderen Vaters (siehe Abschnitt 3.5.2) – diese Tätigkeiten aus dem Bereich der Mutter übernehmen (müssen). Auf diese Weise werden dieselben Tätigkeiten im pflegschaftsgerichtlichen Diskurs unterschiedlich thematisiert: Ein Vater kann Haushaltstätigkeiten kaum vernachlässigen, er kann höchstens nicht „mithelfen“, denn diese liegen nicht in seinem Zuständigkeitsbereich.

„Im gemeinsamen Haushalt half mein Exmann so gut wie nie mit“ (Äußerung KM 2012, Fall Klinger)

Da Hausarbeit und Pflege nicht nur der Mutterrolle zugeschrieben werden, sondern auch als „Frauensache“ betrachtet werden, kann ein Vater zumindest die Haushaltstätigkeit an eine Haushälterin auslagern, wie etwa in folgendem Fall, und sich in dieser Weise um den Haushalt kümmern.

„Bei der Haushaltsführung macht sich natürlich bemerkbar, daß die Hausfrau fehlt. Es kann aber trotzdem nicht gesagt werden, daß der Haushalt darunter leidet, bzw. sich dies zum Nachteil der Kinder auswirken würde. Herr Dr. Santo scheut auch vor keiner Hausarbeit zurück. Erst im August ist es Herrn Dr. Santo gelungen, eine angeblich recht tüchtige Haushaltskraft zu finden, mit der er recht zufrieden ist.“ (Stellungnahme FGH KV 1975, Fall Santo)

Ein alleinerziehender Vater kann somit betonen, dass ihm ein ordentlicher Haushalt wichtig ist und er diesen Teil der Mutterrolle übernimmt, indem er sich darum kümmert, die Haushaltstätigkeiten an eine andere Frau auszulagern. Eine Mutter hingegen vernachlässigt ihre Pflicht, wenn sie ein Kindermädchen und Dienstmädchen beschäftigt und sich daher nicht selbst um den Haushalt kümmert. Von einer Mutter wird, sowohl in einer bestehenden Ehe als auch nach einer Trennung dementsprechend erwartet, dass sie ihre Mutterrolle persönlich erfüllt und diese Pflicht auch gerne ausübt, wie folgendes Zitat veranschaulicht:

> *„Anlaß für die Aufhebung der ehelichen Gemeinschaft durch sie war ja, daß sie ihre Pflichten als Mutter und Hausfrau als Belastung empfindet" (Stellungnahme Antrag Obsorge KV 1989, Fall Kren)*

Es zeigt sich allerdings durchaus abhängig von sozialem Milieu und im Zeitverlauf eine Veränderung der Normalitätsvorstellungen im Bereich Haushaltstätigkeit. So finden sich ab den 1990er Jahren keine vordergründigen Verweise auf Haushaltstätigkeiten der Mutter – d. h. kein Vorwurf der Vernachlässigung von Haushaltsaufgaben durch Vater, außer in einem Fall, in dem die Vernachlässigung der Kinder durch die Mutter auf Antrag des KJWT zu einer Entziehung der Obsorge führt. Und ebenfalls zeigen in den Verfahren offen geführte Debatten über gleichberechtigte Partner*innen- und Elternschaft, dass zumindest im Bereich der Hausarbeit die Normalitätsvorstellungen von der Mutterrolle zugeschriebenen Zuständigkeiten hinterfragt werden können, wie etwa zwei Fälle um das Jahr 1990 deutlich machen:

> *„Tatsächlich aber gingen meinem Auszug bereits zahlreiche Auseinandersetzungen voraus, ausgelöst durch nichtigste Anlässe wie z. B. Brösel auf dem Fußboden oder Kratzer in denen der Antragsgegner mich zutiefst demütigte und sogar soweit ging mich zu mißhandeln. Von einer Partnerschaft, nämlich einer Gleichberechtigung von Mann und Frau war bei weitem keine Rede – außer nach seinen subjektiven Vorstellungen wonach sich eine Frau von Natur aus unterzuordnen habe." (Stellungnahme KM 1989, Fall Kren)*

> *„Laut Angaben von Frau Neidl wurde sie von den Schwiegereltern und den Geschwistern ihres Mannes nie als eigenständige, selbstdenkende und verantwortungsbewußte Frau gesehen und respektiert. Entscheidungen und Fragen die ihre Familie betrafen, wurden seitens ihres Mannes zuerst mit seinen Eltern besprochen, ihre Meinung wurde nie anerkannt. Letztendlich fühlte sie sich nur mehr für die Putzarbeit zuständig." (Stellungnahme KJWT zu KM 1990, Fall Neidl)*

Zusammenfassend wird in der Analyse somit deutlich, dass es im Bereich der Haushaltstätigkeit eine deutliche Veränderung im Zeitverlauf gab. Die als naturgegeben thematisierbare Verbindung von Mutterschaft und Hausfrauenrolle wird um die 1990er-Jahre durch den Gleichberechtigungsdiskurs aufgebrochen und problematisierbar.

Sorgen durch Berufstätigkeit

Das Kümmern um die Kinder zeigt sich somit ebenso in die Mutterrolle eingeschrieben, wie mit der Vaterrolle die Normalitätsvorstellung des vollzeitberufstätigen Mannes zwecks finanzieller Versorgung der Familie verbunden ist. Beides zeigt sich als selbstverständlich und wird selten expliziert, außer die entsprechende Rolle wird nicht oder nicht in akzeptabler Weise wahrgenommen und/oder von dem jeweils anderen Geschlecht ‚übernommen'. Die Option des freiwilligen Rollentausches, also des Hausmannes und der vollzeiterwerbstätigen Mutter tritt im gesamten Untersuchungszeitraum nicht auf, obwohl es durchaus den erwerbsarbeitslosen Mann gibt, der seiner finanziellen Verantwortung damit nicht nachkommt. Die erwerbslose Frau gibt es in den analysierten Akten nicht, sie ist Hausfrau oder Mutter. Wenn der Vater der Kinder seiner finanziellen Verantwortung nicht nachkommt, dann *muss* eine Mutter auch finanziell für die Kinder sorgen und berufstätig sein, obwohl ihre Kernaufgabe dadurch beeinträchtigt wird. Dieses Dilemma ist im gesamten Untersuchungszeitraum relevant, wie folgende Zitate veranschaulichen:

> *„[Der Vater] hat jedoch keine so große Sorge um das Kind, wie es aus der erstgerichtlichen Entscheidung zu lesen ist, da er keinen Unterhalt leistete [...]. Ich habe daher auch eine Tätigkeit als Verkäuferin bei einem Bäcker [...] annehmen müssen und verdiene nun auch, um dem Kind alles bieten zu können, was es zu einer gedeihlichen Entwicklung braucht." (Rekurs KM 1983, Fall Koller)*

> *„Gerade die äußerst angespannte finanzielle Situation machte die Annahme der mir angebotenen Beschäftigung notwendig, zumal der KV keinerlei Beschäftigung, welche mit einem Einkommen verbunden gewesen wäre, nachging. [...] ich in diesem Zusammenhang festhalten möchte, daß ich die Stelle bei der [Dienstgeberin] nur sehr ungern annahm, da mit sehr wohl bewußt war, daß die Beschäftigung die gemeinsame Zeit, welche ich mit Manuel rund um die Uhr verbringen möchte, erheblich einschränken wird. Aufgrund der finanziellen Situation war ich jedoch hierzu gezwungen" (Stellungnahme Antrag KM 2000, Fall Wandl)*

> *„Für meine Mutter war es schwierig, der Herr Albescu [KV] war lange arbeitslos. Meine Mutter musste schauen wie sie Geld herbeibringt. Der Herr Albescu hatte insofern ein Suchtproblem als er sehr viel Computer gespielt hat. Er hat sich nicht um die Kinder gekümmert." (Protokoll Kind Mutter vorherige Beziehung 2014, Fall Brauninger)*

Zusätzlich zu den klar der Mutterrolle zugeschriebenen Aufgaben der Haushaltsführung und der Pflege der Kinder kann die Berufstätigkeit zum Zweck der finanziellen Absicherung der Kinder somit in den Zuständigkeitsbereich einer Mutter fallen, wenn der Vater seiner Verantwortung nicht nachkommt. Bezüglich

Berufstätigkeit zeigt sich allerdings, dass in den Fällen, in denen beide Eltern aus dem Arbeiter*innenmilieu sind, Berufstätigkeit nicht bzw. kaum der Rolle der Mutter widerspricht, Berufstätigkeit eine Selbstverständlichkeit ist und nicht im Sinne einer Selbstverwirklichung der Frau gedeutet werden kann.

> *„Wenn sie zur Sicherung ihres eigenen Unterhaltes einer Erwerbstätigkeit nachgeht, kann dies der Überlassung des Kindes an sie nicht entgegenstehen“ (Beschluss Obsorge KM 1968, Fall Langer)*

Dementsprechend ist die Berufstätigkeit der Frau in diesen Fällen auch nur dann problematisierbar, wenn sie dadurch die ihrer Rolle zugeschriebenen Zuständigkeiten als Mutter nicht ausreichend erfüllen kann oder diese als reine Selbstverwirklichung interpretiert wird; aber zu den entsprechenden Deutungsmustern bzw. Positionierungen mehr in Abschnitt 3.4.1 bzw. 3.5.1.

Abschließend sei nochmals festgehalten, dass Normalitätsvorstellung von genderspezifischen Eignungen und Zuständigkeiten durch den gesamten Untersuchungszeitraum hindurch als nicht weiter auszuführende Postulate in die Verfahren eingehen. Eine Mutter kann durch nichts ersetzt werden, wenn es sie gibt und sie ihre Mutterrolle bis zu einem bestimmten Maß ausfüllt. Ein Vater kann „alles richtig“ machen, aber er bleibt der Vater, dessen Aufgabe es nicht ist, die Mutterrolle zu übernehmen bzw. die er aufgrund seines Geschlechts auch nicht im selben Maße wie eine Frau erfüllen kann.

> *„Betont sei, daß es dem Kind beim Vater an Nichts mangelt – außer eben die Mutter; diese Mutterrolle zu ersetzen, ist dann nicht Aufgabe des Vaters, wenn tatsächlich eine Mutter vorhanden ist.“ (Beschluss Obsorge KM 1989, Fall Kolarik)*

Das eben angesprochene Maß zeigt sich als drittes Leitbild – neben jenem der intakten Familie und der Normalitätsvorstellung genderspezifischer Zuständigkeiten – das sich in der Analyse der Pflegschaftsverfahren als relevant für die Verhandlung von Elternschaft herauskristallisiert hat. Es sind dies, die Normalitätsvorstellungen davon *was* bzw. *wen* ein Kind braucht. Dieses Maß des Kindeswohls, auf das ich in Folge eingehen werde, zeigt sich in der Aktenanalyse unter anderem als eng verknüpft mit den Normalitätsvorstellungen von Mutter- und Vaterrolle, wie folgende Aussage eines Sachverständigen aus dem Jahr 2013 abschließend verdeutlicht:

> *„Man muss aber auch sagen, dass die Mutter vor allem in den ersten Lebensjahren der Kinder besonders wichtig ist, dann wird auch die Rolle des Vaters immer wichtiger.“ (Protokoll KE und SV 2013, Fall Klinger)*

Die Rolle des Vaters ist die des männlichen Vorbilds, des (strengen) Erziehers und des für die Bildung des Kindes Verantwortlichen, kurz dessen, der für alles jenseits des (liebevollen) Pflegens, das der Mutterrolle zugeschrieben wird, sorgen kann. Allerdings zeigt die Analyse der Akten durchwegs, dass ein Säugling und Kleinkind in erster Linie die der Mutterrolle zugeschriebenen Fähigkeiten zu braucht. Ein heranwachsendes Kind scheint aber Bedürfnisse zu haben, die elterliche Eigenschaften brauchen, die männlich formuliert der Vaterrolle eingeschriebenen werden. Diese altersspezifischen Vorstellungen davon, *was* und *wen* ein Kind braucht, zeigen die enge Verknüpfung dieser beiden Leitbilder im untersuchten Diskursfeld.

3.3.3 Kindeswohl

Im gesamten Untersuchungszeitraum zeigt sich *„das Wohl des Kindes [als] Richtschnur für die Entscheidung"* (Beschluss Obsorge KV 1964, Fall Gerber) bzw. für die Entscheidungsfindung in Pflegschaftsverfahren als bedeutsam. Der Verweis auf das hier angesprochene Kindeswohl ist allerdings bei genauerer Betrachtung nur ein Schlagwort für ein Leitbild, das durch diverse Normalitätsvorstellungen darüber ausgeformt wird, *was* und *wen* ein Kind braucht bzw. nicht braucht, damit es ihm gut geht. Außerdem kommt es in unterschiedlichen Deutungsmustern, Subjektpositionen und Narrationen zum Ausdruck. Das Leitbild Kindeswohl zeigt sich in der Analyse als eng verknüpft mit den soeben skizzierten Vorstellungen von Mutter- und Vaterrolle sowie dem Leitbild der intakten Familie.

Wie schon in Abschnitt 1.2 dargestellt, gibt es eine juristische Vorstellung von Kindeswohl, die im Zeitverlauf immer klarer ausformuliert wurde. In den Argumentationen, Erzählungen, Urteilen usw. beziehen sich die am Diskurs beteiligten Akteur*innen wohl auch auf diese Vorstellungen, aber auch auf die sozialhistorisch und soziokulturell zur jeweiligen Zeit vorherrschende Annahme, was für ein Kind gut oder schlecht ist. Wie schon im Abschnitt 3.2 angemerkt, spielen dabei die Hierarchie der Wissenssysteme und deren Sprecher*innen eine wesentliche Rolle, wie folgendes Zitat aus dem Jahr 1989 illustriert:

> *„Primäre Bezugsperson des Säuglings und Kleinkindes ist die Mutter; dieser Grundsatz der Entwicklungspsychologie wurde bislang nicht revidiert; eine Unterbindung dieser Beziehung, indem man Mutter und Kind nicht zusammenkommen läßt, [...] erscheint in hohem Maß geeignet, sich schädlich auf die Persönlichkeit des Kindes auszuwirken und somit sein Wohl zu gefährden." (Beschluss vorläufige Obsorge KM 1989, Fall Kolarik)*

Was eine Mutter bzw. ein Vater leisten und bieten muss, wie eine Eltern-Kind-Beziehung je nach Zeit, Milieu und Geschlecht – von Kind und Elternteil – gelebt werden und ausgestaltet sein sollte, welche Rolle die im Zitat auch angesprochene Zukunftsaussicht dabei spielt und wie dies alles in Form von unterschiedlichen Normalitätsvorstellungen unter dem Leitbild Kindeswohl in den Verfahren wirkmächtig wird, wird im Folgenden im Detail nachgezeichnet. Die Darstellung orientiert sich an den in der Analyse herausgearbeiteten unterschiedlichen Vorstellungen dessen, wen und was ein Kind braucht, damit es ihm gut geht. Diese sind in der Folge unter den Kategorien Dauerhaftigkeit, Vertrautheit und Vollständigkeit, Geschlecht, Reife und Identifikation, Wohn- und Schlafverhältnisse, Bildung und Förderung, Betreuung durch Dritte, Geschwister sowie Gewaltfreiheit erörtert.

Dauerhaftigkeit, Vertrautheit und Vollständigkeit

In diesem Bereich der Normalitätsvorstellungen von Kindeswohl zeigt sich die Vorstellung von Dauerhaftigkeit und Vertrautheit als relevante Konstante im gesamten Untersuchungszeitraum, während die Vorstellung von Vollständigkeit erst um die Jahrhundertwende hinzutritt. Vertrautheit ist dabei – wie etwa im Fall Kren 1990 im psychologischen Gutachten formuliert – zu verstehen als notwendige *„Beheimatung und schützende Atmosphäre […] eines Elternhauses“* (Gutachten 1990, Fall Kren) für ein Kind. Es geht um *ein* Zuhause entweder bei Mutter *oder* Vater. Ein Zuhause, das mehr ist als die Wohnung oder ein Haus, sondern dessen Ausformung durch darin gelebte Beziehungen und Gewährleistung von Vertrauen und Dauerhaftigkeit. Ein Kind sollte wissen, *„wohin es gehört“* (Antrag KM Besuchsregelung 1967, Fall Krainz) und nicht aus seiner *„gewohnten und geschützten Umgebung“* herausgerissen werden, da dies dem Kindeswohl abträglich wäre (Aufgetragene Äußerung KV 2013, Fall Haidinger). Was ein Kind braucht, ist eine Vermeidung von ‚Milieuwechseln‘ und häufige ‚Betreuungswechseln‘ und dementsprechend Dauerhaftigkeit.

Das hier angesprochene Milieu steht für die Vorstellung, dass bei der Verhandlung um den besseren Obsorgeort nicht Mutter oder Vater allein für das Kindeswohl entscheidend beurteilt werden, sondern das jeweilige Umfeld mitbeurteilt wird, somit das *„vertraute Gesamtumfeld“* (Äußerung KV zu Gutachten 2002, Fall Denk) für das Kindeswohl entscheidend ist. Dementsprechend ist die Verwurzelung eines Kindes in einem Umfeld bzw. Milieu als besonders wichtiger Aspekt der Vorstellungen von Kindeswohl zu verstehen. Dies wird insbesondere in den Fällen deutlich, in denen ein Obsorgewechsel mit einem Umzug des Kindes in ein anderes Land verbunden wäre (Fall Haidinger 2012–2018 und Fall

Najafi 1978–1983). Im Leitbild des Kindeswohls ist also die Normalitätsvorstellung angesiedelt, dass für ein Kind – insbesondere, wenn es kein Kleinkind mehr ist – die Vertrautheit des Umfeldes bedeutsam ist.

Intensität und Häufigkeit des Kontakts zum anderen Elternteil wird zwar im Zeitverlauf als immer wichtiger und förderungswürdig festgestellt. Allerdings zeigt sich als durchgängige Vorstellung jene, dass ein Kind über alle Altersstufen hinweg ein klares Zuhause braucht und häufige Wechsel vermieden werden sollten, wie folgende Zitate veranschaulichen.

> *„Seine Bedürfnisse nach Annahme und mütterlicher Befürsorgung werden voll von der Mutter befriedigt. Der Vater wird von dem Kind als liebevoll und zärtlich erlebt, sodaß es verständlich ist, daß B von dem bisher geübten Betreuungswechsel und die doch unterschiedlichen Umgangsformen seelisch in Mitleidenschaft gezogen wird. [...] Sicher ist jedenfalls, daß B durch einen tagelang währenden Wechsel in der Obsorge gewissermaßen Wechselbädern ausgesetzt ist, als sowohl die Persönlichkeiten der Eltern und deren Reaktionsweisen als auch deren Erziehungsstil sehr unterschiedliche Einflüsse auf das Kind erkennen lassen." (SV-Gutachten, Fall Kren 1990)*

> *„braucht unser Kind im Moment viel Liebe von beiden Elternteilen, aber auch die notwendige Klarheit, wer von seinen Eltern für welchen Lebensbereich hauptverantwortlich ist" (Schreiben KM 2008, Fall Pirker)*

Die gemeinsame Obsorge oder eine Betreuungsform, die einen annähernd gleichteiligen Aufenthalt eines Kindes bei beiden Eltern vorsieht, zeigen sich in den Daten bis ins Jahr 2000 als nicht wünschenswerte, sinnvolle oder wählbare Option. Gleichzeitig wird allerdings die Annahme darüber, dass ein Kind den Kontakt zu beiden leiblichen Eltern für ein gelungenes Heranwachen braucht, eine im Zeitverlauf immer relevantere Normalitätsvorstellung. In diesem Sinne zeigt sich in den analysierten Akten ab den 1990er-Jahren ein Wandel im Leitbild von Kindeswohl in Bezug auf die Elternrolle. Der Fokus auf einen Elternteil mit einer geringen Notwendigkeit oder Bedeutung des Kontakts zum anderen Elternteil verschiebt sich schrittweise über eine Stärkung des Kontakts in Form von Besuchen bis hin zu einer möglichst konstanten Erhaltung beider Elternteile für das Kind. Das Fortbestehen der Beziehung zwischen den Eltern trotz einer Trennung auf Paarebene und damit verbundene Vorstellungen, wie Ex-Partner*innen als Eltern weiterhin gemeinsam im Sinne des Kindeswohls handeln sollten, zeigt sich dementsprechend im Diskurs immer bedeutsamer. Folgendes Zitat illustriert diese Erwartungen an Nachtrennungselternschaft.

> *„So rasch als möglich sollte das Konfliktniveau zwischen den KE wiederum gesenkt werden, um die beiden MJ zu entlasten, denn tatsächlich wird im elterlichen Konflikt*

> *der Hauptbelastungsfaktor für die beiden MJ gesehen." (familienpsychologisches SV Gutachten 2013, Fall Bauer-Putz)*

Ab 2013, eng verbunden auch mit der neuen Gesetzeslage, zeigt sich eine Kehrtwendung hin zur gemeinsamen Obsorge als Ideallösung für das Kind, allerdings nicht unbedingt in Verbindung mit einem häufigen Betreuungswechsel. Die Obsorge beider Elternteile zeigt sich einerseits als Signal für das Kind, dass es zwei für sein Wohl verantwortliche Eltern hat. Damit verbundene Erwartungen an elterliche Praktiken orientieren sich an der Vorstellung einer *„Erziehungspartnerschaft für die gemeinsamen Kinder"* (Beschluss gemeinsame Obsorge 2014, Fall Bauer-Putz). Andererseits kann die gemeinsame Obsorge als Symbol für eine vollständige Elternschaft verstanden werden, wie folgendes Zitat aus einem Antrag eines Vaters auf gemeinsame Obsorge veranschaulicht.

> *„Ich möchte nicht nur Statist, sondern aktiv an der Entwicklung von Jana beteiligt sein, deshalb ersuche ich um das beantragte* ***beidseitige Sorgerecht****. [...] Derzeit bin ich immer BITTSTELLER!" (Schreiben KV 2008, Fall Pirker, Hervorhebung im Original)*

Damit einher geht die Vorstellung davon, dass der nicht mit der Obsorge betraute Elternteil als passiver Elternteil oder als Besuchselternteil gedeutet wird, der wenig Einflussmöglichkeiten hat und weniger Anteil am Leben eines Kindes nehmen kann.

Die Deutung der Beheimatung als Notwendigkeit für das Kindeswohl zeigt sich in den Akten ab etwa 2000 über das Heim hinausgehend. Beheimatung bedeutet aktive Elternschaft beider Eltern, die durch eine Herstellung einer annähernd intakten vollständigen Familiensituation über die gemeinsame Obsorge im Sinne des Kindeswohls gedeutet wird – Aspekte, auf die in den folgenden Kapiteln noch im Detail eingegangen wird. Damit zeigt sich jedenfalls eine deutliche Verschiebung im Zeitverlauf weg von einem Fokus auf einen zentralen Betreuungsort bei einem Elternteil als Idealvorstellung für das Kindeswohl hin zu einer Stärkung der *„gleichberechtigten elterlichen Position"* (familienpsychologisches SV Gutachten 2013, Fall Bauer-Putz) und damit der Beziehungsebene. Ein Kind braucht zwei aktiv um sein Wohl sorgende Eltern. Die damit verbundenen Erwartungen an Eltern zeigen sich an entsprechenden Deutungsmustern wie der Bindungstoleranz, auf die ich in Abschnitt 3.4.4 eingehen werde.

Geschlecht, Reife und Identifikation

Zusammen mit dem Alter des Kindes ist das Geschlecht von Relevanz, wenn es um die Klärung der Frage bzw. Argumentation geht, wer gut für ein Kind ist. Entgegen der im Gesetz ab 1978 weitgehend als gleichberechtigt definierten Elternschaft, zeigt sich eine Beständigkeit der Normalitätsvorstellung, *„dass die Mutter vor allem in den ersten Lebensjahren der Kinder besonders wichtig ist, dann wird auch die Rolle des Vaters immer wichtiger“* (Protokoll Verhandlung SV 2013, Fall Klinger) bis in das 21. Jahrhundert. Diese Aussage eines Sachverständigen im Fall Klinger im Jahr 2013 deckt sich weitgehend mit den Vorstellungen des Richtersenats im Fall Ott im Jahr 1965:

> *„Unter Berücksichtigung des Alters der Kinder von nunmehr 5 ½ bzw. 3 Jahren erscheint die Pflege und Erziehung beider Kinder durch die eheliche Mutter geboten, insbesondere wenn man davon ausgeht, dass ein Mädchen überhaupt die Mutter mehr und eher braucht als den Vater.“ (Beschluss LG Obsorge KM 1965, Fall Ott)*

Dieses Zitat illustriert aber auch, dass nicht nur für Eltern, sondern auch für Kindern eine genderspezifische Vorstellung des Leitbilds Kindeswohl gibt. Im Baby- und Kleinkindalter brauchen demzufolge alle Kinder die Mutter bzw. eine mütterliche Bezugsperson. Das Erlangen einer gewissen Reife sowie die Pubertät stellen dann allerdings eine Weiche. Während es für heranwachsende Mädchen bis in die 1990er Jahre wichtig scheint, *„über eine weibliche Identifikationsperson zu verfügen“* (Beschluss BG Obsorge Kinder aufgeteilt 1977, Fall Santo) und ein alleinstehender Vater als nicht *„zweckmässig“* für die Obsorge eines 16-jährigen Mädchens gedeutet wird (Beschluss Obsorge 1970, Fall Mank), scheint es für männliche Jugendliche als wichtig erachtet, zumindest durch ein Besuchsrecht den *„Vater miteinzubeziehen“* (SV-Gutachten 1990, Fall Kren) bzw. durchaus möglich, den Vater mit der alleinigen Obsorge zu betrauen.

Wie folgende Zitate illustrieren, zeigt sich im Datenmaterial, dass für eine dauerhafte und alleinige Obsorge durch den Vater, ein Kind – sowohl Buben als auch Mädchen – allerdings eine gewisse Reife und Stabilität durch die Liebe und Zuneigung einer fürsorglichen Mutter erlangt haben muss.

> *„unter Bedachtnahme des Alters [Anm. 3 Jahre] des Kindes ist es wichtig, daß er jene Liebe und Zuneigung erhält, welche ihm nur eine fürsorgliche Mutter zukommen lassen kann, da Väter mit Kindern in diesem Alter überfordert sind und nicht jene Stabilität aufweisen, welche für ein ausgeglichenes Heranwachsen von Nöten ist.“ (Stellungnahme und Antrag KM 2000, Fall Wandl).*

Ist aber ein Kind *„bereits 17 Jahre alt und seine Persönlichkeitsentwicklung […] in ihrem Fundament bereits bestimmt“*, dann wird ein ebenso durch *„Liebe, Geborgenheit, Verständnis“* geprägtes partnerschaftliches Elterndasein eines Vaters für ein ausgeglichenes Heranwachsen eines Pubertierenden als wichtig betrachtet, da dieses dem Jugendlichen auch die *„Möglichkeit zur Entfaltung seiner Persönlichkeit"* bietet (Beschluss Obsorge KV 1982, Fall Fischer).

Die genderspezifische Differenzierung unterliegt allerdings im Zeitverlauf einem Wandel. Ein Vater hat vor allem in den aktuelleren Fällen den ‚Vorteil', dass *„in Kindergärten, Schulen und Schulhorten hauptsächlich weibliche Betreuungspersonen [fungieren]"* (Gutachten 2012, Fall Klinger) und damit weibliche Identifikationspersonen für das Wohl des Kindes ausreichend vorhanden sind. Dies ist insofern entscheidend, als sich ebenfalls in den aktuelleren Fällen zeigt, dass es auch für Mädchen als nachteilig für das Kindeswohl gedeutet wird, *„wenn sie ohne männliche Bezugsperson mit Vorbildwirkung [...] aufwachsen müssten"* (Beschluss Obsorge und Osterkontaktrecht 2014, Fall Haidinger), weil im Haushalt der Mutter kein Mann vorhanden ist und auch die Bildungsinstitutionen keine männlichen Identifikationspersonen zur Verfügung stellen.

Besagte genderspezifische „Identifikationspersonen" ist sowohl für Mädchen als auch Buben bedeutsam. Kinder haben für ein gutes Aufwachsen idealerweise eine männliche und eine weibliche Bezugsperson in unmittelbarer Umgebung. Das verweist auf mit Geschlecht verknüpfte Vorstellungen von Sozialisationsbedingungen. Kinder brauchen als Babys und Kleinkinder die Mutter bzw. die mütterliche Pflege – diese Vorstellung im Zusammenhang mit dem Leitbild Kindeswohl zieht sich durch den gesamten Untersuchungszeitraum. Je älter sie werden, desto wichtiger werden Bezugspersonen beider Geschlechter insbesondere als Orientierung für ihr eigenes zukünftiges Beziehungsleben.

Dabei wird das Beziehungsleben von Eltern mit dem Kindeswohl verknüpft und eine Mutter und ein Vater daran gemessen, ob sie eine dem Kindeswohl entsprechende Partner*innenbeziehung haben oder zum Aufbau einer solchen Beziehung imstande sind oder sein werden. Eine Frau muss für ein heranwachsendes Mädchen dementsprechend mehr als *„Mutter-Vorbild"* sein, sondern auch ein *„Lebensvorbild"* dafür sein, *„wie man eine Partnerbeziehung lebt, bzw. wie man als Frau in der Beziehung mit Männern agiert"* (Gutachten 2012, Fall Klinger). Dies gilt 2012 genauso wie im Jahr 1979, wie der Fall Lehmann veranschaulicht. In diesem wird die Zuteilung der Obsorge an den Vater unter anderem damit begründet, dass die Mutter durch *„ihre außereheliche Beziehung zu [einem] Gastarbeiter [...] sicher nicht ein geeignetes Leitbild für die heranwachsende Minderjährige"* ist (Beschluss BG Obsorge KV 1979, Fall Lehmann). Auf dieses mit dem Aspekt des elterlichen Beziehungsleben verknüpfte Deutungsmuster Erziehungsfähigkeit gehe ich in Abschnitt 3.4.3 noch genauer ein.

Zusammenfassend zeigt sich im Datenmaterial durchwegs die Vorstellung, dass Kinder und Jugendliche ein weibliches und ein männliches Erziehungs- und

Beziehungsvorbild brauchen. Die Mutter kann als solches ab einem bestimmten Alter durch weibliche Betreuungspersonen ersetzt werden. Das männliche Erziehungsvorbild ist in Betreuungseinrichtungen selten bis kaum gegeben, daher sollte idealerweise in der privaten Umgebung und durch eine gelungene Beziehungsarbeit der Mutter ein männliches Erziehungsvorbild gegeben sein. An dieser Stelle zeigt sich auch die Verknüpfung des Leitbilds Kindeswohls bzw. damit verbundenen Normalitätsvorstellungen mit dem unterschiedlichen Deutungsmustern und Subjektpositionen, auf die ich in Kürze eingehen werde.

Wohn- und Schlafverhältnisse

Ein weiterer Aspekt dessen, was ein Kind braucht, ist jenseits der oben thematisierten Beziehungsebene die konkrete Ausgestaltung des Wohn- und Lebensraumes eines Kindes. Es handelt sich hier um einen scheinbar objektiven Blick, eine Beurteilung der räumlichen Wohnsituation, die vorranging durch Sprecher*innen des KJWT oder durch die Eltern eingebracht wird. Insbesondere in den älteren Verfahren zeigt sich die Beschreibung des Wohnraumes von Bedeutung und ist am Beginn eines Berichts positioniert.

Je nach Zeit, Milieu und Alter des Kindes wird allerdings sehr unterschiedlich beurteilt, wie viel und welchen Wohn- und Lebensraum ein Kind für sein Wohlergehen braucht. Die Variation reicht von einem Bett im Zimmer der Mutter über eine Bettbank im Wohnzimmer hin zu einem eigenen Zimmer für jedes Geschwisterkind. So zeigt sich in den Daten, dass es in den 1970er Jahren und im Arbeitermilieu vor allem wichtig ist, dass jedes Kind ein eigenes Bett hat und die Wohnung adäquat geheizt werden kann, wie folgendes Zitat nachvollziehen lässt.

> *„Meine Wohnung besteht aus Küche, Zimmer, Wohnzimmer, Bad, sowie Vorraum. Die Wohnung ist zentralgeheizt. Im Schlafzimmer habe ich zwei Betten und eine Bettbank, im Wohnzimmer eine Doppelbettbank sowie ein Gitterbett aufgestellt. Ich kann daher jedes Kind in einem Bett unterbringen." (Protokoll KM 1970)*

Im Zeitverlauf sowie mit Blick in ein bürgerliches Milieu und auch mit dem steigenden Alter eines Kindes verschiebt sich der Fokus vom eigenen Bett zu einer Ermöglichung der Privatsphäre für ein Kind:

> *„Die Kindesmutter kann Kora und Mia nicht den Platz bieten, den die Kinder für ihre Entwicklung brauchen. Ich habe es in den letzten Monaten mehrfach bemerkt, dass Kora und Mia zwar gerne miteinander spielen; bei Bedarf aber auch auf einen Rückzugsbereich Wert legen […] Im ‚gelben Haus' in [Stadt/NÖ] stehen Kora und Mia eigene Kinderzimmer zur Verfügung, die räumlichen Verhältnisse (rund 200 m2*

Wohnfläche) sind alles andere als beengt, sondern äußerst großzügig. Das Haus wurde erst vor kurzem renoviert." (Aufgetragene Äußerung KV 2013, Fall Haidinger)

Allerdings wird ein gemeinsames Schlafen in einem Zimmer von Kindern und ihren Eltern durchwegs problematisch für das Kindeswohl erachtet, wenn neue Partner*innen der Eltern ebenfalls in diesen Zimmern nächtigen; dann scheint eine *„sittliche Gefährdung […] nicht ganz von der Hand zu weisen"* (Bericht KJWT 1982, Fall Koller). Die Praktik des gemeinsamen Übernachtens in einem Bett wird vor allem dann kritisch beurteilt, wenn es sich, wie in diesem Fall, um den neuen Partner der Mutter handelt. Das Teilen eines Bettes der Kinder mit dem Vater, dessen neuer Partnerin und deren gemeinsamen Kleinkindes zeigt sich ebenfalls als erklärungsbedürftig, aber als familiale Praktik akzeptierbar, vor allem wenn es auf Wunsch der Kinder so gehandhabt wird.

„Der Kindesvater berichtet weiters, dass Patrizia Brunner [Anm.: LGv], er selbst und die drei Mj. auf Wunsch von Silvia und Jana alle zusammen im Schlafzimmer schlafen, wenn die beiden Mädchen auf Besuch beim Vater seien. Die beiden Mj. hätten ein eigenes Zimmer zur Verfügung, jedoch sei es ihr Wunsch, im Schlafzimmer zu schlafen." (Stellungnahme KJWT 2013, Fall Bauer-Putz)

Das gemeinsame Schlafen in einem Zimmer oder Bett kann somit als alltägliche familiale Praktik gedeutet werden, die dem Kindeswohl entspricht, weil gewünscht, oder aber als sexualisiert und damit problematisch für das Wohlergehen eines Kindes verstanden werden. Dementsprechend zeigt sich das getrennte Bett als das Mindestmaß an geeignetem Wohn- und Schlafverhältnis für das Kindeswohl; ein eigenes Zimmer als das Ideal.

Die Wohnung muss allerdings nicht nur entsprechenden Raum bieten, sondern auch ordentlich und gepflegt sein, da sonst die Gesundheit eines Kindes gefährdet ist. Besonders deutlich wird dies in der ausführlichen Beschreibung der Wohnung in einem Fall, in dem der Mutter die Obsorge für die Kinder entzogen wird:

„Der letzte Hausbesuch fand […] 2012 statt. Ich war mit meiner Kollegin [Name] in der Wohnung von Frau Aslih. In der Wohnung war es viel zu heiß. Die Wohnung war ungelüftet. Ich war damals verschnupft und mir fiel es schwer zu atmen. Unserem Ersuchen, die Fenster kurz aufzumachen und zu lüften, kam die Kindesmutter nicht nach. überall in der Wohnung lagen Kleidungsstücke herum, am Boden und hinter der Couch. Am Tisch standen Essensreste vom Vortag. Das war kein gekochtes Essen, sondern die Reste einer Tiefkühlpizza. In der Wohnung war es dunkel, weil die Vorhänge zugezogen waren. Die Kleidungsstücke der Kinder waren nicht zusammengelegt, sondern lagen überall herum. Insgesamt stellte sich der Zustand der Wohnung als verwahrlost und unhygienisch dar." (Protokoll KJWT 2012, Fall Aslih)

Auch wenn Wohn- und Lebensraum ein wichtiger Maßstab für das Kindeswohl sind und etwa Eigenheim und Garten durchwegs als positiv gewertet wird, so zeigt sich dies stets in Relation zu den Möglichkeiten der Eltern gesetzt. Außerdem sind, wenn grundsätzlich saubere Wohnverhältnisse gegeben sind, ab einem bestimmten Alter Fragen nach der finanziellen Absicherung und der Förderung der Bildung zentrale Aspekte des Kindeswohls.

Bildung und Förderung

Insbesondere die Förderung und Anerkennung einer Schulbildung zeigt sich im gesamten Untersuchungszeitraum als wichtiger Maßstab für das Kindeswohl und in der Beurteilung, wie Eltern dieses fördern. Die Differenzierung in bildungsferne und -nahe Milieus aus professioneller Perspektive wird an folgendem Zitat deutlich:

> *„Wenn nun mit der Mutter über die weitere Schulbildung gesprochen wird, so kommt doch zutage, daß die Mutter in ihrer Einfältigkeit offensichtlich nicht die Chance einer höheren Bildung der Minderjährigen richtig einschätzt. [...] ungleich primitiver als der hochgebildete Vater [...], ein gebildeter Mann, der sehr genau weiß, was er will. [...] es bestünde nun die Möglichkeit, daß die Minderjährige in einer Familie heranwächst mit einem etwas gehobenen Bildungsmilieu." (Gutachten 1979, Fall Lehmann)*

In der Analyse wird ersichtlich, dass eine liebende Mutter allein nicht ausreicht, wenn sie nicht die Kompetenz hat, die Bildung der Kinder zu fördern bzw. die Bedeutung der Bildung für das zukünftige Wohlergehen eines Kindes nicht nachvollziehen kann, wie etwa die Mutter im Fall Aslih (2005–2020):

> *„sie lehnte einen Schulbesuch von Jessim im sozialpädagogischen Zentrum in [Ort] vehement ab. Die Fehlzeiten von Jessim sind hoch. Meines Wissens nach bekommt er derzeit keine Förderung. Die Kindesmutter ist zu einer Förderung nicht in der Lage. Sie selbst lehnt einen Deutschkurs ab." (Protokoll KJWT 2012, Fall Aslih)*

Im Gegensatz dazu fällt auf, wenn ein Vater *„die Lebenssituation seiner Kinder realitätsgemäß wahrnimmt und auch die Förderbedürftigkeit der MJ demgemäß erkennt."* (Gutachten 2012, Fall Klinger). Die Förderung muss aber nicht unmittelbar von den Eltern selbst umgesetzt werden, etwa durch eine zwingende persönliche Unterstützung bei den Hausübungen, aber die Notwendigkeit einer guten Bildung und damit eines Schulbesuchs sollte anerkannt werden.

Betreuung durch Dritte

Der Aspekt der Förderung findet sich auch in der Vorstellung darüber, welche Form der Betreuung neben den Eltern selbst für ein Kind gut ist. So kann eine Betreuung eines Kindes in einer Institution als gut gedeutet werden, wenn eine Nachmittagsbetreuung oder ein Kindergarten eine *„mangelnde Förderung im Elternhaus"* (Antrag und Stellungnahme KJWT 2012, Fall Aslih) ausgleicht. Ebenso kann ein Kindergarten als *„Element der hervorragenden Betreuung"* gelten und *„durchaus im Interesse eines Kindes"* liegen (Stellungnahme KV 1990, Fall Kren) und damit dem Kindeswohl entsprechen, wenn damit auf die Vorstellung verwiesen wird, dass ein Kind soziale Kontakte mit Gleichaltrigen braucht. Dementsprechend kann der Besuch eines Kindes dann nicht als notwendiges Übel, sondern als dem Kindeswohl zuträglich positioniert werden, wie folgendes Zitat veranschaulicht.

> *„Die Kindergartenunterbringung eines knapp zweijährigen Kindes ist sicherlich keine pädagogische Notwendigkeit [...] jedoch sicherlich eine für das Kind nicht ungünstige Lösung [...]. Das Gericht hat die Erfahrung gemacht, daß in zahlreichen Stellungnahmen des Jugendamtes die Kindergartenunterbringung auch bei Kleinkindern als geradezu segensreiche Einrichtung gepriesen wurde." (Beschluss alleinige Obsorge KM 1989, Fall Kolarik).*

Dass ein Kind in einem Kindergarten *„in guter Obhut"* (Protokoll und Antrag KM 1964, Fall Ott) sein kann, ist eine Vorstellung, die sich – wie an den Zitaten ersichtlich – grundsätzlich im gesamten Untersuchungszeitraum findet. Gleichzeitig zeigt sich jedoch bis zu den Fällen um das Jahr 2000 die mögliche Deutung der Kinderbetreuung durch einen Kindergarten und Hort als *„verantwortungslos"* und Zeichen einer *„Erziehungsinsuffizienz"* (Äußerung und Antrag KM 2002, Fall Denk). Ob besagte *„Fremdbetreuung"* (Antrag KV 2000, Fall Wandl) oder *„Zuhilfenahme"* (Antrag KV 1999, Fall Saur) von Verwandten, es zeigt sich durchwegs die Vorstellung, dass ein Kind idealerweise zu Hause von einem Elternteil betreut sein sollte.

Unter welchen Umständen und in welcher Form von dieser Vorstellung abgewichen werden kann, ohne dem Kindeswohl zu schaden, zeigt sich als eng verknüpft mit dem Alter des Kindes und dem zeitlichen Ausmaß der Betreuung, wer von Mutter oder Vater zur Betreuung hinzugezogen wird und dem Grund für die Betreuung durch Dritte. So wird beispielsweise die *„bloß stundenweise Beaufsichtigung eines bereits zehn Jahre alten Mädchens durch eine andere Person als die Mutter"* (Beschluss OGH 1984, Fall Koller) von Gericht im Jahr 1984 nicht als dem Kindeswohl widersprechend anerkannt. Der Vater, als Antragsgegner, eines zwei- und eines vierjährigen Kindes kritisiert hingegen Ende der 1980er-Jahre, dass *„die Antragstellerin die Kinder offenbar den Großteil des Tages ihren Eltern [überlässt]"*, ihm selbst *„für die stundenweise Betreuung der Kinder auch die Eltern des Antragsgegners [...] zur Verfügung [stünden]. Der Antragsgegner würde diese allerdings nicht mit jener Intensität hiezu heranziehen, wie dies offenbar die Antragstellerin mit ihren Eltern hält."* (Stellungnahme KV 1989, Fall Kren). Der Vater bezieht sich scheinbar auf die Vorstellung, *„dass die Antragstellerin die Kinder wegen ihrer beruflichen Belastung viel mehr ihrer Mutter überläßt, als es ihrer [Anm. den Kindern] Entwicklung gut tut"* (Stellungnahme KV 1989, Fall Kren). Auch wenn diese Bedenken nicht im gerichtlichen Beschluss aufgegriffen werden, so zeigen sie doch, dass es differenzierte Vorstellungen davon gibt, welches Ausmaß an Betreuung durch Dritte dem Kindeswohl abträglich ist.

Das Ausmaß der Betreuung durch andere Personen als Mutter oder Vater zeigt sich aber nicht losgelöst von der Frage, *wer* die Betreuung übernimmt. Über den gesamten Untersuchungszeitraum gibt es diesbezüglich eine intensive Verhandlung der Rolle von Großeltern (in erster Linie Großmütter) – auch als bessere Betreuungsoption als Kindergarten, Hort oder andere Personen. Die Referenz dabei ist grundsätzlich das Kindeswohl.

So argumentiert etwa eine Mutter im Jahr 1978 mit ihrer Sorge, dass *„die Kinder in meiner Obhut als leibliche Mutter bestens versorgt, da auch meine Mutter aushilfsweise, wenn ich beruflich tätig bin, in vorbildlichster Weise für meine Kinder sorgt. [...] meine Kinder so unzulänglich versorgt und vor allem seelisch wahrscheinlich Schäden bekommen, wenn sie hier lediglich vom Vater, der berufstätig ist, betreut werden und in seiner Abwesenheit angeblich von seinen Freundinnen betreut werden."* (Antrag Obsorge KM 1978, Fall Najafi). Beide Eltern sind berufstätig und greifen auf Betreuung durch Dritte zurück, die Hilfe der Großmutter kann allerdings als vorbildliches Sorgen, die einer Freundin als potenziell dem Kindeswohl schadend gedeutet werden. Die Betreuung durch Großeltern, insbesondere durch die Großmutter, zeigt sich als keine externe Betreuung, sondern als Unterstützung verstanden zu werden, die auch eine *„bessere Unterbringung für ein Kind darstellen"* kann (Beschluss Obsorge KM 1989, Fall Kolarik). Mit der diesbezüglichen Verbindung der Normalitätsvorstellungen zum Kindeswohl und unterschiedlichen Deutungen zu Vereinbarkeit und Fremdbetreuung, die sich in der Analyse gezeigt hat, gehe ich in Abschnitt 3.5.3 noch genauer ein.

In Bezug auf den Aspekt der Betreuung durch Dritte, sei es Großmutter oder Kindergartenpersonal, zeigt es sich als entscheidend, was der Grund für das Hinzuziehen anderer Personen ist. Wie schon im Kapitel zu Mutter- und Vaterrolle thematisiert, spielt die Berufstätigkeit eines Elternteils und damit die unmittelbare Verknüpfung mit einer notwendigen Betreuung eines Kindes durch Dritte eine wesentliche Rolle auch in Bezug auf Vorstellungen zum Kindeswohl. Allerdings zeigt die Verhandlung von Berufstätigkeit als Ursache für eine Kinderbetreuung die enge Verknüpfung der Normalitätsvorstellungen Kindeswohl und elterliche Zuständigkeiten. Dieser Zusammenhang konnte in der Analyse als Subjektpositionen die (nicht) berufstätige Mutter und der berufstätige Vater herausgearbeitet werden, die in den Abschnitt 3.5.1 und 3.5.2 im Detail ausgeführt werden. An dieser Stelle sei deshalb nur festgehalten, dass sich in Fällen, in denen beide Eltern berufstätig sind, zeigt, dass diese Eltern besonders die Qualität und Quantität der Betreuung unter Verweis auf des Kindeswohl argumentieren müssen.

Berufstätigkeit einer Mutter an sich, und damit auf Betreuungsalternativen zurückgreifen zu müssen, zeigt sich durch den gesamten Untersuchungszeitraum als legitim anerkannt zu sein, solange Ausmaß und Grund akzeptabel sind, wie folgende Zitate veranschaulichen: solange es sich *„nur um eine Halbtagsbeschäftigung handelt [ist dies] akzeptabel“* (Stellungnahme Antrag Obsorge KV 1989, Fall Kren). Eine Betreuung durch Dritte, die auf Grund *„höchstpersönlicher Wünsche“, um „sich selbst zu verwirklichen“* (Stellungnahme KV 1990, Fall Kren) oder um *„Nächte lang nicht zu Hause“* (Gutachten Kinder 2002, Fall Denk) zu sein und auszugehen oder Freundinnen zu treffen, zeigt sich allerdings als nicht unbedingt notwendig gedeutet und daher auch nicht vereinbar mit dem Kindeswohl zu sein.

Geschwister

Ein weiterer Aspekt, der dem Kindeswohl als Leitbild in Pflegschaftsverfahren zugeordnet werden kann, betrifft die Bedeutung von Geschwistern für das Wohlergehen von Kindern. So ist es durchwegs *„problematisch […], die Geschwister zu trennen.“* (Stellungnahme KJWT 1989, Fall Kren). Das *„Heranwachsen“* mit Geschwistern wird als dem *„Wohle des Kleinkindes“* zuträglich gewertet und damit auch als Begründung einer Obsorgezuteilung an einen Elternteil anerkannt. Geschwisterbeziehungen werden dementsprechend als entscheidend betrachtet, wenn *„sowohl Mutter als auch Vater für die Betreuung der Tochter kompetent erscheinen“* (SV-Gutachten1990, Fall Kren). Dies ist mit der Annahme begründet, dass insbesondere in *„zerrütteten Ehen“* Geschwister besonders wichtig sind (Beschluss Obsorge KM 1990, Fall Kren).

Von dieser Normalitätsvorstellung kann allerdings unter bestimmten Voraussetzungen auch abgewichen werden. Einerseits, wie etwa im Fall Klinger 2010–2018, wenn die Aufteilung der Geschwister als dem Kindeswohl zuträglich gedeutet werden kann. In diesem Fall wird dem Vater die Obsorge für zwei von vier Kindern zugesprochen, da der Mutter eine Überforderung mit der Betreuung der vier Kinder attestiert wird, vor allem weil die Pflege des ältesten Kindes auf Grund dessen schwerer Behinderung die Mutter besonders beansprucht.

Eine weitere Ausnahme der Vorstellung, dass Geschwister *„jedenfalls zusammen gehören [und] nicht getrennt werden [dürfen]“* (Protokoll Verhandlung 2018, Fall Haindinger), zeigt sich als mit der ‚Echtheit‘ der Geschwisterbeziehung verknüpft.

> *„Was die vom Erstgericht angeführte Geschwisterkette anlangt, daß dieselbe nicht zerrissen werden soll, so ist hiezu zu sagen, daß diese durch das jahrelange Desinteresse der Kindesmutter bereits zerrissen ist, andererseits der Kindesvater erst kürzlich in Erfahrung gebracht hat, daß er gar nicht der Vater der mj. Caroline Angerer, der Schwester der mj. Monika Angerer ist“ (Revisionsrekurs GEv und KV 1979, Fall Angerer)*

Dieses Zitat illustriert die Vorstellung einer Differenzierung und Qualität einer Geschwisterbeziehung, basierend auf einer biologischen Perspektive. Halb- sowie Stiefgeschwister sind keine ‚richtigen‘ Geschwister und damit besteht auch keine *„Geschwisterkette“* (siehe obiges Zitat), die ein Zusammenleben begründen könnte. Andererseits kann eine *„Geschwisterrolle“* (psychologische Stellungnahme 1984, Fall Flick) auch von Stiefgeschwistern eingenommen werden und damit an das Leitbild der vollständigen Familie angeknüpft werden. Die Bedeutung von Stief- und Halbgeschwistern zeigt sich im gesamten Untersuchungszeitraum als relevanter Aspekt, wenn diese mit dem Leitbild der vollständigen Familie verbunden werden können. Auf diese Verknüpfung gehe ich in Abschnitt 3.6 noch genauer ein.

Gewaltfreiheit

Die Ergebnisse zum Aspekt Gewalt in Zusammenhang mit Kindeswohl spiegeln den allgemeinen Wandel von Erziehungsnormen wider. So wird direkte körperliche Gewalt an Kindern in den Fällen ab den 1970er Jahren als schlecht für das Kind thematisiert. Zunächst zeigt es sich jedoch noch als verhandelbar, ob etwa eine *„Ohrfeige“* als Erziehungsmaßnahme gerechtfertigt ist, wie etwa im Fall Mank (1966–1973). Während der Vater die Ohrfeige als gerechtfertigt angibt – *„und zwar habe ich ihr eine Ohrfeige gegeben und zwar deshalb, weil sie, obwohl sie die Arbeit um 17 Uhr beendet hatte, erst um 20 Uhr nach Hause kam.“* (Protokoll KV 1970, Fall Mank) – gibt die 16-jährige Tochter vor Gericht folgendes an:

> *„Ich möchte für die Dauer lieber bei der Mutter sein als beim Vater. Der war in letzter Zeit nicht zufrieden mit mir, ein paarmal hat er mich geschlagen. Nach meiner Meinung erhielt ich diese Schläge grundlos" (Protokoll Kind 1954, Fall Mank)*

Der Wille der Minderjährigen wird in diesem Fall beachtet, allerdings auch weil das Kindeswohl zusätzlich durch einen versuchten sexuellen Übergriff des Vaters als gefährdet eingeschätzt wird.

Auch am Beginn des 21. Jahrhunderts zeigt sich in den Daten eine Verhandlung von physischer Gewalt an Kindern in ihrer Deutung als *„Erziehungsmittel"* (Äußerung KV zu Gutachten 2002, Fall Denk). So kann einerseits vom Vater der Lebensgefährte der Mutter problematisiert werden, da dieser *„durch sein dominantes Verhalten und mangelndes Gefühl für Kinder bei ihm [Anm.: dem Kind] Angst und Unsicherheit hervorruft [und] der Lebensgefährte nicht nur massiven psychischen Druck (wie im Gutachten ersichtlich) auf die Kinder ausübt, sondern auch körperliche Gewalt als sein „Erziehungsmittel" einsetzt."* (Äußerung KV zu Gutachten 2002, Fall Denk). Gewalt wird damit, als das Kindeswohl gefährdend, thematisiert und psychische Gewalt wird als weitere Dimension deutlich. Andererseits zeigt sich aber, dass körperliche ‚Strafen' bis zu einem klar zu definierenden Ausmaß als Teil von kümmernder Elternschaft dargestellt werden können, wie folgendes Zitat aus demselben Fall illustriert:

> *„Auf genaueres Nachfragen meinte sie [Anm.: die Mutter], dass die Kinder gelegentlich einen Klaps auf den Hintern bekommen, aber sicherlich keine Watschen. Herr Kolbek [LGm] und Frau Denk [KM] wurden gefragt, ob Herr Kolbek eher ein strenger oder milder Vater sei. Vor allem Herr Kolbek wollte dazu keine näheren Erklärungen abgeben. Er würde sich eben um die Kinder kümmern, wie sich dies für einen Vater gehört." (Stellungnahme KJWT 2003, Fall Denk)*

Ein Mann kann somit auch im Jahr 2003 als im Sinne des Kindeswohls Handelnder positioniert werden, weil er sich als strafender Stiefvater um die Kinder kümmert. Eine akute Gefährdung des Kindeswohls bei der Mutter wird im Beschluss in diesem Fall nicht als vorliegend gesehen. Während unmittelbare physische Gewalt in der Analyse sich in erster Linie als Männern (Vätern und Lebensgefährten) zugeordnet zeigt, wird eine dem Kindeswohl schadende Praktik der ‚Vernachlässigung' vorranging Müttern zugeschrieben.

Sexualisierte Gewalt auf Elternebene wird im Datenmaterial in den Akten ab den 1970er-Jahren thematisiert. So wird die Gewalttätigkeit eines Ehemannes gegen seine Ehefrau als Grund angeführt, warum eine Mutter einen Vater verlassen muss.

> *„Er schlug mich nämlich am [Datum 1974] so brutal zusammen, dass ich mich ins Spital begeben musste, wo mehrere Verletzungen festgestellt wurden, Dr. Santo, der stets auf allen ‚Rechten' als Ehemann bis zur Rücksichtslosigkeit bestand" (Schreiben KM 1975, Fall Santo)*

In einem weiteren Fall aus diesem Zeitraum gibt eine Mutter in ihrem Antrag auf alleinige Obsorge an: *„Unsere Ehe ist tiefgehend zerrüttet, der Antragsgegner hat mich wiederholt geschlagen, mich tyrannisiert"* (Antrag KM 1978, Fall Najafi). Eine Nachbarin gibt in diesem Fall zu Protokoll, dass die Mutter *„nicht leichtfertig von Österreich weggegangen [ist]. Es war aber dieser Mann nicht zu ertragen"* (Protokoll Nachbarin 1979, Fall Najafi). In diesem und weiteren Fällen wird nicht die sexualisierte Gewalt durch den Mann problematisiert, sondern dass die Mutter die Familie verlassen und die Kinder zurückgelassen hat. Auf diesen Aspekt der Subjektposition der Mutter gehe ich in Abschnitt 3.5.1 noch im Detail ein.

Der Aspekt der indirekten Gewalt an einem Kind durch Erleben von Gewalt an der Mutter durch den Vater wird im Zeitverlauf bis zu einem gewissen Grad anerkannt, wie folgende Zitate veranschaulichen:

> *„das Kind hat aber bestimmt auch einen schweren Schock erlitten, als es im Juni 1977 mitansehen mußte, wie der Vater die Mutter geohrfeigt hat. Solche Tätlichkeiten – sogar wenn sie nicht ernst gemeint sind – zwischen Bezugspersonen können Kinder ja übermäßig beeindrucken, in Angst und Schrecken versetzen, auch zur Ablehnung eines Elternteiles veranlassen" (Gutachten 1979, Fall Santo)*

Während sich die Gewalttätigkeit des Vaters an der Mutter verharmlost zeigt, wird sie dennoch als das Kind traumatisierend und damit dessen Wohlergehen und Beziehung zu seinem Vater schadend anerkannt. Auch in einem Gutachten im Jahr 2001 wird die Gewalt des Vaters an der Mutter auf die Erwachsenenebene und in die Vergangenheit verschoben, der Vaterbonus im Gegensatz zum ‚Partnerbonus' allerdings als nicht verspielt interpretiert, wie in folgendem Zitat ersichtlich wird:

> *„dem gefertigten Gutachter schwerpunktmäßig glaubhaft, dass der Vater durch diverse – die Mutter verletzende – Verhaltensweisen oder Reaktionen den Partnerbonus verspielt, sich in der Triade Mutter-Vater-Kind in ein Out gestellt hat. [...] außer Streit steht für mich, dass die elterliche Eskalation manifest und teilweise schwerwiegend waren; dass David [Anm.: Kind] darunter gelitten hat; [...] Die auch für David spür- und wahrnehmbaren Auseinandersetzungen zwischen den Erwachsenen sind an sich nicht entschuldbar, betreffen jedoch aus Sicht des gefertigten Gutachters „lediglich"*

die Erwachsenenebene mit ihrer konflikthaften Vorgeschichte (Verhalten des Vaters als früherer Partner)" (Psychologisches Gutachten 2001, Fall Groll)

Die Differenzierung der Erwachsenenebene und der Vater-Kind-Ebene im Zusammenhang mit dem Kindeswohl schadender sexualisierter Gewalt besteht im gesamten Untersuchungszeitraum. Die Normalitätsvorstellung davon, dass ein Kind beide Elternteile braucht, zeigt sich als wirkmächtiger als die Vorstellung, dass ein Kind ein gewaltfreies Zuhause und Umfeld braucht. Das Erleben sexualisierter Gewalt an der Mutter wird nicht als dem Wohlergehen eines Kindes in einem solchen Ausmaß schadend beurteilt, dass dadurch ein gewalttätiger Mann als Vater problematisiert wird. Im Fall Brauninger (2009–2018), in dem die Mutter, das Kindermädchen, die erwachsene Tochter aus erster Ehe der Mutter sowie auch die Kinder selbst von gewalttätigen bzw. sexuellen Übergriffen des Vaters auf das Kindermädchen berichten, zeigt sich diese Perspektive beispielsweise in einem Bericht des KJWT zur Klärung des Vater-Kind-Kontaktes:

„Das Wort Papa wird von den Kindern nicht in Verbindung mit Hr. Albescu verwendet. Sandra konnte das schlecht aushalten wenn die Sozialarbeiterin im Gespräch darauf hingewiesen hatte, dass dies der Papa sei und nicht ‚Marco oder der Böse'. Für sie muss Stan [Anm.: LGm] der Papa sein. Die Erklärung der Sozialarbeiterin, dass der Papa immer der Papa bleiben wird, reagierte Sandra ruhig und Ruben sah zum Fenster hinaus, seufzte und wirkte entspannt. [...] Zuletzt haben die Kinder Hr. Albescu im Jänner gesehen. Beide betonen sie wollen ihn nicht mehr sehen. Auf die Frage, ob sich die Kinder vorstellen könnten, den Papa zu sehen, wenn jemand dabei sein würde, der aufpasst damit er nichts böses tut, war zu sehen, dass sich insbesondere Sandra keine Antwort zu geben getraute – es wurde noch einmal verdeutlicht, dass ein Besuchskontakt so ausschauen könnte, wie eben hier, die Kinder, der Papa und eine Person wie die Sozialarbeiterin, welche aufpassen würde und ihn wegschicken würde, wenn er böse würde. Ruben konnte dem nicht mehr ganz folgen, Sandra blieb ruhig." (Bericht KJWT 2013, Fall Brauninger)

Zusammenfassend zeigt sich eine Problematisierung von Gewalt als das Kindeswohl beeinflussend nicht in einem solchen Ausmaß, dass indirekte Gewalt die Position des Vaters an sich in Frage stellt. Dies lässt eine enge Verknüpfung der Normalitätsvorstellungen des Kindeswohls mit dem Leitbild der vollständigen Familie annehmen und der damit verbundenen Vorstellung, dass ein Kind den Kontakt zu beiden leiblichen Elternteilen braucht.

Insgesamt wird in der Analyse deutlich, dass Kindeswohl nicht nur ein Konzept ist, dass in den letzten Jahrzehnten gesetzlich immer detaillierter definiert und ausdifferenziert wurde und an Bedeutung in Pflegschaftsverfahren gewonnen hat. Normalitätsvorstellungen zum Kindeswohl zeigen sich auch deutlich verknüpft mit den sich verändernden Leitbildern von Familie und genderspezifischen Erwartungen an Elternschaft und Elternsein. Zusammenfassend kristallisierten sich somit in der Analyse diese drei Leitbilder als wirkmächtig in der Konstruktion von Elternschaft in Pflegschaftsverfahren heraus. Mit diesen sich mehr oder weniger wandelnden Bündeln an Normalitätsvorstellungen verknüpft, ließen sich in der Analyse neun zentrale Deutungsmuster verdichten.

3.4 Deutungsmuster

Die vorangegangene Darstellung der in der Analyse der Akten als wirkmächtig erfassten Leitbilder und Normalitätsvorstellungen zu Familie, Elternschaft und Kindeswohl, lassen sich als grundsätzlich erreichbare und erstrebenswerte und handlungsorientierende Idealvorstellungen verstehen. Diese zeigten sich in den Pflegschaftsverfahren als teilweise wandelbar. Mit diesen Leitbildern verknüpfte konkrete Interpretationsschemata und Bündel von Wissensbeständen, die als Deutungsmuster auch ein konkretes unreflektiertes Handeln ermöglichen, sind in Abbildung 3.2 dargestellt.

Verbunden mit Normalitätsvorstellungen von Mutter- und Vaterrolle, somit geschlechtsspezifischen elterlichen Zuständigkeiten, sind dies die Deutungsmuster Leiblichkeit, Mütterlichkeit und Mutterliebe sowie Väterlichkeit und Vaterrecht sowie Erziehungsfähigkeit und dem Deutungsmuster geordnete Verhältnisse. Verknüpft mit dem Leitbild des Kindeswohls kristallisierten sich die Deutungsmuster Erziehungsfähigkeit, Bindungstoleranz und gemeinsame Elternschaft sowie geordnete Verhältnisse heraus. Die Deutungsmuster Bindungstoleranz und gemeinsame Elternschaft, geordnete Verhältnisse sowie Leiblichkeit usw. zeigen sich als verknüpft mit dem Leitbild der vollständigen, harmonischen, intakten und heteronormativen Kernfamilie. Diese Deutungsmuster werden in den folgenden Kapiteln im Detail dargestellt. Damit nehme ich auch einen weiteren Schritt in Richtung der Beantwortung der Forschungsfragen nach den sozialen, normativen und genderspezifischen Vorstellungen in den diskursiven Deutungen von Mutter- und Vaterschaft in Pflegschaftsverfahren sowie deren Wandel im Untersuchungszeitraum.

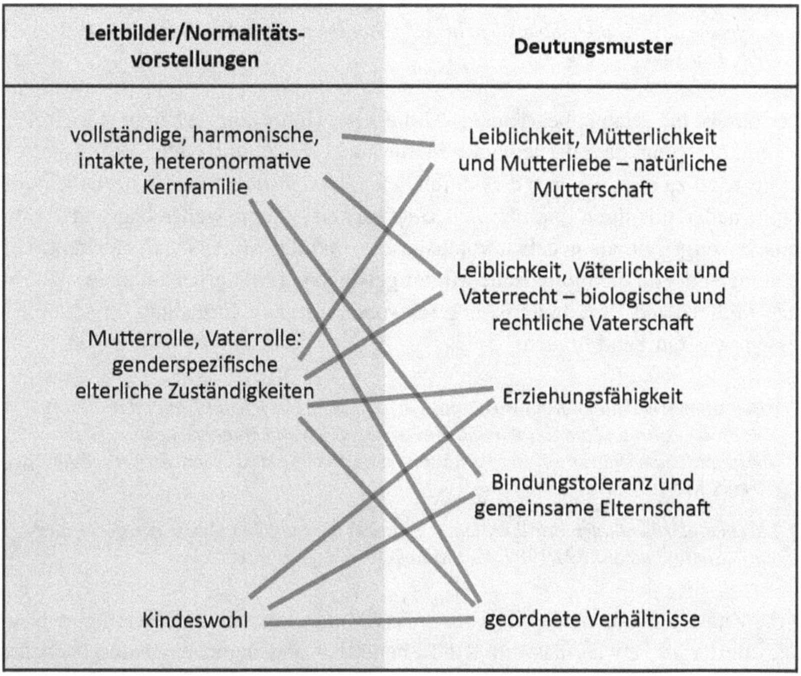

Abbildung 3.2 Verbindung Leitbilder und Deutungsmuster

3.4.1 Leiblichkeit, Mütterlichkeit und Mutterliebe - natürliche Mutterschaft

Mutterschaft zeigt sich in der Analyse als eine natürliche Gegebenheit, die sich durch die Geburt und damit leiblich begründete natürliche Bindung zwischen Mutter und Kind ergibt. Mit der Deutung der Leiblichkeit von Mutterschaft verbunden ist das Deutungsmuster Mutterliebe. Natürlichkeit und Mutterliebe sind im gesamten Untersuchungszeitraum ein gegebenes und vorausgesetztes Deutungsmuster von Mutterschaft, wie folgende Zitate veranschaulichen:

> *„Kindesmutter aufgrund natürlicher Gegebenheiten besser in der Lage das Kleinkind zu versorgen und den Bedürfnissen desselben gerecht zu werden." (Antrag Obsorge KM 1989, Fall Kolarik)*

„jede Mutter liebe ihr Kind. Dies sei ein ‚Naturinstinkt', er könne sich absolut nicht vorstellen, dass sie ihren Sohn nicht liebe." (Gutachten psycholog, Befragung des KVs 2006, Fall Saur)

Die durch die Natur begründete Mutterliebe führt zur scheinbar logischen Schlussfolgerung, dass die leibliche Mutter nicht lernen muss, eine Bezugsperson für ihr Kind zu sein, sondern dies durch den *„Naturinstinkt"* ist. Mutterliebe muss somit, außer mit ihrer *„natürlichen Gegebenheit"*, nicht weiter begründet werden. Sie zeigt sich als gegeben vorausgesetzt und der Mutterschaft inhärent. Die Deutungen der an die biologische Mutter gebundenen Mutterliebe und der natürlichen Mutter-Kind-Beziehung ist eng verwoben mit den Normalitätsvorstellungen dessen, was ein Kind braucht.

„Das natürliche Mutter-Kind Verhältnis [...] würde dadurch [Anm.: alleinige Obsorge KV] grob gestört und die Gefahr, daß schwere Schäden und Folgeerscheinungen durch diese gewaltsame Störung dieses Verhältnisses auftreten, geradezu provoziert werden." (Rekurs KM 1978, Fall Strolz)

„Kleinkinder benötigen darüberhinaus vorallem die leibliche Mutter als Bezugsperson" (Stellungnahme KM 1989, Fall Kolarik)

Diese Zitate illustrieren das Ergebnis, dass Mutterliebe ein unhinterfragtes Deutungsmuster ist; etwas, das ein Kind „benötigt" und damit ein naturgegebenes Recht auf eine nahe Mutter-Kind-Beziehung ist. Mutterliebe zeigt sich gleichsam als ‚Trumpf', der nicht mit Verweisen auf spezifische Praktiken belegt werden muss.

Allerdings wird in den Daten ersichtlich, dass eine Mutter diesen ‚Trumpf' unter bestimmten Voraussetzungen verspielen kann. Etwa wenn mütterliche Praktiken als dieser Naturgegebenheit widersprechend interpretiert werden, wie beispielsweise im Fall Gerber (1961–1965). Die uneheliche, berufstätige und aus einem Nachbarland kommenden Mutter hatte das Kind unmittelbar nach der Geburt in die Pflege der väterlichen Großeltern übergeben, ausgehend von der Annahme der unmittelbar folgenden Eheschließung mit dem Vater der Kinder. Dieser heiratete allerdings wenig später eine andere Frau und nahm das Kind zu sich. Die Gutachterin – wohlgemerkt eine der im Fachdiskurs als fragwürdig thematisierten Gutachter*innen (siehe Abschnitt 3.2.1) – sieht durch diese Praktik allerdings die natürlich gegeben Mutter-Kind-Bindung als durch die Mutter schuldhaft aufgehoben.

„so müssen doch Zweifel an ‚den Gefühlen' und ‚der Liebe' der ‚eigenen leiblichen' Mutter aufkommen, erfährt man, daß die Mutter die Kinder knapp nach der Geburt

weggegeben hat und sie seither – zumindest äußerst spärlich – besuchte. Während sie sich – als Mutter! – nicht zu ihren außerehelichen Kindern bekannte, hat es der Vater vom ersten Augenblick an getan […]. Daß die väterliche Großmutter für die Kinder gesorgt hat, bevor der Kindesvater verheiratet war, dürfte ihm doch nicht negativ angelastet werden, er, als Mann und berufstätig, konnte wohl kaum Säuglinge großziehen. Die Stiefmutter hat den Buben zu sich aufgenommen, es ist durch nichts erwiesen, daß sie ihm nicht echte Liebe entgegengebracht hat. In der Art, in der der Bub von seiner Stiefmutter spricht, kommt deutlich zum Ausdruck, daß er sie mag, er sieht in ihr seine Mutter, wenn er auch weiß, daß er ‚in Deutschland' eine andere Mutti hat. Ist es schon bedauernswert, daß ein Kind ‚zwei Mütter' hat, soll es doch nur eine einzige Person geben, die man ‚Mutter' nennt, so ist ihm seine leibliche Mutter doch völlig fremd – man kann nicht umhin festzustellen, daß diese Entfremdung die Mutter durch ihr Verhalten selbst verschuldet hat." (psychologisches Gutachten 1964, Fall Gerber)

Abgesehen von den Subjektpositionen berufstätiger Vater und berufstätige Mutter, auf die ich in Abschnitt 3.5 noch eingehen werde, illustriert dieses Beispiel, dass Mutterliebe, als natürlich betrachtete Bindung zwischen biologischer Mutter und Kind, eigentlich nicht ersetzt werden kann, aber unter bestimmten Bedingungen ersetzt werden *muss.* Etwa wenn eine Mutter – wie im soeben zitierten Fall Gerber – scheinbar wider die Natur handelt bzw. ihr ein solches Handeln vorgeworfen wird.

Grundsätzlich zeigt sich das Deutungsmuster Mutterliebe als eine Liebe, die *„nur eine Mutter [zu geben] vermag und welche für das Kindeswohl […] unverzichtbar ist."* (Stellungnahme Antrag KM 2000, Fall Wandl). Wenn nun aber eine Mutter diese als Mutterliebe und als naturgegebenen Gefühle nicht in ihren Praktiken zum Ausdruck bringen kann bzw. so positioniert werden kann, dann wird das Leitbild Kindeswohl wirkmächtig. Dies zeigt sich in der Analyse im gesamten Untersuchungszeitraum, wie der zitierte Fall Gerber, aber auch folgende Zitate aus zwei Fällen aus dem letzten Untersuchungsjahrzehnt veranschaulichen:

„Im Zuge der Therapie hat sich auch herausgestellt, dass Jana ganz stark die Mutterliebe braucht, dass ihr die Mutter zwar die körperliche Nähe gibt aber nicht das Gefühl der Wärme." (Protokoll KV 2013, Fall Bauer-Putz)

„Die Mutter, die ihre beiden Söhne liebt, die aber nicht imstande ist die Bedürfnisse ihrer Kinder richtig einzuschätzen, was ihr in weiterer Folge verunmöglicht sie adäquat zu versorgen und zu fördern" (KJWT 2020, Fall Aslih)

Mutterliebe ist in Verbindung mit den im Zeitverlauf immer stärker ausgebildeten Vorstellungen des Kindeswohls ausdifferenzierbar in eine naturgegebene Eignung zu spezifischer Form der Liebe, in Körperlichkeit und Nähe sowie in

Sorge und Pflege. Während sich allerdings in den älteren Akten die Vorstellung einer naturgegebenen Eignung zur Pflege von Säuglingen und Kleinkindern mit dem Deutungsmuster Mutterliebe verbunden zeigt, so wird diese Perspektive im Zeitverlauf durch weiblich etikettierte Gefühle erweitert.

Über den gesamten Zeitverlauf wird aber deutlich, dass mangelnde Mutterliebe im Sinne des Kindeswohls ersetzt werden *muss*. In diesem Fall zeigt sich die Verbindung von Mutterliebe mit Deutungsmustern der Leiblichkeit und Mütterlichkeit. Denn in der Verhandlung der Frage, wer die mangelnde Mutterliebe bzw. die mangelhafte Mutter ersetzen kann, ist in erster Linie Großmütter und Stiefmütter bzw. Lebensgefährtinnen des Vaters als Ersatz möglich, allerdings je nach Zeit und Kontext differenziert (siehe auch Abschnitt 3.5.3).

Im Fall der Großmutter kann durch die Deutung der Leiblichkeit im Sinne der nahen Verwandtschaft, die Mutterliebe von dieser bis zu einem gewissen Grad geboten werden. Allerdings zeigt sich diese Deutung der Großmutter als potenzielle Vertretung für Mutterliebe vorranging in Akten bis in die 1980er-Jahre. Einer Großmutter werden auf Grund ihrer eigenen Mutterschaft sowie auf Grund ihrer verwandtschaftlichen Beziehung zum Kind Mütterlichkeit und Mutterliebe auf Basis leiblicher und naturalistischer Vorstellungen zugeschrieben (siehe Abschnitt 3.5.3). Außerdem wird deutlich, dass die Mutterliebe der Großmutter als Ergänzung zum Vater positioniert werden kann, wenn die Mutter selbst nicht als mutterliebend gedeutet werden kann.

> *Auf Grund der Ehebungen des Jugendamtes [Stadt] vom [...] 1978 sind die Verhältnisse bei der väterlichen Großmutter in [Stadt], die als gemütlich und mütterlich beschrieben wird, geordnet und für eine bleibende Aufnahme B.s [Kind] geeignet. Frau K. [GMv], die vier Söhne grossgezogen und ins Berufsleben eingegliedert hat, hätte sich schon immer eine Tochter gewünscht. B. habe sich bei ihr immer wohl gefühlt" (Beschluss BG Obsorge KV 1978, Fall Strolz)*

> *„kann doch zweifelsfrei gesagt werden, daß die mütterliche Großmutter, die übrigens selbst noch ein Kind im Alter von sieben Jahren hat, eine geeignetere Person schon auf Grund des engen Verwandtschaftsverhältnisses zum Kind darstellt als Fr. P. [LGv]." (Beschluss BG Obsorge KM 1978, Fall Steiner)*

In Erzählungen über Stiefmutter oder Lebensgefährtin des Vaters zeigt sich Mutterliebe hingegen als ein Deutungsmuster, wenn diese Akteur*in einerseits als potenzielle Mutter und damit naturgegebene Trägerin von Mütterlichkeit qua Geschlecht positioniert werden kann. Andererseits kann die Leiblichkeit über gemeinsame Halb- oder Stiefgeschwister eine Stiefmutter oder Lebensgefährtin als Ersatz für die Mutter gedeutet werden. Etwa im Fall Flick, in dem im Gutachten festgehalten wird, dass die neue Ehefrau des Vaters für das Kind

„die Mutterstelle eingenommen, sowie ihr Sohn die Geschwisterrolle zu J. [Kind] habe" (psychologische Stellungnahme 1984, Fall Flick). Allerdings zeigt sich die Positionierung der Stiefmutter oder Lebensgefährtin als potenzielle ‚Ersatzmutter' in der Analyse als durchwegs differenziert, wie ich in Abschnitt 3.5.3 noch ausführlicher nachvollziehen werde.

Zusammenfassend zeigt sich, dass im Deutungsmuster Leiblichkeit, Mütterlichkeit und Mutterliebe deutlich wird, dass Muttersein keine Frage von Können ist, sondern eine natürliche Gegebenheit ist, die sich bei der Geburt ergibt. Mangelnde Mutterliebe wird demzufolge als aktiver Schritt einer Ablehnung der Mutterschaft gedeutet. Eine der Mutterliebe inhärenten Intimität, die ein Kind braucht, kann nicht ersetzt werden, wenn die Mutter grundsätzlich diese geben kann. So kann ein Vater die „Mutterrolle", wie sie schon in Abschnitt 3.3.2 ausdifferenziert wurde, übernehmen, aber Mutterliebe bleibt exklusiv.

> *„mittlerweile hat der Vater die (bezeichnenderweise so genannte) ‚Mutterrolle' übernommen, ohne die Mutter ersetzen zu können. Diesen zwangsläufigen Verlust auszugleichen erscheint ein ausgedehnteres Besuchsrecht bestens geeignet; gerade um dem Kind beispielsweise die Intimität des Einschlafens und Aufwachens bei der Mutter geben zu können." (Beschluss Besuchsrecht KM 1992, Fall Kolarik)*

Die Feststellung, dass die Mutter nicht ersetzt werden kann, impliziert jedoch auch, dass es eben ganz spezifische Deutungen von Muttersein und Mütterlichkeit gibt, die ein Vater nicht hat. Diesen Überlegungen wende ich mich im folgenden Kapitel zu.

3.4.2 Leiblichkeit, Väterlichkeit und Vaterrecht – biologische und rechtliche Vaterschaft

Ein Deutungsmuster der naturgegebenen Vaterliebe entsprechend der naturgegebenen Mutterliebe zeigt sich im Datenmaterial nicht. Dennoch scheint Leiblichkeit ein Deutungsmuster zu sein, das eine biologische Vaterschaft wirkmächtig werden lässt.

> *„welcher fremde Mann beschäftigt sich ebenso intensiv mit einem Kinde, wie der eigene Vater?" (Antrag Äußerung KV 1975, Fall Santo)*

> *„Es ist nicht leicht meine Vatergefühle niederzuschreiben, da ich für meinen Sohn einfach das empfinde, was jeder gute Vater für sein eigenes Fleisch und Blut empfindet" (Sachverständigengutachten 2003, Fall Groll)*

Durch das Deutungsmuster einer biologisch begründeten Verbindung zwischen einem leiblichen Vater und seinem Kind ergibt sich allerdings vor allem in den älteren Akten nicht unmittelbar väterliche Liebe, sondern eher eine Begründung für väterliche Pflichten und Rechte. Einerseits ist dies das Recht auf ein bestimmtes Ausmaß an Kontakt mit dem Kind, andererseits die Pflicht und das Recht auf Kontrolle des Wohlergehens des Kindes bzw. der Erziehungsleistung der Mutter.

Das Deutungsmuster Vaterrecht auf eine bestimmte Zeit an Vater-Kind-Kontakt zeigt sich im Untersuchungszeitraum als deutlich gewandelt. Während in den 1960er-Jahren durchaus postuliert werden kann, dass *„beim Alter des Kindes sicher nicht die Notwendigkeit [besteht], dass der Kindesvater [...] das Kind öfter als zweimal im Monat für einen Tag sieht und Gelegenheit hat, mit dem Kind zusammenzukommen.“* (Antrag KM Besuchsregelung 1966, Fall Krainz), wandelt sich diese Deutung in den 1980er-Jahren. So wird im Fall Kren (1989–1992) bei der Verhandlung des Besuchsrechts deutlich, dass ein Vater mehr als den ‚üblichen‘ Kontakt einfordern kann.

> *„Es fällt ihm schwer, sich angesichts der ihm auch vom Sachverständigen attestierten guten Fähigkeiten zur Pflege und Erziehung seiner Kinder damit abzufinden, [...] nur ein Besuchsrecht zu seinen Kindern haben soll, von dem auch der Sachverständige findet, seine Ausübung im vierzehn-tägigen Turnus sei ‚üblich‘ (Seite 8 des Gutachtens).“ (Äußerung KV zu SV-Gutachten 1990, Fall Kren)*

Mit dem Deutungsmuster Vaterrecht und daraus folgendem Recht auf die Beziehung zum Kind steht auch die Subjektposition des rechtmäßigen und kompletten Vaters in Zusammenhang (siehe Abschnitt 3.5.2). Mit der Deutung von Väterlichkeit als Recht auf Kontrolle des Wohlergehens des Kindes steht die Subjektposition des intervenierenden oder vervollständigenden Vaters auf die ich ebenfalls in Abschnitt 3.5.2 noch eingehen werden. An dieser Stelle sei noch eben dieser Aspekt der durch die Deutung der Leiblichkeit begründete Berechtigung und Berufung eines Vaters zu einer bestimmten Verantwortungsübernahme und Kontrolle dargestellt. Diese zeigt sich in den älteren Akten als Deutungsmuster des Vaterrechts eines leiblichen Vaters, wie folgende Zitate illustrieren.

> *„im Interesse des Kindes gezwungen, einen gewissen Einfluß darauf zu nehmen, daß das Kind nicht wahl- und schrankenlos Auslandsreisen unternimmt.“ (Äußerung KV 1966, Fall Krainz)*

> *„legitime Bedürfnis des Vaters, seine Kinder regelmäßig zu sehen und sich von ihrem Fortgang und Wohlergehen zu überzeugen“ (Beschluss Obsorge alleinige KM 1990, Fall Kren)*

Das Deutungsmuster Leiblichkeit im Zusammenhang mit Vaterschaft zeigt sich aber auch als Voraussetzung für eine spezifische Beziehungsbegründung zwischen Vater und Kind. Ein Vater muss – so macht die Analyse sichtbar – Vaterschaft aktiv annehmen. Lieblichkeit impliziert nicht ein väterliches Pendant zur Mutterliebe, die auf einem „Naturinstinkt“ (siehe vorangegangenes Kapitel) basiert. Vielmehr zeigt sich im gesamten Untersuchungszeitraum, dass die Vater-Kind-Beziehung erst vom Vater als „innig“ (siehe folgende Zitate) geschaffen werden muss.

> *„Auch während der aufrechten ehelichen Gemeinschaft habe ich hauptsächlich den Haushalt geführt, habe vor allem gekocht, die Kinder von klein auf gepflegt, sie gebadet und gewickelt, sowie gefüttert, da meine Frau für Haushaltsarbeiten nicht viel über hatte. […] Da ich mich seit frühester Zeit um die Kinder gekümmert habe, haben die Kinder zu mir auch ein sehr inniges Verhältnis. Sie sind an die Pflege durch mich gewohnt, und gewohnt, daß ich mich um ihr Wohl sorge.“ (Gegenantrag Obsorge KV 1978, Fall Najafi)*

> *„Der Antragsgegner hat zu Bernadett ein besonders inniges Verhältnis, das glücklicherweise auch im letzten Jahr, in dem durch die erzwungene Trennung die Kontakte auf kürzere Zeiträume beschränkt waren, noch nicht merkbar gelitten hat.“ (Stellungnahme und Antrag Obsorge KV 1989, Fall Kren)*

> *„Ich habe seit der Geburt meines Sohnes Alex zu diesem einen sehr innigen Bezug aufgebaut und möchte diesen Bezug zu meinem Sohn nicht verlieren“ (Schreiben KV 2001, Fall Benkovits)*

Mit diesem Ergebnis in Zusammenhang steht auch die Subjektposition des besonderen Vaters, auf die ich in Abschnitt 3.5.2 noch eingehen werde. Denn diese Innigkeit der Vater-Kind-Beziehung zeigt sich als besondere Leistung eines Vaters, während die von Mutterliebe gleichsam genährte Mutter-Kind-Beziehung von Natur aus gegeben scheint.

3.4.3 Erziehungsfähigkeit

Allerdings bedeutet weder eine innige Vater-Kind-Beziehung noch Mutterliebe unmittelbar eine Eignung eines Vaters oder Mutter zur Pflege und Erziehung eines Kindes. Wenn etwa im Fall Aslih (2012–2020) die Liebe der Mutter zu ihren Kindern anerkannt, mütterliche Praktiken und Gesundheitszustand jedoch als ungeeignet für die Kinder thematisiert werden.

„Bereits 2007 war mit der Kindesmutter Thema, dass eine psychiatrische Abklärung ihres Gesundheitszustandes erforderlich sei. […] Die Kindesmutter lehnte eine psychiatrische Abklärung vehement ab. […] [Die Kinder] sind selbst verantwortlich und müssen Aufgaben übernehmen, deren Übernahme für Kinder in diesem Alter nicht geeignet ist. […] Die Kindesmutter ist zu einer Förderung nicht in der Lage. […] [und] an die Grenzen ihrer erzieherischen Leistungsfähigkeit gestoßen." (Antrag und Stellungnahme KJWT 2012, Fall Aslih)

„Die Mutter […], die ihre beiden Söhne liebt, die aber nicht imstande ist die Bedürfnisse ihrer Kinder richtig einzuschätzen, was ihr in weiterer Folge verunmöglicht sie adäquat zu versorgen und zu fördern" (Situationsbericht KJWT 2020, Fall Aslih)

Dieser Fall illustriert das Deutungsmuster Erziehungsfähigkeit, mit dem Eltern auf gesundheitlicher sowie biographischer Ebene und in Bezug auf ihre Persönlichkeit, ihre Charaktereigenschaften und ihr Beziehungsleben als geeignet oder ungeeignet für die Obsorge gedeutet werden.

Im gesamten Untersuchungszeitraum wird der psychische sowie physische Gesundheitszustand im Zusammenhang mit der Fähigkeit der Eltern zur Erziehung verhandelt. Der Sprechposition Sachverständige kommt dabei eine besondere Deutungshoheit zu, wie auch in einem der ältesten Fälle im Sample – im Fall Mank (1966–1973) – sichtbar wird:

„[Die Mutter] scheint unter Minderwertigkeitsgefühlen, allgemeiner Angst und auch depressiven Verstimmungen zu leiden, dies alles jedoch durchaus noch im Rahmen der Norm, sodaß keinesfalls von ‚Erziehungsunfähigkeit' gesprochen werden kann." (Gutachten 1979, Fall Strolz)

Als besonders problematisch scheint im gesamten Untersuchungszeitraum, wenn Eltern ihre psychische Erkrankung und die dadurch eingeschränkte oder nicht gegebene Erziehungsfähigkeit nicht einsehen und keine entsprechende Diagnose und Behandlung zulassen bzw. vornehmen, bzw. ihnen dies vorgeworfen wird.

„Bedeutsam bei der Beurteilung des derzeitigen Zustandes ist vor allem auch der Umstand, dass eine Einsicht für diese Krankheitsgeschehen der Patientin völlig mangelt. […] Sie ist derzeit auch noch nicht in der Lage, allein ihre minderjährigen Kinder zu betreuen." (fachärztliches Gutachten zum der Mutter 1966, Fall Mank)

Liegt allerdings eine chronische physische Erkrankung nachgewiesenermaßen vor und wird diese von der betroffenen Person entsprechend behandelt, so kann eine Mutter oder ein Vater durchaus für erziehungsfähig gedeutet werden. Körperliche Einschränkungen – wie etwa eine Sehbehinderung des Vaters im Fall

Koller (1982–1984) – werden nicht unmittelbar als *„unverhältnismäßig belastendes Moment"* für die *„Ausübung von Pflege und Erziehung durch den Kindesvater"* gedeutet (Beschluss BG Obsorge KV 1983, Fall Koller). Entscheidend dabei scheint allerdings auch, ob Eltern in einem solchen Fall auf Hilfe im Haushalt zurückgreifen können.

> *„Ab November 1984 wird die väterliche Großmutter […] ihre Arbeitstätigkeit wegen Erreichung des Rentneralters aufgeben und zu ihrem Sohn […] ziehen. Falls sie eine gute Beziehung zum Enkelkind hätte oder aufzubauen imstande wäre, wäre das Wohl des Kindes auf jeden Fall gesichert." (Bericht KJWT KV 1983, Fall Koller).*

Ein schlechter Gesundheitszustand allein schränkt daher nicht unbedingt die Erziehungsfähigkeit ein, da mangelnde körperliche ‚Eignung' durch Unterstützung weiterer Bezugspersonen – meist die Großmutter – ausgeglichen werden kann. Die Subjektposition der Großmutter als legitime Unterstützung eines Elternteils zeigt sich durchwegs als bedeutsam und wird in Abschnitt 3.5.3 noch eingehend thematisiert.

Verknüpft mit Normalitätsvorstellungen von genderspezifischen elterlichen Zuständigkeiten und Kindeswohl zeigt sich auch die Deutung der Gesundheitskompetenz in Bezug auf das Kind. Im gesamten Untersuchungszeitraum liegt Gesundheit bzw. Krankheit eines Kindes an der Grenze zwischen mütterlicher Zuständigkeit in Bezug auf Pflege und väterlicher Zuständigkeit in Bezug auf Sorge und Kontrolle.

> *„Ich habe aber Bedenken, daß die KM mit dem Kind ans Meer fährt, weil ich mich nicht auf sie verlassen kann, dass sie im Falle einer Erkrankung des Kindes die richtigen Maßnahmen treffen würde." (Protokoll KV 1966, Fall Krainz)*

Die Erziehungsfähigkeit einer Mutter oder eines Vaters wird anzweifelbar, wenn der Gesundheitszustand eines Kindes als fragewürdig oder schlecht gedeutet werden kann. So zeigt sich Übergewichtigkeit als durchwegs problematisierbar im gesamten Untersuchungszeitraum, etwa wenn ein Vater im Jahr 1981 die Meinung der sachverständigen Person anzweifelt, wenn dieser *„behauptet, das Kind würde körperlich sehr gut betreut. Dies stimmt auch nicht, das Kind hat erhebliches Übergewicht und leidet seit Jahren an Fettsucht."* (Aussage KV 1981 Fall Strolz).

Im gesamten Untersuchungszeitraum kann sich vorrangig ein Vater durch das Deutungsmuster Gesundheitskompetenz als Intervenierender und die mangelhafte Mutter Ausgleichender positionieren (siehe Abschnitt 3.5.1 und 3.5.2). Einerseits zeigt sich dies in der Anzweiflung der Erziehungsfähigkeit der Mutter durch die

Gesundheit des Kindes schädigende und nicht erhaltende Praktiken, wie etwa folgende Zitat veranschaulicht.

> *„Während des Aufenthaltes bei der Mutter kam es zu doch gravierenden Zahnmängeln, welche sich durch mangelhafte Zahnhygiene über einen Zeitraum von acht bis zehn Monaten und/oder übermäßigen Süßigkeitenkonsum entwickelt hatten. Eine Sanierung erfolgte nach der Rückkehr der Kinder [zum Vater].“ (Beschluss Obsorge und Osterkontaktrecht 2014, Fall Haidinger)*

> *„Alle Nebenkosten einschließlich der Aufenthalte der Klimakammer wurden von den Großeltern finanziert, angeblich auch alle notwendigen Impfungen, da sich die Mutter angeblich um diese nicht gekümmert hat.“ (Gutachten 1980, Fall Angerer)*

Andererseits werden bei einer bestehenden Krankheit eines Kindes vorrangig Mütter als auf unseriös gedeutete und damit falsche Behandlungsmethoden zurückzugreifend positioniert. Legitimes medizinisches Wissen ist im Kontrast zu alternativen Behandlungsmethoden eine im Diskurs anerkannte Deutung von Gesundheitskompetenz und damit Erziehungsfähigkeit.

> *„Die KM [verlor] den Glauben an die Schulmedizin und suchte nach bisher leider erfolglosen Heilungsmöglichkeiten für Clara. In späterer Folge wirkte sich dies beispielsweise dergestalt aus, dass von der Landeskinderklinik [Stadt] Anzeige aufgrund der Verweigerung der nötigen Medikamente erstattet wurde. So fand die KM den Weg zur Alternativmedizin (z. B. TCM, Kräuterheilkunde, Verwendung von kollodialem Silber, ständige Ernährungsumstellung der Kinder uvm.). Dazu kamen Geistheilung und Esoterik (Glaube an Pendeln, Schutzengel und die ‚reinigende Kraft‘ von Engelssprays). […] Die Erkrankung von Clara kann die KM bis heute nicht verkraften und trifft viele ihrer Entscheidungen nach wie vor mittels Tensor (Einhandrute) bzw. Pendel.“ (Schreiben KV 2012, Fall Klinger, Unterstreichungen im Original)*

Insbesondere die Unterstreichungen der Richterin bzw. des Richters in diesem und weiteren Fällen, zeigen die mit elterlichen Praktiken verbundenen Deutung des Umgangs mit Krankheit. Die Annahme ärztlicher und psychologischer Unterstützung scheint als bedeutsam und elterliche Erziehungsfähigkeit eher unterstreichend als in Frage stellend. Etwa wird im Fall Haidinger positiv gedeutet, dass der Vater sich *„bei Unterstützungsbedarf […] sich beraten [habe] lassen (Rainbows) oder Gespräche mit Freunden geführt [habe]“* (Stellungnahme FGH 2017, Fall Haidinger).

Verknüpft mit der Gesundheitskompetenz und Einsichtsfähigkeit einer Mutter oder eines Vaters und der Erwartung der Annahme einer Unterstützung sind auch bestimmte Charaktereigenschaften bzw. Persönlichkeitsstrukturen verbunden, die im gesamten Untersuchungszeitraum dem Deutungsmuster Erziehungsfähigkeit zugerechnet werden. So zeigt sich die Annahme eines bestimmten Erziehungsstils basierend auf den Eltern zugeschriebene Eigenschaften, wie folgende Zitate veranschaulichen:

> *„Ich möchte lieber bei meinem Vater sein. Ich bin nämlich der Meinung, daß er mich viel besser erziehen kann als meine Mutter. Meine Mutter ist sehr nervös, während mein Vater ruhiger ist" (Protokoll Kind 1978, Fall Wallner)*

> *„Lt. Aussage der KM ist [der Vater] ein ‚mathematischer' Typ, dem Genauigkeit sehr wichtig ist. Er neigt angeblich auch dazu, seine Meinung den mit ihm lebenden Personen aufzudrängen. Die KM zeigt im Gegensatz dazu künstlerisch, musische Neigungen und kann den Kindern genügend Freiraum lassen, um sich günstig entwickeln zu können. […] Aufgrund der gefestigten, offenen und herzlichen Persönlichkeit der KM ist sie für die alleinige Erziehung der beiden [Kinder] aus sozialarbeiterischer Sicht bestens geeignet." (Stellungnahme KJWT 1989, Fall Kren)*

> *„Jedenfalls passen die angeführten Eigenheiten recht gut zur Wesensart der beiden Erwachsenen, als man die Mutter als kontaktbereite, umgängliche, recht großzügige und weltoffene junge Frau bezeichnen kann. Der Vater jedoch ist ein deutlich introvertierter, zurückhaltender und grüblerischer Mensch mit eigenbrötlerischen Tendenzen, der nun sehr nachhaltig und irritiert um die Versorgungsproblematik seiner Tochter ringt." (SV-Gutachten 1990, Fall Kren)*

Diese Zitate verweisen durchwegs auf (zugeschriebene) Charaktereigenschaften, die mit Emotionalität bzw. Rationalität in Verbindung gebracht werden können. Beide Eigenschaften sprechen fallspezifisch für oder gegen eine bessere Erziehungsfähigkeit eines Elternteils. So zeigt sich sowohl das Alter des Kindes als auch das Geschlecht als entscheidend dafür, welche elterliche Charaktereigenschaft als wichtige gedeutet wird.

Durchwegs wird in der Analyse eine genderspezifische Perspektive auf elterliche Erziehungsfähigkeit im Zusammenhang mit Emotionalität und Rationalität und mit dem Deutungsmuster der Mutterliebe ersichtlich. Als illustrierendes Beispiel sei hier ein Auszug aus der Begründung der Zuteilung der Obsorge für das 4-jährige Kind an die Mutter im Fall Wandel (1997–2008) skizziert.

> *„Zusammenfassend […] ist eine positive und in jeder Hinsicht förderliche Beziehung der Eltern zum Minderjährigen zu beobachten. […] Es sind keine die Erziehungsfähigkeit beeinträchtigenden Merkmale beobachtbar, sodass das allgemeinere Prinzip, das nämlich Mütter mit Kindern in diesem Alter einen kindergerechteren Umgang pflegen können als Väter, insbesondere in Stresssituationen, aber auch im Fall der Erkrankung des Kindes, zum Tragen kommt. Die wissenschaftliche Literatur zu dieser Frage dokumentiert zweifelsfrei, dass Mütter in einem höheren Ausmaß in der Lage sind, Kleinkinder zu betreuen, sowie Störungen, Belastungen und Erkrankungen wahrzunehmen, und auch die erforderlichen Maßnahmen umzusetzen. Im vorliegenden*

Fall ergibt sich auch ein leichter Vorteil für die Seite der Mutter durch die Erziehungseinstellungen und Erziehungsziele, die Mutter zeigt in einem höheren Ausmaß die Bereitschaft dem Kind Normen und Regeln beizubringen, als dies der Vater tut." (Beschluss Obsorge KM 2001, Fall Wandel)

Ohne auf individuelle Charaktereigenschaften einzugehen, werden einer Mutter grundsätzliche emotionale und handlungsanleitende Dispositionen zugesprochen. Allerdings zeigt es sich im Jahr 2001 als notwendig, dass diese Argumentation mit wissenschaftlicher Erkenntnis begründet werden muss und nicht mehr als naturgegeben positioniert werden kann (siehe Abschnitt 3.4.1). Emotionalität scheint zu dieser Zeit eine dem Vater zuordenbare Charaktereigenschaft zu sein, die Erziehungskompetenz begründet, wie folgendes Zitat aus einem Gutachten aus dem Jahr 2002 illustriert:

„Der Kindesvater hinterlässt einen um das Wohl seiner beiden Kinder bemühten und besorgten Eindruck, seine emotionale Schwingungsfähigkeit ist deutlich besser ausgeprägt als die der Kindesmutter. Insgesamt ergeben sich aus gutachterlicher Sicht keine Hinweise darauf, dass die Erziehungskompetenz des Kindesvaters eingeschränkt wäre." (Gutachten 2002, Fall Denk)

Das Argument des kindgerechten Umgangs in Stresssituationen, das in oben zitiertem Fall noch mit einer grundsätzlichen mütterlichen Eignung verknüpft scheint, kann aber – wie folgendes Zitat illustriert – durch die Rationalität eines Vaters ausgeglichen werden, vor allem wenn die Kinder älter sind.

„In Notsituationen (ich verweise auf den aktenkundigen Vorfall [...], als Kora eine Platzwunde erlitt), in der schnelles Handeln erforderlich war, war die Kindesmutter überfordert und reagierte unkoordiniert. Für die Kinder ist es wesentlich, dass sie von einem Elternteil betreut und versorgt werden, der auch in Ausnahmesituationen ruhig, bedacht und verlässlich agiert." (Aufgetragene Äußerung KV 2013, Fall Haidinger)

Neben den genderspezifischen Aspekten wird allerdings die Erziehungsfähigkeit auch mit der Biografie und Herkunftsfamilie von Eltern gedeutet. So zeigt sich im gesamten Untersuchungszeitraum, dass die Eignung zur Erziehung nicht erst mit der Geburt des Kindes beginnt, sondern schon in der Kindheit der Eltern selbst begründet wird. Diese wird als die Persönlichkeit und Beziehungsfähigkeit einer Person wesentlich beeinflussend thematisiert. So werfen sich beispielsweise die Eltern im Fall Klinger (2010–2018) gegenseitig vor, eine unglückliche Kindheit gehabt zu haben, und begründen damit eine Beziehungs- und Erziehungsunfähigkeit des jeweils anderen. So sollte aus Sicht der Mutter der Vater *„seine Kindheit aufarbeiten [...]. Er hatte im Gegensatz zu mir keine so schöne Kindheit. Ich [die*

Mutter] hatte ein sehr liebevolles Verhältnis zu meinen Eltern und davon zehre ich noch heute und bringe das auch im Verhältnis zu den Kindern ein." (Protokoll Verhandlung 2012, Fall Klinger). Im Gutachten wird jedoch die Erziehungsfähigkeit der Mutter aufgrund ihrer eigenen Biografie folgendermaßen in Frage gestellt:

> *„[Die Mutter] scheint eine skeptische bis negative Grundhaltung gegenüber männlichen Bezugspersonen entwickelt zu haben. Diesbezügliche Ursachen scheinen in der Lebensbiografie der KM begründet. So ist sie selbst nicht mit dem leiblichen Vater aufgewachsen. Der Stiefvater schien eine Alkoholproblematik entwickelt zu haben und sei sie daher dann schon mit 16 Jahren zu ihrem damals 10 Jahre älteren Freund gezogen. […] Es besteht nun aber auch der Eindruck, dass sie diese Grundproblematik, somit auch die äußerst negative und ablehnende Haltung zur Person des KV, tendenziell auf die MJ überträgt und diese somit in der Wahrnehmung männlicher Bezugspersonen beeinflusst. […] Die Trennung vom KV scheint sie noch nicht entsprechend verarbeitet zu haben und erscheint sie diesbezüglich auffällig emotional gekränkt. Diese Kränkung beeinflusst […] teilweise auch die Erziehungsfähigkeit der KM." (Gutachten 2012, Fall Klinger, Unterstreichungen im Original)*

Ein wichtiger Aspekt für die Ab- oder Zuerkennung der Erziehungsfähigkeit ist jedoch, ob eine als problematisch gedeutete Kindheit entsprechend verarbeitet wird bzw. wurde oder als wie schwerwiegend diese gedeutet wird. So kann ein *„praktisch vaterloses aufwachsen"* nicht automatisch dazu führen, dass *„die Untersuchte infolge ihres psychischen Zustands nicht in der Lage wäre dem Kind eine gedeihliche Entwicklung und Erziehung angedeihen zu lassen"* (Gutachten KM 1978, Fall Strolz).

In Bezug auf die Biografie von Eltern ist es auch möglich, das Beziehungsleben eines Elternteils im Zusammenhang mit Erziehungsfähigkeit zu deuten. So können aus Sicht der Mutter im Fall Wallner (1973–1980) die zwei aus Alleinverschulden des Vaters geschiedenen Ehen *„als Mangel jeglichen Familiensinns gedeutet werden, der aber eine Voraussetzung auch für eine ordnungsgemässe Pflege und Erziehung eines mj. Kindes bildet"* (Rekurs KM 1978, Fall Wallner). Die Frage nach einem geordneten Beziehungsleben wird allerdings eher in Zusammenhang mit dem Deutungsmuster geordnete Verhältnis thematisiert, das auf die Leitbilder der vollständigen Familie sowie des Kindeswohls verbindet und in Abschnitt 3.4.5 behandelt wird.

3.4.4 Bindungstoleranz und gemeinsame Elternschaft

Juristisch kam es, wie in Abschnitt 1.2.1 ausgeführt, am Beginn des 21. Jahrhunderts zu einer Betonung des Leitbildes der gemeinsamen Elternschaft nach einer

Trennung und einer Stärkung des Kindeswohls. Diesbezüglich zeigt sich auch im Datenmaterial die Vorstellung, dass ein Kind mit beiden leiblichen Eltern Kontakt haben sollte und gute Eltern die Beziehung zum jeweils anderen Elternteil nicht nur anerkennen, sondern auch fördern sollten. Damit schließt sich auch der Bogen zum Leitbild der vollständigen, heteronormativen Kernfamilie, die zwar nicht ‚intakt' im Sinne eines gemeinsamen Lebens ist, aber in Bezug darauf, dass beide Eltern mit gleichen Rechten und Pflichten ausgestattet sein sollten. Dementsprechend werden von Eltern entsprechende Praktiken erwartet, wie folgendes Zitat illustriert.

> *„Ohne dass beiden Elternteilen konkretes manipulatives Vorgehen zur Beeinflussung von Silvia und Jana vorgeworfen werden kann, haben es doch beide verabsäumt, den Mädchen gegenüber ausreichend Wertschätzung gegenüber dem anderen Elternteil zu vermitteln." (Beschluss gemeinsame Obsorge 2014, Fall Bauer-Putz)*

Beeinflussung und Diskreditierung stehen als negativ gedeutete Praktiken der Erwartung wertschätzender Verhaltensweisen, Förderung des Kontaktes zum anderen Elternteil sowie als kooperativ gedeuteten elterlichen Praktiken gegenüber. Diese Erwartungen lassen sich in der Analyse unter den Deutungsmustern Bindungstoleranz[3] und gemeinsame Elternschaft subsumieren. Sie zeigen sich als eng mit dem Leitbild des Kindeswohls verknüpft und stehen in Verbindung mit dem Deutungsmuster Erziehungsfähigkeit.

In den älteren Akten zeigen sich mit der alleinigen Obsorge betraute Eltern dahingehend gedeutet, dass sie für das Wohl des Kindes sorgen und einen gewissen Kontakt zum anderen Elternteil ermöglichen, der aber nicht als zwingend notwendig für das Kindeswohl erachtet wird, wie beispielsweise im Fall Steiner (1976–1990).

> *„Auf Grund des Hausbesuchs und vor allem seinen Gesprächen mit dem Kind kommt der Psychologe zu dem Eindruck, daß eine weitreichende Entwöhnung des Kindes von der leiblichen Mutter eingetreten ist. Die Mutter spielt kaum eine bedeutsame Rolle im Leben des Kindes mehr. Gegenüber dem früheren wechselhaften Kontakten und zwanghaften Bindungen würde das Kind die derzeitige Familienkonstellation als befreiend erleben. In seinem Gutachten schlägt der Psychiater vor, daß weiterhin ein unregelmäßiger und loser Kontakt zwischen der Mutter und dem Kind im Hause des Vaters aufrecht bleibt" (Beschluss Obsorge KV 1978, Fall Steiner)*

[3] Auf den kritischen Diskurs zur Verwendung des Begriffs Bindungstoleranz und damit auch in Verbindung stehende weitere Konzepte, wie das Parental-Alienation-Syndrom (Entfremdung), kann hier nicht eingegangen werden. Es sei verwiesen auf bspw. Detternborn 2022, Kindler & Salzgeber 2023, Voß 2022.

Im starken Kontrast dazu zeigt sich in den Akten aus den letzten beiden Jahrzenten des Untersuchungszeitraums, dass eine aktive Förderung des Kontaktes zwischen dem nicht-sorgeberechtigen Elternteil und einem Kind eines der wirkmächtigsten Deutungsmuster guter Elternschaft in Zusammenhang mit Kindeswohl ist. So ist selbst in Fällen, in denen zumindest der Vorwurf körperlicher und sexualisierter Gewalt des Vaters gegenüber der Mutter oder den Kindern nahestehenden Personen besteht, das Deutungsmuster der Bindungstoleranz wirkmächtiger für die Deutung einer Mutter als gute Mutter, als deren Anerkennung des Kindeswillens und Kindeswohls. Dies zeigt sich besonders im Fall Brauninger (2009–2018), in dem die Mutter den Kontakt zum – zumindest aus ihrer Perspektive – das Kindeswohl gefährdenden Vater nicht fördert.

> *„Das Verhalten der Kindesmutter als alleinige Obsorgeträgerin zeigt nach den Erhebungen des Jugendamtes, durch Befragung der Kinder, einen Verstoß gegen das Wohlverhaltensgebot also eine mangelnde Bindungstoleranz. Die mangelnde Bindungstoleranz bezeichnet einen Mangel an der Fähigkeit die Bindungen der Kinder zum anderen Elternteil, zu respektieren und ihre Aufrechterhaltung wenigstens zu tolerieren. Dies ergibt sich aus dem Umstand, dass die Kindesmutter selbst geschützte Besuchskontakte nicht zulässt. Fehlende Bindungstoleranz ist ein Zeichen für eine eingeschränkte Erziehungsfähigkeit und kann in schweren Fällen zu einer Gefährdung des Kindeswohls führen." (Stellungnahme KJWT 2014, Fall Brauninger, Unterstreichungen im Original)*

Das Zurückstellen der eigenen, negativen Gefühle dem anderen Elternteil gegenüber zeigt sich somit als relevante Interpretation von Bindungstoleranz. Begründet mit dem Recht des Kindes auf beide Eltern besteht somit im 21. Jahrhundert die Erwartung an Eltern, die Beziehung eines Kindes zu beiden Eltern nicht nur anzuerkennen, sondern diese auch aktiv zu fördern. Damit einher geht auch die Erwartung der Anerkennung und Erwirkung einer *„Erziehungspartnerschaft"*, wie folgendes Zitat veranschaulicht.

> *„Im vorliegenden Fall der minderjährigen Silvia und Jana sei nochmals mit Nachdruck betont, dass das Gericht sowohl die Mutter als auch den Vater für ausgesprochen intelligente, erziehungskompetente, das Wohl ihrer Kinder in den Mittelpunkt stellen wollende Eltern hält, denen es in Hinkunft sehrwohl gelingen kann und muss, Schritt für Schritt wieder zunehmend Vertrauen zueinander zu gewinnen, eigene Bedürftigkeiten und allfällige Verletzungen hintanzustellen und eine Erziehungspartnerschaft im angesprochenen Sinn zu erreichen. Ausgesprochen positiv zu werten ist dabei die Zustimmung beider Elternteile, umgehend Erziehungsberatung in Anspruch zu nehmen." (Beschluss gemeinsame Obsorge 2014, Fall Bauer-Putz)*

Einhergehend mit den veränderten Vorstellungen davon, wen und was ein Kind braucht, zeigt sich somit ein Wandel des Deutungsmusters Bindungstoleranz dahingehend, dass die Interpretation guter Elternschaft von einer Toleranz des Kontakts zum anderen Elternteil hin zu der aktiven Förderung und schließlich einer kooperierenden und gemeinsamen Elternschaft verschiebt. Damit schließt sich der Bogen hin zum Leitbild der vollständigen heteronormativen Kernfamilie, die zwar nicht ‚intakt' im Sinne eines Lebens im gemeinsamen Haushalt zeigt, aber im Sinne einer für das Kind funktionierenden Beziehung auf Elternebene. Dies führt auch einem weiteren Deutungsmuster, das sich im Diskursfeld Pflegschaftsverfahren in der Analyse als wirkmächtig zeigt.

3.4.5 Geordnete Verhältnisse

Das Deutungsmuster geordnete Verhältnisse zeigt sich in den Daten als Interpretationsschemata des Leitbilds der vollständigen, harmonischen, intakten und heteronormativen Familie in Verbindung mit den Normalitätsvorstellungen des Kindeswohl und genderspezifischer elterlicher Zuständigkeiten. Damit verbundene Deutungen sind der ordentliche, der frauenlose und der vaterlose Haushalt sowie geordnete Beziehungsverhältnisse der Eltern. In der Analyse werden diese im gesamten Untersuchungszeitraum unterschiedlich wirkmächtig und entlang konkreter Sachverhalte, Praktiken, Subjektpositionen und Argumentationen verhandelt, wie ich in der Folge im Detail nachzeichne.

Der ordentliche Haushalt

Zunächst zeigt sich der ordentliche Haushalt bis in die 1990er-Jahre als eng verknüpft mit genderspezifischen Rollenvorstellungen zu Zuständigkeiten in einem Haushalt. So ist bei der Deutung eines mütterlichen Haushalts in erster Linie die Sauberkeit und Ordnung des Haushalts selbst als Interpretation guter Mutterschaft relevant. Beurteilungen wie *„der Haushalt ist sehr unordentlich"* (Beschluss BG Obsorge KV 1979, Fall Lehman) oder *„die Wohnungspflege ist tadellos"* (Stellungnahme KJWT Obsorge KM 1973, Fall Wallner) sowie *„es herrscht Ordnung und Sauberkeit in der Wohnung und Frau. O. ist sicher auch eine gute Hausfrau. Sie strickt und bastelt auch sehr viel und bei den Nachbarn ist sie beliebt und es konnte nichts Nachteiliges über sie in Erfahrung gebracht werden"* (Bericht KJWT 1965, Fall Ott) sind durchwegs in Stellungnahmen und Beschlüssen aus dieser Zeit in Bezug auf Mütter in ihrer Positionierung als Hausfrau zu lesen. In neueren Akten zeigt sich die Deutung des unordentlichen mütterlichen Haushalts einzig in einem Fall, in dem er Sachverhalt von Mitarbeitenden des KJWT jedoch als massive Vernachlässigung der Kinder und das Kindeswohl gefährdend gedeutet wird.

> *„Am Tisch standen Essensreste vom Vortag. Das war kein gekochtes Essen, sondern die Reste einer Tiefkühlpizza. In der Wohnung war es dunkel, weil die Vorhänge zugezogen waren. Die Kleidungsstücke der Kinder waren nicht zusammengelegt, sondern lagen überall herum. Insgesamt stellte sich der Zustand der Wohnung als verwahrlost und unhygienisch dar." (Protokoll Verhandlung, Aussage KJWT, 2012, Fall Aslih)*

In der Analyse zeigt sich, dass selbst bei Berufstätigkeit beider Eltern und mit Verweisen auf die Vergangenheit, ein ordentlich geführter Haushalt bis in die 1990er-Jahre als Zeichen guter Mutterschaft gedeutet wird, nicht jedoch in der Zuständigkeit des Vaters liegt, wie folgende Zitat veranschaulichen.

> *„Als Scheidungsgrund hatte ich geltend gemacht, daß die Antragstellerin den Haushalt gleichermaßen vernachlässigte wie das Kind, mich und ihre eigene Person. Im Haushalt herrschte ein heilloses Durcheinander, sodaß sich schließlich meine Mutter darum kümmern mußte" (Rekurs KV 1968, Fall Langer)*

> *„Der Antragsgegner bezweifelt, daß sich die Einstellung der Antragstellerin zu den Haushaltsarbeiten gegenüber jener Zeit, in der die Ehegatten noch beisammen waren, so radikal geändert hat. Gerade diese Belastungen waren es ja offenbar, die sie veranlaßt haben, aus der Ehe auszubrechen. Hatte der Antragsgegner früher oft eine gewisse Nachlässigkeit der Antragstellerin im Haushalt wahrgenommen" (Stellungnahme Vater 1990, Fall Kren)*

Der Vater kann, so wird in den Daten ersichtlich, für einen unordentlichen Haushalt bei einer bestehenden Beziehung nicht persönlich zur Verantwortung gezogen werden. Hingegen zeigt sich die Deutung der geordneten Verhältnisse in einem väterlichen Haushalt bis in die 1990er-Jahre eher über ein Auftreten des Kindes nach außen. Insbesondere in Stellungnahmen von Personen des KJWT oder Bildungs- und Betreuungseinrichtungen werden geordnete Verhältnisse anhand eines als sauber und gepflegt wirkenden Kindes gedeutet, wie folgende Zitate illustrieren.

> *„Soweit ich das sehen kann, ist das Kind bei ihrem Vater und seiner Lebensgefährtin gut untergebracht und wird auf jeden Fall gut für das Kind gesorgt. Das Kind ist immer sauber, hat immer eine entsprechende Jause mit." (Protokoll Ladung Kindergartenpädagoginnen 1979, Fall Steiner)*

> *„Claudia war gesprächsbereit, offen und wenig irritiert. Sie fand sogleich Zugang zur Psychologin und Sozialarbeiterin. Sie war nett gekleidet, wirkte gepflegt" (Stellungnahme KJWT 1994, Fall Kolarik)*

An der Schnittstelle zum Deutungsmuster Erziehungsfähigkeit zeigt sich im gesamten Untersuchungszeitraum die Deutung des ordentlichen Haushalts auch in dessen Verständnis als Ort der Bildung. Geordnete Verhältnisse sind solche, in denen auf den schulischen Erfolg eines Kindes wert gelegt und eine förderliche Lernumgebung geschaffen wird.

> *„Seiten der Schule wurde auch hervorgehoben, dass Herr Dr. Santo sich sehr um den Minderjährigen, speziell in diesem Schuljahr, angenommen hat. […] Abschließend kann auf Grund der derzeit gewonnenen Eindrücke von Seiten des Stadtjugendamtes [Stadt] gesagt werden, daß Herr Dr. Santo soweit er in der Lage ist, wirklich alles daransetzt, seinen Kindern ein ordentliches, gemütliches Heim zu bieten" (Stellungnahme KJWT 1975, Fall Santo)*

> *„Die Schulnachfrage in der [Schule] ergab, daß die Mj. die 2. Kl. Besucht. Leistungsmäßig ist sie sehr schwach. Sie ist recht verhaltensauffällig, distanzlos." (Stellungnahme KJWT 1994, Fall Kolarik)*

> *„Der Schüler ist nach wie vor in der Klasse sehr beliebt und auch seine schulischen Leistungen sind zufriedenstellend. […] David macht immer einen sehr gepflegten Eindruck." (Brief Lehrerin 2000, Fall Groll)*

> *„Aussage KM bei Hausbesuch SV ‚Jeder könne sehen, dass es Martin bei ihr gut gehe, er habe in der Schule hervorragende Leistungen […]. Martin sei laut Lehrerin weder verhaltensauffällig noch aggressiv in der Schule'." (psychologisches Gutachten 2006, Fall Saur)*

Insbesondere Lehrer*innen haben diesbezüglich eine Deutungshoheit über Schulerfolg und damit in Zusammenhang stehende ordentliche Verhältnisse inne. Mäßiger Schulerfolg, ungepflegtes Äußeres und Verhaltensauffälligkeiten im Schulverband zeigen sich als typische Sachverhalte, die scheinbar auf einen ordentlichen Haushalt mit bildungsförderlichen und am Kindeswohl orientiere Praktiken verweisen.

Der frauenlose Haushalt

Im Zusammenhang mit dem Deutungsmuster geordnete Verhältnisse zeigt sich in der Analyse die Interpretation eines Haushalts als *„frauenlos"* (Beschluss LG Rekurs KV abgewiesen 1981, Fall Fischer) bis in die frühen 1980er-Jahre. Ein solcher Haushalt ist durch die Vorstellungen der umfassenden Betreuung eines Kindes in einem Haushalt, in dem sowohl eine weibliche als auch eine männliche Versorgungs-, Betreuungs- und Bezugsperson vorhanden ist, genährt. Exemplarisch lässt sich dieses Deutungsmuster am Fall Fischer (1968–1983) veranschaulichen. So steht im Beschluss, in dem für eine Beibehaltung der alleinigen

Obsorge der Mutter und damit im Verbleiben des Minderjährigen im Haushalt mit einem Stiefvater entschieden wird, folgende Begründung:

> *„Nun steht aber im Anlassfall fest, dass der Wunsch des Minderjährigen, beim Vater untergebracht zu werden, […] erkennbar von der Absicht getragen wird, der straffen Anleitung im Haushalt der Mutter bzw. des Stiefvaters zu entgehen […]. Gerade dies wäre aber nach den vorliegenden Erhebungen für den Minderjährigen abträglich, zumal er ohnehin kein eifriger Lerner ist und der Einbindung in eine ordentliche Familie dringend bedarf. […] Es sei im übrigen nur noch am Rande erwähnt, dass die Unterbringung des Minderjährigen beim Vater schon deshalb nicht vorteilhaft erscheinen kann, weil es sich dort um einen frauenlosen Haushalt handelt und die Lebensumstände […] keine gesicherten Erwartungen in Richtung auf eine geordnete, regelmässige und altersgemässe Betreuung des Minderjährigen in körperlicher und psychischer Hinsicht zulässt." (Beschluss LG Rekurs KV abgewiesen 1981, Fall Fischer)*

Mit diesem Zitat wird deutlich, dass ein geordnetes Verhältnis bedeutet, dass in einem Haushalt eine weibliche Person vorhanden ist, da dadurch umfassende Betreuung gewährleistet ist. So ist es in den 1960er- und 1970er-Jahren problematisch, wenn ein Vater keinen *„eigenen Hausstand"* hat (Beschluss Obsorge KM 1970, Fall Gragler). Geordnete Verhältnisse bedeuten, dass eine Frau im Haushalt ist, die sich um Haushaltsführung und -tätigkeiten kümmert und die für die Pflege der Kinder sorgt, wie folgende Zitate illustrieren.

> *„es zweckmässiger erscheint, ein heranwachsendes 16-jähriges Mädchen besser in Pflege und Erziehung der Mutter als des alleinstehenden Vaters zu geben" (Beschluss BG Obsorge aufgeteilt 1970, Fall Mank)*

> *„Bei der Haushaltsführung macht sich natürlich bemerkbar, daß die Hausfrau fehlt." (Stellungnahme KJWT zu KV 1975, Fall Santo)*

Auf die mit diesem Deutungsmuster verbundenen Subjektpositionen des unehelichen Vaters oder des alleinstehenden Vaters ohne dauerhafte Beziehung gehe ich in Abschnitt 3.5.2 genauer ein. An dieser Stelle sei allerdings noch verdeutlicht, wie der „frauenlose Haushalt" durch bestimmte väterliche Praktiken dennoch als Haushalt mit geordneten Verhältnissen gedeutet werden kann. Etwa wenn ein Vater *„durch genügend Personal im Hause allenfalls durch eine zu diesem Zweck vom Vater eigens aufgenommene weibliche Aufsichtsperson ausreichend für das Wohl des Kindes im Vaterhaus vorgesorgt."* (Beschluss BG Rückführung Kind 1970, Fall Planner); oder wenn sich ein Vater *„der Hilfe seiner Mutter und Schwester bedient [dann] ergeben sich keine Bedenken"* (Beschluss Obsorge KV mit GMv und Schwester 1967, Fall Mank) und die Kinder daher in die Obsorge des Vaters übergeben werden können. Der Haushalt des Vaters zeigt sich dann nicht als frauenlos gedeutet, da ausreichend weibliche Personen vom Vater hinzugezogen werden. Nicht die Mutter scheint hier zu fehlen, sondern eine Frau, die sämtliche mit der Mutterrolle verbundenen Aufgaben im Haushalt übernimmt. Dementsprechend zeigt sich dieses Interpretationsschemata von geordneten Verhältnissen eher auf der funktionellen Ebene eines Haushalts und weniger auf der Beziehungsebene liegend.

Der vaterlose Haushalt

Im Gegensatz dazu finden sich in den Akten ab den späten 1980er-Jahren Deutungen der geordneten Verhältnisse, die auf der Beziehungsebene liegen und stärker mit dem Leitbild Kindeswohl verknüpft sind. Es sind dies Interpretationen eines vaterlosen Haushalts, in dem die *„männliche Bezugsperson"*, ein *„Männerbild"* bzw. *„Vaterbild"* für ein Kind fehlt (siehe folgende Zitate). Diese Deutungen werden in Mangelerzählungen ab den 1980er-Jahren sichtbar, wie etwa im Fall Kren (1989–1992) in dem der Vater bei der Zuteilung der alleinigen Obsorge an die Mutter die Sorge hat, *„daß nämlich seine Kinder ohne Vater aufwachsen sollen"* (Stellungnahme KV 1989, Fall Kren); oder im Fall Groll (2000–2005) in dem die Sachverständige in einer Verhandlung folgende Bedenken äußert:

> *„Sollte David in etwa zwei Jahren nicht zum Vater kommen, so würde es psychologisch betrachtet sicherlich zu Problemen kommen, insbesondere zu Problemen in seiner Entwicklung, wenn er quasi ‚vaterlos' aufwächst. Für die Entwicklung seines ‚Männerbildes' ist der dauernde Kontakt zu seinem Vater sicherlich wichtig. Er hat zwar ein ‚Großvaterbild' vor Augen – das kann aber das ‚Vaterbild' nicht ersetzen." (Stellungnahme SV 2001, Fall Groll)*

Dieses Zitat zeigt unter anderem, dass anders als bei der Deutung des frauenlosen Haushalts, eine fehlende Vaterfigur nicht so leicht durch andere männliche Personen ersetzt werden kann. Es müssen nicht allein die Aufgaben des männlichen Zuständigkeitsbereichs erfüllt sein. Mit Bezug zum stärker ausdifferenzierten Kindeswohl zeigen sich die spezifischen Vorstellungen einer Vater-Kind-Beziehung in diesen Argumentationen bedient.

Genderspezifische Differenzierungen auf Ebene der Kinder zeigen sich in Zusammenhang mit der Verhandlung des vaterlosen Haushaltes nicht. Sowohl für Buben als auch für Mädchen bedeuten geordnete Verhältnisse, dass ein *„männliches Rollenbild"* und eine *„männliche Bezugsperson"* (Antrag alleinige Obsorge

KV 2012, Fall Haidinger) tagtäglich für ein Kind da sind, da solche im Alltag grundsätzlich weniger vorhanden sind als weibliche Betreuungspersonen, wie folgendes Zitat unterstreicht:

> *„Vor allem männliche Bezugspersonen scheinen bisher in der Lebensumgebung der Kinder zu fehlen. Auch in Kindergärten, Schulen und Schulhorten fungieren hauptsächlich weibliche Betreuungspersonen." (Gutachten 2012, Fall Klinger)*

Ähnlich den väterlichen Praktiken beim frauenlosen Haushalt kann eine Mutter durch spezifische Praktiken geordnete Verhältnisse schaffen, die sich trotz eines vaterlosen Haushalts dennoch als geordnete Verhältnisse deuten lassen. So kann ein Stiefvater oder mütterlicher Lebensgefährte unter bestimmten Voraussetzungen als männliche Bezugsperson interpretiert und positioniert, dabei aber nicht *„die Rolle des Vaters übernehmen und der KV aus dieser hinausgedrängt werden"* (Situationsbericht KJWT 2003, Fall Denk).

Auf die entsprechende Subjektposition des neuen Vaters gehe ich in Abschnitt 3.5.3 noch ein. Allerdings wird besonders in den Akten der letzten zwei Jahrzehnte für das Deutungsmuster geordnete Verhältnisse die Rolle der gewandelten Vorstellungen zum Kindeswohl deutlich, nämlich dass ein Kind nicht nur eine männliche und weibliche Betreuungs- und Bezugsperson braucht, sondern einen ausreichenden Kontakt zu beiden leiblichen Elternteilen (siehe Abschnitt 3.3.3), wie folgendes Zitat veranschaulicht: *„Ich möchte nicht nur Statist, sondern aktiv an der Entwicklung von Jana beteiligt sein, deshalb ersuche ich um das beantragte beidseitige Sorgerecht."* (Schreiben KV 2008, Fall Priker).

Die Frage nach dem Beziehungsleben von Eltern ist allerdings auch Aspekt des Deutungsmusters geordnete Verhältnisse und zeigt sich in konkreten Deutungen elterlicher Beziehungen. Auf diese vierte Interpretationsschemata des Deutungsmuster geordnete Verhältnisse gehe ich nun ein.

Geordnete Beziehungsverhältnisse

> *„Der Haushalt ist sehr unordentlich, die KM hat einen jugoslawischen Gastarbeiter als Freund." (Beschluss BG Obsorge KV 1978, Fall Lehmann)*

Auch wenn diese aus heutiger Perspektive äußerst fragwürde Argumentation aus dem Jahr 1979 im Beschluss des Rekursverfahrens als nicht ausschlaggebend interpretiert wird, so illustriert dieses Zitat die Deutung elterlicher Beziehungsverhältnis als relevant in der Verhandlung und Argumentation geordneter

Verhältnisse. Mit Bezug auf Vorstellungen zum Kindeswohl (etwa Dauerhaftigkeit) sowie auf das Leitbild der vollständigen Familie zeigen sich in der Analyse im gesamten Untersuchungszeitraum konkrete Deutungen davon, welche elterlichen Beziehungsverhältnisse geordnete Verhältnisse darstellen.

> *„Die Kindesmutter hat seit unserer Ehe immer wieder wechselnde Beziehungen unterhalten, was prinzipiell unerheblich wäre, wenn diese wechselnden Beziehungen nicht auch stets mit einem starken räumlichen Wohnortwechsel verbunden gewesen wären." (Antrag KV 2005, Fall Saur)*

> *„Meiner Meinung nach ist eine Unterbringung beim Vater nicht im Interesse der Mj. da dieser über keine ständige Frauenbekanntschaft verfügt, sondern diese wechselt." (Protokoll GMm 1978, Fall Wallner)*

Insbesondere wechselnde und als moralisch bedenklich deutbare Beziehungen verweisen darauf, dass mit dem Deutungsmuster geordnet Verhältnis die Erwartung an Eltern verbunden sind, dauerhafte und dem Kindeswohl zuträgliche Paarbeziehungen zu haben.

Zusammenfassend zeigt sich, dass die unterschiedlichen Deutungsmuster zu Elternschaft in Pflegschaftsverfahren einen Wandel vollzogen haben. Einzig das Deutungsmuster Mutterliebe ist im gesamten Untersuchungszeitraum konstant und wirkmächtig. Der genderspezifische Aspekt von Deutungsmuster – wie dem der Leiblichkeit – zeigt sich auch im Deutungsmuster geordnete Verhältnisse. Insbesondere äußert sich dies in der Gegenüberstellung des frauenlosen und vaterlosen Haushaltes. Dies zeigt auch den grundsätzlichen Wandel von einem Fokus auf geordnete Verhältnisse im Sinne der genderspezifischen Zuständigkeiten von Mutter und Vater hin zu einem Fokus auf die Beziehungsebene zwischen Vater bzw. Mutter und Kind. Diesen Wandel hin zu einer Betonung der Beziehungen und Bindungen wird auch im Deutungsmuster Bindungstoleranz und gemeinsame Elternschaft deutlich, das sich erst in einer späteren Phase des Untersuchungszeitraumes findet. In Summe zeigen sich Deutungsmuster als typische Interpretationsschemata etwa für Situationen und Praktiken im Zusammenhang mit Elternschaft. Als kollektive Orientierungssysteme verdichten sich Deutungsmuster gleichsam zu Modellsubjekten und strukturieren die unterschiedlichen Positionen der Subjekte im Diskursfeld Pflegschaftsverfahren. Auf eben diese Subjektpositionen gehe ich im folgenden Kapitel ein.

3.5 Subjektpositionen und Modellsubjekte

Wie in Abschnitt 2.1 dargestellt, treten Akteur*innen als Teil von Diskursen nicht nur als Sprecher*innen auf, sondern können als Subjekte eine bestimmte Position im Diskurs zugeschrieben bekommen. Dabei werden Rollenvorgaben vermittelt und verhandelt sowie Verhaltensweisen prozessiert. Die soeben dargestellten Deutungsmuster und Leitbilder begründen, welche Subjektpositionen bzw. Modellsubjekte von Elternschaft in dem Diskursfeld eine relevante und zentrale Rolle einnehmen und als konkrete Subjektvorstellungen, Identitätsschablonen und -angebote sowie Positionierungsvorgaben für Akteur*innen erarbeitet werden konnten. In der Analyse zeigten sich diesbezüglich unterschiedliche Subjektpositionen der Mutter und des Vaters sowie komplementäre Modellsubjekte im Sinne von positiven und negativen ‚Blaupausen' dieser gegensätzlichen Subjektpositionen. Mütter und Väter selbst, aber auch Großeltern und Beziehungspartner*innen von Eltern zeigen sich als gute oder schlechte bzw. Ersatz- oder alternative Mutter oder Vater adressiert und positioniert. Dabei positionieren diese Vorgaben von den unterschiedlichen Akteur*innen eben diese nicht nur als Problemverursachende oder Problemlösende, Opfer oder Übeltäter*in. Es zeigt sich auch, dass in der Subjekt-Kartographie unterschiedliche Modellsubjekte als komplementäre oder bedingende Figuren sowie als positive oder negative Blaupausen von der grundsätzlich als gegensätzlich konstruierten Subjektpositionen Mutter und Vater bestehen. Abbildung 3.3 bietet mit der Subjekt-Kartographie einen Überblick über die unterschiedlichen Subjektpositionen von Mutter und Vater, über die differenzierten Modellsubjekte sowie deren Verknüpfungen.

Grundsätzlich wird in der Analyse deutlich, dass es im Diskursfeld Pflegschaftsverfahren eine heteronormative Positionierung von der Subjektposition der schlechten, der guten sowie der alternativen und der Ersatz-Mutter auf der einen und des schlechten, des guten, des besonderen sowie des alternativen und des Ersatz-Vaters auf der anderen Seite gibt. Innerhalb dieser Subjektpositionen zeigen sich weitere Modellsubjekte. Die Analyse ergab, dass diese Positionierungsvorgaben oder -angebote allerdings nicht für Mütter oder Väter selbst, sondern auch für weitere Akteur*innen möglich sind. Diese Akteur*innen sind in erster Linie Großeltern sowie Beziehungspartner*innen von Eltern, die mögliche Adressat*innen der Subjektposition alternative Mutter oder Ersatzmutter bzw. alternativer Vater oder Ersatzvater sein können. In den folgenden Kapiteln gehe ich nun auf die einzelnen Subjektpositionen und ihre jeweiligen Ausdifferenzierungen in Modellsubjekte ein. Dabei wird auch nachvollzogen, wie diese mit den

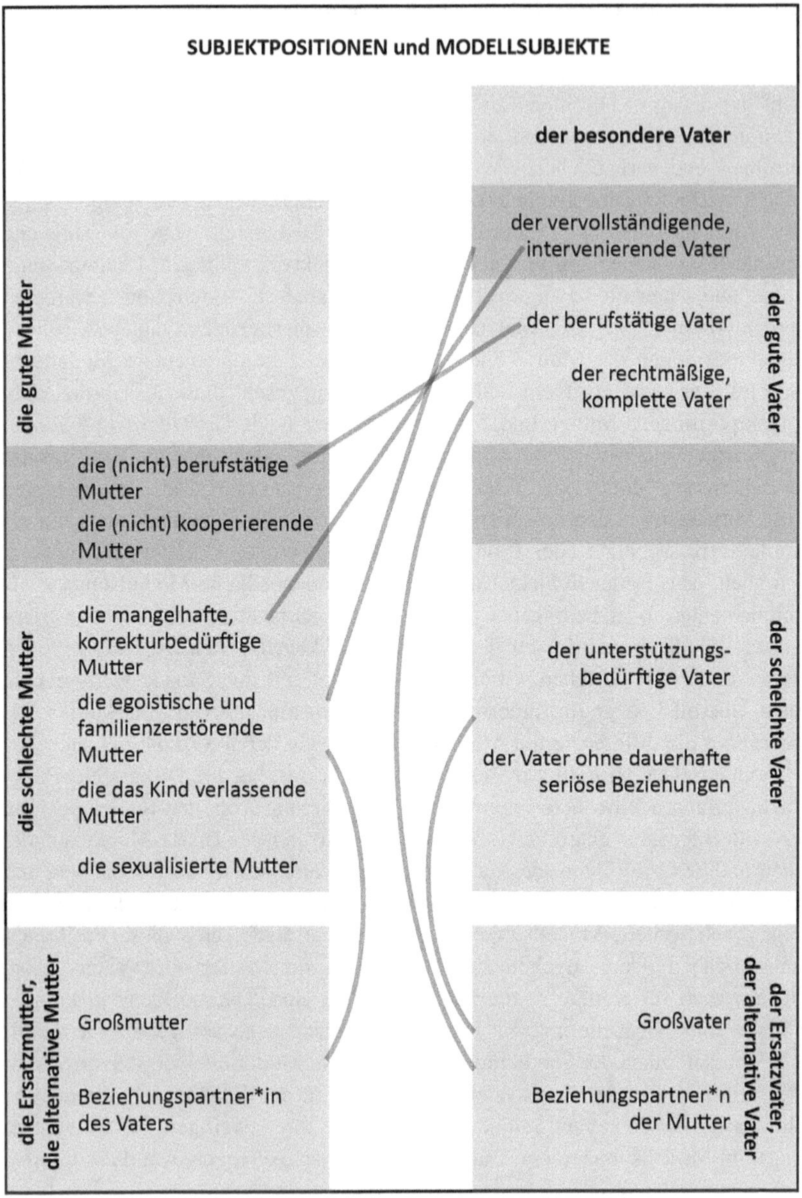

Abbildung 3.3 Subjekt-Kartographie von Elternschaft in Pflegschaftsverfahren

Leitbildern zu genderspezifischen Zuständigkeiten, Kindeswohl und der vollständigen, intakten Familie sowie die soeben explizierten Deutungsmuster mit den unterschiedlichen Modellsubjekten verknüpft sind.

3.5.1 Die gute und die schlechte leibliche Mutter

Mit den Subjektpositionen der Mutter besonders eng verwoben zeigt sich das Deutungsmuster Mutterliebe. Diese Deutung ist, wie in Abschnitt 3.4.1 dargestellt, verbunden mit einer grundsätzlichen, leiblich begründeten, natürlichen Eignung einer Frau, die ein Kind geboren hat, zur guten Mutter. Sorgen, Kümmern, Liebe, Unterordnung der eigenen Bedürfnisse, naturgegebene Bindung zum Kind – um nur einige zu nennen – sind gleichsam erwartbare mütterliche Eigenschaften, die der Subjektposition der guten Mutter eingeschrieben sind. Dementsprechend zeigt sich die gute Mutter als Subjektposition, die von den Müttern im hier analysierten Datenmaterial nicht in jeder Facette ausgefüllt werden kann. Viel mehr noch, es gibt – im Gegensatz zum besonderen Vater (siehe Abschnitt 3.5.2) – keinen Spielraum für besondere Leistungen von Müttern und daher keine besondere Mutter, d. h. eine bessere Subjektposition als die umfassend gute Mutter. Hingegen zeigen sich in der Analyse eine Vielzahl und Vielfalt an Modellsubjekten, die im Kontrast zur guten Mutter als mangelhaft und korrekturbedürftig, als nicht kooperierend, egoistisch und familienzerstörerisch, das Kind verlassend sowie sexualisiert charakterisiert werden können.

Eine Mutter, die mehr macht als grundsätzlich von einer durch die naturgegebene Mutterliebe befähigten Frau zu erwarten ist, wie etwa unabhängig vom Vater finanziell für ein Kind und sich selbst zu sorgen und sich gleichzeitig um eine gute Kinderbetreuung zu kümmern, bleibt bestenfalls eine gute Mutter. Damit komme ich gleich zur ersten Subjektposition, die sich in der Analyse als besonders intensiv verhandelt zeigt, die der berufstätigen bzw. nicht-berufstätigen Mutter.

Die (nicht) berufstätige Mutter

Das Modellsubjekt der berufstätigen bzw. nicht berufstätigen Mutter kristallisiert sich entlang der Verhandlung und Deutung von Berufstätigkeit und damit Notwendigkeit von Vereinbarkeitspraktiken von Müttern heraus. Entscheidend scheint einerseits zu sein, ob die Berufstätigkeit einer Mutter als finanziell notwendig argumentiert oder ob sie als Selbstverwirklichung interpretiert wird. Andererseits zeigt sich das Modellsubjekt berufstätige Mutter auch mit deren Vereinbarkeitspraktiken verknüpft.

Vor allem in den Akten aus den 1960er-Jahren sowie in einem nichtbürgerlichen Milieu ist Berufstätigkeit als selbstverständliches und verantwortungsvolles Sorgen interpretierbar und die berufstätige Mutter wird nicht grundsätzlich problematisiert. So scheint es, dass eine Berufstätigkeit in den älteren Akten nicht *„der Überlassung des Kindes an sie [...] entgegenstehen, [...] wenn sie zur Sicherung ihres eigenen Unterhaltes einer Erwerbstätigkeit nachgeht“* (Beschluss LG Obsorge KM 1968, Fall Langer). Entscheidend ist, dass eine berufstätige Mutter ihre grundsätzliche *„Lebenserfüllung vor allem darin [sieht], den Kindern eine gute Mutter zu sein und ihnen ein Heim zu erhalten“* (Bericht KJWT 1965, Fall Ott). Weiters zeigt es sich als bedeutsam, dass eine berufstätige Mutter während ihrer berufsbedingten Abwesenheit ihre Kinder *„in guter Obhut“* lässt und *„die Kinder in der gesamten arbeitsfreien Zeit bei sich im Haushalt [behält] und sich ihnen in dieser Zeit völlig [widmet]“* (Beschluss LG Obsorge KM 1965, Fall Ott). Berufstätigkeit von Müttern zeigt sich in dieser Zeit, als anerkannte und wirtschaftlich notwendige Tatsache *„mit dem ein weitaus überwiegender Teil der berufstätigen Frauen fertig zu werden hat und von dem man nicht schlechthin behaupten kann, dass es dem Kind zum Nachteil gereicht.“* (Lehmann 1977 06 15 Beschluss BG Obsorge KM). Eine berufstätige Mutter ist in dieser Zeit somit nicht unmittelbar eine schlechte Mutter, solange das Kind in ihrer Abwesenheit gut betreut ist.

Ab den 1970er-Jahren bzw. im Angestellten- und bürgerlichen Milieu zeigt sich das Modellsubjekt berufstätige Mutter allerdings tendenziell leichter als schlechte Mutter interpretierbar; es sei denn, die Mutter passt ihre Arbeitszeiten den Kinderbetreuungszeiten an. Dies ist allerdings nur möglich, wenn ein Kindergartenbesuch nicht mehr dem Kindeswohl schadend gedeutet werden kann (siehe Abschnitt 3.3.3) oder die Kinder in der Schule sind. Das Modellsubjekt berufstätige Mutter zeigt sich somit stärker als entlang der Frage der Vereinbarkeit verhandelt. Folgende Zitate aus unterschiedlichen Zeitpunkten illustrieren die Positionierung einer Mutter als berufstätige Mutter, die die Berufstätigkeit allerdings den Hausfrauen- und Mutterpflichten unterordnet.

> *„Die Mutter [...] verrichte eine Heimarbeit als Buchhalterin, um für sich und das Kind den Lebensunterhalt bestreiten zu können [...] Sonja [Anm. 3 Jahre alt] besucht vormittags den Kindergarten [...]. Durch die Heimarbeit ist es der Mutter möglich sich mehr dem Kind zu widmen und es am Nachmittag selbst zu betreuen“ (Genehmigung Obsorge KM durch den KJWT 1973, Fall Wallner)*

> *„Ungeachtet der Arbeit die auf mir also als Hausfrau und Mutter lasten, habe ich jedoch einen solchen Posten gefunden der mir tagsüber genügend Zeit läßt mich meinen Pflichten (und Freuden!) als Mutter zu widmen. Denn da ich die Zeichenarbeit*

> *selbständig zu Hause erledigen kann, nehme ich dafür die Abend- und Nachtstunden in Anspruch." (Stellungnahme KM 1989, Fall Kren)*

> *„Ich habe eine flexible Arbeitszeit und kann mir das einteilen und könnte drei Tage in der Woche um 13.00 Uhr aufhören und also dann um 13.30 Uhr das Kind übernehmen. Bis dorthin könnte das Kind, wenn der Vater eben in der Zeit arbeitet, bei einer gemeinsamen Freundin [...] die auch ein Kind hat, das ein Jahr jünger als Manuel ist, [...] bleiben." (Antrag KM alleinige Obsorge 2000, Fall Wandl)*

Berufstätigkeit liegt somit nicht im primären Verantwortungsbereich einer guten Mutter. Eine gute Mutter, die berufstätig ist, sorgt idealerweise trotzdem zu Hause für das Kind, oder passt ihre Arbeitszeit der Kinderbetreuung an.

Eine Vollzeit-Berufstätigkeit kann allerdings – abhängig vom Alter des Kindes und von Betreuungsalternativen – auch als der Subjektposition der guten Mutter nicht widersprechend interpretiert werden. Insbesondere dann, wenn der Vater seiner Verantwortung als primärer finanziell Sorgender nicht nachkommt und das Kind kein Kleinkind mehr ist. Dann kann eine zeitintensive Berufstätigkeit mit dem Argument des Kindeswohls in Einklang gebracht werden und eine berufstätige Mutter eine gute Mutter sein, wie etwa im Fall Pirker (2008–2014), in dem der Vater keinen Unterhalt zahlt, da er Mindestsicherung bezieht. Die Mutter *„arbeitet rund um die Uhr, da sie ihrer Tochter ein gutes Leben bieten wolle"* (Stellungnahme KJWT 2013, Fall Pirker). Die Mutter begründete ihre Berufstätigkeit damit, dass die Einstellung der Unterhaltszahlungen durch den Vater *„nun dazu [führt], dass ich mir noch einen zweiten Job suchen musste, um die Schule [...] bezahlen zu können. Dies schadet natürlich unmittelbar Jana, weil ich nun gezwungen bin in einer Zeit, wo ich normalerweise für sie da sein konnte, nun zusätzlich arbeiten zu müssen"* (Schreiben KM 2013, Fall Pirker).

Eine Berufstätigkeit der Mutter ist jedoch im gesamten Untersuchungszeitraum einer guten Mutterschaft widersprechend positioniert, wenn die Berufstätigkeit dazu dient *„sich selbst zu verwirklichen"* (Stellungnahme KV 1990, Fall Kren) oder die Mutter *„weder für die Pflege der Kinder [...] noch für die Haushaltsführung selbst sehr viel übrig hat [und] eben lieber berufstätig sein [möchte]"* (Schreiben KV 1978, Fall Najafi). Eine Mutter die *„eigentlich keinen Haushalt führen [will und] sich durch ihre Pflichten als Mutter eingeengt [fühlt] und wieder arbeiten [will]"* (Stellungnahme und Antrag Obsorge KV 1989, Fall Kren) ist eine freiwillig und nicht notwendigerweise sowie ihre eigentlichen Pflichten vernachlässigende bzw. verweigernde berufstätige Mutter. Eine solche Positionierung ist allerdings vorrangig in Akten bis in die 1990er-Jahre und aus der Sprechposition des Vaters heraus möglich.

Eine berufstätige Mutter widerspricht somit im gesamten Untersuchungszeitraum nicht der Subjektposition der guten Mutter, wenn finanzielle Notwendigkeit eine Berufstätigkeit erfordert und die mit der Mutterrolle verknüpften Erwartungen der Care-Tätigkeit nicht vernachlässigt werden.

Das Modellsubjekt nicht-berufstätige Mutter wird in unterschiedlichen Zeiträumen kontrastierend gedeutet. Um das Jahr 2000 ist diese Position als spezifisch hervorstreichbar und weil die finanzielle Absicherung durch einen neuen Ehepartner gewährleistet ist.

> *„Sie sei keine schlechte Mutter, den Kindern ginge es gut bei ihr. Sie sei jetzt den ganzen Tag zu Hause, könne sich somit um die Kinder kümmern" (Aussage KM in SV-Gutachten 2002, Fall Denk)*

> *„Ich bin nicht berufstätig und kümmere mich, wie es sich für eine ordentliche Mutter gehört, den ganzen Tag um mein Kind" (Äußerung KM 2005, Fall Saur)*

Auch in älteren Fällen gibt es Mütter, die in solchen Beziehungssituationen leben, allerdings wird zu dieser Zeit die nicht-berufstätigkeit nicht spezifisch betont. Hingegen kann das Modellsubjekt nicht-berufstätige Mutter sogar eher als nicht-sorgende Frau problematisiert werden, weil *„die Frau kein Einkommen [hat]"* (Antrag Obsorge KV 1977, Fall Strolz) oder als *„Gattin während [des] jahrelangen Zusammenlebens [...] keiner Tätigkeit nachgegangen ist und somit die gesamte vierköpfige Familie vom Einkommen [des Vaters] lebte"* (Gegenantrag Obsorge KV 1978, Fall Najafi)

Zusammenfassend zeigt sich in der Analyse, dass es keine besondere Mutter im Zusammenhang mit der Verhandlung von Berufstätigkeit gibt. Vielmehr werden im Modellsubjekt (nicht-)berufstätige Mutter Berufs-, Haushalts- und Kinderbetreuungstätigkeiten stets als vereinbar, als notwendig oder als selbstverständlich gedeutet.

Die mangelhafte, korrekturbedürftige Mutter

Ausgehend von den Normalitätsvorstellungen darüber, welche Zuständigkeiten mit der Mutterrolle verknüpft sind und basierend auf den Deutungsmustern Mutterliebe sowie Erziehungsfähigkeit zeigt sich das Modellsubjekt mangelhafte Mutter im gesamten Untersuchungszeitraum.

> *„Ebenso hat die Antragstellerin – obwohl sie den ganzen Tag dazu Zeit hatte – die Pflege des Sohnes gröblich vernachlässigt. [...] Es zeigte sich auch, daß die Antragstellerin nicht die primitivsten Grundsätze der Säuglingspflege beherrschte, so insbesondere das Kind nicht waschen konnte. " (Rekurs KV 1968, Fall Langer)*

> *„Während des Aufenthaltes bei der Mutter kam es zu doch gravierenden Zahnmängeln, welche sich durch mangelhafte Zahnhygiene über einen Zeitraum von acht bis zehn Monaten und/oder übermäßigen Süßigkeitenkonsum entwickelt hatten. Eine Sanierung erfolgte nach der Rückkehr der Kinder [Anm. zum Vater] in Österreich." (Beschluss BG Kontaktrecht KM 2014, Fall Haidinger)*

Dieses negative Modellsubjekt identifiziert eine Mutter als defizitär, korrekturbedürftig, aber grundsätzlich unterstützungswürdig. Dementsprechend steht der mangelhaften Mutter eine kompensierende oder korrigierende Subjektposition gegenüber. Ein solches Korrektiv kann entweder ein vervollständigender, intervenierender Vater, eine Großmutter, eine neue bzw. alternative Mutter oder eine staatliche Instanz sein.

> *„Die Unterstützung war notwendig, da die Kindesmutter mit der Erziehung und Förderung ihrer Kinder, Führung des Haushaltes sowie der Alltagsbewältigung überfordert war.[...] Des Weiteren werden Kindergartenbesuch und Nachmittagsbetreuung im Kindergarten [...] organisiert, um die mangelnde Förderung im Elternhaus zu kompensieren.[...] Als Zielsetzungen der TAF – Betreuung wird seitens der Jugendwohlfahrt folgendes formuliert: [...] adäquate Förderung der Kinder, Unterstützung von Frau Aslih in ihrer Erziehungskompetenz. [...] wird deutlich, dass Frau Aslih im Bereich der Gesundheitsfürsorge ihrer Kinder, nicht angemessen reagiert." (Antrag und Stellungnahme KJWT 2012, Fall Aslih, Unterstreichungen im Original)*

Wie die Zitate illustrieren, beziehen sich mütterliche Handlungen und Fähigkeiten, die im Diskurs als mangelhaft etikettiert werden, vor allem auf Kompetenzen und Zugänge im medizinischen, hygienischen, erzieherischen und bildungsbezogenen Bereich. In der Analyse zeigt sich das Modellsubjekt mangelhafte Mutter als beständig. Die Vorwürfe und Begründungen, die mit dieser Positionierung verbunden sind, zeigen sich in der Annahme der grundsätzlichen Eignung und damit Zuständigkeit einer Frau für die Pflege von Kindern. Daher ist eine Narration der Mangelhaftigkeit notwendig, um eine Subjektposition zu schaffen, die als intervenierend einschreiten kann, wie folgendes Zitat illustriert.

> *„Anstelle das Baby zu stillen, zog die Antragsgegnerin vor, ihre gute Muttermilch abzupumpen. Hervorheben möchte ich auch, daß auch ich es war, der Paul in der Nacht gewickelt und ihm zu essen gegeben hat." (Antrag Obsorge KV 1998, Fall Holler)*

Ein väterliches Pendant zur mangelhaften Mutter zeigt sich in den Daten nicht in derselben Weise, da von vornherein angenommen wird, dass ein Vater grundlegende Praktiken erst erlernen muss und daher auch nicht mangelhaft, sondern unterstützungsbedürftig ist – aber siehe dazu mehr in Abschnitt 3.5.2.

Der Vorwurf an die mangelhafte Mutter, dass sie konventionelle Medizin ablehnt bzw. auf alternative Behandlungsmethoden vertraut oder zurückgreift, zeigt die Hierarchie von Wissensbeständen sowie welche Wissensbestände als legitim anerkannt sind.

> *„Dazu ist zu sagen, dass die Mutter in den letzten Jahren sehr stark in Richtung Esoterik abgeglitten ist und dies mit einer Vehemenz, die doch Sorge bereitet, da sie in diesem Zusammenhang die konventionelle Medizin ablehnt bzw. Behandlungen nur mehr auf dieser Ebene stattfinden lassen möchte." (Protokoll KV 2013, Fall Bauer-Putz)*

Im Gegensatz zur mangelhaften Mutter, die nicht unbedingt eine Mutter in ihrer Gesamtheit in Frage stellt, zeigen sich die folgenden Subjektpositionen einer Mutter jedoch als Modellsubjekte der schlechten Mutter. Sowohl die nicht-kooperierende, egoistische und familienzerstörende als auch die das Kind verlassende Mutter finden sich als Verdichtung des Deutungsmusters Mutterliebe und dem Leitbild der vollständigen, harmonischen und intakten Familie im gesamten Untersuchungszeitraum.

Die (nicht) kooperierende Mutter

Verbunden mit dem Modellsubjekt korrekturbedürftige Mutter, dem Deutungsmuster Bindungstoleranz und gemeinsame Elternschaft sowie dem Leitbild Kindeswohl zeigt sich in der Analyse das Modellsubjekt (nicht-)kooperierende Mutter. Mit der guten Mutter ist so auch die Erwartung verknüpft, kooperierende Praktiken zu vollziehen bzw. anzuzeigen. Diese sind etwa zusammenarbeiten und kommunizieren mit Mitarbeitenden von diversen Behörden und den Gerichten, aber auch mit dem Vater der Kinder.

Die nicht-kooperierende Mutter erfüllt diese Erwartungen nicht. Etwa wenn sie sich, wie folgendes Zitat illustriert, nicht ausreichend einsichtig zeigt, Unterstützungsangeboten ablehnt und Erwartungen von professionellen wie institutionellen Akteur*innen zuwiderhandelt.

> *„Versuche des Richters, zu einer einvernehmlichen Lösung zu kommen, scheiterten immer wieder an der – gelinde gesagt – Uneinsichtigkeit der KM." (Beschluss BG Obsorge KV 1978, Fall Santo)*

Das Modellsubjekt nicht-kooperierende Mutter wird in der Analyse allerdings auch in ihrer Beziehung zum Vater verhandelt. Dabei zeigt sich das Deutungsmuster Bindungstoleranz und gemeinsame Elternschaft wirkmächtig. Eine kooperierende Mutter – so die mit diesem Modellsubjekt verbundenen Praktiken – fördert aktiv und in *„einsichtiger und wohlwollender Weise"* den Kontakt zum Vater und *„duldet"* diesen nicht nur (Bericht KJWT 2014, Fall Klinger).

Wie schon in den Abschnitt 3.3.3 unter dem Aspekt der Gewaltfreiheit sowie 3.4.4 im Deutungsmuster Bindungstoleranz dargestellt, führen im gesamten Untersuchungszeitraum Gewalterfahrungen von Frauen und Kinder durch Männer bzw. Vätern eher zu einer Problematisierung von Müttern als von Vätern. Dies zeigt sich insofern, als Praktiken, die grundsätzlich als mütterliche Schutzpraktiken interpretiert werden können, nicht zu einer Positionierung einer Mutter als schützende und damit gute Mutter führen. Vielmehr zeigt sich, dass eben solche Praktiken des Modellsubjekts nicht-kooperierende und die-Kindern-dem-Vater-vorenthaltende Mutter schaffen. Zu Illustration sei auf folgendes umfassende Zitat aus einem Bericht bzw. einer Stellungnahme des KJWT aus dem Fall Brauninger (2009–2018) verwiesen:

> *„Der Termin am 6.2.2014 12 Uhr wurde weder wahrgenommen noch abgesagt. Nach einer Wartezeit von ca. 20 Minuten wurde seitens des Jugendamts mehrfach versucht telefonisch mit der Kindesmutter Kontakt aufzunehmen. Dabei entstand der Eindruck, dass die Kindesmutter die anrufende Nummer wegdrückte. Bis dato gelang keine weitere Kontaktaufnahme. […] die Kindesmutter entstehende Kosten nicht begleicht und sich auch bei Ratenvereinbarungen als nicht paktfähig erweis […]. Er [Anm.: das 6-Jährige Kind, Ruben] berichtet, dass Marco [Anm.: der Vater] immer Computer spielen würde und Evi [Anm.: das Kindermädchen] und seine Schwester geschlagen habe. Er habe sich versteckt und Roland [Anm. Halbbruder geb. 1999] habe geweint. Die Erzählung weicht in vielen Details von der Erzählung der Kinder vor einem Jahr ab. Ruben berichtet, dass die Mama ihm auch erzähle, dass Marco böse ist, weshalb dies für das Kind stimmt. Ruben berichtet weiter, dass weil Marco böse ist die Mama bestimmt hat, dass niemand die Türe aufmachen darf wenn es läutet, auch Evi nicht. […] Auf die Mitteilung, dass sein Papa – Marco – den DSA mitgeteilt hat, dass er ihn lieb hat, ihn vermisst, er ihn gerne sehen möchte, schüttelt Ruben den Kopf und sagt: ‚Er ist nicht mein Papa' […] Eine Beeinflussung gegen den Vater liegt nahe da Ruben fest behauptet, dass Hr. Albescu [Anm.: der Vater] nicht sein Vater sei, sondern sein Stiefvater. […] Durch wiederholende Erzählungen kommt es bei Kindern positiv wie negativ zu einer Implementierung von Ereignissen die unter Umständen nicht stattgefunden haben und zum Erleben dieser als Teil der persönlichen Geschichte. […] Das Verhalten der Kindesmutter als alleinige Obsorgeträgerin zeigt nach den Erhebungen des Jugendamtes, durch Befragung der Kinder, einen Verstoß gegen das Wohlverhaltensgebot also eine mangelnde Bindungstoleranz. Die mangelnde Bindungstoleranz bezeichnet einen Mangel an der Fähigkeit die Bindungen der Kinder zum anderen Elternteil, zu respektieren und ihre Aufrechterhaltung wenigstens zu tolerieren. Dies ergibt sich aus dem Umstand, dass die Kindesmutter selbst geschützte Besuchskontakte nicht*

> *zulässt. Fehlende Bindungstoleranz ist ein Zeichen für eine eingeschränkte Erziehungsfähigkeit und kann in schweren Fällen zu einer Gefährdung des Kindeswohls führen." (Stellungnahme KJWT 2014, Fall Brauninger, Unterstreichungen im Original)*

Der Vorwurf bzw. die Erzählungen der sexualisierten und familiären Gewalt werden in den Akten wenig bis nicht von institutionellen Sprechpositionen aufgegriffen und wenn auf die Erwachsenenebene geschoben. In der Analyse zeigt sich, dass ein Kind nicht als Opfer von Gewalterfahrungen mit einem Vater als Täter verstanden wird, sondern als Opfer von Beeinflussung einer manipulierenden und nicht-kooperierenden Mutter. Eine Mutter – wie in diesem Beispiel – die als weder mit dem Vater noch mit den Behörden zu kooperieren positioniert wird, wird als gute Mutter in Frage gestellt, da sie dem Deutungsmuster der gemeinsamen Elternschaft, die gut für ein Kind ist, zuwiderhandelt.

Die egoistische und familienzerstörende Mutter

Verknüpft mit dem Deutungsmuster Mutterliebe und dem Leitbild der intakten Familie, die grundsätzlich als harmonisch und gut für ein Kind angenommen scheint, verdichtet sich in der Analyse die egoistische Mutter zu einem familienzerstörenden Modellsubjekt. Eine Mutter sollte – so die Erwartung an die Mutterrolle – ihre eigenen Bedürfnisse dem Bedürfnis des Kindes nach einer intakten Familie bestehend aus beiden leiblichen Elternteilen unterordnen.

Dementsprechend kann eine Frau, die auszieht, um gewalttätigen oder sexuellen Übergriffen des Ehemannes oder des Lebensgefährten zu entgehen, und etwa mit der Tochter zu ihren eigenen Eltern zieht (Fall Santo 1974–1978) oder eine Frau, die angibt, dass ihre *„Ehe tiefgehend zerrüttet [ist], der Antragsgegner [sie] wiederholt geschlagen, tyrannisiert hat"* und daher *„beschließt, diese Ehe nicht mehr fortzusetzen"* (Antrag alleinige Obsorge KM 1978, Fall Najafi) als egoistische und familienzerstörende Mutter positioniert werden, wie auch folgende Zitate veranschaulichen.

> *„Ist um das Wohl der Kinder jener Elternteil besorgter, der sich von der Familie offenkundig aus allein bei ihm gelegenen persönlichen Motiven absetzt, […]: Sollen die Kinder auseinandergerissen, teilweise in ein fremdes Milieu gesteckt, einander und zum Teil dem Vater entfremdet werden, nur weil es der Mutter beliebte, sich von der Familie absetzen?" (Revisionsrekurs KV 1976, Fall Santo)*

> *„Die ‚ungewöhnlichen Verhältnisse' in denen die Kinder derzeit leben, sind lediglich auf das böswillige Verlassen der Ehegemeinschaft durch meine Frau zurückzuführen." (Gegenantrag Obsorge KV 1978, Fall Najafi)*

In beiden Fällen wird dem Vater die alleinige Obsorge zugesprochen. Auch wenn teilweise in den Verfahren von anderen Akteur*innen die Gewalterfahrungen der jeweiligen Frauen aufgegriffen werden, so ist das Modellsubjekt familienzerstörende Mutter dennoch wirkmächtig. So trifft es vor allem auf ältere Fälle zu, dass eine Frau, die einen Mann verlässt, stets als Mutter die Familie verlässt bzw. die Familie zerstört betrachtet wird. Damit ist aber auch gleichzeitig die Subjektposition des Mannes und des Kindes als Opfer begründet. Entsprechende Narrationen und Subjektpositionen auf Seiten der Väter zeigen sich in der Analyse nicht.

Das Modellsubjekt egoistische Mutter zeigt sich allerdings auch dann, wenn sie etwa in ihr Herkunftsland ziehen will, weil sie dort bessere Lebensbedingungen erwartet wie im schon zitierten Fall Najafi (1979–1983) oder im Fall Haidinger (2012–2018).

> *„Dass die Kindesmutter eine Rückkehr nach Österreich, wo wir immerhin rund fünf Jahre in ehelicher Gemeinschaft gelebt haben, prinzipiell ausschließt, manifestiert auch die Tatsache, dass sie ihre eigenen Bedürfnisse (offenbar fühlt sie sich in ihrem angestammten Umfeld in Amerika wohler) vor die Bedürfnisse der Kinder stellt.“ (Aufgetragene Äußerung KV 2013, Fall Haidinger)*

Auch sollte eine gute Mutter – dies zeigt sich vor allem in Akten des 20. Jahrhunderts – keine Bedürfnisse nach übermäßiger außerhäuslicher Unterhaltung oder Freizeitgestaltung ohne Kind haben.

> *„In der Zeit zwischen 5. Und 23.12.1988 wurde meine Frau wiederholt Nachts in Lokalen gesehen, es stellt sich die Frage, wo da das Kind war.“ (Antrag alleinige Obsorge KV 1988, Fall Kolarik)*

> *„So wollte sie [Anm. die Mutter] nicht gern alleine mit dem Kind bleiben, sondern hat immer die Gesellschaft von Freundinnen aufgesucht, wo sie dann das Kind abgeben konnte um auch ihren eigenen Interessen nachgehen zu können. Dieses Verhalten und Gespräche mit der KM haben den KV davon überzeugt, dass es wichtig ist, dass er sich karenzieren lässt, um sich selbst um den Buben zu kümmern.“ (Antrag KV 2000, Fall Wandl)*

Damit wird illustriert, dass eine gute Mutter sich idealerweise rund um die Uhr dem Kind widmet und wenn sie dies nicht erfüllt, ihr egoistisches Handeln vorgeworfen werden kann. Der Vater kann dann, als intervenierender Vater positioniert werden (dazu in Abschnitt 3.5.2).

Zusammenfassend hat somit eine Mutter, die den Vater der Kinder verlassen will, weil sie einen neuen Partner hat, weil sie von häuslicher und sexualisierter

Gewalt betroffen ist oder weil sie in einem anderen Land bessere Lebensbedingungen hat, nur zwei Optionen. Sie kann entweder gemeinsam mit einem Kind ausziehen oder es beim Vater ‚zurücklassen'. Vor allem im ersten Fall kann sie als familienzerstörende Mutter positioniert werden, wenn von weiteren Akteur*innen die Narration, der vor dem Auszug der Mutter bestandenen harmonischen Familie, erfolgreich postuliert werden kann. Im zweiten Fall wird ihr die Subjektposition der das Kind verlassenden Mutter zuteil.

Die das Kind verlassende Mutter

Wenn eine Mutter ohne Kind auszieht oder ihr Kind nicht zu sich nimmt, wird dies als Verhaltensweise verhandelt, die der Identität einer guten Mutter widerspricht. Das Deutungsmuster Mutterliebe zeigt sich als mit der Vorstellung verknüpft, dass eine gute Mutter wissen und fühlen sollte, dass vor allem kleine Kinder ihre leibliche Mutter brauchen. Dementsprechend liegt dem Modellsubjekt das Kind verlassende Mutter scheinbar nichts an dem eigenen Kind.

> *„1974 hat Frau Santo ihre Familie verlassen und ist zu ihrem Freund, […], den sie […] 1975 geheiratet hat, gezogen. Frau Santo beteuert im Stadtjugendamt wiederholt, daß ihr sehr viel an den Kindern liegt und sie […] in ihrem Haushalt haben möchte. Andererseits hat sie es doch als Mutter zusammengebracht, die Kinder […] bei ihrem Vater allein zurückzulassen, obwohl sie gewußt hat, dass speziell die kleineren Kinder die Mutter dringen gebraucht hätten." (Stellungnahme KJWT zum KV 1975, Fall Santo)*

Von einer Frau wird angenommen, dass ihr als Mutter klar ist, dass die Kinder sie brauchen. Dementsprechend disqualifiziert sie sich als gute Mutter, wenn sie dennoch die Familie verlässt. Vor allem in den älteren Akten zeigt sich eine solche Erwartungshaltung bei Vätern nicht. Ein Vater muss hingegen er erst *„wiederholt zum Ausdruck [geben], daß ihm die Kinder ein ernstliches Anliegen sind und daß er jede Verantwortung für sie übernehmen möchte und er sich durchaus vorstellen kann, als Alleinerzieher dieser Aufgabe gerecht zu werden."* (Stellungnahme KJWT zum KV 1975, Fall Santo). Ein Mann hat die Verantwortung nicht durch die Geburt eines Kindes, er kann sie aber von der Mutter übernehmen, wenn diese ihrer Verantwortung nicht nachkommt. Darin zeigt sich das Modellsubjekt intervenierender Vater, aber auch die Subjektposition des besonderen Vaters, weil er mehr macht, als die Normalitätsvorstellung für die Vaterrolle vorsieht. Die Subjektposition der besonderen Mutter zeigt sich in den Akten ebenso wenig, wie die Subjektposition des Vaters, der die Kinder verlässt. Selbst wenn es Fälle gibt, in denen der Vater ohne Kinder auszieht, so wird dies nicht als Zurücklassen der Kinder gedeutet. Bevor ich auf diesen Aspekt noch im Detail eingehe (siehe

Abschnitt 3.5.2), komme ich noch zum letzten Modellsubjekt der schlechten Mutter.

Die sexualisierte Mutter

Eine gute Mutter zeigt sich im gesamten Untersuchungszeitraum als Frau in ihrer Beziehung zu Männern und damit auch als Vorbild vor allem für Töchter positioniert und gedeutet. So ist es möglich eine Mutter als Frau zu diskreditieren bzw. zu problematisieren und sie dadurch als schlechte Mutter zu deuten. Die Subjektposition einer Mutter ist untrennbar mit der Subjektposition einer Frau in ihren (potenziellen) Beziehungen zu einem Mann verbunden.

Dementsprechend zeigen sich eine Vielzahl an Narrationen zu Beziehungen von Müttern im gesamten Untersuchungszeitraum. Zunächst werden wechselnde (sexuelle) Beziehungen einer Mutter mit Männern als unmütterliches Verhalten gedeutet, das dem Kindeswohl schadet, weil es keine beständige Bezugsperson hat und weil die Mutter kein gutes Vorbild ist. D. h. einerseits wird die Mutter in ihrer Beziehung zum Kind und der Erwartung einer Schaffung einer konstanten und im Idealfall neuen Familie positioniert. Andererseits wird die Mutter als Frau moralisch bewertet. Eine gute Mutter hat keine *„zahlreichen Herrenbesuche in der Wohnung“* (Protokoll KV und GMv 1966, Fall Ott) oder *„Geschlechtsbeziehungen zu verschiedenen Männern“* zu haben, da sich dann die Frage stellt: *„was für ein Vorbild ist sie für Kinder? was werden die Kinder von ihr lernen?“* (Stellungnahme KV 2013, Fall Brauninger)

Es zeigt sich auch eine Ambivalenz in der Subjektposition der Mutter als Frau in (potenziellen) Beziehungen zu Männern. Für die Argumentationslinien ist es möglich die Mutter als Frau zu problematisieren und sie dadurch als gute Mutter in Frage zu stellen. Die Subjektposition Mutter ist stets sexualisiert bzw. zumindest als Frau gedeutet, die einen Mann sucht bzw. braucht, wie folgendes Zitat aus einem Gutachten aus dem Jahr 1968 illustriert.

> *„Die Familienverhältnisse bei der Mutter sind dzt. noch ungeklärt. Geht sie eine Ehe mit dem derzeitigen Lebensgefährten ein, dann muß damit gerechnet werden, daß aus dieser Verbindung Kinder hervorgehen. Dies würde vor allem dann eine bittere Enttäuschung und einen schweren Schlag für das seelische Gleichgewicht des Kindes bedeuten, wenn ihm vorher die nahe Verbindung zum Haushalt des Vaters beschnitten wurde. Falls das Verhältnis der Mutter zum Lebensgefährten auseinandergeht, bedeutet das neue Unsicherheit für das Kind. Die Frau ist jung und hübsch, man kann ihr nicht zumuten, daß sie dem Kind zuliebe auf längere Sicht hin ein zölibatäres Leben führt.“ (SV Gutachten 1968, Fall Krainz)*

Eine Mutter ist stets als Frau positioniert und der Annahme ausgesetzt, dass sie sich nicht nur um das Kind sorgen wird, sondern auch um ihre weiblichen Interessen, d. h. die Suche nach einem Mann, kümmert.

„Die Antragstellerin lebt bei ihren Eltern allein, ist nicht verheiratet und hat auch keinen ständigen Lebensgefährten. Sie wird daher weiterhin Männerkontakte suchen und finden wollen und werden sich sodann Konflikte zwischen Mutter und Tochter ergeben bzw. der Antragstellerin und ihren Eltern." (Rekurs KV 1978, Fall Steiner)

Gleichzeitig kann aber eine Mutter auch problematisiert werden, weil sie gerade *nicht* als Frau in Beziehung zu einem Mann in Erscheinung tritt und so *nicht* als Beziehungsvorbild für ihre Kinder gedeutet werden kann. Besonders deutlich zeigt sich dies im Fall Klinger (2010–2018), in dem die Überforderung der Mutter mit der Betreuung ihrer vier Kinder, wobei eines davon aufgrund einer schweren Behinderung besonderen Pflegebedarf hat, zwar anerkannt, aber ihr die Möglichkeit eine Paarbeziehung einzugehen abgesprochen wird:

„So ist es auch verständlich, dass sie gegenwärtig keine Partnerbeziehung zu einem Mann aufbauen kann, da ihr dazu die Zeit, aber sicherlich auch die entsprechenden emotionalen Ressourcen fehlen. Somit kann sie aber für Kinder in weiterer Zukunft ausschließlich als ‚Mutter-Vorbild' fungieren, kann aber nicht Lebensvorbild sein, wie man eine Partnerschaftsbeziehung lebt, bzw. wie man als Frau in der Beziehung mit Männern agiert. Zu sehr ist sie bisher in ihrer Mutterrolle gefordert und nimmt dies ihren gesamten Lebensalltag in Anspruch, wodurch ihre eigene Persönlichkeitsentwicklung in Mitleidenschaft gezogen wird." (Gutachten 2012, Fall Klinger, Unterstreichungen im Original)

Einer Frau werden somit zwar persönliche Entwicklungsräume zuerkannt, allerdings stets in Verhältnis zu ihrer Mutterrolle. Hat eine Mutter hingegen einen Freund oder Lebensgefährten, so wird sie über diesen auch als Frau positioniert, die vor allem für ihre Tochter ein Vorbild sein sollte. Insbesondere in Fällen der 1970er-Jahre zeigt sich hier der ‚Gastarbeiter-Diskurs' der damaligen Zeit als intervenierend:

„Es ist auch fraglich, ob nicht die Kinder in sittlicher Hinsicht bei der Mutter gefährdet wären, da vertraulich erfahren wurde, daß Frau Mank intime Beziehungen zu einem türkischen Gastarbeiter hat." (Bericht KJWT 1969, Fall Mank)

„Durch [...] ihre außereheliche Beziehung zu einem Gastarbeiter ist sie sicher nicht ein geeignetes Leitbild für die heranwachsende Minderjährige." (Beschluss BG Obsorge KV 1979, Fall Lehmann)

Eine außereheliche Beziehung, besonders mit einem Mann fremder Nationalität, wird der Subjektposition der guten Mutter widersprechend gedeutet. Insgesamt ist mit guter Mutterschaft verbunden, stets als Mutter zu handeln, da jede Beziehung zu einem Mann als potenzielle dauerhafte Partnerbeziehung und daher Stiefvaterbeziehung für das Kind gedeutet werden kann, wie in folgendem Zitat auch von einem Sachverständigen im Jahr 2002 betont wird:

> *„Aus gutachterlicher Sicht übersieht die KM, dass es auch zu ihren Erziehungspflichten gehören würde, eine Partnerwahl zu treffen, die dem psychisch/emotionalen Wohl ihrer Kinder nicht abträglich ist, was im gegenständlichen Fall nicht festgestellt werden kann." (Gutachterliche Stellungnahme 2002, Fall Denk)*

Zusammenfassend zeigt sich in der Analyse, dass für die Subjektposition der guten Mutter als oberste Leitlinie das Kindeswohl und die Mutterliebe und damit sämtlicher Handlungen und Gefühle an den Bedürfnissen ihres Kindes ausgerichtet sein müssen. Dadurch ergibt sich, dass im Diskursfeld Pflegschaftsverfahren alle davon abweichenden Subjektpositionen in den Bereich der nicht so guten bzw. schlechten Mutter fallen.

3.5.2 Der gute, der schlechte und der besondere leibliche Vater

Wie schon in der Darstellung der verschiedenen Modellsubjekte der Mutter zeigen sich in den Daten auch diverse Subjektpositionen des Vaters. Insbesondere das Modellsubjekt intervenierender und vervollständigender, aber auch berufstätiger Vater steht den unterschiedlichen Formen der schlechten Mutter als komplementäre Subjektpositionen gegenüber. Weiters zeigen sich in der Analyse noch die Modellsubjekte rechtmäßiger und kompletter Vater als positiv bewertete Bedeutungsangebote. Der uneheliche Vater sowie der Vater ohne dauerhafte seriöse Beziehungen lassen sich der Subjektposition des schlechten Vaters zuordnen. Schließlich ließen sich in der Analyse auch die Positionierung des Vaters als besonderer Vater sowie des in Summe schlechten Vaters erschließen. Einerseits der Vater, der mehr macht, und andererseits einer, der weniger macht, als von einem Vater zu erwarten wäre.

Der besondere Vater

Die Subjektposition des besonderen Vaters wird bis in die 1990er-Jahre als Abgrenzung zum normalen Vater und als konkurrierend mit der guten Mutter ersichtlich. Ein Mann, der mehr macht, als von ihm als Vater und Mann zu erwarten wäre, kann als besonderer Vater positioniert werden bzw. kann die Subjektposition des besonderen Vaters einnehmen. Folgende Zitate veranschaulichen die mit dem besonderen Vater verbundenen Attribute speziell in den ältesten untersuchten Akten.

> *„Obwohl voll berufstätig, hat er darüberhinaus seine ganze Umsicht und weiter zur Verfügung stehende Zeit dem Wohle der Kinder gewidmet. Zunächst brachte er sie täglich in seinem Pkw zur Schule [...] und holte sie dort wieder ab und bekümmert sich überhaupt in umsichtigsterweise um das Wohl seiner Kinder, wobei er ihnen Vater und Mutter ersetzt. Er ist es, der auch seine Freizeit restlos seinen Kindern widmet, um mit ihnen Spaziergänge und Ausflüge zu machen." (Rekurs KV 1968, Fall Mank)*

> *„Vielmehr lassen die jahrelangen, unermüdlichen und mit erheblichen materiellen Aufwand verbundenen Bemühungen des Vaters den Kontakt zu seinem Kind herzustellen und zu erhalten, mehr als deutlich erkennen, wie sehr – oder richtiger – wie außergewöhnlich er um das Kind besorgt und ihm zugetan ist." (Beschluss BG Obsorge KV 1978, Fall Strolz)*

Der besondere Vater ist *„außergewöhnlich"*, da er nicht nur seine finanziellen Pflichten erfüllt, sondern sich auch um den Haushalt und die Schulbildung kümmert, und sich vor allem mehr als andere Väter dem Kind zugewandt zeigt. Letzterer Aspekt ist im Zeitverlauf immer stärker mit der Subjektposition des besonderen Vaters verbunden. Ein Vater, der ein *„besonders inniges Verhältnis"* (Stellungnahme und Antrag Obsorge KV 1989, Fall Kren) mit den Kindern hat, und eine *„liebevoller Vater"* ist, kann sich von den *„vielen Vätern"* abgrenzen, *„die andere Vorstellungen von ihrem Leben haben und sich – manchmal vielleicht sogar erleichtert – mit einem bloßen Besuchsrecht begnügen."* (Stellungnahme KV 1990, Fall Kren).

Allerdings steht diese Position in starker Konkurrenz zur guten Mutter, die aufbauend auf das Deutungsmuster Mutterliebe, per se ein liebevolles Verhältnis zu ihren Kindern hat. Die Subjektposition des besonderen Vaters ist daher in ihrem Fokus auf eine *„außergewöhnlich gute Vater-Kindbeziehung"* (s. u.) besser als die Mutter. Wie etwa folgendes Zitat illustriert.

> *„Seit der Geburt von Patrick bemühte ich mich sehr um das Wohl des Kindes und baute somit eine außergewöhnlich gute Vater-Kindbeziehung auf. Schon bei der Geburt war ich der Erste, der das Kind im Arm hielt. [...] Anstelle das Baby zu stillen, zog die Antragsgegnerin vor, ihre gute Muttermilch abzupumpen. Hervorheben möchte ich auch, daß auch ich es war, der Paul in der Nacht gewickelt und ihm zu essen gegeben hat." (Antrag Obsorge KV 1998, Fall Holler)*

In den Akten ab den 2000-Jahren lässt sich die Subjektposition des besonderen Vaters nicht mehr erkennen. Anzumerken ist jedoch, dass in den Jahrzehnten davor die Positionierung eines Vaters als besonders nicht unmittelbar zu einer Übertragung der Obsorge führt, auch wenn die als außergewöhnlich anerkannten Praktiken eines Vaters beispielsweise in einem Gutachten anerkannt werden. Es zeigt sich, dass der besondere Vater nur ein Aspekt in den unterschiedlichen Narrationen zu guter und schlechter Elternschaft ist und nicht allein ausschlaggebend ist. Auf eben diese Narrationen, wie etwa zur Vereinbarkeit, die in unmittelbaren Zusammenhang mit dem besonderen und auch dem berufstätigen Vater steht, gehe ich in Abschnitt 3.6 noch ein. Davor wende ich mich den Modellsubjekten des berufstätigen Vaters zu.

Der berufstätige Vater

Berufstätigkeit zeigt sich in der Analyse durchgehend als eine Selbstverständlichkeit in Bezug auf die Subjektposition des guten Vaters. Dabei ist auch die sozio-ökonomische Positionierung eines Vaters über die Art der Berufstätigkeit bedeutsam. So wird etwa im Sprechen bzw. Schreiben über Eltern in Stellungnahmen des KJWT oder in Sachverständigengutachten in den Akten bis in die, 1990er-Jahre immer wieder ersichtlich, auf welche Aspekte das Augenmerk gelegt wird. Folgendes Zitat veranschaulicht dieses Ergebnis besonders deutlich.

> *„Herr Angerer ist gelernter Metallschleifer und Galvaniseur, bis zur Eheschließung lebte er bei seinen Eltern. […] Frau Kofler-Angerer ist mittelgroß, schlank, hat ein großflächiges, hübsches Gesicht, weit auseinanderstehende Vorderzähne, etwas überschulterlange, gewellte braune Haare. Sie trägt einen sehr knapp sitzenden Lodenmantel, der sehr kurz ist, also keineswegs modisch und Stiefel. Sie entschuldigt sich freundlich und etwas verlegen für die Verspätung (geringfügig ca. 5 Minuten)" (Psychologische Gutachten zu KV, KM, Kind und GEv 1980, Fall Angerer)*

In erster Linie wird bei der Beurteilung und damit Positionierung von Eltern bei einem Vater das Augenmerk auf seine Berufstätigkeit gelegt, bei der Mutter hingegen auf Äußerlichkeiten. Der berufstätige Vater zeigt sich in der Analyse als Sicherheit für das Kind und damit als guter Vater positionierbar.

In zweiter Linie, und im Zeitverlauf immer stärker in den Fokus genommen, wird der berufstätige Vater im Zusammenhang mit Betreuungsmöglichkeiten thematisiert. Das Modellsubjekt berufstätiger Vater ist daher stets entlang von Betreuungsmöglichkeiten verhandelt. Entscheidend ist dabei einerseits die Differenzierung des berufstätigen Vaters in jene eines alleinstehenden Mannes und daher alleinerziehenden Vaters sowie eines berufstätigen Vaters mit einer neuen Partnerin oder einer Großmutter, die sich an der Kinderbetreuung beteiligen.

Andererseits zeigt sich im Zeitverlauf eine Veränderung des Modellsubjekts berufstätiger Vater.

So sind mit dem Modellsubjekt berufstätiger Vater vor allem in den älteren Akten Rollenvorgaben vorherrschend, in denen ein Vater die Möglichkeit hat, seinen Teil der Sorgearbeit durch die Ausübung eines Berufes zu übernehmen und die Pflege des Kindes großteils bzw. in der Zeit der berufsbedingten Abwesenheit an eine weibliche Betreuungsperson auszulagern, ohne dabei als schlechter Vater positioniert zu werden. Folgendes Zitat verdeutlicht, dass einem berufstätigen Vater in den 1960er-Jahren daher auch nicht vorgeworfen werden kann, ein schlechter Vater zu sein, weil er sich nicht selbst um die Kinder gekümmert hat.

> *„Daß die väterliche Großmutter für die Kinder gesorgt hat, bevor der Kindesvater verheiratet war, dürfte ihm doch nicht negativ angelastet werden, er, als Mann und berufstätig, konnte wohl kaum Säuglinge großziehen" (Gutachten 1964, Fall Gerber)*

Anders als die berufstätige Mutter zeigt sich in der Analyse der berufstätige Vater in den älteren Akten per se als einer, der seine Pflichten erfüllt und sich durch die Berufstätigkeit für ein Kind sorgt. Er hat die Option die Betreuung an weibliche Bezugspersonen auszulagern ohne als schlechter Vater positioniert zu werden.

> *„Wenn der Vater durch Berufspflichten viel von zuhause ferngehalten ist, so ist durch genügend Personal im Hause allenfalls durch eine zu diesem Zweck vom Vater eigens aufgenommene weibliche Aufsichtsperson ausreichend für das Wohl des Kindes im Vaterhaus vorgesorgt." (Beschluss BG Rückführung Kind 1970, Fall Planner)*

In diesem Fall zeigt sich das Modellsubjekt berufstätiger Vater, als verantwortungsvoller Vater, der seine Aufgabe als Versorger ernstnimmt und eine adäquate Betreuung für sein Kind findet. Dieser Vater muss allerdings sehr gut argumentieren, inwieweit die Betreuung durch eine Person, die nicht die Mutter ist, besser ist als die leibliche Mutter selbst (siehe dazu Abschnitt 3.5.3).

Im weiteren Zeitverlauf haben berufstätige Väter allerdings auch die Möglichkeit, sich als besondere Väter zu positionieren bzw. als solche positioniert zu werden. Etwa wenn die Berufstätigkeit der Kinderbetreuung untergeordnet oder abgepasst wird und so einen Großteil der Betreuungspflichten vom berufstätigen Vater selbst übernommen wird.

> *„Der Antragsgegner übt seinen Beruf <u>überwiegend in der Wohnung</u> aus, sodaß er sich zeitweise auch untertags der Betreuung der Kinder widmen kann." (Stellungnahme und Antrag Obsorge KV 1989, Fall Kren)*

„In wirtschaftlicher/finanzieller Hinsicht kann ich den Kindern derzeit ein optimales Umfeld bieten. Ich wurde von meinem Arbeitgeber, der für meine Situation […] viel Verständnis aufbrachte, bei vollen Bezügen bis September 2014 dienstfrei gestellt. So habe ich derzeit die Möglichkeit, mich völlig auf die Unterstützung und Förderung der Kinder konzentrieren zu können, ohne finanzielle Einbußen hinnehmen zu müssen. Auch langfristig; ab Herbst 2014, werde ich im Falle der Obsorgezuteilung an mich die Betreuung der Kinder in den Vordergrund stellen und meine Berufstätigkeit an die Bedürfnisse der Kinder anpassen." (Aufgetragene Äußerung KV 2013, Fall Haidinger)

Der Vater, der seine berufliche Tätigkeit der Care-Tätigkeit unterordnet, entspricht der Subjektposition des besonderen Vaters, da er mehr macht, als grundsätzlich von der Vaterrolle erwartet wird. Allerdings muss ein Vater im gesamten Untersuchungszeitraum auch entsprechend seiner Rollenzuschreibung stärker argumentieren, dass er trotz der finanziellen Verantwortung und Berufstätigkeit die Betreuung eines Kinder gewährleisten kann.

Der vervollständigende, intervenierende Vater

Verbunden mit den genderspezifischen Normalitätsvorstellungen elterlicher Zuständigkeiten findet sich im gesamten Untersuchungszeitraum das Modellsubjekt vervollständigender, intervenierender Vater. Diese Position zeigt sich als Komplementärposition zur mangelhaften, korrekturbedürftigen Mutter. Der vervollständigende, intervenierende Vater schreitet dort ein, wo die Mutter ihren Pflichten nicht nachkommt. Insbesondere im Zusammenhang mit Fragen der Erziehung und Gesundheit ist diese Subjektposition möglich.

Die Subjektposition des intervenierenden Vaters wird in den Akten der 1960er- und 1970er-Jahre in Bezug auf die scheinbare Vorstellung genderspezifischer Erziehungsstile deutlich. So zeigt sich in der Analyse der Daten aus diesem Zeitraum, dass problematisierte Verhaltensweisen oder unzureichende schulische Leistungen als Folgen mangelhafter mütterlicher Erziehung verstanden bzw. positioniert werden können. Ein Vater ist dann ein intervenierender Vater mit einem strengeren Erziehungsstil, der die Folgen der mangelhaften mütterlichen Erziehung gleichsam ausbessert. Folgendes Zitat illustriert diese Subjektposition:

„Alle Psychologen waren sich darüber einig, daß in der bisherigen Erziehung, insbesondere in den jüngeren Jahren der Kinder, entscheidende Fehler gemacht worden sein mußten, alle sprachen von einer gewissen Verwahrlosung und betonten, daß bei einem Kinde die Grundlagen für Fleiß und Strebsamkeit, Ambition und Ordnungsliebe sowie Einordnung in die Gemeinschaft zwischen dem 4. und 5. Lebensjahr gelegt werden. In diesen Jahren lag, wie bei allen Familien, auch bei meinen Kindern die Erziehung vor allem in der Hand der Mutter, die, wie bereits vorgebracht, sich unterm dem Einfluß von Freundinnen gerade zu dieser Zeit der antiautoritären Richtung zugewandt hat und

besonders mich, der von meiner Erziehung her an ein strengeres Regime gewöhnt war, zur Seite schon und ihr besseres Verständnis als die Jüngere und Mutter für die Kinder hervorhob und meine strengere Haltung als ungeeignet abtat." (Antrag Äußerung KV 1975, Fall Santo)

Wie dieses Zitat verdeutlicht, sind auch bei einer bestehenden elterlichen Beziehung die *„entscheidenden Fehler"* (siehe obiges Zitat) dem Verantwortungsbereich der Mutter zuordenbar. Daher kann der intervenierende Vater auch nicht für eine *„Verwahrlosung"* der Kinder zur Verantwortung gezogen werden. Eine solche Positionierung lässt sich allerdings in den folgenden Jahrzehnten nicht finden.

Im gesamten Untersuchungszeitraum ist jedoch die Subjektposition des vervollständigenden, intervenierenden Vaters auffindbar, der gesundheitliche Probleme des Kindes erkennt und entsprechend handelt.

„Ich habe aber Bedenken, daß die KM mit dem Kind ans Meer fährt, weil ich mich nicht auf sie verlassen kann, dass sie im Falle einer Erkrankung des Kindes die richtigen Maßnahmen treffen würde." (Protokoll KV 1966, Fall Krainz)

„Die Kindesmutter legte in der Zeit, als die Kinder in ihrer (alleinigen) Verantwortung waren auf die Gesundheitsvorsorge der Kinder weniger Wert." (Aufgetragene Äußerung KV 2013, Fall Haidinger)

Diese Zitate verdeutlichen, wie schon in Abschnitt 3.3.2 zur Kontrolle als Aspekt genderspezifischer Normalitätsvorstellungen zu elterlichen Zuständigkeiten dargestellt, dass die Subjektposition des einschreitenden Vaters im gesamten Untersuchungszeitraum möglich wird. Insbesondere dann, wenn der vervollständigende und intervenierender Vater einer Subjektposition der schlechten Mutter gegenübergestellt werden kann, die als nicht ausreichend kompetent für die Sorge, Pflege und Erziehung eines Kindes positioniert wird.

Der rechtmäßige, komplette Vater

Das Modellsubjekt rechtmäßiger Vater zeigt sich im gesamten Untersuchungszeitraum. Allerdings unterliegt dieses einem entscheidenden Wandel, der in Zusammenhang mit dem Deutungsmuster der gemeinsamen Elternschaft (siehe Abschnitt 3.4.4) steht.

Bis in die Akten der 1990er-Jahre zeigt sich das Modellsubjekt rechtmäßiger Vater als *„legitime[s] Bedürfnis des Vaters, seine Kinder regelmäßig zu sehen und sich von ihrem Fortgang und Wohlergehen zu überzeugen" (Antrag Obsorge 1990, Fall Kren).* Das Modellsubjekt rechtmäßiger Vater wird allerdings im Zeitverlauf durch das des kompletten Vaters erweitert. Insbesondere in den jüngeren Akten ist dieser im Sinne eines ganzheitlichen Vaterseins mit der Vorstellung einer aktiven Rolle verbunden, wie folgendes Zitat verdeutlicht:

> *„Ich möchte nicht nur Statist, sondern aktiv an der Entwicklung von Jana beteiligt sein, deshalb ersuche ich um das beantragte beidseitige Sorgerecht" (Schreiben KV 2008, Fall Pirker)*

Der unterstützungsbedürftige Vater

Im Kontrast zum Modellsubjekt korrekturbedürftige Mutter ließ sich aus den Daten das Modellsubjekt unterstützungsbedürftiger Vater herausarbeiten. Während die mangelhafte Mutter entgegen der Vorstellung einer eigentlich von Natur aus gegebener Eignung eine gute Mutter sein sollte, scheint mit der Vorstellung des guten Vaters verknüpft, dass dieser nicht von Natur aus bestimmte Fähigkeiten besitzt. Daher kann er auch als unterstützungsbedürftiger Vater, als ein guter Vater positioniert werden. In dieser Position kann ein Vater auch nicht im selben Maß problematisiert werden, wenn er sich Hilfe holt, wie eine Mutter. Eher wird einem Vater im gesamten Untersuchungszeitraum positiv angerechnet, wenn er sich Unterstützung holt, wie folgende Zitate veranschaulichen:

> *„Er hat sich dieses Jahr wegen Rosa und Otto an das schulpsychologische Institut [...] gewandt, [das] ihm eine große Hilfe in Erziehungsfragen war und sein wird." (Stellungnahme KFWT 1975, Fall Santo)*
>
> *„bei Unterstützungsbedarf habe er [der Vater] sich beraten lassen (Rainbows) oder Gespräche mit Freunden geführt." (Stellungnahme FGH 2017, Fall Haidinger)*

Ein unterstützungsbedürftiger Vater kann somit als unterstützungswürdig positioniert sein. Allerdings ist es auch hier wieder entscheidend, dass er sich die ‚richtige‚ Unterstützung holt; d. h. dass die Unterstützung von einer anerkannten Institution oder Person kommt, wie in den beiden illustrierenden Fällen von einem schulpsychologischen Institut oder einem professionellen Verein.

Der Vater ohne dauerhafte seriöse Beziehungen und der uneheliche Vater

Während die bisherigen Modellsubjekte von Vätern vorrangig der Subjektposition guter Vater zuordenbar sind, ließen sich in der Analyse negativ positionierte Verhaltensweisen bzw. Rollenvorgaben zu zwei spezifischen Modellsubjekten des schlechten Vaters verdichten. Sowohl das Modellsubjekt des Vaters ohne dauerhafte seriöse Beziehungen als auch des unehelichen Vaters zeigen sich in problematisierten Verhaltensweisen bzw. zugeschriebenen Eigenschaften eines ungebundenen bzw. nicht dauerhaft gebundenen Mannes.

Das erste Modellsubjekt fokussiert in erster Linie in den älteren Fällen auf die genderspezifischen Rollenvorgaben, die mit einer eindeutigen Aufgabenverteilung im Zusammenhang mit Haushaltsführung sowie Pflege und Erziehung eines Kindes verbunden sind. So kann ein Vater, der als Mann allein lebt auch folgendermaßen problematisiert werden:

„Einen eigenen Hausstand hat der Kindesvater nämlich nicht." (Beschluss Obsorge KM 1970, Fall Gragler)

Die Rollenvorgabe eines guten Vaters umfasst daher, dass er mit einer dauerhaften und daher auch seriösen Beziehung zu einer Frau einen kompletten *„Hausstand"* für eine umfassende Betreuung des Haushalts und eines Kindes schafft.

Anders als beim Modellsubjekt sexualisierte Mutter führen ständig wechselnde Beziehungen eines Vaters nicht dazu, dass er als Mann problematisiert oder als schlechtes Vorbild positioniert wird. Vielmehr ist die problematische Verhaltensweise des Modellsubjekts Vater keine dauerhafte seriöse Beziehung zu haben und daher keine konstante weibliche Bezugsperson für das Kind zur Verfügung zu stellen.

„Meiner Meinung nach ist eine Unterbringung beim Vater nicht im Interesse der Mj. da dieser über keine ständige Frauenbekanntschaft verfügt, sondern diese wechselt. Auch ist der Vater wiederholt im Außendienst tätig, sodaß er sich nicht um die Mj. ständig kümmern könnte." (Protokoll GMm 1978, Fall Wallner)

„Die Kindesmutter berichtet von wechselnden Beziehungen des Kindesvaters zwischen Frau Brunner und seiner zweiten geschiedenen Ehefrau Alexandra. Die mj. Silvia und die mj. Jana würden dadurch insofern unter Druck stehen, als sie vor der jeweils anwesenden Frau nicht über die andere Frau sprechen wollen, um Auseinandersetzungen zu vermeiden." (Stellungnahme KJWT 2013, Fall Bauer-Putz)

Wie anhand der Zitate ersichtlich wird, zieht sich diese Problematisierung väterlicher Verhaltensweisen durch den gesamten Untersuchungszeitraum. Das Modellsubjekt Vater ohne dauerhafte seriöse Beziehungen zeigt sich in der Analyse eng verbunden mit dem Deutungsmuster des frauenlosen Haushalts (siehe Abschnitt 3.4.5), dem Leitbild der vollständigen Familie und den Normalitätsvorstellungen zum Kindeswohl. Ein Kind braucht demnach eine konstante weibliche Bezugsperson, die ein Vater mit wechselnden Beziehungen nicht zur Verfügung zu stellen kann.

Das Modellsubjekt des unehelichen Vaters wird im Fall Groll (2000–2005) besonders deutlich, in dem der uneheliche Vater einer negativen Blaupause eines ehelichen Vaters entsprechend verhandelt wird. Dabei fügt sich in dem, in diesem Fall intensiv geführten, Diskurs um den ‚Prototyp unehelicher Vater' zum Fokus auf die Beziehungsebene Vater und allfälliger Partnerin die Wertung der Beziehung Vater-Kind hinzu. So zeigt sich mit dem Modellsubjekt unehelicher Vater die Vorstellung verknüpft, dass ein unehelicher Vater per se ein anderes Rollenverständnis hat, wie folgendes Zitat aus dem Beschluss in diesem Fall illustriert:

> *„Uneheliche Väter haben im Regelfall ein anderes Verständnis ihrer Rolle als eheliche, daher steht ihnen auch kein Vorrecht bei der Obsorgezuteilung zu. Daran ändert auch die Tatsache nichts, dass der Vater gerade nicht diesem Prototypen entspricht" (Beschluss BG Obsorge GEm 2001, Fall Groll)*

Der Diskurs um die Unehelichkeit des Vaters in diesem Verfahren zeigt die Verknüpfung des Leitbilds der intakten Familie mit dem Deutungsmuster geordnete Verhältnisse und Väterlichkeit. Ein unehelicher Vater ist nicht wie eine uneheliche Mutter ‚von Natur aus' zu einer am Kindeswohl orientierten Verhaltensweise berufen, da *„der ‚Prototyp des unehelichen Vaters' demnach von vornherein weder am Kind noch an der Ausübung der Obsorge Interesse [zeige]; diesem sei es auch nur recht, daß sich jemand anderer um das Kind kümmere"* (Auszug EFSlg GE vs. KV in den Beilagen 2001, Fall Groll).

Auch zeigen sich in der Analyse mit dem Modelsubjekt des unehelichen Vaters spezifische Vorstellungen zur Ehe als Gewährleistung von Sicherheit und Dauerhaftigkeit von Paarbeziehung verknüpft. Unehelichkeit ist im Zusammenhang mit diesem Modellsubjekt unmittelbar mit dem Deutungsmuster Kindeswohl verbunden. Unehelich, so legen die Daten nahe, schadet einem Kind und bietet keine Sicherheit. Ehelichkeit hingegen zeugt von klaren Beziehungsverhältnissen und bietet eindeutige und verbindliche Betreuungsverhältnisse für ein Kind. Im zitierten Fall Groll wird dies besonders deutlich, als der Vater sich im weiteren Fallverlauf auf die stabile Beziehung mit seiner neuen Lebensgefährtin berufen kann, da er mit dieser ein gemeinsames Kind bekommt und er sich so zu einem am Wohlergehen des Kindes orientierten Vater positionieren kann. Dieser Einblick in den weiteren Fallverlauf ist gleichsam eine Überleitung zu den weiteren Subjektpositionen sowie ein Ausblick auf die Narrationen zu guter und schlechter Elternschaft, auf die ich in Abschnitt 3.6 im Detail eingehen werde.

Zusammenfassend zeigt die Analyse, dass anders als die Subjektposition der guten Mutter die Subjektposition guter Vater allgemein einen Wandel durchläuft.

So ist dieser im Untersuchungszeitraum zunächst in erster Linie in seiner Rolle als finanziell Sorgender positioniert, der sich auch vom (gesundheitlichen) Wohlergehen der Kinder überzeugt sowie den schulischen Erfolg im Blick hat und im Notfall interveniert. Im Zeitverlauf wird die Identitätsschablone des guten Vaters und damit auch seine Handlungsoptionen aktiver in Bezug auf die Beziehung zum Kind ausgelegt. Ein guter Vater beteiligt sich spätestens ab den 1980er-Jahren an der Freizeitgestaltung und dem Schulerfolg. Schließlich ist der gute Vater einer, der sich stärker in den Alltag einbringt, viel Zeit mit seinem Kind verbringt und sich selbst um Pflege, Erziehung und Wohlergehen sorgt und diese nicht nur überwacht, kontrolliert oder in die Hände von weiblichen Bezugspersonen gibt.

Ein Vater, der mehr macht als zur jeweiligen Zeit mit der Vaterrolle verknüpft ist, zeigt sich somit als besonderer Vater positionierbar. In diesem Fall ist stets die Mehrzahl der anderen, der ‚typischen' Väter die Referenz. Als Referenz für eine Mutter hingegen lässt sich das idealisierte Bild der guten Mutter herausarbeiten. Demzufolge ist die Subjektposition der besonderen Mutter eine, die in der Analyse der Daten nicht sichtbar wurde.

Auf der Seite, der mit mütterlichen bzw. weiblichen Zuschreibungen verbundenen Subjektpositionen, finden sich in den Akten auch die Subjektpositionen Ersatzmutter und alternative Mutter. Ebensolche Subjektpositionen finden sich auch für männlichen Beteiligte – Ersatzvater und alternativer Vater. In diesen Positionierungen lassen sich im untersuchten Diskursfeld neue Partner*innen von Eltern sowie Großeltern identifizieren. Im folgenden Kapitel gehe ich auf diese Subjektpositionen ein.

3.5.3 Die Ersatzmutter und die alternative Mutter, der Ersatzvater und der alternative Vater

In der Analyse der Daten kristallisierten sich vier weitere Subjektpositionen im Zusammenhang mit Mutter- und Vaterschaft heraus, die durch Normalitätsvorstellungen zu genderspezifischen Zuständigkeitsbereichen, vom Leitbild Kindeswohl sowie Deutungsmustern von Mütterlichkeit und Väterlichkeit sowie der Idealvorstellung der intakten und vollständigen Familie genährt zeigen. Einerseits sind dies die Subjektpositionen Ersatzmutter bzw. Ersatzvater, andererseits die Positionen der alternativen Mutter bzw. des alternativen Vaters. Adressat*innen der mit diesen Positionen verbundenen Identitätsschablonen, Rollenvorgaben und elterlichen Praktiken sind sowohl neue Lebensgefährt*innen oder Ehepartner*innen der leiblichen Eltern, als auch Großeltern, jedoch in erster Linie Großmütter.

Im analysierten Diskurs zeigen sich diese Positionierungen stets im Verhältnis zu unterschiedlichen Subjektposition der leiblichen Eltern. D. h. Großeltern und Lebensgefährt*innen sind als Ersatz von oder als Zusatz zu Mutter oder Vater positionierbar. Die Differenzierung dieser Subjektpositionen sei entlang von einigen Beispielen illustriert.

Zunächst ist die Subjektposition Ersatzmutter nur dann eine mögliche Positionierungsvorgabe, wenn die Verhaltensweisen einer leiblichen Mutter diese als schlechte Mutter prozessieren lassen oder wenn – wie etwa im Fall Groll – die Mutter verstorben ist. Wenn die leibliche Mutter vorhanden ist und sie in der Subjektposition gute Mutter verhandelt wird, dann kann diese nicht ersetzt werden, wie folgende Zitate illustrieren.

> *„Darüberhinaus ist aus rein erzieherischen Gründen bei dem Alter der ehelichen Kinder von 2 ¼ und 5 Jahren, zumal die Kinder aneinander sehr hängen, die Obsorge und die Geborgenheit bei der ehelichen Mutter einerseits durch die an sich gute Betreuung der väterlichen Grossmutter nicht zu ersetzen." (Beschluss BG Obsorge KM 1965, Fall Ott)*

> *„Betont sein, daß es dem Kind beim Vater an Nichts mangelt – außer eben die Mutter; diese Mutterrolle zu ersetzen, ist dann nicht Aufgabe des Vaters, wenn tatsächlich eine Mutter vorhanden ist." (Beschluss Obsorge KM 1989, Fall Kolarik)*

> *„Wenngleich es der Minderjährigen, wie das Rekursgericht richtig feststellt, beim Vater an nichts mangelt, so kann weder die Lebensgefährtin des Vaters noch der Vater die Mutterrolle ersetzen. […] Das Bestreben des Vaters, die Kindesmutter von der Erziehung der Minderjährigen auszugrenzen, ist ebenso evident, wie der Versuch des Vaters, der Minderjährigen nunmehr eine ‚Ersatzmutter' vorzusetzen." (Revisionsrekurs KM 1990, Fall Kolarik)*

Wie diese Beispiele zeigen, werden sowohl Lebensgefährtinnen als auch Großmütter in der Subjektposition Ersatzmutter entlang unterschiedlicher Narrationen verhandelt. Diese beziehen sich jedoch stets auf die Subjektposition einer leiblichen Mutter und werden im folgenden Abschnitt 3.6 noch ausführlicher dargestellt.

Nahe an der Subjektposition Ersatzmutter zeigt sich in der Analyse die Subjektposition alternative Mutter. Diese ist vor allem genährt durch das Leitbild Kindeswohl und den Vorstellungen davon, was bzw. wen ein Kind braucht.

> *„Auf der anderen Seite verkennt das Rekursgericht nicht die besondere Bedeutung der Mutter-Kind-Beziehung für die Entwicklung von Kleinkindern […]. Das heißt allerdings nicht, daß ein gutes psychisch und emotional spannungsfreies Milieu nur von der Mutter, und nicht auch durch andere Angehörige geschaffen werden könnte." (Beschluss LGZ Obsorge KV 1990, Fall Kolarik)*

Das Zitat veranschaulicht die Bedeutung der Mutter für ein Kind, die nicht ersetzt, aber durch die Subjektposition alternative Mutter ergänzt werden kann. In diesem Sinne ist die Subjektposition alternative Mutter eine komplementäre Subjektposition des Vaters und der Mutter, wenn diese allein nicht als ausreichend gedeutet werden können. Diese Position kann unter bestimmten Voraussetzungen und anhand unterschiedlicher Narrationen, auf die in Abschnitt 3.6 noch eingegangen wird, im gesamten Untersuchungszeitraum von einer Lebensgefährtin des Vaters und bis in die 1980er-Jahre auch von einer Großmutter eingenommen werden.

Wie schon im Zusammenhang mit dem Leitbild Kindeswohl dargestellt, scheint die Frage der genderspezifischen Identifikationsfigur für Kinder und damit auch die unterschiedlichen Subjektposition von Mutter oder Vater bedeutsam, wie folgendes Zitat beispielhaft illustriert.

> *„Obwohl in der vorpuberalen Zeit ungern zu einer Milieuveränderung geraten wird, wird vorgeschlagen, Rosa ihrer Mutter in Pflege und Erziehung zu übergeben, weil dies keinen wesentlichen Einschnitt in die Entwicklung des Mädchens bedeutet, da Rosa in sehr engem und kontinuierlichem Kontakt mit ihrer Mutter gestanden ist. Da es gerade auf dieser Entwicklungsstufe für ein Mädchen wichtig ist, eine weibliche Identifikationsperson zu haben, dies in der Restfamilie nicht gegeben ist, wäre es günstig, Rosa sobald als möglich in die Familie ihrer Mutter zu integrieren. Rosa besitzt von allen drei Kindern das beste Verhältnis zu ihrem Stiefvater, ohne in diesem einen Vaterersatz zu sehen." (Gutachten 1977, Fall Santo)*

Mit diesem Zitat wird einerseits das Ergebnis verdeutlicht, dass die unterschiedlichen Subjektpositionen sich stark auf diverse schon dargestellte Deutungsmuster und Leitbilder beziehen (z. B. vollständige Familie, geordnete Verhältnisse, Kindeswohl). Andererseits werden die Subjektpositionen Ersatzvater und alternativer Vater ersichtlich.

Die Subjektposition Ersatzvater zeigt sich – wie bei der Subjektposition Ersatzmutter – im Zusammenhang mit der situationsspezifischen Positionierung eines leiblichen Vaters verhandelt. So kann ein neuer Lebensgefährte etwa dahingehend problematisiert werden, wenn eine Mutter *„mit ihrer jetzigen Partnerschaft zusammen so zu tun [versucht], als ob sie eine echte leibliche Familie wären und den leiblichen Vater ausschließen könnten"* (psychologisches Gutachten 2003, Fall Benkovits). Die Subjektposition Ersatzvater, eingenommen von einem Stiefvater, zeigt sich im gesamten Untersuchungszeitraum als Bedrohung für einen leiblichen Vater.

„Wie ich gehört habe, nennt das Kind den Gatten der Mutter ‚Vati'. Das Kind hat nur mich als Vater. Es wäre daher auch ratsam, der Mutter einzuschärfen, daß das Kind ihren Gatten nicht als Vater bezeichnet." (Antrag Obsorge KV 1969, Fall Krainz)

Das Phänomen der ‚Bedrohung' des leiblichen Vaters durch einen Stiefvater in der Subjektposition des Ersatzvaters zeigte sich bei der Ersatzmutter nicht im selben Maß. Dahinter scheint die Vorstellung zu liegen, dass die schon mehrmals thematisierte ‚naturgegeben Mutterliebe' nicht so einfach ersetzt werden kann, die genderspezifischen Vorstellungen väterlicher Aufgaben (z. B. die finanzielle Absicherung) allerdings von einem Stiefvater ebenso gut übernommen werden können wie von einem leiblichen Vater.

Während die Subjektposition Ersatzvater verbunden ist mit der Annahme, dass es nur einen Vater geben kann, sei es den Stiefvater, der den leiblichen Vater verdrängt, oder den leiblichen Vater, zeigt sich die Subjektposition alternativer Vater als ergänzende Subjektposition. Mit der Subjektposition alternativer Vater sind Rollenvorgaben verbunden, die mit den genderspezifischen elterlichen Zuständigkeiten verknüpft sind. So kann ein Großvater oder ein Lebensgefährte der Mutter in der Subjektposition alternativer Vater positioniert sein, wenn er finanzielle Verantwortung oder Erziehungsaufgaben übernimmt, ohne jedoch den leiblichen Vater als Ganzes zu ersetzen.

Zusammenfassend zeigen sich die unterschiedlichen Subjektpositionen im Kontext von Pflegschaftsverfahren als einander kontrastierend bzw. aufeinander bezogene Modellsubjekte konstituiert. Positiv und negativ gedeutete ‚Blaupausen' von Müttern und Vätern, aber auch neuen Beziehungspartner*innen von Eltern oder von Großeltern als Ersatz- oder alternative*r Mutter oder Vater zeigen sich als komplementäre Subjektpositionen.

Diese werden – wie schon im gesamten Verlauf der Ergebnisdarstellung immer wieder deutlich wurde – von unterschiedlichen Sprecher*innen unterschiedlich wirkmächtig anhand von Narrationen, wie z. B. illustrierenden Beweisgeschichten oder dramatisierenden Handlungsdringlichkeiten, verhandelt. Im folgenden Kapitel stelle ich entlang von drei exemplarisch skizzierten Fällen dar, welche Narrationen zu Elternschaft in Pflegschaftsverfahren sich in der Gesamtschau als dominant herauskristallisierten.

3.6 Narrationen zu guter und schlechter Elternschaft

Die aus dem Datenmaterial herausgearbeiteten bisher dargestellten Leitbilder, Normalitätsvorstellungen, Deutungsmuster, Subjektpositionen sowie Modellsubjekte werden durch und in Erzählungen in spezifische Zusammenhänge gebracht. Aus unterschiedlichen Sprechpositionen können Akteur*innen Problemdefinitionen, Ab- oder Zuweisung von Verantwortlichkeiten und Beschuldigungen sowie Moralgeschichten oder Dramatisierungen vornehmen und damit Kausalzusammenhänge herstellen und Handlungsdringlichkeiten betonen. In der bisherigen Darstellung der Ergebnisse aus der empirischen Arbeit habe ich bereits laufend auf solche Narrationen durch eine Auswahl illustrierender Zitate verwiesen.

In diesem Kapitel fokussiere ich auf jene Erzählungen zu Elternschaft in Pflegschaftsverfahren, die sich in der Analyse als dominant für dieses Diskursfeld erwiesen haben. In der Darstellung dieser Ergebnisse, die auch aus der fallübergreifenden Analyse entstanden sind, greife ich zunächst auf drei Fälle aus unterschiedlichen Zeiträumen zurück, um anhand illustrierender Beweisgeschichten die Problemkarriere einzelner Narrationen im Zeitverlauf nachzuzeichnen (vgl. Keller, 2013; Schetsche, 2008). Auf diese Weise soll beispielhaft veranschaulicht werden, welche dieser Erzählungen als diskursive Praktiken sich als erfolgreich oder nicht erfolgreich zeigen, d. h. von weiteren Sprecher*innen aufgegriffen werden oder nicht, und schließlich entscheidend in einem Fall sind oder nicht. Ausgehend von diesen exemplarischen Falldarstellungen erfolgt schließlich die abschließende Erörterung dieser Erzählungen.

3.6.1 Das Beispiel Fall Gerber (1961–1965)

Zunächst sei der Fall Gerber (1961–1965) exemplarisch dargestellt, aus dem ich schon mehrfach Zitate zur Illustration der empirischen Befunde herangezogen habe. In diesem ältesten Fall aus meinem Datenkorpus geht es in dem Pflegschaftsverfahren um im Jahr 1957 unehelich geborene Zwillinge. Der berufstätige Vater lebt in Westösterreich, die ebenso berufstätige Mutter in Deutschland. Die Kinder sind nach der Geburt kurze Zeit im Brutkasten und bis Anfang des Jahres 1962 in Pflege bei der väterlichen Großmutter. Die Vormundschaft für die unehelichen Kinder hat der KJWT in Deutschland. Die scheinbar geplante Ehe der Eltern kommt nicht zustande. Die Mutter bemüht sich ab dem Jahr 1958 um die Übergabe der Kinder in ihre Pflege. Eines der Kinder stirbt im Jahr 1961. In diesem Jahr heiratet der Vater seine Lebensgefährtin, die schon ein uneheliches Kind aus einer vorherigen Beziehung hat, das bei den Eltern der Lebensgefährtin lebt. Das Ehepaar bekommt ein gemeinsames Kind. Im Jahr 1961 stellt die Mutter mit ihrer Rechtsvertretung den Antrag auf Übergabe des Kindes in ihre Pflege und Erziehung. Dieser Antrag wird in der ersten Instanz im Jahr 1964 abgewiesen und dem Vater die alleinige Obsorge übertragen. Die Rekurse der Mutter werden sowohl von der zweiten als auch in der dritten Instanz zurückgewiesen und der Beschluss der ersten Instanz bestätigt. Neben den beiden leiblichen Eltern zeigt in diesem Fall die Sprechposition der psychologischen Gutachterin eine wirkmächtige Rolle, da ihre Narrationen in den Beschlüssen als entscheidend aufgegriffen werden. Zunächst stelle ich in anhand von zwei zentralen Zitaten die entscheidendsten Erzählungen der einzelnen Sprechpositionen dar.

Das erste Zitat ist ein Ausschnitt aus dem neuerlichen Antrag der Mutter im Jahr 1964:

> *„Eine Stiefmutter kann für ein Kind naturgemäß nicht dieselben Gefühle und Liebe entgegenbringen, als die eigene leibliche Mutter. Abgesehen von all diesen Erwägungen ist der mj. Robert erst im 7. Lebensjahr. In diesem zarten Alter ist es selbstverständlich, daß das Kind zur leiblichen Mutter gehört. Je länger man es in der Umgebung der Stiefmutter belässt, umso schwerer wird sich das Kind an mich und die neue Umgebung gewöhnen. Dies ist auch offensichtlich das Ziel und die Absicht des ausserehelichen Kindesvaters und seiner Gattin. Abschliessend erwähne ich noch, daß ich mit meiner Schwester […] eine Wohnung besitze, die aus drei Räumen und den entsprechenden Nebenräumen besteht. Im gleichen Hause wohnt eine dritte Schwester, die verheiratet ist […] mit ihrer Familie, die aus zwei Kindern im Alter von 8 und 9 Jahren besteht. Mein Sohn hätte daher sofort einen entsprechenden Familienanschluss und ungefähr gleichaltrige Kinder. Der Umstand, daß ich berufstätig bin, kann wohl nicht ernstlich gegen mich ausgespielt werden. Bei der heutigen wirtschaftlichen Lage sind die meisten Frauen berufstätig und trotzdem in der Lage für ihre Kinder bestens zu sorgen und sie einwandfrei zu erziehen." (Antrag Mutter 1964, Fall Gerber)*

Die Mutter greift in ihren Erzählungen zunächst auf das Deutungsmuster Mutterliebe zurück und versucht, sich auf diese Weise als biologische Mutter als unverzichtbar für das Wohl des Kindes zu positionieren. Die möglicherweise kurzfristige Belastung für das Kind, die sich durch eine Herausnahme aus der vertrauten Umgebung ergeben würde, stellt die Mutter als durch die Mutterliebe aufgewogen dar. Den Vater stellt die Mutter als schlechten Vater dar, der den Kontakt der leiblichen Mutter zu ihrem Kind verwehrt. Sie problematisiert die Stieffamilienverhältnisse als potenziell negativ für das Kind, da eine Stiefmutter nicht dieselben Gefühle für ein Kind empfinden könne wie eine leibliche Mutter. Als berufstätige, alleinstehende Mutter scheint sie außerdem argumentieren zu müssen, dass ihr Kind durch ihre verheiratete Schwester, die auch Kinder hat, gut betreut wäre und sie auch ein familiäres Netz für das Kind vorweisen kann.

Der deutsche KJWT bescheinigt in seiner Erzählung über die Lebens- und Wohnverhältnisse, dass der Lebenswandel der Mutter einwandfrei ist und dass Kind bei ihr gut aufgehoben wäre. Diese scheinbare Allianz der Sprechpositionen und die Narrationen über die umfassend sorgende, naturgegeben bessere leibliche Mutter werden jedoch kontrastiert mit den Erzählungen des Vaters und der Gutachterin, wie folgender Ausschnitt aus dem Gutachten verdeutlicht:

> *„so müssen doch Zweifel an ‚den Gefühlen' und ‚der Liebe' der ‚eigenen leiblichen' Mutter aufkommen, erfährt man, daß die Mutter die Kinder knapp nach der Geburt weggegeben hat und sie seither – zumindest äußerst spärlich – besuchte. Während sie sich – als Mutter! – nicht zu ihren außerehelichen Kindern bekannte, hat es der Vater vom ersten Augenblick an getan […]. Daß die väterliche Großmutter für die Kinder gesorgt hat, bevor der Kindesvater verheiratet war, dürfte ihm doch nicht negativ angelastet werden, er, als Mann und berufstätig, konnte wohl kaum Säuglinge großziehen. Die Stiefmutter hat den Buben zu sich aufgenommen, es ist durch nichts erwiesen, daß sie ihm nicht echte Liebe entgegengebracht hat. In der Art, in der der Bub von seiner Stiefmutter spricht, kommt deutlich zum Ausdruck, daß er sie mag, er sieht in ihr seine Mutter, wenn er auch weiß, daß er ‚in Deutschland' eine andere Mutti hat. Ist es schon bedauernswert, daß ein Kind ‚zwei Mütter' hat, soll es doch nur eine einzige Person geben, die man ‚Mutter' nennt, so ist ihm seine leibliche Mutter doch völlig fremd – man kann nicht umhin festzustellen, daß diese Entfremdung die Mutter durch ihr Verhalten selbst verschuldet hat." (psychologisches Gutachten 1964, Fall Gerber)*

Der Vater muss einerseits keine argumentierenden Erzählungen zu seiner berufsbedingten Abwesenheit tätigen und kann die Großmutter als selbstverständliche adäquate Betreuung des Kindes positionieren. Die Mutter wird als eine schlechte Mutter problematisiert, da diese sich von der Geburt an nicht für das Kind interessierte, es auch nicht besucht und damit als das Kind verlassende Mutter positioniert wird. Die Erzählungen der Mutter, dass der Vater den Kontakt verhindert hat, werden von der Gutachterin nicht aufgegriffen und können somit als nicht erfolgreich verstanden werden. Der Vater hingegen wird als derjenige positioniert, der das Kind gut versorgt, indem er es zunächst bei der fürsorglichen Großmutter als alternative Mutter unterbringt und schließlich durch seine Heirat dem Kind eine Ersatzmutter zur Verfügung stellt.

In den Erzählungen der Gutachterin finden sich außerdem Narrationen zur Gefährdung des Kindeswohls, zur Mutterliebe, zur harmonischen Familie und zu zweifelhaften Vorstellungen der biologischen Mutter. So wird die Mutter problematisiert, da jede starke Veränderung eine seelische Erschütterung für ein Kind darstellt und ein Wechsel zur Mutter eine solche bedeuten würde. Daher wird eine Mutter, die durch ihren Antrag eine solche Erschütterung in Kauf nimmt, per se als Beweis für misslungene Elternschaft gewertet.

Weiter Narrationen der Gutachterin zeigen eine intensive Gegenüberstellung der leiblichen und der Stiefmutter entlang des Deutungsmusters Mutterliebe, sowie der beiden leiblichen Eltern entlang der Normalitätsvorstellungen zu Mutter- und Vaterrolle sowie des Kindeswohls. So bedient die Gutachterin in ihren Erzählungen Vorstellungen davon, dass Muttersein eine natürliche Gegebenheit ist. Die Umstände der Geburt, dass die Kinder im Brutkasten waren, die Unehelichkeit sowie die Tatsache, dass die uneheliche Mutter nicht in ihrem Herkunftsland war und der Vater die versprochene Ehe nicht einlöst, wird von der Gutachterin nicht aufgegriffen. Hingegen wird die Erzählung der Mutter, dass nur sie die Mutterliebe geben kann, die das Kind braucht und es daher nur eine Mutter geben kann, von der Gutachterin mit der Narration kontrastiert, dass die leibliche Mutter den Mutterbonus bereits bei der Geburt verspielt hätte. Eine gute Mutter hätte sich jedenfalls selbst um die Kinder gekümmert, unabhängig davon, welche zu dieser Zeit und in dieser spezifischen Situation widrigen Umstände vorlagen.

Weiters zeigen sich im Gutachten Erzählungen zu intakten und harmonischen Familienverhältnissen beim Vater. Diese werden durch die stete Ergänzung des leiblichen Vaters mit einer alternativen Mutter – zunächst die leibliche Großmutter und dann die Stiefmutter – als gewährleistet gedeutet. Der Vater wird nicht als unehelich, berufstätig oder das Kind nicht zu sich nehmend problematisiert, sondern als ein guter Vater, der in der väterlichen Sphäre ausreichend Mütter, Mutterliebe und eine intakte, harmonische Familie für das Kind zur Verfügung stellt. Die familialen Beziehungen der Mutter werden von der Gutachterin nicht anerkannt.

Im Beschluss werden im Wesentlichen die Erzählungen der Gutachterin als Begründung aufgegriffen und daher folgende Narrationen als erfolgreich verstanden. Es sind dies Narrationen der geordneten Verhältnisse, die der Vater schafft, die Mutter aber nicht vorweisen kann. Weiters sind dies Erzählungen zur Mutterliebe und Vaterpflicht, die einerseits durch die Problemdefinition der Mutter als schlechte Mutter, weil sie ihr Kind im Stich gelassen hat, erfüllt sind; Andererseits durch die Positionierung des Vaters als guten Vater, weil er darauf achtet, dass immer eine alternative Mutter oder Ersatzmutter für das Kind da ist, er stabile Verhältnisse schafft und damit seine Vaterrolle erfüllt, die zu dieser Zeit in erster Linie finanzielle Versorgung und Kontrolle weiblicher Zuständigkeiten ist.

Zusammenfassend illustriert der Fall Gerber die in den 1960er Jahren wirkmächtigen Deutung von Kindeswohl, geordneten Verhältnissen, Leiblichkeit,

Mutterliebe und Normalitätsvorstellungen von Mutter- und Vaterrolle. Ein uneheliches Kind scheint besser bei einer Großmutter untergebracht zu sein, die verheiratet ist, als bei einer unehelichen Mutter. Die Übergabe des unehelichen Kindes in die Pflege der Großmutter bedeutet für die Eltern zwei konträre Positionierungen, verbunden mit unterschiedlichen Deutungsmustern. Der uneheliche Vater erfüllt seine Vaterpflicht, indem er einen legitimen und geordneten Pflegeplatz für sein Kind aussucht. Die uneheliche Mutter, der eigentlich das Recht auf Pflege und Erziehung zusteht, wird als der Mutterliebe zuwiderhandelnd gedeutet. Die Tatsache, dass das Kind bei der Großmutter lebt, wird bei der Mutter nicht als geordnetes Unterbringen, sondern als Zurücklassen des Kindes interpretiert. Damit verspielt sie den ‚biologischen Trumpf' der Mutterliebe. Denn einer Mutter, die ihre Kinder nicht zu sich nimmt oder sie zurücklässt, übernimmt keine Verantwortung, sondern gibt ihre Verantwortung ab und verwirkt dadurch ihr Recht auf das Kind.

3.6.2 Das Beispiel Fall Fischer (1969–1983)

Der zweite exemplarische Fall, beginnt zwar im Jahr 1969 wird aber erst mit dem Antrag des Vaters auf Obsorge im Jahr 1980 intensiv geführt und illustriert daher auch gut diese Zeit im Untersuchungszeitraum. Im Fall Fischer (1969–1983) heiraten die Eltern im Jahr 1965 aufgrund der Schwangerschaft und das Kind kommt noch im selben Jahr auf die Welt. Bei der Scheidung im Jahr 1969 vereinbaren die Eltern, dass die Obsorge bei der Mutter bleibt. Diese heiratet kurze Zeit später einen anderen Mann und bekommt zwei weitere Kinder. Im Jahr 1980 stellt der Vater auf Bitten des inzwischen 15-jährigen Sohnes den Antrag auf Übertragung der Obsorge und die Übergabe des Sohnes in seinen Haushalt.

In einer Verhandlung gibt die Mutter folgendes zu Protokoll: *„Darüberhinaus möchte ich, daß mein Sohn in einer harmonischen, aus Mann und Frau bestehenden Familie aufwächst" (Protokoll Verhandlung 1980, Fall Fischer).* Der Sohn, der in dem Verfahren eine Sprechposition erhält, problematisiert in seiner Erzählung den Stiefvater, da er sich von diesem benachteiligt und schlecht behandelt fühlt und er lieber bei seinem Vater leben möchte, der *„nicht verehelicht [ist] und er und sein Freund gemeinsam den Haushalt [führt]" (Protokoll Verhandlung 1980, Fall Fischer).* Im vom Gericht beauftragten Bericht des KJWTs im selben Jahr steht unter anderem, dass der Kindesvater ein *„unstetes und bewegtes Leben" (Bericht KJWT 1980, Fall Fischer)* führt.

Die Darstellungen des Minderjährigen von der unharmonischen Stieffamilie werden von Erzählungen der Mutter kontrastiert, in denen die Deutungsmuster der geordneten Verhältnisse und Vorstellungen zum Kindeswohl sowie das Leitbild der vollständigen, harmonischen und heteronormativen Familie in Verbindung setzt. Die Narrationen der professionellen Akteur*innen des KJWT stellen wiederum Problemdefinitionen des Vaters dar, der beruflich viel unterwegs ist und in dessen Haushalt ein weiterer Mann und keine Frau wohnt. Daraus ergibt sich in diesem Fall eine Allianz der Sprechpositionen Mutter und Mitarbeiter*in des KJWT auf der einen Seite und der von Minderjährigem und Vater auf der anderen Seite.

Im Beschluss des Gerichtes der zweiten Instanz wird die Entscheidung der ersten Instanz bestätigt und die Obsorge bei der Mutter belassen. Die entscheidenden Narrationen sind die eines Aufwiegens des Wunsches des Minderjährigen gegen die Deutungen des Kindeswohls: *„Der [...] Wunsch des Minderjährigen muss im Hinblick auf die für ihn erforderlichen umfassende Betreuung in einer intakten Familie in den Hintergrund treten [...] [da] die Unterbringung des Minderjährigen beim Vater schon deshalb nicht vorteilhaft erscheinen kann, weil es sich dort um einen frauenlosen Haushalt handelt und die Lebensumstände in einem abwechselnd vom Vater [...] und seinem bei ihm wohnhaften Freund betreuten Haushalt keine [...] geordnete Betreuung des Minderjährigen zulässt" (Beschluss LG 1981, Fall Fischer).*

In der Begründung des Gerichts werden somit die Erzählungen der Mutter von der harmonischen Familie und die des KJWT von dem frauenlosen Haushalt des Vaters als entscheidend aufgegriffen und mit den Vorstellungen davon in Bezug gesetzt, dass ein Minderjähriger geordnete Verhältnisse braucht.

Der Fall verdeutlich einerseits beispielhaft die Machtstruktur in den Verfahren, die Vorstellungen zu Kindeswohl vor Kindeswille positioniert und damit auch die Position des Minderjährigen jener der professionellen Akteur*innen unterordnet. Andererseits zeigt sich Familie klar heteronormativ definiert und als Ort, der gleichsam naturgegeben eine geordnete, regelmäßige und altersgemäße Betreuung zulässt. Ein unehelicher Vater mit einem Freund, der im Haushalt tätig ist, wird nicht als geordnete und harmonische Familie anerkannt, sondern als frauenloser Haushalt gedeutet. Die Narration der umfassenden Betreuung zeigt sich durch die Vorstellung genährt, dass zwei gegengeschlechtliche Erwachsene in einem Haushalt vorhanden sind und damit Mutter- und Vaterrolle ausgefüllt sind. Die erfolgreichen Erzählungen in diesem Fall sind somit, dass im Haushalt des Vaters keine Frau für das Wohlergehen des Minderjährigen sorgt und die Subjektposition der guten Mutter dadurch gegeben ist, dass diese eine neue und – weil alle Positionen besetzt sind – harmonische Familie für das Kind geschaffen hat.

3.6.3 Das Beispiel Fall Klinger (2010–2018)

Das dritte Beispiel ist einer der aktuellen Fälle in meinem Datenkorpus, anhand dessen auch die erst ab den 1990er-Jahren in den Daten ersichtlichen Narrationen zur fehlenden männlichen Bezugsperson und damit verbundene kontrastierende Subjektpositionen von Vater und Mutter illustriert werden kann. Im Fall Klinger (2010–2018) haben die anfangs verheirateten Eltern drei Töchter und einen Sohn. Die älteste Tochter hat eine schwere Behinderung und einen stark erhöhten Pflegebedarf. Bei der Scheidung im Jahr 2010 vereinbaren die Eltern in einem Vergleich die gemeinsame Obsorge mit dem hauptsächlichen Aufenthalt aller Kinder bei der Mutter. Ende des Jahres 2011 stellt der Vater einen Antrag auf alleinige Obsorge für die mittleren beiden Töchter. Dabei greift er auf Narrationen zur überforderten und somit korrekturbedürftigen Mutter zurück und schafft Handlungsdringlichkeiten mit Verweis auf das Kindeswohl. Sich selbst positioniert er als intervenierender Vater, der eine Lösung anbietet, indem er sich des Wohls der beiden Kinder annimmt, die beim Vater eine bessere Lebenssituation und Förderung erwarten als bei der verständlicherweise überforderten Mutter. Gleichzeitig begründet er im Gutachten, warum er die Obsorge für den vierjährigen Sohn nicht beantragt, folgendermaßen:

> *„Der MJ Sebastian möge bei der KM verbleiben, da er aufgrund seines Alters noch mehr die mütterliche Nähe benötigt." (Befragung KV im Gutachten 2012, Fall Klinger)*

Eben diese Vorstellung von Mütterlichkeit wird in einer Vielzahl von Erzählungen von Freund*innen und Verwandten der Mutter entlang von Narrationen zu Mutterliebe, Sorge durch Pflege und Aufopferung sowie dementsprechend auch keiner Berufstätigkeit erfolgreich bekräftigt und die Aufteilung der Geschwister scheinbar damit vertretbar.

Das Gericht gibt dem Antrag des Vaters statt und folgt dabei in weiten Strecken den Narrationen des Gutachtens, in dem unter anderem folgendes zu lesen ist:

> *„So ist es auch verständlich, dass sie [Anm.: die Mutter] gegenwärtig keine Partnerbeziehung zu einem Mann aufbauen kann, da ihr dazu die Zeit, aber sicherlich auch die entsprechenden emotionalen Ressourcen fehlen. Somit kann sie aber für Kinder in weiterer Zukunft ausschließlich als ‚Mutter-Vorbild' fungieren, kann aber nicht Lebensvorbild sein, wie man eine Partnerschaftsbeziehung lebt, bzw. wie man als Frau in der Beziehung mit Männern agiert. Zu sehr ist sie bisher in ihrer Mutterrolle gefordert und nimmt dies ihren gesamten Lebensalltag in Anspruch, wodurch ihre eigene*

Persönlichkeitsentwicklung in Mitleidenschaft gezogen wird.“ (Gutachten 2012, Fall Klinger, Unterstreichungen im Original)

Mit diesen Narrationen zeigt sich, dass der Mutter von vier Kindern und einem davon schwer behindert eine Überforderung zugestanden wird. Gleichzeitig wird sie aber insofern problematisiert, dass sie dadurch nicht in der Lage ist geordnete Verhältnisse für die heranwachsenden Töchter zu schaffen. Dabei werden unter anderem Kausalzusammenhänge zwischen dem Deutungsmuster vaterloser Haushalt und der Subjektposition der korrekturbedürftigen, sexualisierten und nicht kooperierenden Mutter hergestellt. Die erfolgreiche Erzählung in diesem Fall ist aber auch, dass die Mutter die Hilfe von Behörden und vom Vater nicht ausreichend annimmt und damit den Kindern geordnete Verhältnisse verwehrt. Die Moralgeschichte, die hier wirkmächtig scheint, ist jene, dass eine gute Mutter sich einen Partner als Stiefvater für die Kinder suchen sollte oder mit dem leiblichen Vater kooperieren sollte, um damit sowohl ein männliches Vorbild für die Kinder als auch eine vollständige Familie zu schaffen, in der alle genderspezifischen Zuständigkeiten erfüllt werden können.

Weitere erfolgreiche Narrationen, die sowohl von professionellen Sprecher*innen als auch vom Vater selbst erzählt werden, sind die des Vaters als Sorgender, Erziehender und Einschreitender ohne *„dass er dabei […] die Person der KM als solche in Frage stellt“ (Gutachten 2012, Fall Klinger).* Die Mutter hingegen *„scheint eine skeptische bis negative Grundhaltung gegenüber männlichen Bezugspersonen entwickelt zu haben. Diesbezügliche Ursachen scheinen in der Lebensbiographie der KM begründet. […] Vor allem männliche Bezugspersonen scheinen in der Lebensumgebung der MJ zu fehlen“ (Gutachten 2012, Fall Klinger, Unterstreichungen im Original).*

Schließlich wird in einer Verhandlung auf die Frage des Richters, wie der Vater zwei Mädchen betreuen würde, wenn sie in die Pubertät kommen, aus der professionellen Sprechposition Gutachter*in folgendermaßen begründet:

„Ich glaube er würde das Kindeswohl entsprechend machen. Im Übrigen gibt es ja noch die Lebensgefährtin des Vaters, auch die Verwandtschaft. Auch die Mutter gibt es ja weiterhin. Die Fragestellung, ob ein männlicher Elternteil für ein Mädchen eine Vertrauensperson darstellen kann, ist aus heutiger Sicht überholt. Es gibt eigentlich keinerlei Grund dafür, dass nicht eine Mutter für einen Buben und ein Vater für ein Mädchen die entsprechende Rolle einnehmen kann. […] Man muss aber auch sagen, dass die Mutter vor allem in den ersten Lebensjahren der Kinder besonders wichtig ist, dann wird auch die Rolle des Vaters immer wichtiger.“ (Protokoll Verhandlung 2013, Fall Klinger)

Diese Auszüge aus dem Fall Klinger zeigen einerseits, dass es aus Perspektive der Gutachter*in ein gutes und richtiges Verhalten in Trennungssituationen gibt, das als Bindungstoleranz und Anerkennung der gemeinsamen Elternschaft im Sinne des Kindeswohl gedeutet werden kann. Andererseits wird deutlich, dass zwar auch im Jahr 2013 ein Vater nicht allein für zwei Töchter sorgend positioniert werden kann und es eine weibliche Betreuungs- und Bezugsperson braucht, damit das Wohlergehen der Kinder gesichert ist. In diesem Fall zeigt sich dies allerdings bedingt durch das jugendliche Alter der Kinder durch andere weibliche Personen, wie die Lebensgefährtin des Vaters oder Hortbetreuerinnen, gewährleistet, vor allem, da die Mutter die Mutterrolle nicht ausreichend erfüllen kann.

In Summe zeigen sich in diesem Fall zwei kontrastierende Narrationen zu geschlechtsspezifischer Elternschaft als wirkmächtig, da sie professionellen Akteur*innen aufgegriffen und fallentscheidend sind. Auf der Seite der Mutter ist sind dies Erzählungen von der Frau mit biographischer Problematik, der egoistischen Mutter und der Mutter, die den Kindern auch in Zukunft keine vollständige Familie bieten kann, weil sie keine männliche Bezugsperson für die Kinder zur Verfügung stellt und den Kindern den Vater vorenthält. Ebenso sind die vergeschlechtlichten Vorstellungen von elterlichen Zuständigkeiten im Zusammenhang mit Mutterliebe auch im 21. Jahrhundert wirkmächtig, da die Erzählungen darüber, dass kleine Kinder sowie Kinder mit intensiven Betreuungsaufwand mütterliche Behütung bedürfen, dauerhaft sind.

Die Subjektposition der korrekturbedürftigen Mutter in einem vaterlosen Haushalt zeigt sich mit Narrationen zum guten Vater kontrastiert. Dieser wird als bindungstolerant gedeutet, da er den Kindern die Mutter nicht vorenthält und er den Kindern ausreichend weibliche Bezugspersonen neben sich selbst als männliche Bezugsperson zur Verfügung stellt. Somit sind auch in diesem Fall jene Narrationen erfolgreich, die das Leitbild der Familie mit zwei gegengeschlechtlichen Rollenbildern mit dem Kindeswohl in Zusammenhang bringen.

Zusammenfassend lässt sich zu Narrationen als diskursives Element im Diskursfeld Pflegschaftsverfahren folgendes festhalten: Erstens zeigt es sich als bedeutsam, aus welcher Sprechposition heraus eine Erfolgs- oder Problemgeschichte erzählt wird – von eine*r professionellen Sprechposition heraus oder der eines Laien. Außerhalb der Familie stehende Akteur*innen wie Sachverständige, Sozialarbeiter*innen, Pädagog*innen usw. erscheinen als legitime Interpret*innen elterlicher Praktiken, vor allem wenn sie sich bei der Deutung spezifischer Situationen mit anderen Fachleuten verbünden und so wirkmächtige

Narrationen schaffen. D. h. ähnliche Erzählungen können eine unterschiedliche ‚Erfolgskarriere' haben, je nach Zeit, Autor, Geschlecht oder spezifischer Familiensituation.

Zweitens zeigen sich Erzählung als besonders erfolgreich, die unterschiedliche Deutungen, Leitbilder und Subjektpositionen in einen schlüssigen Zusammenhang bringen und dabei die Dringlichkeit des Handelns betonen. Dies sind insbesondere Verbindungen von Problemgeschichten über die Vernachlässigung des Kindeswohls, Narrationen zu unvollständigen Familienbeziehungen sowie – vor allem in den neueren Akten – zu mangelnder Kooperation und Bindungstoleranz. Diese lassen sich als Verdichtung und Verknüpfen der in dem gesamten Kapitel der empirischen Ergebnisdarstellung explizierten unterschiedlichen Leitbilder, Deutungsmuster, Subjektpositionen und Narrationen zu elterlichen Praktiken, als narrative Struktur des Diskursfelds Pflegschaftsverfahren interpretieren.

„Es bleibt also die Wahl welches ist das größere, welches das kleinere Übel" – Zusammenfassende Diskussion

4

In diesem finalen Kapitel wird in einem ersten Schritt ein zusammenfassender Überblick über Ausgangslage, Problemstellung und Vorgehen in dieser Arbeit gegeben.[1] In einem zweiten Schritt werden die Hauptbefunde meiner Arbeit entlang einer Verknüpfung der empirischen Ergebnisse mit den theoretischen, methodologischen und methodischen Zugängen vorgestellt und damit schlussendlich auch die Forschungsfragen beantwortet. Im abschließenden dritten Schritt werden Limitation, Beitrag und Fazit meiner Forschung dargestellt.

4.1 Zusammenfassender Überblick

Ausgangslage dieser Dissertation war erstens die Annahme, dass Pflegschaftsakten eine „materiale Manifestation gesellschaftlicher Wissensordnung" (Keller, 2013, p. 49) und damit verschriftlichter Diskurs und verschriftlichte Praktiken der Herstellung von Elternschaft in Pflegschaftsverfahren sind (siehe auch Abschnitt 2.2). Zweitens basiert diese Dissertation auf dem Befund eines „inherently gendered" (Gildemeister et al., 2003, p. 17) Familienrechts und auf der Feststellung einer grundsätzlichen Verwobenheit von Recht, als staatliches Regulativ, mit soziohistorisch und -kulturell wandelbaren Vorstellungen von Elternschaft sowie mit elterlichen Praktiken selbst (Baer, 2010; Thiessen & Villa, 2009; Zartler, 2012b; Zartler & Hierzer, 2015) (Abschnitt 1.2). Drittens zeigte der Überblick über bisherige Studien in diesem Bereich, dass Forschung zu Elternschaft in Gerichtsverfahren anhand von Gerichtsakten das Potenzial hat, Machtverhältnisse, Konstruktionsprozesse, Sprech- und Subjektpositionen sowie

[1] Das Zitat in der Kapitelüberschrift stammt aus einem Sachverständigengutachten aus dem Jahr 1968.

M. Zuccato-Doutlik, *Gute Mutter, guter Vater*, Theorie und Praxis der Diskursforschung, https://doi.org/10.1007/978-3-658-51890-5_4

Narrationen in den Blick zu nehmen und sichtbar zu machen. Gleichzeitig wurde aber deutlich, dass konkrete gendersensible, familiensoziologische Forschung zu Elternschaft in Pflegschaftsverfahren anhand von Gerichtsakten als Datenmaterial aus einer qualitativ-diskursanalytischen Perspektive bislang weitgehend fehlt. Ebenso lag der Fokus bisheriger Forschung auf spezifischen Zeitpunkten und griff daher nicht das Potenzial auf, Wandel und Fortbestand etwa von Vorstellungen zu Elternschaft und Elternsein über einen längeren Zeitraum in den Blick zu nehmen (Abschnitt 1.3). Diese Forschungslücke soll mit dieser Dissertation ein Stück weit geschlossen werden.

Mein konkretes Erkenntnisinteresse war zum einen, die Logik des Diskursfeldes Pflegschaftsverfahren sowie die in diesem Diskursfeld stattfindende diskursive Wahrheitsproduktion von Eltern-, Mutter- und Vaterschaft über einen langen Zeitraum zu verstehen. Zum anderen war das Ziel dieser Arbeit, aus einer gendersensiblen familiensoziologischen Perspektive und mittels einer wissenssoziologischen Diskursanalyse (Keller, 2011b, 2011c) von Gerichtsakten aus Pflegschaftsverfahren die diskursive und praktische Herstellung und Verhandlung von Eltern-, Mutter- und Vaterschaft in eben solchen Verfahren zu erfassen.

Aus diesem Forschungsdesiderat ergaben sich einerseits die empirischen Fragen, wie an österreichischen Familiengerichten seit 1945 mütterliche und väterliche Praktiken, Ressourcen und Argumentationen von unterschiedlichen Akteur*innen verhandelt werden sowie auf welche Macht- und Hierarchiestrukturen, Leitbilder und Deutungsmuster damit verwiesen wird. Andererseits ergab sich daraus die Frage, welcher theoretische, methodologische und methodische Zugang eingenommen werden kann, um Gerichtsakten aus Pflegschaftsverfahren als Datenmaterial für die Beantwortung der empirischen Forschungsfragen zugänglich und nutzbar zu machen. Mit der Beantwortung dieser Fragen – so das Ziel meiner Dissertationsarbeit – soll ein Beitrag zur Rekonstruktion unterschiedlicher Wissensbestände und Deutungsmuster und der Reproduktion sowie Transformation symbolischer Ordnung einer geschlechterstrukturierten Elternschaft durch die im Diskursfeld Familiengericht beteiligten Akteur*innen in Österreich seit 1945 geleistet werden.

Im Folgenden gehe ich anhand der Darstellung der zentralen Schritte darauf ein, was ich in meiner Forschungsarbeit konkret gemacht, welche Art der Analyse ich durchgeführt habe und wie mein Vorgehen war. Die gewonnenen Erkenntnisse gründen sich auf der für diese Forschung speziell erarbeiteten Erweiterung einer diskurstheoretischen und -analytischen Perspektive auf Elternschaft in Pflegschaftsverfahren um eine praxeologische Perspektive sowie die Weiterentwicklung bestehender methodischer Zugänge zum Datenmaterial.

Um Macht- und Geschlechterverhältnisse, Diskursivität, Praktiken und Wissensbestände in der Konstruktion von Elternschaft in Pflegschaftsverfahren zu erfassen, wurden in Abschnitt 2.1 u. a. theoretische Zugänge der Wissenssoziologischen Diskursanalyse (Keller, 2011b, 2011c), der Family Practice (Morgan, 2011), des Doing Good Parenthood (Dermott, 2016; Lind et al., 2016) und des Konzepts der Troubling Families (Ribbens McCarthy et al., 2019) erarbeitet und miteinander verschränkt. Zusätzlich zeigte die normative und soziokulturelle Einordnung dieser Arbeit, dass Recht, Geschlecht und Elternschaft nicht losgelöst voneinander zu betrachten sind (Gildemeister et al., 2003) und familiale Fürsorgepraktiken in Geschlechterkonstruktionen wurzeln und nach wie vor feminisiert sind (Jurczyk, 2020b; Thiessen, 2024). Basierend auf diesen Erkenntnissen bestehender Forschung ging ich somit davon aus, dass Doing und Displaying Good Parenthood in Pflegschaftsverfahren stets auch als ‚inherently gendered' verstanden werden muss und daher ein gendersensibler Zugang notwendig ist, um neben Elternschaft stets auch Mutter- und Vaterschaft als spezifische Phänomene zu berücksichtigen.

Die grundsätzliche Betonung der Rolle von Akteur*innen in der WDA habe ich in meiner Forschung theoretisch und methodologisch noch stärker berücksichtigt, da eine Verhandlung von Elternschaft vor Gericht die Grenzen zwischen Privatheit und Öffentlichkeit aufbricht. Konkret ging ich mit einer Forschungshaltung im Sinne der WDA davon aus, dass Pflegschaftsverfahren ein Feld sind, an dem von vielfältigen Akteur*innen diskursiv um die Konstitution und Definition von Elternschaft gewetteifert wird (Keller, 2011c). Durch die Verbindung von praxeologischen Konzepten mit der WDA wurden daher auf theoretischer Ebene Pflegschaftsverfahren als Ort definiert, an dem Machtstrukturen in der Wahrheitskonstruktion geschlechtsspezifischer Elternschaft und darin eingelassene Praktiken und Wissensbestände gleichermaßen analysiert werden können (siehe Abschnitt 2.1).

Mit diesem Zugang zeigen sich Pflegschaftsverfahren als Ort, an dem externe Standards – d. h. kollektive Wissensbestände und Normen – an Eltern herangetragen werden und aus Family Troubles Troubling Families entstehen (vgl. Ribbens McCarthy et al., 2019) und an dem die Konstruktion guter Eltern-, Mutter- und Vaterschaft durch die Positionierung bestimmter elterlicher Praktiken als ‚gute' Praktiken erreicht wird (vgl. Dermott, 2016; Lind et al., 2016). Pflegschaftsverfahren erzeugen einen besonderen Deutungs- und Handlungsdruck für beteiligte Akteur*innen, insbesondere für Eltern, die vor Gericht ‚gute' Elternschaft entlang spezifischer Werte und Normen, die an sie herangetragen werden, im Sinne eines Displaying Good Parenthood anzeigen müssen.

Wie schon festgestellt, sind (familien-)soziologische empirische Studien, die mit Gerichtsakten als Datenmaterial arbeiten, rar. Daher habe ich mich in Zusammenarbeit mit Viktoria Parisot und Ulrike Zartler ausgehend von einer diskurstheoretischen und praxeologisch ausgerichteten theoretischen Perspektive auf einer methodologischen Ebene mit der Besonderheit und Beschaffenheit des Datenmaterials auseinandergesetzt. Die Ergebnisse dieser Zusammenarbeit (Parisot et al., 2021) habe ich in meiner Dissertation um Konzepte der Wissenssoziologischen Diskursanalyse und des Doing Good Parenthood vertieft sowie ein konkretes methodisches Vorgehen für meine Forschungsarbeit mit Pflegschaftsakten entwickelt.

Methodologisch wurden in Abschnitt 2.2 Gerichtsakten definiert als durch ein UnDoing Family erzeugt und gleichzeitig ein solches erzeugend (vgl. Parisot et al., 2021). Die Dokumente in Pflegschaftsakten werden als das Ergebnis einer diskursiven Verhandlung von Elternschaft vor Gericht verstanden und daher als Datenmaterial betrachtet, mit dem die soziale Herstellung, Ordnung, Struktur und Transformation von Wissensverhältnissen im Zusammenhang mit Elternschaft analysiert werden kann (vgl. Keller et al., 2011). Mit einer methodologischen Zusammenführung eines diskursanalytischen und praxeologischen Zugangs wurden Gerichtsakten als Datenmaterial definiert, in dem Machtstrukturen, Sprechpositionen, Deutungsmuster, Normalitätsvorstellungen, Subjektpositionen und Praktiken ersichtlich werden, die durch die Beteiligung diverser Akteur*innen in diesem Diskursfeld erzeugt und verhandelt werden (vgl. S. Jäger, 2011; Keller, 2011a).

Aufbauend auf den theoretischen und methodologischen Überlegungen habe ich einen innovativen methodischen Zugang für die Datenauswertung entwickelt (Abschnitt 2.2.2). Dieser kombiniert eine Deutungsmusteranalyse mit der WDA und dem Kodierverfahren der GTM (vgl. Halatcheva-Trapp, 2016b; Keller, 2011b; Sommer, 2018). Konkret wurden zunächst mit der Bewilligung des Bundesministeriums für Justiz 53 österreichische Pflegschaftsakten aus den Jahren 1961–2018 erhoben und basierend auf einer Grobanalyse ein finaler Datenkorpus und Fallskizzen von 32 Fällen erstellt. Die einzelnen bearbeiteten Fälle beinhalten zwischen 37 und 380 einzelne Dokumente aus einer Verfahrensdauer von zwischen einem und 16 Jahren. In einem weiteren Schritt wurden in einem kriteriengeleiteten Suchprozess Schlüsseldokumente identifiziert und so das Datensample erstellt. Es sind dies eine Vielzahl an Dokumenten mit unterschiedlicher Autor*innenschaft, die einen multiperspektivischen Zugang ermöglichen. Diese Texte wurden feinanalytisch ausgewertet und schließlich in einer Gesamtanalyse text- und fallübergreifend interpretiert. Die Ergebnisse dieses empirischen Vorgehens, die in Kapitel 3 ausführlich dargestellt wurden, werden im folgenden

Kapitel entlang der Forschungsfragen und des theoretischen, methodologischen sowie methodischen Zugangs einordnend und zusammenfassend diskutiert.

4.2 Diskussion und Beantwortung der Forschungsfragen

In diesem Kapitel werden die wichtigsten empirischen Erkenntnisse zur diskursiven Konstruktion von Elternschaft in Pflegschaftsverfahren und damit die normative und praxeologische Verhandlung der ‚guten' Mutter und des ‚guten' Vaters im Zeitverlauf vor dem Hintergrund der rechtlichen und sozialwissenschaftlichen Einordnung (Abschnitt 1.2) sowie des theoretischen, methodologischen und methodischen Zugangs (Kapitel 2) diskutiert. Damit greife ich auch die eingangs gestellten Forschungsfragen entlang der beiden Fragenstränge wieder auf: *Was* wird im Zusammenhang mit Mutter- und Vaterschaft in Pflegschaftsverfahren konstruiert und *wie* wird Mutter- und Vaterschaft in Pflegschaftsverfahren konstruiert?

Einer der Hauptbefunde dieser Arbeit ist, dass die dominante Grunderzählung zu Elternschaft in Pflegschaftsverfahren die Story-Line einer misslungenen und unvollständigen Elternschaft ist, und zwar unabhängig von Geschlecht. Diese Erzählungen sind einerseits die eines Scheiterns, innerfamiliäre Probleme – *Family Troubles* (Morgan, 2019; Ribbens McCarthy et al., 2019) – jenseits der Öffentlichkeit eines Pflegschaftsverfahrens zu lösen und andererseits eines Nicht-Erfüllens der Erwartungen an Mütter und Väter, einem Kind eine harmonische und ‚intakte' Ursprungsfamilie zu bieten. Diese Interpretation zieht sich als roter Faden durch den gesamten Untersuchungszeitraum, wenn auch mit leichter Verschiebung in der Deutung von Familie im Zeitverlauf. Zunächst zeigt sich Familie eher als Co-Präsenz in einem Haushalt verstanden und verbunden mit der Vorstellung, dass ‚intakte' Familie gewährleistet ist, wenn Mutter- und Vaterposition besetzt sind. Mit der Zeit verschiebt sich diese Deutung von intakter Familie auf die Beziehungsebene und basiert auf der Vorstellung, dass ein Kind den Kontakt zu beiden leiblichen Elternteilen braucht. D. h. es wird in den Daten die Vorstellung deutlich, dass das Ende der Paarbeziehung der Eltern nicht das Ende der Vater-Kind- sowie Mutter-Kind-Beziehung bedeutet, sondern gemeinsame Elternschaft und ‚Bindungstoleranz' im Zeitverlauf immer wirkmächtigere Deutungsmuster werden. Dies spiegelt den Befund von Ribbens McCarthy et al. (2019) wider, dass das Familienleben in den vergangenen Jahrzehnten bedeutenden Idealisierungen unterlag und immer noch unterliegt.

Dieser Befund deckt sich auch mit der Erkenntnis dieser Arbeit, dass das Kindeswohl und damit auch Vorstellungen über Rechte von Kindern, wie das Recht auf eine ungestörte Kindheit und das Recht auf beide leiblichen Eltern, eine signifikante Quelle von *Troubling Parenthood* in Pflegschaftsverfahren ist. Mütter und Väter stehen im Diskursfeld Pflegschaftsverfahren somit unter einem besonderen Legitimationsdruck – entsprechend den Konzepten des *Doing* und *Displaying Family, Parenthood* und *Kindeswohl* (Finch, 2007; Jurczyk, 2020a, 2020c; Lind et al., 2016) – nämlich Familie und Elternschaft entlang dieser Erwartungen durch entsprechende Narrationen von Praktiken und durch spezifische diskursive Praktiken herzustellen und anzuzeigen. Gleichzeitig können Mütter und Väter durch eine Interpretation dieser Vorstellungen als ‚gut' oder ‚schlecht' und explizit Väter auch als ‚besonders' gewertet werden oder sich als solche positionieren. Etwa wenn Eltern mittels bestimmter Praktiken und Narrationen das Vorhandensein einer neuen Familie – *Doing und Displaying New Family* – und einem umfassenden Familienverband leisten und anzeigen, um dem Leitbild der vollständigen und harmonischen Familie zu entsprechen sowie die jeweils gültigen Vorstellungen darüber, was ein Kind braucht, im Sinne eines *Doing Kindeswohl* zu erfüllen.

Entsprechend dem rechtlichen sowie sozialen Wandel hin zu dem Leitprinzip der gemeinsamen Elternschaft, der gemeinsamen Obsorge sowie des Kindeswohls (Halatcheva-Trapp, 2022; Schneider & Matthias-Bleck, 2002; Zartler, 2021) zeigt sich ein entscheidender Wandel jedoch auch bei den diskursiven und elterlichen Praktiken. In den älteren Akten scheinen kontrastierende Erzählungen vorherrschend. D. h. Eltern können anhand von unterschiedlichen Narrationen sich selbst als gut und den anderen als schlecht darstellen und bis zu einem gewissen Grad ein *Undoing Family* vollziehen. Mit Entstehung des Deutungsmusters Bindungstoleranz sowie verbunden mit dem immer wirkmächtigeren Leitbild Kindeswohl, zeigt sich jedoch ein ‚Schlechtmachen' des anderen als keine erfolgreiche Strategie. Erfolgreich meint, dass eine Erzählung von weiteren Sprechpositionen in einem Verfahren, allen voran von professionellen Sprecher*innen, vollzogen wird und im richterlichen Beschluss als gute Praktik gedeutet wird, im Sinne einer guten Elternschaft, eines *Doing Kindeswohls* und eines *Doing und Displaying New Family*.

Eltern müssen somit sich selbst relational als besser geeignet positionieren, ohne dabei auf Narrationen zurückzugreifen, die den anderen als schlecht darstellen, um so gemeinsame Elternschaft anzuzeigen – einem *Displaying Kooperation* entsprechend. Es zeigt sich, dass im Zeitverlauf ein *Undoing Family* nach einer elterlichen Trennung und in Pflegschaftsverfahren nicht mehr möglich bzw. entsprechende Narrationen und Praktiken nicht erfolgreich sind. Dies spiegelt auch den Wandel von der Des- zu einer Reorganisationsperspektive auf Nachtrennungsfamilien wider (vgl. Ahrons, 1980; Fthenakis et al., 1993). Eltern müssen somit auch nach einer Trennung entlang eines *Doing Kindeswohl* gemeinsame Elternschaft und Familie tun, weil der andere Elternteil stets integriert werden muss. Dies wird besonders in jenen Fällen deutlich, in denen selbst bei Gewalterzählungen von Müttern von diesen erwartet wird, keine ‚Grenzarbeit' im Sinne Jurczyk (2020a) gegen den Ex-Partner zu tätigen, da dies als dem Kindeswohl schadende Praktik gedeutet wird, die dem Kontakt zwischen Kind und Vater schadet und Mütter als nicht kooperierend positionieren lässt. Dieses Ergebnis reiht sich ein in die Erkenntnisse der Studien von Trinder (2007) und Rhoades (2002), die ebenso wie ich die spezifischen Narrationen zu Müttern als ‚gatekeeperin', als ‚malicious' oder ‚selfish' im Zusammenhang mit der rechtlichen wie sozialen Betonung der gemeinsamen Nachtrennungselternschaft in Gerichtsverfahren erarbeitet haben.

Zusammenfassend zeigt sich, dass die Story-Line der misslungenen Elternschaft auf der Beständigkeit heteronormativer Vorstellungen zu Familie und Elternschaft sowie einer immer stärkeren Betonung des Kindeswohls im Diskursfeld Pflegschaftsverfahren beruht. Aus diesem Befund folgt, dass es die umfassend gute Mutter oder den umfassend guten Vater in Pflegschaftsverfahren nicht gibt. Denn Mütter und Väter in Pflegschaftsverfahren können sich den in diesem Diskursfeld wirkmächtigen Idealvorstellungen von Familie und Kindeswohl nur annähern, indem sie als Mutter oder als Vater tun, was je nach Zeit, Fall und Geschlecht als gutes Elternsein gedeutet werden kann bzw. wird. Schlussendlich wird die Übertragung der Obsorge und damit auch gute Elternschaft in Pflegschaftsverfahren als Wahl zwischen dem größeren und dem kleineren Übel konstruiert und entlang der Frage verhandelt, welcher Elternteil – Mutter oder Vater – weniger ‚schlecht' und damit besser geeignet für das Kind ist.

Damit komme ich zu einem weiteren Hauptbefund meiner Forschung, der geschlechtsspezifischen Konstruktion von Elternschaft im Diskursfeld Pflegschaftsverfahren und damit auch zur Beantwortung der Forschungsfragen nach den geschlechtsspezifischen Vorstellungen, Konzepten und Konstruktionen von Elternschaft in Pflegschaftsverfahren und (Dis-)Kontinuitäten in damit verbundenen Narrationen. Im gesamten Untersuchungszeitraum zeigt sich die diskursive Konstruktion einer geschlechtsdifferenzierten Elternschaft. Dieser Befund verweist auf ein Ungleichheitsregime (vgl. Acker, 2006) sozial und biologistisch konstruierter Unterschiede zwischen Müttern und Vätern, Frauen und Männern in den untersuchten Pflegschaftsverfahren. Wenn auch im Zeitverlauf weniger eindeutig, so bleiben geschlechtsdifferenzierte Vorstellungen darüber wirkmächtig, was eine Frau bzw. ein Mann leisten muss, um als gute Mutter bzw. guter

Vater gedeutet zu werden. D. h. entgegen der rechtlichen Definition von gleichen Rechten und Pflichten des Vaters und der Mutter (siehe § 137 ABGB) ab den 1970er-Jahren verdeutlicht diese Arbeit, dass das Spannungsverhältnis von Recht und Idealvorstellungen (vgl. Jurczyk & Walper, 2013; Lüscher, 2008; Zartler, 2012a) selbst in familienrechtlichen Verfahren deutlich wird.

Grundsätzlich zeigt sich eine naturgegebene Veranlagung zum Kümmern der Konstruktion von Mutterschaft und der Mutterrolle eingeschrieben, wohingegen Vaterschaft nicht naturgegeben und Vatersein beständig als lernbar gedeutet wird. Elternschaft in Pflegschaftsverfahren ist eine heteronormativ determinierte und geschlechtsspezifisch konstruierte Verhandlungssache, begründet in einem biologischen und/oder ehelichen Ursprung sowie mit dem Alter eines Kindes.

Zunächst bedingt die Norm der Ehelichkeit andere Positionierungen für uneheliche Mütter als für uneheliche Väter. Mutterschaft und Mütterlichkeit ist nicht an Ehelichkeit gebunden, sondern durch die Geburt des Kindes gegeben. Vaterschaft ist jedoch rechtlich zunächst an Ehelichkeit gebunden und wird in den älteren Akten auch gesondert gewertet. Uneheliche Väter müssen aktive Vaterschaft entlang von Praktiken des besonderen Sorgens und Kümmerns erarbeiten und beispielsweise anhand von Erzählungen über ein besonders inniges Verhältnis zum Kind spezifisch anzeigen.

Die Dimension der Biologie oder Natur differenziert Elternschaft klar zweigeschlechtlich. So zeigt sich Muttersein über Deutungen von Mütterlichkeit und Mutterliebe als naturgegeben und kann daher nicht bzw. nur schwierig in Frage gestellt werden. Diese Bestimmung grundsätzlich jeder Frau als potenzielle Mutter und Trägerin von Mutterliebe (vgl. Badinter, 1992; Schütze, 1991) deutet Muttersein und Mütterlichkeit als instinktiv und selbstverständlich. D. h. Muttersein ist keine Frage von Wollen und Können, sondern eine naturgegebene Fähigkeit, die jede Frau hat. Praktiken oder Situationen, die als Folge mangelnder Mutterliebe problematisiert werden, können als aktiver Schritt einer Ablehnung von Mutterschaft gedeutet werden – *Troubling Motherhood* – und konstruieren damit die Position der schlechten Mutter – *doing bad motherhood.*

Das Alter des Kindes zeigt sich als entscheidender Faktor, der sichtbar macht, dass es im gesamten Untersuchungszeitraum geschlechtsspezifisch konstruierte elterliche Eigenschaften gibt, von denen angenommen wird, dass ein Kind diese für sein Wohlergehen baucht. So brauchen insbesondere Säuglinge und Kleinkinder die der Mutterrolle eingeschriebenen Fähigkeiten des liebevollen Pflegens. Diesen komplementär gegenüber steht die Rolle des Vaters als männliches Vorbild, als (in älteren Akten: strenger) Erzieher und als für die (Kontrolle der) Bildung eines heranwachsenden Kindes Verantwortlichen. Mutterliebe brauchen in erster Linie Säuglinge und Kleinkinder. Diese Liebe und damit liebevolle

Pflege können im gesamten Untersuchungszeitraum scheinbar nur leibliche Mütter bieten bzw. andere Frauen als Ersatzmütter oder alternative Mütter, wenn die Mutter als ‚schlechte' Mutter gedeutet wird und eben diese Liebe nicht bietet.

Im Gegensatz dazu finden sich im pflegschaftsgerichtlichen Diskurs um Elternschaft keine Verweise auf eine naturgegebene Vaterliebe, jedoch eine biologisch begründete besondere Verbindung zwischen einem Vater und seinem leiblichen Kind und dadurch auch gegebene Rechte eines Vaters auf das Kind. Außerdem kann ein Vater basierend auf dieser biologischen Bindung aktiv eine innige Beziehung aufbauen. Durch ein engagiertes Ausüben und Aneignen mütterlicher Zuständigkeiten kann ein Vater als besonderer Vater positioniert und gedeutet werden. D. h. die der Mutterrolle eingeschriebenen Aufgaben können von einem Vater aktiv übernommen werden und bieten damit einem Vater im Gegensatz zu einer Mutter auch die Möglichkeit, als besonders gedeutet und positioniert zu werden. Aus diesem Befund lässt sich auch der Schluss ziehen, dass im pflegschaftsgerichtlichen Diskurs grundsätzlich ein Vater andere Möglichkeiten eines *Displaying good parenthood* hat als eine Mutter und er auch nicht auf die gleiche Weise problematisiert wird wie eine Mutter (vgl. Tolasch, 2016). Dementsprechend zeigt sich im gesamten Untersuchungszeitraum eine geschlechtliche Differenzierung von Eltern in Pflegschaftsverfahren wirkmächtig (vgl. Müller, 2017). Besonders deutlich wird dies in den Narrationen in und mit denen Berufstätigkeit und Elternschaft verhandelt werden.

Im gesamten Untersuchungszeitraum wird deutlich, dass die gute Mutter umfassend und selbst für ein Kind, v. a. für Kleinkinder, verfügbar sein sollte. Die Betreuung von Kindern durch Dritte aufgrund der Berufstätigkeit von Müttern wird konstant als ein notwendiges Übel gedeutet. Die durchgängige Verhandlung von berufstätigen Müttern als Phänomen eines *troubling motherhood* spiegelt sowohl die Diskurse der 1980er um ‚Rabenmütter' und weibliche Selbstverwirklichung durch finanziell nicht notwendige Berufstätigkeit (vgl. Badinter, 1992; Schütze, 1991; Thurer, 1995) als auch die Ambivalenz der Rollenansprüche an Mütter bis ins 21. Jahrhundert wider (vgl. Beham & Zartler, 2010). Care-Tätigkeiten zeigen sich fest im Zuständigkeitsbereich von Müttern verortet und finanzielle Absicherung von Familie als wesentlich mit der Vaterrolle verknüpft (vgl. Beham & Haller, 2005). Dementsprechend wird notwendige Fremdbetreuung aufgrund väterlicher Berufstätigkeit in der Verhandlung von guter Elternschaft nicht im selben Maß problematisiert wie bei mütterlicher Berufstätigkeit.

Im gesamten Untersuchungszeitraum zeigt sich eine klare traditionelle und geschlechtsspezifische Norm der Arbeitsteilung mit Vorstellungen von Vätern als hauptsächlichen Ernährern und Müttern als hauptverantwortlich Pflegende und bis in die 1990er-Jahre auch für die Hausarbeit Zuständige (vgl. Beham-Rabanser et al., 2018; Schmidt et al., 2019; Schmidt et al., 2023). Entlang dieser Normalitätsvorstellungen ist die Positionierung eines Vaters als besonderer Vater – im Sinne etwa des engagierten Vaters (vgl. Seehaus, 2015; Seehaus et al., 2015) – möglich, der zusätzlich zu Berufstätigkeit auch bei der Hausarbeit mithilft oder diese übernimmt. Eine Mutter, die zusätzlich zu ihren Care-Verpflichtungen die finanzielle Absicherung durch Berufstätigkeit übernimmt, wird jedoch nicht als besondere Mutter gedeutet, sondern stets entlang der potenziellen Vernachlässigung der umfassenden Betreuung des Kindes aufgrund ihrer Berufstätigkeit problematisiert.

Zusammenfassend wird mit diesen Befunden einer konstant wirkmächtigen geschlechtsspezifischen Konstruktion von Elternschaft in Pflegschaftsverfahren und damit einem spezifischen *Doing Good Motherhood* und *Doing Good Fatherhood* bestehende Forschung bereichert, die festhält, dass vergeschlechtlichte Praktiken stets mit familiale Praktiken interagieren (vgl. Morgan, 1996) und diese nach wie vor kulturell und strukturell feminisiert sind (vgl. Jurczyk, 2020b). Auf die theoretischen Zugänge bezogen, bedeuten die Befunde, dass in Pflegschaftsverfahren ein *Doing Good Motherhood* die diskursive Herstellung einer als naturgegeben gedeuteten Eignung von Frauen zum Muttersein sowie ein *Doing Good Fatherhood* das aktive Ausüben von Aufgaben sowie das Aneignen von grundsätzlich postulierten mütterlichen Zuständigkeiten ist. Dies wird besonders deutlich durch die wirkmächtige Beteiligung von Gutachter*innen, Sozialarbeiter*innen des KJWTs sowie Pädagog*innen an dem Prozess einer Normierung und Bewertung mütterlicher und väterlicher Praktiken (vgl. Dermott, 2016; Lind et al., 2016) und damit einer geschlechtsspezifischen Weise eines *Troubling Parenthood.* Mit diesem Ergebnis komme ich zum dritten Hauptbefund und damit auch der Beantwortung der Frage nach Machtstrukturen und Hierarchiebildungen in der Konstruktion von Elternschaft in Pflegschaftsverfahren.

Der dritte Hauptbefund der Arbeit bezieht sich auf die Frage nach Machtstrukturen, Hierarchien und Hierarchiebildungen im Zusammenhang mit der Herstellung von Elternschaft im untersuchten Diskursfeld. Hier wurden zwei miteinander verbundene Ordnungsstrukturen sichtbar. Einerseits ist dies die Hierarchie der Sprechpositionen und damit der Machtstrukturen im untersuchten Diskursfeld. Andererseits zeigt sich eine klare Hierarchisierung von Wissenssystemen. So zeigte sich, dass im Zeitverlauf unterschiedliche Narrationen und unterschiedliche Deutungsmuster und Leitbilder von Akteur*innen mehr oder weniger erfolgreich aufgegriffen werden können. Im gesamten Untersuchungszeitraum wird jedoch deutlich, dass bestimmte Sprechpositionen mit mehr Deutungshoheit ausgestattet sind, mehr Resonanz erzeugen können und daher auch mit mehr Macht im Diskursfeld ausgestattet sind als andere. Insbesondere gilt dies für professionelle Akteur*innen, wie Sachverständige, Mitarbeiter*innen des KJWT, aber auch legitime Sprecher*innen, wie Pädagog*innen. All diesen Akteur*innen gemein ist, dass sie aus vom Gericht anerkannten Institutionen heraus an der Verhandlung von guter Elternschaft beteiligt sind.

An der Spitze der Machtstruktur stehend wurden die staatlich legitimierten, moralisierenden und stereotypisierenden (vgl. Battle, 2023) Sprechpositionen der Richter*innen, Sachverständigen und Mitarbeiter*innen der KJWT erfasst. Richter*innen zeigen sich entlang objektivierender Praktiken als entpersonalisierte Rechtsprechende, Schlichtende und Problemlösende positioniert, die die institutionellen Regeln des Diskursfeldes verkörpern und deren institutionell gefestigte Machtposition nur schwer angreifbar ist. Richter*innen verfügen (ebenso wie Rechtsanwält*innen) über die Deutungshoheit von Rechtswissen. Auch die Sprechposition der Sachverständigen und Mitarbeiter*innen der KJWT verfügen über anerkanntes Fachwissen und über machtvolle strategische Mittel der Begutachtung, Beurteilung und Problematisierung, die ebenso institutionalisiert und legitimiert sind. Das gemeinsame dieser professionellen Akteur*innen ist, dass sie scheinbar die Deutungshoheit über gute und schlechte Elternschaft haben und ihr Wissen als objektiviertes Expert*innenwissen erscheint. Gemeinsam ist diesen Positionen, dass sie auch auf Erfahrungswissen aus der professionellen Praxis zurückgreifen und dieses als Legitimierung heranziehen.

Diesen Positionen und Wissenssystemen gegenüber steht die Sprechposition der Eltern. Diese greifen auf strategische Praktiken der Emotionalisierung in ihren Narrationen etwa über Kindeswohl oder gute wie schlechte Elternschaft zurück, um Handlungsdruck zu erzeugen und greifen damit auf bestimmte Problematisierungen zurück (vgl. Schetsche, 2008). Die Sprechposition der Eltern, aber auch der Großeltern oder neuen Partner*innen, zeigt sich jedoch als höchst differenziert im gesamten Untersuchungszeitraum. Die Anerkennung einer Mutter oder eines Vaters als legitime Sprecher*in und damit auch die Möglichkeit, erfolgreich an dem „Kampf um die Durchsetzung ihrer Deutungen" (Keller, 1997, p. 314) mitzuspielen, ist davon abhängig, ob diese Person durch regelkonformes Verhalten, Bedienen von Stereotypisierung, Halten an Konventionen des Sprachgebrauchs oder adäquates Auftreten sich den beteiligten Institutionen anpassen und Diskurskoalitionen bilden kann. Wenn dies einer Mutter oder einem Vater durch entsprechende diskursive Praktiken – Formen des Sprechens, Nutzung von Symbolen, Kleidung usw. (vgl. Keller, 2011c; Keller & Bosančić, 2018) – gelingt, können Diskurskoalitionen mit weiteren Akteur*innen gebildet werden und diese als Mittel zur Durchsetzung der eigenen Wahrheit genutzt werden. Allerdings verfügen nicht alle Eltern in gleichem Maße über Bildung,

Sprachkenntnisse, sozio-ökonomische Position oder eine anwaltliche Vertretung und damit „Ressourcen der Artikulation und Resonanzerzeugung" (Keller, 2011c, p. 234). Hervorzuheben ist, dass vorrangig in den Daten bis in die 1970er-Jahre eine geschlechtsspezifische Anerkennung bzw. Abwertung und damit Hierarchisierung der Sprechposition Eltern ersichtlich wurde. So wurde deutlich, dass Mütter in dieser Zeit zwar rein rechtlich eine Sprechposition im Diskurs innehatten, aber teilweise ihre Position durch Zuschreibungen von ‚Hysterie' oder durch psychische Problematisierungen abgewertet wurde. Parallel dazu fanden Väter teilweise aufgrund ihrer sozio-ökonomisch und beruflich bedingten höheren Positionierung eine höhere Anerkennung als legitimer Sprecher und konnten leichter Allianzen bilden als die Mütter in diesen Fällen, die meist einen wesentlich niedrigeren Bildungsstatus innehatten.

In Bezug auf Hierarchien wurde jedoch auch deutlich, dass Richter*innen als staatlich legitimierte Sprecher*innen nicht nur machtvoll entscheiden, welche Sprechpositionen wie viel Macht erhalten, sondern auch welches Wissen in der Verhandlung von Elternschaft anerkannt wird. So geht es einerseits um die Hierarchisierung von Sprechpositionen aber auch darum, wessen Erzählungen geglaubt wird, wessen Wissen als legitimes Wissen und daher von Richter*innen als entscheidungsrelevant anerkannt wird. Hier zeigt sich eine deutliche Hierarchisierung von wissenschaftlichem Wissen von Gutachter*innen als legitimes Wissen und Fach-, Erfahrungs- und Allgemeinwissen professioneller Akteur*innen (einschließlich Richter*innen selbst) vor dem Alltags- und Erfahrungswissen von legitimen Sprecher*innen, allen voran von Eltern. Jedoch wurde in den Argumentationen und fachlichen Einschätzungen professioneller Sprecher*innen (einschließlich der Richter*innen) die Verwobenheit von sich stets wandelndem Fachwissen und Allgemeinwissen deutlich, da Expert*innen nicht in einem objektivierten Gesetzes- oder Fachdiskurs argumentieren, sondern in ihren Legitimierungen und Problematisierungen auf zur jeweiligen Zeit vorherrschende Vorstellungen, Orientierungen und Idealisierungen guter Elternschaft zurückgreifen (vgl. Alemann, 2019). Damit zeigt die Arbeit auch, dass im Sinne machtvoller Wissenspolitik und anhand machtvoller diskursiver Praktiken Richter*innen, Gutachter*innen und Mitarbeiter*innen der KJWT besonders wirkmächtig an der Konstruktion eines ‚moralischen Codes' (May & Smart, 2007) einer geschlechterdifferenzierten und defizitären Elternschaft beteiligt sind.

Abschließend möchte ich noch einen Aspekt im Zusammenhang mit Machtstrukturen im untersuchten Diskursfeld hervorheben, der sich auf die spezifische

Sprechposition sowie Positionierung des Kindes in der Verhandlung von Elternschaft bezieht. Die Arbeit zeigt die im Zeitverlauf immer bedeutsamere Verwobenheit der Verhandlung und Konstruktion guter Elternschaft in Pflegschaftsverfahren mit juristischen, psychologischen sowie erziehungswissenschaftlichen Fachdiskursen zu Kindeswohl und damit immer stärker ausdifferenzierten Vorstellungen und Deutungen darüber, was bzw. wer für ein Kind gut oder schlecht ist. Der damit in der Empirie zu erwartende Wandel der Position des Kindes von einer passiven Objekt- zu einer aktiven Subjektposition, wie etwa Stein-Hilbers (1993) in Bezug auf die rechtliche Perspektive auf das Kind postuliert, konnte nicht umfassend festgestellt werden. Vielmehr erscheinen Kinder als Silent Voices im Diskursfeld, deren Deutungshoheit über ihren eigenen Willen sowie über gute oder schlechte Elternschaft nicht in dem Maße Anerkennung findet, wie es entsprechend der immer stärkeren rechtlichen Anerkennung der Sprechposition Kind im Zeitverlauf zu erwarten wäre. In der Analyse zeigt sich vielmehr die Subjektposition des manipulierten Kindes, als Folge einer Deutung von bestimmten elterlichen Praktiken als das Kind beeinflussend. Mit dieser Positionierung des Kindes als manipuliert geht eine spezifische Deutung des Kindeswillens einher, welche die Sprechposition Kind zu einer äußerst fragilen Sprechposition werden lässt. Diese ist mit wenig bis keiner Macht verbunden.

Dieser Befund bringt mich zum abschließenden Kapitel, in dem ich den Beitrag meiner Dissertation zu bisheriger Forschung zu Elternschaft in Gerichtsverfahren, die Stärken und Limitationen meiner Arbeit sowie Fazit und Ausblick für weiterführende Forschung darstelle.

4.3 Fazit und Ausblick

Der Blick auf bisherige Forschung zur (geschlechtsspezifischen) Konstruktion von Elternschaft in Gerichtsverfahren allgemein mit Gerichtsakten als Datenmaterial speziell zeigte, dass diese grundsätzlich rar ist, vorrangig in den Disziplinen der Psychologie oder Rechtswissenschaft angesiedelt ist und wenn soziologisch, diese zumeist auf Datenmaterial wie Interviews oder Beobachtungen zurückgreift. Die wenigen Studien, die mit Gerichtsakten arbeiten, sind häufig quantifizierend oder manifest beschreibend. Die kleine Anzahl qualitativer (Teil-)Studien ließen jedoch das Potenzial dieses Datenmaterials für eine gendersensible familiensoziologische Forschung zu Elternschaft in Obsorgeverfahren erahnen. Bisherige Forschung in diesem Feld nahm jedoch auch nur spezifische Zeiträume sowie spezifische Perspektiven einzelner Akteur*innengruppen in den Fokus. Der Anspruch meiner Dissertation war, das Potenzial der Multiperspektivität des Datenmaterials zu nutzen und mit einer Analyse über einen längeren Zeitraum hinweg potenzielle Veränderungen in dem Forschungsfeld zu erarbeiten.

Schlussfolgernd stellen sich nun folgende Fragen: War der erarbeitete theoretische, methodologische und methodische Zugang zielführend für die Beantwortung meiner Forschungsfragen und welcher Beitrag wurde damit zu aktueller Forschung geleistet?

Das Begreifen von Pflegschaftsverfahren im Sinne des Zugangs der Wissenssoziologischen Diskursanalyse (Keller, 2011c) als eines der vielen Diskursfelder, in dem vielfältige Akteur*innen um die Konstitution und Definition von Elternschaft wetteifern, ermöglichte es, einerseits für die institutionellen Strukturen eines Gerichtsverfahrens, die (Vor-)Strukturierung von Sprechpositionen und verknüpfte Machtstrukturen sensibilisiert zu sein. Andererseits konnten gezielt Akteur*innen und deren Praktiken sowie verhandelte Wissensbestände analysiert werden. In Pflegschaftsverfahren bestimmen je nach Kontext und Zeit spezifische ‚Wahrheiten' von Elternschaft und Familie im Zusammenspiel mit Machtstrukturen, was als ‚richtig', ‚gut' oder ‚wahr' anerkannt wird (vgl. Hirseland & Schneider, 2011). Der diskurstheoretische Zugang ermöglichte ein analytisches Herangehen an das Phänomen Elternschaft in Pflegschaftsverfahren, das es zuließ, die verschriftlichten Worte beteiligter Akteur*innen als „Kräftevergleich [und] Gefecht um Worte" (Foucault, 1975, p. 9) und damit als Teil einer spezifischen Herstellung von Wirklichkeit von ‚guter' oder ‚schlechter' Elternschaft, Mutterschaft und Vaterschaft zu verstehen und zu interpretieren.

Die Zusammenführung von Praktiken und Diskursen und das Verstehen dieser als ineinandergreifende Erscheinungsformen der Materialität von kulturellen Wissensordnungen (Reckwitz, 2008) ermöglichte es, Muster von Narrationen und implizite Wissensordnungen zu erfassen. Mit dem Zugang der *Family Practices*, des *UnDoing Family, Doing Good Parenthood* und dessen geschlechtsspezifische Differenzierung konnte ein Fokus auf elterliche Praktiken selbst aber auch auf Praktiken der Konstruktion und Verhandlung von Elternschaft entlang wandelbarer soziokultureller, -historischer wie normativer Wissensbestände gelegt werden. Mit der Erkenntnis, dass familiale Fürsorgepraktiken auch in Pflegschaftsverfahren als *gendered* interpretiert werden konnten, kann der Zugang der *Family Troubles* und *Troubling Families* (Morgan, 2019; Ribbens McCarthy et al., 2019) um eben diesen Aspekt weiter ausdifferenziert werden in ein *Motherly Troubles* und *Fatherly Troubles* sowie in weiterer Folge um *Troubling Mothers* und *Troubling Fathers* in Pflegschaftsverfahren erweitert werden.

Auf methodischer Ebene ermöglichte eine Analyse der Daten anhand der Erweiterung des Kodierparadigmas ein analytisch geleitetes Verstehen der verschiedenen Aspekte des Phänomens Elternschaft in Pflegschaftsverfahren und damit eine methodische Erweiterung bisheriger Forschung in diesem Feld. Narrationen als diskursive Kategorie waren ein hilfreiches heuristisches Mittel, um damit getätigte Kausalzusammenhänge und Handlungsdringlichkeiten (etwa im Sinne von Subjektpositionen oder Problematisierungen) auf inhaltlicher Ebene zu fassen – d. h. welche Deutungsmuster, Leitbilder usw. damit bedient werden. Damit konnte auch der empirische Zugang zur Binnenstruktur des untersuchten Diskursfeldes von Elternschaft (vgl. Halatcheva-Trapp, 2019) erreicht und diese als vergeschlechtlicht definiert werden. Auf diskursiver Ebene ermöglichte dieser Zugang, die Erarbeitung von Diskurskoalitionen unterschiedlicher Akteur*innen in unterschiedlichen Sprechpositionen und deren Aufgreifen von Narrationen und damit ein Auf- oder Abwerten spezifischer elterlicher, mütterlicher und väterlicher Praktiken. Damit zeigt sich, dass eine so vorgenommene Analyse von Gerichtsakten aus Pflegschaftsverfahren ein Beitrag zum Forschungsfeld ist, das sich mit Fragen des *Doing Good Parenthood* (Dermott, 2016; Lind et al., 2016) auseinandersetzt und dieses um eine gendersensible Facette, im Sinne der Differenzierung in ein *Doing Good Motherhood* und *Doing Good Fatherhood*, erweitert.

Es zeigt sich jedoch, dass nicht nur in Pflegschaftsverfahren, sondern auch beim Verfassen einer Dissertation die Wahl zwischen dem größeren und dem kleineren Übel besteht. D. h. es mussten im Forschungsprozess theoretisch und praktisch begründete Entscheidungen gefällt und ein Umgang mit Herausforderungen und Limitationen gefunden werden.

Als Limitation ist festzuhalten, dass die Berücksichtigung von Gerichtsakten von 1945 an durch die Skartierungspraxis der Gerichte zum Teil nicht umsetzbar war. D. h. für die Zeit vor 1960 war es nicht möglich, vollständige Akten zu Pflegschaftsverfahren zu erheben und damit auch nicht die Erstellung eines konsistenten Datenkorpus, der auch diese Zeit einbezieht. Die in Archiven aufbewahrten Beschlüsse von Verfahren hätten zwar einen gewissen Einblick in diese Zeit gewährt, aber der Wunsch nach einem umfassenden Einblick hat diesen Weg einzuschlagen widersprochen. Daher wurde die Wahl getroffen, die Phase von 1945 bis 1960 auszuklammern mit dem Wissen, dass rechtliche und soziokulturell entscheidende Veränderungen in Bezug auf Elternschaft vor den großen Reformen und Umbrüchen in den 1970er-Jahren trotzdem erfasst werden konnten.

Eine Herausforderung stellte die unerwartete Fülle und Dichte des in der soziologischen Forschung bisher wenig genutzten Datenmaterials dar, das zunächst in der Erhebung, aber schließlich auch in der Aufbereitung und Erfassung beträchtliche zeitliche und persönliche Ressourcen beanspruchte. Dies führte dazu, dass nicht sämtliche erhobenen Fälle bis ins Detail analysiert wurden, sondern teilweise auch ausschnittweise zur Kontrastierung und Erweiterung bereits erarbeiteter Ergebnisse hinzugezogen wurden. Somit konnte basierend auf ein fallspezifisch und inhaltlich vielfältiges Datenmaterial ein zeitlich umfassender und gleichzeitig tiefgehender Zugang erreicht werden, der Aspekte des Wandels berücksichtigt sowie unterschiedliche Wissensbestände tiefgreifend erarbeiten ließ. Damit geht diese Forschung über bisherige soziologische Arbeiten zu Elternschaft mit Gerichtsakten als Datenmaterial hinaus.

Aufgrund des Forschungsfokus auf die Konstruktion von Elternschaft und damit auf die unterschiedlichen Subjektpositionen von Mutter und Vater, wurden die in der Analyse durchaus ersichtlich gewordenen weiteren Subjektpositionen ausgeklammert. Eine solche ist etwa die weiter oben bereits thematisierte Subjektposition manipuliertes Kind. Diese bietet meines Erachtens im Zusammenhang mit der Subjektposition Kind allgemein, dem Deutungsmuster Kindeswohl sowie den Narrationen und Deutungen von Kindeswille Anknüpfungspotenzial für weitergehende Forschung, die sich gezielt mit der Konstruktion von Kind, Kindeswohl und Kindeswille in Pflegschaftsverfahren auseinandersetzen sollte.

Mit einer solchen Forschung wäre es auch möglich, Kinder aus ihrer Positionierung als Silent Voices ein Stück weit herauszuholen, denn abschließend sei nochmals Folgendes festgehalten: Pflegschaftsverfahren wurden als teilöffentlicher Spezialdiskurs um Elternschaft erarbeitet, an dem ein *gendered parenthood* stetig (re)konstruiert wird. An diesem Diskurs können nur bestimmte Akteur*innen unter bestimmten Voraussetzungen und nur auf bestimmte Zeit teilnehmen, andere sind auf Grund institutioneller Vorgaben dauerhafte oder wiederkehrende Akteur*innen. Letztere beide zeigen sich in der Verhandlung von guter Elternschaft als besonders wirkmächtig. Richter*innen, Sachverständige und Mitarbeiter*innen der KJWT und FGH verfügen über besondere Deutungshoheit. Diese und weitere Akteur*innen, wie Eltern, Großeltern, Freund*innen, Pädagog*innen uvm. sind bewusst oder unbewusst, mehr oder weniger strategisch und mit mehr oder weniger Handlungsmacht an der Konstruktion der ‚guten‘ Mutter und des ‚guten‘ Vaters beteiligt. Ebenso verhält es sich mit Forscher*innen, die sich mit diesem Thema auseinandersetzen. Daher kann mit der in dieser Forschungsarbeit eingenommenen gendersensiblen familiensoziologischen Perspektive auch kritisch gefragt werden, was neben den beteiligten Akteur*innen des Diskursfeldes Pflegschaftsverfahren wir Forscher*innen als gute Familie, als ‚gutes‘ oder ‚schlechtes‘ Elternsein allgemein und ‚gutes‘ oder ‚schlechtes‘ Mutter- und Vatersein im Speziellen interpretieren und damit auch schlussendlich selbst zu einem *Doing Good Motherhood* und *Doing Good Fatherhood* beitragen.

Literaturverzeichnis

Acker, J. (2006). Inequality Regimes Gender, Class, and Race in Organizations. *Gender and Society, 20*(4), 441–464.

Ahrons, C. R. (1980). Divorce: A Crisis of Family Transition and Change. *Family Relations, 29*(4), 533–540. https://doi.org/10.2307/584469

Ahrons, C. R. (2007). Family Ties After Divorce: Long-Term Implications for Children. *Family Process, 46*(1), 53–65. https://doi.org/10.1111/j.1545-5300.2006.00191.x

Alemann, A. v. (2015). Gesellschaftliche Verantwortung und ökonomische Handlungslogik: Deutungsmuster von Führungskräften der deutschen Wirtschaft. Wiesbaden: Springer Fachmedien Wiesbaden.

Alemann, A. v. (2019). Deutungsmuster und Macht: Theoretisch-konzeptionelle Überlegungen zu einem vernachlässigten Zusammenhang. In N. Bögelein & N. Vetter (Eds.), *Der Deutungsmusteransatz. Einführung – Erkenntnisse – Perspektiven* (pp. 263–292). Weinheim Basel: Beltz Juventa.

Alexander, J. C. (2021). Recovering the primitive in the modern: The cultural turn and the origins of cultural sociology. *Thesis eleven, 165*(1), 10–19. https://doi.org/10.1177/07255136211032829

Amato, P. R. (1987). Family processes in one-parent, stepparent, and intact families: the child's point of view. *Journal of Marriage and Family, 49*(2), 327337. https://doi.org/10.2307/352303

Amato, P. R. (2001). Children of Divorce in the 1990s: An Update of the Amato and Keith (1991) Meta-Analysis. *Journal of Family Psychology, 15*(3), 355–370. https://doi.org/10.1037/0893-3200.15.3.355

Amato, P. R., & Gilbreth, J. G. (1999). Nonresident Fathers and Children's Well-Being: A Meta-Analysis. *Journal of Marriage and Family, 61*(3), 557–573.

Angermuller, J., Nonhoff, M., Herschinger, E., Macgilchrist, F., Reisigl, M., Wedl, J., Wrana, D., Ziem, A. (Eds.). (2014). *Diskursforschung: Ein interdisziplinäres Handbuch.* Bielefeld: Transcript.

Atteneder, C., Bauer, T., Boheim, R., Buchegger, R., Buchegger-Traxler, A., & Halla, M. (2005). Auswirkung von Scheidung auf Kinder, Frauen und Manner (vor dem Hintergrund des Eherechts-Anderungsgesetzes 1999 und des Kindschaftsrechts-Anderungsgesetzes 2001) Endbericht. Linz: Forschungsprojekt im Auftrag des Bundesministeriums fur Soziale Sicherheit, Generationen und Konsumentenschutz.

M. Zuccato-Doutlik, *Gute Mutter, guter Vater*, Theorie und Praxis der Diskursforschung, https://doi.org/10.1007/978-3-658-51890-5

Baader, M. S. (2006). Vaterschaft im Spannungsverhältnis zwischen alter Ernährerrolle, neuen Erwartungen und Männlichkeitsstereotypen. Die Thematisierung von Vaterschaft in aktuellen Print-Medien. In M. Bereswill, K. Scheiwe, & A. Wolde (Eds.), *Vaterschaft im Wandel: multidisziplinäre Analysen und Perspektiven aus geschlechtstheoretischer Sicht* (pp. 117–136). Weinheim München: Juventa Verlag.

Bacher, J., & Wilk, L. (1992). „Neue" Väter? – ... nur dann, wenn es unbedingt sein muß ... *SWS-Rundschau, 32*, 211–223.

Badinter, E. (1992). *Die Mutterliebe.* München [u. a.]: Piper.

Baer, S. (2010). Recht: Normen zwischen Zwang, Konstruktion und Ermöglichung – Gender-Studium zum Recht. In R. Becker & B. Kortendiek (Eds.), *Handbuch Frauen- und Geschlechterforschung* (pp. 556–563). Wiesbaden: VS Verlag für Sozialwissenschaften.

Baierl, A., & Kaindl, M. (2021). Kinderbildung und -betreuung. In Bundeskanzleramt (Ed.), *6. Österreichischer Familienbericht 2009–2019: auf einen Blick* (pp. 123–127). Wien: Bundeskanzleramt/Frauen, Familie, Jugend und Integration (BKA/FFJI).

Ballnik, P., Martinetz, E., & Garbani Ballnik, O. (2005). Lebenswelten Vater-Kind, positive Väterlichkeit und männliche Identität Wien: BMSG.

Balloff, R. (2014). Kinder vor dem Familiengericht: Praxishandbuch zum Schutz des Kindeswohls unter rechtlichen, psychologischen und pädagogischen Aspekten (2 ed.). Baden-Baden: Nomos Verlagsgesellschaft mbH & Co. KG.

Barth-Richtarz, J. (2007). Obsorge der Stiefeltern für ihre Stiefkinder. Meinungen von Experten/Expertinnen. *iFamZ, 2*(3), 115–118.

Barth-Richtarz, J. (2009a). Die Doppelresidenz nach Trennung und Scheidung. Ein ideales Modell? – Meinungen von Experten. *iFamZ, 4*(3), 178–181.

Barth-Richtarz, J. (2009b). Zwei "Zuhause" für unsere Kinder. Erfahrungen von Müttern und Vätern mit der Doppelresidenz nach Trennung/Scheidung. *iFamZ, 4*(3), 174–177.

Barth, P. (2009). Zur „Doppelresidenz" des Kindes nach österreichischem Recht. *iFamZ, 4*(3), 181–182.

Barth, P., Deixler-Hübner, A., & Jelinek, G. (2013). *Handbuch des neuen Kindschafts- und Namensrechts* (Stand: 1.2.2013 ed.). Wien: Linde.

Battle, B. P. (2023). The carceral logic of parental responsibility. *Journal of Marriage and Family, 85*(3), 679–700. https://doi.org/10.1111/jomf.12902

Baur, N. (2007). Der perfekte Vater. Männer im Konflikt zwischen eigenen Vorstellungen und institutionellem Rahmen. In M. Penkwitt (Ed.), *Männer und Geschlecht.* Freiburg.

Bauserman, R. (2002). Child Adjustment in Joint-Custody Versus Sole-Custody Arrangements: A Meta-Analytic Review. *J Fam Psychol, 16*(1), 91–102. https://doi.org/10.1037/0893-3200.16.1.91

Beham-Rabanser, M., Berghammer, C., & Zartler, U. (2018). Partnerbeziehungen zwischen Flexibilität und Stabilität. In M. Haller, F. Höllinger, A. Grausgruber, J. Bacher, D. Prandner, & R. Verwiebe (Eds.), *Sozialstruktur und Wertewandel In Österreich* (pp. 179–209). Wiesbaden: Springer Fachmedien.

Beham-Rabanser, M., Berghammer, C., & Zartler, U. (2024). Neue Normalitäten in Partnerschaft und Elternschaft in Österreich? Wandel von Verhalten, Einstellungen und rechtlichen Normen. *Österreichische Zeitschrift für Soziologie, 49*(3), 299–329. https://doi.org/10.1007/s11614-024-00575-1

Beham, M., & Gössweiner, V. (1999). Zur gesellschaftlichen Bedeutung der Leistungen von Familien. In BMUJF (Ed.), *4. Österreichischer Familienbericht: Familie – zwischen*

Anspruch und Alltag. Teil B (pp. 40–61). Wien: Bundesministerium für Umwelt, Jugend u. Familie, Abt. IV/4.

Beham, M., & Haller, R. (2005). Work-Life-Balance – Wie bringen Österreichs Familien Beruf und Familie in Einklang? In W. Schulz, M. Haller, & A. Grausgruber (Eds.), *Österreich zur Jahrhundertwende: Gesellschaftliche Werthaltungen und Lebensqualität 1986–2004* (pp. 401–433). Wiesbaden: VS Verlag für Sozialwissenschaften.

Beham, M., Kytir, J., Wilk, L., & Zartler, U. (1999). Lebens- und Beziehungsformen heute – demografische und soziologische Aspekte. Resümee. In BMUJF (Ed.), *4. Österreichischer Familienbericht: Familie – zwischen Anspruch und Alltag. Teil B* (pp. 304–311). Wien: Bundesministerium für Umwelt, Jugend u. Familie, Abt. IV/4.

Beham, M., & Wilk, L. (1999a). Eltern-Kind-Beziehungen. In BMUJF (Ed.), *4. Österreichischer Familienbericht: Familie – zwischen Anspruch und Alltag. Teil B* (pp. 233–253). Wien: Bundesministerium für Umwelt, Jugend u. Familie, Abt. IV/4.

Beham, M., & Wilk, L. (1999b). Familienbildungs- und -veränderungsprozesse als gesellschaftliche Herausforderung. In BMUJF (Ed.), *4. Österreichischer Familienbericht: Familie – zwischen Anspruch und Alltag. Teil B* (pp. 299–302). Wien: Bundesministerium für Umwelt, Jugend u. Familie, Abt. IV/4.

Beham, M., & Zartler, U. (2010). Eltern und Kinder: Ansprüche, Anforderungen und Ambivalenzen in betreuungsintensiven Lebensphasen. In BMWFJ (Ed.), *5. Familienbericht 1999–2009: Die Familie an der Wende zum 21. Jahrhundert. Band 1* (pp. 363–402). Wien: Bundesministerium für Wirtschaft, Familie und Jugend, Sektion Familie und Jugend, Abt. II/6.

Behnke, C., & Liebold, R. (2001). Beruflich erfolgreiche Männer: Belastet von der Arbeit – belästigt von der Familie. In P. Doge & M. Meuser (Eds.), *Männlichkeit und soziale Ordnung: Neue Beiträge zur Geschlechterforschung* (pp. 141–157). Opladen: Leske + Budrich.

Berger, P. L., & Luckmann, T. (2010 [1969]). *Die gesellschaftliche Konstruktion der Wirklichkeit. Eine Theorie der Wissensoziologie.* Frankfurt am Main: Fischer Taschenbuch Verlag.

Berghammer, C. (2013). Keine Zeit für Kinder? Veränderungen in der Kinderbetreuungszeit von Eltern in Deutschland und Österreich. *Zeitschrift für Soziologie, 42*(1), 52–73. https://doi.org/10.1515/zfsoz-2013-0105

Berghammer, C. (2014). The return of the male breadwinner model? Educational effects on parents' work arrangements in Austria, 1980–2009. *Work, employment and society, 28*(4), 611–632. https://doi.org/10.1177/0950017013500115

Betz, T., de Moll, F., & Bischoff, S. (2013). Gute Eltern - schlechte Eltern. Politische Konstruktionen von Elternschaft. In J. Lepperhoff, L. Correll, & K. W. d. B. E. i. Kinderchance« (Eds.), *Frühe Bildung in der Familie* (pp. 69–80). Weinheim: Beltz.

Betzler, M., & Bleisch, B. (Eds.). (2015). *Familiäre Pflichten.* Berlin: Suhrkamp.

Bien, W., & Marbach, J. H. (2008). *Familiale Beziehungen, Familienalltag und soziale Netzwerke: Ergebnisse der drei Wellen des Familiensurvey.* Wiesbaden: VS Verlag für Sozialwissenschaften / GWV Fachverlage GmbH, Wiesbaden.

Binner, K., & Décieux, F. (2023). (Sorge-)Arbeit, Geschlecht und soziale Ungleichheit. In C. Dlabaja, K. Fernandez, & J. Hofmann (Eds.), *Aktuelle Ungleichheitsforschung: Befunde – Theorien – Praxis* (pp. 30–43). Weinheim Basel: Beltz Juventa.

Blankenburg, E. (1975). *Empirische Rechtssoziologie.* München: Piper.

Blumer, H. (1969). *Symbolic interactionism: Perspective and method*. Englewood Cliffs: Prentice-Hall.

BMJ. (2013a). Alles was Recht ist. Justiz und Recht besser verstehen: Bundesministerium für Justiz.

BMJ. (2013b). Einführungserlass vom 20. Juni 2013 zur Familiengerichtshilfe. Bundesministerium für Justiz

BMJ. (2013c). Regierungsvorlage für ein Kindschafts- und Namenrechts Änderungsgesetz 2013 (KindNamRÄG 2013). Bundesministerium für Justiz

BMUJF. (1989). *Lebenswelt Familie. Familienbericht 1989*. Wien: Bundesministerium für Umwelt, Jugend und Familie.

BMUJF. (1995). Wo kommt unsere Zeit hin? Beruf – Familie – Freizeit. Das Zeit-Budget der österreichischen Familien. Wien: Bundesministerium für Jugend und Familie.

BMUJF. (1999). *4. Österreichischer Familienbericht: Familie – zwischen Anspruch und Alltag*. Wien: Bundesministerium für Umwelt, Jugend u. Familie, Abt. IV/4.

BMWFJ. (2010). *5. Familienbericht 1999–2009: Die Familie an der Wende zum 21. Jahrhundert. Band 1*. Wien: Bundesministerium für Wirtschaft, Familie und Jugend, Sektion Familie und Jugend, Abt. II/6.

Bögelein, N., & Vetter, N. (2019). Deutungsmuster als Forschungsinstrument. Grundlegende Perspektiven. In N. Bögelein & N. Vetter (Eds.), *Der Deutungsmusteransatz. Einführung – Erkenntnisse – Perspektiven* (pp. 12–39). Weinheim Basel: Beltz Juventa.

Bosančić, S. (2016). Zur Untersuchung von Subjektivierungsweisen aus wissenssoziologisch-diskursanalytischer Perspektive. Methodologische Überlegungen. In S. Bosančić & R. Keller (Eds.), *Perspektiven wissenssoziologischer Diskursforschung* (pp. 95–119). Wiesbaden: Springer VS.

Brake, A., & Krüger, D. (2005). Familie – Arbeit – Freizeit: Was zählt? Optionen der Lebensqualität in den Vorstellungen junger Erwachsener. *Soziologische Revue, 28*(2), 120–124.

Breitenfelder, U. (2007). Frauen in der Klemme. Aktuelle Studienergebnisse zur Vereinbarkeit von Beruf und Familie und wie Frauen ihre Zukunft bewerten. In D. G. Linz (Ed.), *Frauen Macht Zukunft* (pp. 77–104). Wien: Milena.

Bridges, L. J., Roe, A. E. C., Dunn, J., & O'Connor, T. G. (2007). Children's Perspectives on Their Relationships With Grandparents Following Parental Separation: A Longitudinal Study. *Social development (Oxford, England), 16*(3), 539–554. https://doi.org/10.1111/j.1467-9507.2007.00395.x

Buber-Ennser, I., Neuwirth, N., & Testa, M. R. (Eds.). (2013). *Familienentwicklung in Österreich 2009–2013*. Wien.

Bublitz, H. (2003). *Diskurs*. Bielefeld: transcript.

Bublitz, H. (2011). Differenz und Integration. Zur diskursanalytischen Rekonstruktion der Regelstrukturen sozialer Wirklichkeit. In R. Keller, A. Hirseland, W. Schneider, & W. Viehöver (Eds.), *Handbuch sozialwissenschaftliche Diskursanalyse. Band 1: Theorien und Methoden* (3. erw ed., pp. 245–282). Wiesbaden, Opladen: VS Verlag, Leske + Budrich.

Bundeskanzleramt. (1969). Bericht über die Lage der Familien in Österreich. Familienbericht 1969. Wien: Bundeskanzleramt.

Bundeskanzleramt. (1979a). Bericht über die Situation der Familien in Österreich. Familienbericht 1969. Heft 1. Struktur und Bedeutungswandel der Familie. Wien: Bundeskanzleramt.

Bundeskanzleramt. (1979b). Bericht über die Situation der Familien in Österreich. Familienbericht 1969. Heft 4. Wirtschaftliche und soziale Situation der Familie. Wien: Bundeskanzleramt.

Bundeskanzleramt. (2021). *6. Österreichischer Familienbericht 2009–2019: auf einen Blick.* Wien: Bundeskanzleramt/Frauen, Familie, Jugend und Integration (BKA/FFJI).

Caputo, V. (2007). She's From a 'Good Family': Performing childhood and motherhood in a Canadian private school setting. *Childhood, 14*(2), 173–192. https://doi.org/10.1177/0907568207078326

Cherlin, A., & Furstenberg, F. (1986). Grandparents and family crisis. *Journal of the American Society on Aging, 10*, 26–28.

Clarke, A. E. (2012). Situationsanalyse: Grounded Theory nach dem Postmodern Turn. Wiesbaden: Springer VS.

Craib, I. (1994). *The importance of disappointment.* London, New York: Routledge.

Cyprian, G. (2007). Väterforschung im deutschsprachigen Raum – ein Überblick über Methoden, Ergebnisse und offene Fragen. In R. Harald & M. Tanja (Eds.), *Vater im Blickpunkt. Perspektiven der Familienforschung* (pp. 23–48). Germany: Leverkusen.

de Haan, G. (2001). Die Leitbildanalyse. In G. de Haan, E.-D. Lantermann, V. Linneweber, & F. Reusswig (Eds.), *Typenbildung in der sozialwissenschaftlichen Umweltforschung* (pp. 69–106). Wiesbaden: VS Verlag für Sozialwissenschaften.

Deixler-Hübner, A. (2003). Scheidung, Ehe und Lebensgemeinschaft: rechtliche Folgen der Ehe, Scheidung und Lebensgemeinschaft (7., aktualisierte ed.). Wien: LexisNexis.

Deixler-Hübner, A., & Bauer, T. (2013). Kindschafts- und Namensrechts-Änderungsgesetz. Grundrechte – Elternrecht – Kinderrechte. Wien: Manz.

Deixler-Hübner, A., Fucik, R., & Huber, M. (2014). *Das neue Kindschaftsrecht.* Wien: LexisNexis.

Denz, H. (Ed.) (2001). Die Konfliktgesellschaft: Wertewandel in Österreich 1990–2000. Wien: Czernin.

Dermott, E. (2007). *Intimate fatherhood: a sociological analysis.* London, New York: Routledge, Taylor & Francis Group.

Dermott, E. (2016). Doing Good Parenthood: Reflexivity, Practices, and Relationships. In A. Sparrman, A. Westerling, J. Lind, & K. I. Dannesboe (Eds.), *Doing Good Parenthood: Ideals and Practices of Parental Involvement* (pp. 137–147). Cham: Springer International Publishing.

Dethloff, N. (2018). *Familienrecht: ein Studienbuch* (32., neu überarbeitete ed.). München: C.H. Beck.

Dettenborn, H., & Walter, E. (2022). *Familienrechtspsychologie* (4., vollständig überarbeitete und erweiterte ed.). München Basel: Ernst Reinhardt Verlag.

Diabaté, S., & Lück, D. (2014). Familienleitbilder: Identifikation und Wirkungsweise auf generatives Verhalten. *Zeitschrift für Familienforschung, 26*, 69.

Dopffel, P. (1994). *Kindschaftsrecht im Wandel.* Tübingen: Mohr.

Doppel, R. (2013). Die Kriterien des Kindeswohls: Neue Chancen und alte Missverständnisse? In P. Barth, A. Deixler-Hübner, & G. Jelinek (Eds.), *Handbuch des neuen Kindschafts- und Namensrechts* (pp. 43–60). Wien: Linde.

Ecarius, J. (2020). Erziehung in Familie. In J. Ecarius & A. Schierbaum (Eds.), *Handbuch Familie: Erziehung, Bildung und pädagogische Arbeitsfelder* (pp. 1–21). Wiesbaden: Springer Fachmedien Wiesbaden.

Eckert-Schirmer, J. (1995). Das Kindeswohl im Wandel sozialwissenchaftlicher Interpretation. Zur Bedeutung psychologischer Konzepte im Prozeß der Politikberatung. Universität Konstanz

Ehmer, J. (2021). A historical perspective on family change in Europe. In N. F. Schneider & M. Kreyenfeld (Eds.), *Research Handbook on the Sociology of the Family* (pp. 143–161). Cheltenham, UK: Edward Elgar Publishing.

Emery, R. E. (1999). *Marriage, divorce, and children's adjustment* (2nd ed.). Thousand Oaks, Calif: Sage Publications.

Fabian, T. (1994). Großeltern als Helfer in familialen Krisen. *Neue Praxis, 24*, 384–396.

Faircloth, C., Hoffman, D. M., & Layne, L. L. (2013). *Parenting in global perspective: negotiating ideologies of kinship, self and politics*. Abingdon, Oxon New York, N.Y.: Routledge.

Feldmann-Neubert, C. (1991). Frauenleitbild im Wandel: 1948–1988. Von der Familienorientierung zur Doppelrolle. Weinheim: Dt. Studien-Verl.

Ferrari, S. (2001). *Reform des Kindschaftsrechts*. Wien: Manz.

Figdor, H., Barth-Richtarz, J., Kränzl-Nagl, R., & Pelikan, C. (2006). Evaluationsstudie über die Auswirkungen der Neuregelungen des KindRÄG 2001, insbesondere der Obsorge beider Eltern. Wien: Bundesministerium für Justiz.

Filler, E. (1989). Familie in der Rechtsordnung. In BMUJF (Ed.), *Lebenswelt Familie. Familienbericht 1989* (pp. 601–626). Wien: Bundesministerium für Umwelt, Jugend und Familie.

Finch, J. (2007). Displaying Families. *Sociology, 41*(1), 65–81. https://doi.org/10.1177/0038038507072284

Findl, P. (1989). Familie und Bevölkerungsentwicklung. In BMUJF (Ed.), *Lebenswelt Familie. Familienbericht 1989* (pp. 479–501). Wien: Bundesministerium für Umwelt, Jugend und Familie.

Findl, P., Laburda, A., & Münz, R. (1985). Frauenalltag und familiäre Arbeitsteilung. In R. Münz (Ed.), *Leben mit Kindern: Wunsch und Wirklichkeit*. Wien: Deuticke.

Firnberg, H., & Rutschka, L. S. (1967). *Die Frau in Österreich*. Wien: Verl. d. Österr. Gewerkschaftsbundes.

Flowerdew, J., & Neale, B. (2003). Trying to Stay Apace: Children with Multiple Challenges in Their Post-Divorce Family Lives. *Childhood, 10*(2), 147–161. https://doi.org/10.1177/0907568203010002003

Foucault, M. (1975). Der Fall Rivière. Materialien zum Verhältnis von Psychiatrie und Strafjustiz. Frankfurt am Main: Suhrkamp.

Foucault, M. (2014 [1974]). *Die Ordnung des Diskurses* (Erw. 13. ed.). Frankfurt am Main: Fischer-Taschenbuch-Verlag.

Foucault, M. (2015 [1973]). *Archäologie des Wissens* (17. ed.). Frankfurt am Main: Suhrkamp.

Francis, A. (2013). Family troubles, methods trouble: qualitative research and the methodological divide. In J. Ribbens McCarthy, C.-A. Hooper, & V. Gillies (Eds.), *Family troubles? Exploring changes and challenges in family lives of children and young people* (pp. 1–21). Bristol: Policy Press.

Franco, A., & Winqvist, K. (2002). Frauen und Männer, die Arbeit und Familie vereinbaren. *EUROSTAT. Statistik Kurzgefasst. Bevölkerung und soziale Bedingungen, 9/2002.*

Friedrich, K., & Franzheld, T. (2020). Fallrekonstruktive Familienforschung auf der Grundlage einer Jugendamtsakte. In D. Funcke (Ed.), *Rekonstruktive Paar- und Familienforschung* (pp. 291–313). Wiesbaden: Springer Fachmedien Wiesbaden.

Fthenakis, W., Niesei, R., & Griebel, W. (1993). Scheidung als Reorganisationsprozeß. Interventionsansätze für Eltern und Kinder. In K. Menne, H. Schilling, & M. Weber (Eds.), *Kinder im Scheidungskonflikt* (pp. 261–289). Weinheim: Juventa.

Fthenakis, W. E. (1988a). *Väter. 1, Zur Psychologie der Vater-Kind-Beziehung*. München: Dt. Taschenbuch-Verl.

Fthenakis, W. E. (1988b). Väter. 2, Zur Vater-Kind-Beziehung in verschiedenen Familienstrukturen. München: Dt. Taschenbuch-Verl.

Fthenakis, W. E. (1998). Intergenerative familiale Beziehungen nach Scheidung und Wiederheirat aus der Sicht der Großeltern. *ZSE: Zeitschrift für Soziologie der Erziehung und Sozialisation, 18*(2), 152–167.

Fuchs, M., & Kränzl-Nagl, R. (2010). Zur Realität außerfamiliärer Kinderbetreuung im Spannungsfeld gesellschaftlicher und familialer Ansprüche. In BMWFJ (Ed.), *5. Familienbericht 1999–2009: Die Familie an der Wende zum 21. Jahrhundert. Band 1* (pp. 503–570). Wien: Bundesministerium für Wirtschaft, Familie und Jugend, Sektion Familie und Jugend, Abt. II/6.

Funcke, D., & Hildenbrand, B. (2018). Ursprünge und Kontinuität der Kernfamilie. Einführung in die Familiensoziologie. Wiesbaden: Springer Fachmedien.

Gerhards, J., & Hölscher, M. (2003). Kulturelle unterschiede zwischen mitglieds- und beitrittsländern der EU: Das beispiel familien- und gleichberechtigungsvorstellungen. *Zeitschrift für Soziologie, 32*(3), 206–225.

Giesel, K. D. (2007). Leitbilder in den Sozialwissenschaften. Begriffe, Theorien und Forschungskonzepte. Wiesbaden: VS Verlag für Sozialwissenschaften.

Gildemeister, R. (2020). Soziale Konstruktion von Geschlecht: „Doing gender“. In S. M. Wilz (Ed.), Geschlechterdifferenzen – Geschlechterdifferenzierungen: Ein Überblick über gesellschaftliche Entwicklungen und theoretische Positionen (pp. 171–204). Wiesbaden: Springer Fachmedien Wiesbaden.

Gildemeister, R., Maiwald, K.-O., Seyfarth-Konau, E., & Scheid, C. (2003). Geschlechterdifferenzierungen im Berufsfeld Familienrecht. Empirische Befunde und geschlechtertheoretische Reflexionen. *Zeitschrift für Soziologie, 32*(5), 396–417. https://doi.org/10.1515/zfsoz-2003-0502

Gisser, R. (1986). Statistik der Legitimierungen ab 1984. *Statistische Nachrichten, 41*(7), 520–524.

Gitschthaler, E. (Ed.) (2013). Kindschafts- und Namensrechts-Änderungsgesetz 2013. Beiträge – Gesetzestext – Erläuterungen. Wien: Manz.

Gitschthaler, E. (Ed.) (2023). Familien- und erbrechtliche Entscheidungen. Band LX. Wien: Manz.

Gladstone, J. W. (1988). Perceived Changes in Grandmother-Grandchild Relations Following a Child's Separation or Divorce. *The Gerontologist, 28*(1), 66–72. https://doi.org/10.1093/geront/28.1.66

Glaser, B. G., & Strauss, A. L. (2005). *Grounded theory. Strategien qualitativer Forschung* (2., korrigierte ed.). Bern: Hans Huber.

Goffman, E. (1975). Stigma: über Techniken der Bewältigung beschädigter Identität (1. ed.). Frankfurt am Main: Suhrkamp.

Görgen, A., Söhner, F., & Fangerau, H. (2018). Kindeswohl als kollektives orientierungsmuster? *Zeitschrift fur Padagogik, March 2018, Vol.64(2), pp.40–53*, 40.

Gross, I. (1999). Exkurs 1: Über den Zeitaufwand der für Familie und in Familie erbrachten Leistungen – dargestellt am Beispie der Zeitbudgeterhebung. In BMUJF (Ed.), *4. Österreichischer Familienbericht: Familie – zwischen Anspruch und Alltag – Teil B* (pp. 50–57). Wien: Bundesministerium für Umwelt, Jugend u. Familie, Abt. IV/4.

Großkopf, S. (2012). Diskursanalyse – ein Forschungsbericht über Etablierungsprobleme einer Analysestrategie. *Zeitschrift für Qualitative Forschung, 13*(1/2), 209–233.

Grunow, D. (2007). Wandel der Geschlechterrollen und Väterhandeln im Alltag. In R. Harald & M. Tanja (Eds.), *Vater im Blickpunkt. Perspektiven der Familienforschung* (pp. 49–76). Leverkusen: Verlag Barbara Budrich.

Gumbinger, H.-W., & Bambey, A. (2009). Zwischen „traditionellen" und „neuen" Vatern. Zur Vielgestaltigkeit eines Wandlungsprozesses. In K. Jurczyk & A. Lange (Eds.), *Vaterwerden und Vatersein heute. Neue Wege – neue Chancen!* (pp. 197–218). Gutersloh: Bertelsmann-Stiftung.

Hahmann, J. (2025). Einelternfamilien und die „normale Familie". Intersektionale Analyse von Subjektkonstruktionen alleinerziehender Mütter. *GENDER, 17*(1), 123–137. https://doi.org/10.3224/gender.v17i1.09

Halatcheva-Trapp, M. (2016a). Elternschaft im Diskurs der Trennungs- und Scheidungsberatung. In S. Bosančić & R. Keller (Eds.), *Perspektiven wissenssoziologischer Diskursforschung* (pp. 191–202). Wiesbaden: Springer VS.

Halatcheva-Trapp, M. (2016b). Grounded Theory Methodologie und Deutungsmusteranalyse. Am Beispiel der Erforschung von Elternschaftsdiskursen in der Familienberatung In C. Hohage & C. Equit (Eds.), *Handbuch grounded theory: Von der Methodologie zur Forschungspraxis* (pp. 361–378). Basel: Beltz Juventa.

Halatcheva-Trapp, M. (2018). Elternschaft im Wechselspiel von Deutungsmustern und Diskurs: Ein wissenssoziologischer Blick auf die Trennungs- und Scheidungsberatung. Wiesbaden: Springer Fachmedien.

Halatcheva-Trapp, M. (2019). Deutungsmuster in einem Spezialdiskurs um Elternschaft. Rekonstruktion im Stil der Grounded-Theory-Methodologie In N. Bögelein & N. Vetter (Eds.), *Der Deutungsmusteransatz. Einführung – Erkenntnisse – Perspektiven* (pp. 247–262). Weinheim Basel: Beltz Juventa.

Halatcheva-Trapp, M. (2022). Trennung, Scheidung und Sorgerecht. In L. Y. Haller & A. Schlender (Eds.), *Handbuch Feministische Perspektiven auf Elternschaft* (pp. 145–152): Verlag Barbara Budrich.

Halperin, S. M., & and Smith, T. A. (1983). Differences in Stepchildren's Perceptions of Their Stepfathers and Natural Fathers. *Journal of Divorce, 7*(1), 19–30. https://doi.org/10.1300/J279v07n01_03

Hark, S. (2011). Feministische Theorie – Diskurs – Dekonstruktion. Produktive Verknüpfungen. In R. Keller, A. Hirseland, W. Schneider, & W. Viehöver (Eds.), *Handbuch sozialwissenschaftliche Diskursanalyse. Band 1: Theorien und Methoden* (3., erw. ed., pp. 381–400). Wiesbaden, Opladen: VS Verlag für Sozialwissenschaften, Leske + Budrich.

Hartmann, J. (2009). Familie weiter denken. In C. Beckmann, H.-U. Otto, M. Richter, & M. Schrödter (Eds.), *Neue Familialität als Herausforderung der Jugendhilfe* (pp. 65–75): neue praxis.

Haunschmidt, A., & Schwarz, K. (2013). *Familie und Recht. Rechte und Pflichten zwischen Eltern und Kindern*. Wien, Graz: neuer wissenschaftlicher Verlag.

Hays, S. (1996). *The cultural contradictions of motherhood*. New Haven: Yale University Press.

Hetherington, E. M. (2003). Intimate Pathways: Changing Patterns in Close Personal Relationships Across Time. *Family Relations, 52*(4), 318–331. https://doi.org/10.1111/j.1741-3729.2003.00318.x

Hetherington, E. M., & Kelly, J. (2002). *For better or for worse: divorce reconsidered*. New York, London: W.W. Norton.

Hewitt, B., & Brady, M. (2018). Making and unmaking families. In S. Shaver (Ed.), *Handbook on gender and social policy* (pp. 289–306). Cheltenham, Gloucester: Edward Elgar Publishing.

Hierzer, J. (2019). „Man muss kein Herz und keine Seele sein“: politische Debatten zur Obsorge beider Elternteile im Kontext von Trennung und Scheidung. (MA). Universität Wien, Wien.

Hildenbrand, B. (2005). *Fallrekonstruktive Familienforschung: Anleitungen für die Praxis* (2. Aufl.. ed.). Wiesbaden: VS Verlag für Sozialwissenschaften.

Hill, P. B., & Kopp, J. (2006). *Familiensoziologie. Grundlagen und theoretische Perspektiven* (4., überarb. ed.). Wiesbaden: VS Verlag für Sozialwissenschaften.

Hillebrandt, F. (2015). Was ist der Gegenstand einer Soziologie der Praxis? In A. Daniel, F. Hillebrandt, & F. Schäfer (Eds.), *Methoden einer Soziologie der Praxis* (pp. 15–36). Bielefeld: transcript Verlag.

Hinteregger, M. (2024). *Familienrecht* (11. ed.). Wien: Verlag Österreich.

Hirseland, A., & Schneider, W. (2011). Wahrheit, Ideologie und Diskurse. Zum Verhältnis von Diskursanalyse und Ideologiekritik. In R. Keller, A. Hirseland, W. Schneider, & W. Viehöver (Eds.), *Handbuch sozialwissenschaftliche Diskursanalyse. Band 1: Theorien und Methoden* (3., erw. ed., pp. 401–432). Wiesbaden, Opladen: VS Verlag für Sozialwissenschaften, Leske + Budrich.

Hitzler, R., Reichertz, J., & Schröer, N. (Eds.). (1999). Hermeneutische Wissenssoziologie: Standpunkte zur Theorie der Interpretation. Konstanz: UVK.

Hitzler, R., Reichertz, J., & Schröer, N. (Eds.). (2017). Hermeneutische Wissenssoziologie: Standpunkte zur Theorie der Interpretation. Theorie und Methode, Band 1. Köln: Herbert von Halem Verlag.

Hofacker, D. (2007). Väter im internationalen Vergleich. In T. Mühling & H. Rost (Eds.), *Väter im Blickpunkt: Perspektiven der Familienforschung* (pp. 161–204). Leverkusen: Verlag Barbara Budrich.

Höffling, C., Plaß, C., & Schetsche, M. (2002). Deutungsmusteranalyse in der kriminologischen Forschung. *Forum: Qualitative Sozialforschung, 3*(1).

Hoffmeister, D. (2001). Mythos Familie: zur soziologischen Theorie familialen Wandels. Opladen: Leske + Budrich.

Hofinger, C., & Enzenhofer, E. (2006). Mehr Beruf, weniger Familie? Zur Lage der berufstätigen Väter in Österreich. In H. Werneck, M. Beham, & D. Palz (Eds.), *Aktive Vaterschaft: Männer zwischen Familie und Beruf* (pp. 68–79). Giessen: Psychosozial-Verlag.

Hollstein, W. (1988). Nicht Herrscher, aber kräftig: die Zukunft der Männer. Hamburg: Hoffmann und Campe.

Honecker, M. (1985). Werte und Leitbilder. Zur Verknüpfung zweier Ebenen der Orientierung. In K. Weigelt (Ed.), *Werte, Leitbilder, Tugenden. Zur Erneuerung politischer Kultur* (pp. 39–57). Mainz: Hase & Koehler.

Honig, M.-S., Lange, A., & Leu, H. R. (1999). *Aus der Perspektive von Kindern? Zur Methodologie der Kindheitsforschung*. Weinheim [u. a.]: Juventa-Verlag.

Hopf, G. (2010). Neues im Ehe- und Kindschaftsrecht. Änderungen des ABGB und des EheG durch das FamRÄG 2009. *Österreichische Jurist:innenzeitung*.

Hopf, G., & Weitzenböck, J. (2001). Schwerpunkte des Kindschaftsrechts-Änderungsgesetzes. *Österreichische Jurist:innenzeitung*.

Huinink, J., & Grundmann, M. (1993). Kindheit im Lebenslauf. In M. Markefka & B. Nauck (Eds.), *Handbuch der Kindheitsforschung* (pp. 67–78). Neuwied [u. a.]: Luchterhand.

Huinink, J., & Konietzka, D. (2007). *Familiensoziologie. Eine Einführung*. Frankfurt/New York: Campus.

IFES. (1977). Selbstverständnis der Männer. Wien.

IFES. (1978). Erziehungsnormen und Züchtigungsverhalten der Österreicher, Bericht der Zielgruppenstudie (qualitativer Untersuchungsteil). Wien: Institut für empirische Sozialforschung.

IMAS. (1988). Situation von und Hilfsangebote für Trennungswaisen. Ergebnisse einer Repräsentativerhebung. Linz: IMAS.

Jäger, M. (2010a). Die Kritik am Patriarchat im Einwanderungsdiskurs. Analyse einer Diskursverschränkung. In R. Keller, A. Hirseland, W. Schneider, & W. Viehöver (Eds.), *Handbuch Sozialwissenschaftliche Diskursanalyse, Band 2: Forschungspraxis* (pp. 455–472).

Jäger, M. (2010b). Diskursanalyse: Ein Verfahren zur kritischen Rekonstruktion von Machtbeziehungen. In R. Becker & B. Kortendiek (Eds.), *Handbuch Frauen- und Geschlechterforschung* (pp. 386–391). Wiesbaden: VS Verlag für Sozialwissenschaften.

Jäger, S. (2004). *Kritische Diskursanalyse: eine Einführung* (4., unveränd. ed.). Münster: UNRAST-Verl.

Jäger, S. (2011). Diskurs und Wissen. Theoretische und methodische Aspekte einer Kritischen Diskurs- und Dispositivanalyse. In R. Keller, A. Hirseland, W. Schneider, & W. Viehöver (Eds.), *Handbuch sozialwissenschaftliche Diskursanalyse. Band 1: Theorien und Methoden* (3. erw ed., pp. 91–124). Wiesbaden, Opladen: VS Verlag, Leske + Budrich.

Jäger, S. (2015). *Kritische Diskursanalyse: eine Einführung* (7., vollst. überarb. ed.). Münster: Unrast.

Jelinek, G. (2013a). Die Neuregelung des Kindeswohls. In P. Barth, A. Deixler-Hübner, & G. Jelinek (Eds.), *Handbuch des neuen Kindschafts- und Namensrechts* (pp. 33–42). Wien: Linde.

Jelinek, G. (2013b). Entstehungsgeschichte des KindNamRÄG 2013. In P. Barth, A. Deixler-Hübner, & G. Jelinek (Eds.), *Handbuch des neuen Kindschafts- und Namensrechts* (pp. 23–31). Wien: Linde.

Jensen, A.-M. (2009). Mobile Children: Small Captives of Large Structures? *Children & Society, 23*(2), 123–135. https://doi.org/10.1111/j.1099-0860.2008.00145.x

Jochum, G., Jurczyk, K., Voß, G. G., & Weihrich, M. (Eds.). (2020). *Transformationen alltäglicher Lebensführung: konzeptionelle und zeitdiagnostische Fragen*. Weinheim Basel: Beltz Juventa.

Juby, H., Billette, J.-M., Laplante, B., & Le Bourdais, C. (2007). Nonresident Fathers and Children: Parents' New Unions and Frequency of Contact. *Journal of Family Issues, 28*(9), 1220–1245. https://doi.org/10.1177/0192513X07302103

Jurczyk, K. (2020a). Familiale Lebensführung – Zur Verschränkung individueller Lebensführung im Doing Family. In G. Jochum, K. Jurczyk, G. G. Voß, & M. Weihrich (Eds.), *Transformationen alltäglicher Lebensführung: konzeptionelle und zeitdiagnostische Fragen* (pp. 36–58). Weinheim Basel: Beltz Juventa.

Jurczyk, K. (2020b). UnDoing Family: Zentrale konzeptuelle Annahmen, Feinjustierungen und Erweiterungen. In K. Jurczyk (Ed.), *Doing und Undoing Family: konzeptionelle und empirische Entwicklungen* (pp. 26–46). Weinheim Basel: Beltz Juventa.

Jurczyk, K. (Ed.) (2020c). Doing und Undoing Family: konzeptionelle und empirische Entwicklungen. Weinheim Basel: Beltz Juventa.

Jurczyk, K., & Lange, A. (2009). Vom „ewigen Praktikanten" zum „reflexiven Vater"? Eine Einführung in aktuelle Debatten um Väter. In K. Jurczyk & A. Lange (Eds.), *Vaterwerden und Vatersein heute. Neue Wege – neue Chancen!* (pp. 15–48). Gutersloh: Bertelsmann-Stiftung.

Jurczyk, K., Schier, M., Szymenderski, P., Lange, A., & Voß, G. G. (2009). *Entgrenzte Arbeit – entgrenzte Familie: Grenzmanagement im Alltag als neue Herausforderung.* Baden-Baden: Nomos.

Jurczyk, K., & Walper, S. (2013). *Gemeinsames Sorgerecht nicht miteinander verheirateter Eltern.* Wiesbaden: Springer Fachmedien.

Kapella, O., & Rille-Pfeiffer, C. (2007). *Einstellungen und Werthaltungen zu Themen der Vereinbarkeit von Familie und Erwerb.* Wien: Österr. Inst. für Familienforschung der Univ. Wien.

Kassner, K., & Ruling, A. (2004). „Nicht nur am Samstag gehört Papa mir!" – Vater in egalitären Arrangements von Arbeit und Leben. In K. Hank & A. Tölke (Eds.), *Männer – Das „vernachlässigte" Geschlecht in der Familienforschung. Sonderheft 4 der Zeitschrift für Familienforschung* (pp. 235–264). Wiesbaden: VS Verlag.

Kathrein, G. (2013). Vom Patriarchat über die Krise des Mannes bis zum System Familie. Eine Geschichte der Gleichberechtigung im Familienrecht. In W. Pilgermair (Ed.), *Wandel in der Justiz* (pp. 93–109). Wien: Verlag Österreich.

Kaufmann, F.-X. (1995). Zukunft der Familie im vereinten Deutschland: gesellschaftliche und politische Bedingungen. München: Beck.

Keller, R. (1997). Diskursanalyse. In R. Hitzler & A. Honer (Eds.), *Sozialwissenschaftliche Hermeneutik: eine Einführung* (pp. 309–333). Opladen: Leske + Budrich.

Keller, R. (2007). Diskurse und Dispositive Analysieren. Die Wissenssoziologische Diskursanalyse als Beitrag zu einer Wissensanalytischen Profilierung der Diskursforschung. *Forum Qualitative Sozialforschung, 8*(2), 1–24.

Keller, R. (2010). Der Müll der Gesellschaft. Eine wissenssoziologische Diskursanalyse. In R. Keller, A. Hirseland, W. Schneider, & W. Viehöver (Eds.), *Handbuch Sozialwissenschaftliche Diskursanalyse, Band 2: Forschungspraxis* (pp. 197–232).

Keller, R. (2011a). Diskursforschung, Eine Einführung für SozialwissenschaftlerInnen (4 ed.). Wiesbaden: VS Verlag, Springer.

Keller, R. (2011b). Wissenssoziologische Diskursanalyse. In R. Keller, A. Hirseland, W. Schneider, & W. Viehöver (Eds.), *Handbuch sozialwissenschaftliche Diskursanalyse.*

Band 1: Theorien und Methoden (3. erw ed., pp. 125–158). Wiesbaden, Opladen: VS Verlag, Leske + Budrich.

Keller, R. (2011c). Wissenssoziologische Diskursanalyse. Grundlegung eines Forschungsprogramms (3 ed.). Wiesbaden: VS Verlag, Springer.

Keller, R. (2012). Der menschliche Faktor. In R. Keller, W. Schneider, & W. Viehöver (Eds.), *Diskurs – Macht – Subjekt: Theorie und Empirie von Subjektivierung in der Diskursforschung* (pp. 69–107). Wiesbaden: VS Verlag für Sozialwissenschaften.

Keller, R. (2013). Zur Praxis der Wissenssoziologischen Diskursanalyse. In R. Keller & I. Truschkat (Eds.), *Methodologie und Praxis der Wissenssoziologischen Diskursanalyse* (pp. 27–68). Wiesbaden: VS Verlag für Sozialwissenschaften | Springer Fachmedien.

Keller, R. (2014). Wissenssoziologische Diskursforschung und Deutungsmusteranalyse. In C. Behnke, D. Lengersdorf, & S. Scholz (Eds.), *Wissen – Methode – Geschlecht: Erfassen des fraglos Gegebenen* (pp. 143–159). Wiesbaden: Springer Fachmedien Wiesbaden.

Keller, R., & Bosančić, S. (2018). Wissenssoziologische Diskursanalyse. Die Analyse sozialen Wandels am Beispiel öffentlicher Debatten über Abfall in Deutschland und Frankreich. In L. Akremi, N. Baur, H. Knoblauch, & B. Traue (Eds.), *Handbuch Interpretativ forschen* (pp. 886–916). Weinheim Basel: Beltz Juventa.

Keller, R., Hirseland, A., Schneider, W., & Viehöver, W. (2011). Zur Aktualität sozialwissenschaftlicher Diskursanalyse – Eine Einführung. In R. Keller, A. Hirseland, W. Schneider, & W. Viehöver (Eds.), *Handbuch sozialwissenschaftliche Diskursanalyse. Band 1: Theorien und Methoden* (3. erw ed., pp. 7–34). Wiesbaden, Opladen: VS Verlag, Leske + Budrich.

Keller, R., & Truschkat, I. (2013). Methodologie und Praxis der Wissenssoziologischen Diskursanalyse. Band 1: Interdisziplinäre Perspektiven. Wiesbaden: VS Verlag für Sozialwissenschaften.

Kerschner, F., & Wagner, E. (2015). *Zivilrecht VI. Familienrecht*: Lehrbuch.

Kipman, U. (2020). Familie und Recht. In Bundeskanzleramt (Ed.), *6. Österreichischer Familienbericht* (pp. 777–827). Wien: Bundeskanzleramt.

Klaar, H. (1999). *Was tue ich, wenn es zur Scheidung kommt? Rechtsratgeber für Frauen in Ehekrisen* (6. ed.). Wien: Bundesministerium für Frauenangelegenheiten und Verbraucherschutz.

Klages, H. (1985). Wertorientierungen im Wandel: Rückblick, Gegenwartsanalyse, Prognosen (2. ed.). Frankfurt, Main: Campus-Verlag.

Kocher, G. (1997). Grundzüge der Privatrechtsentwicklung und der Geschichte der Rechtswissenschaft in Österreich (2., verb. u. erw. ed.). Wien [u. a.]: Böhlau.

Kortendiek, B. (2010). Familie: Mutterschaft und Vaterschaft zwischen Traditionalisierung und Modernisierung. In R. Becker & B. Kortendiek (Eds.), *Handbuch Frauen- und Geschlechterforschung* (pp. 442–453). Wiesbaden: VS Verlag für Sozialwissenschaften.

Krähenbühl, V. (1987). *Stieffamilien: Struktur – Entwicklung – Therapie* (2. ed.). Freiburg: Lambertus-Verl.

Kralik, W. (1971). Die Neuordnung der Rechtsstellung des unehelichen Kindes. *Juristische Blätter*.

Kränzl-Nagl, R., & Lange, A. (2010). Sozialer Wandel: Auswirkungen und Herausforderungen für Familie. In BMWFJ (Ed.), *5. Familienbericht 1999–2009: Die Familie an der Wende zum 21. Jahrhundert. Band 1* (pp. 127–166). Wien: Bundesministerium für Wirtschaft, Familie und Jugend, Sektion Familie und Jugend, Abt. II/6.

Kränzl-Nagl, R., Riepl, B., & Wintersberger, H. (Eds.). (1998). *Kindheit in Gesellschaft und Politik: Eine multidisziplinäre Analyse am Beispiel Österreichs*. Frankfurt, Main [u. a.]: Campus-Verlag.

Kratky, N. (2020). Familienrechtliche Verfahren zum Kinderschutz: Eine Gerichtsaktenanalyse zur Rolle von elterlicher psychischer Gesundheit, Alleinerziehung und des Kindeswillens im Verfahrensverlauf.

Kratky, N., & Schröder-Abé, M. (2018). How are parental functioning and single parenthood associated with court outcomes? An analysis of child protection cases. *Child Abuse & Neglect, 84*, 95–105. https://doi.org/10.1016/j.chiabu.2018.07.015

Kratky, N., & Schröder-Abé, M. (2020). A court file analysis of child protection cases: What do children say? *Child & Family Social Work, 25*, 169–177. https://doi.org/10.1111/cfs.12744

Krucsay, B. (2017). Der neue Geist des Kindschaftsrechts. Zur psycho-rechtlichen Policierung spätmoderner Familie. Universität Wien, Wien.

Krüger-Kirn, H. (2024). Mütterlichkeit braucht kein Geschlecht: Fürsorge als gesamtgesellschaftliche Herausforderung. Gießen: Psychosozial-Verlag.

Krüger, H.-H., & Grunert, C. (2022). Historische Entwicklung und zukünftige Herausforderungen der Kindheits- und Jugendforschung. In C. Grunert, H.-H. Krüger, & K. Ludwig (Eds.), (pp. 7–51). Wiesbaden: Springer VS.

Kuhn, D. (1969). Krippenkinder: eine empirische sozialpädagogische Untersuchung über die Wiener Krippenkinder und ihre Familien. Wien: Institut für Familienplanung.

Lange, A., & Kränzl-Nagl, R. (2010). Familie im Spiegel öffentlicher und privater Diskurse – Bausteine für familienrethorische Betrachtungen. In BMWFJ (Ed.), *5. Familienbericht 1999–2009: Die Familie an der Wende zum 21. Jahrhundert. Band 1* (pp. 91–125). Wien: Bundesministerium für Wirtschaft, Familie und Jugend, Sektion Familie und Jugend, Abt. II/6.

Lange, A., & Zerle, C. (2008). Vater im Familienalltag. Die Kluft zwischen Einstellungen und Verhalten. *Forum Sexualaufklärung und Familienplanung, 2*, 17–20.

Lee, E., Bristow, J., Faircloth, C., & Macvarish, J. (2014). *Parenting culture studies*. New York: Palgrave Macmillan.

Lehner, O. (1987). *Familie – Recht – Politik*. Wien [u. a.]: Springer.

Lessenich, S. (2003). Dynamischer Immobilismus: Kontinuität und Wandel im deutschen Sozialmodell. Frankfurt, Main: Campus-Verlag.

Lind, J., Westerling, A., Sparrman, A., & Dannesboe, K. I. (2016). Introduction: Doing Good Parenthood. In A. Sparrman, A. Westerling, J. Lind, & K. I. Dannesboe (Eds.), *Doing Good Parenthood: Ideals and Practices of Parental Involvement* (pp. 1–15). Cham: Springer International Publishing.

Link, J. (2012). Subjektivitäten als (inter)diskursive Ereignisse. In R. Keller, W. Schneider, & W. Viehöver (Eds.), *Diskurs – Macht – Subjekt: Theorie und Empirie von Subjektivierung in der Diskursforschung* (pp. 53–67). Wiesbaden: VS Verlag für Sozialwissenschaften.

Lück, D. (2009). Der zögernde Abschied vom Patriarchat : Der Wandel von Geschlechterrollen im internationalen Vergleich. Baden-Baden: Nomos Verlagsgesellschaft mbH & Co. KG.

Lüders, C., & Meuser, M. (1997). Deutungsmusteranalyse. In R. Hitzler & A. Honer (Eds.), *Sozialwissenschaftliche Hermeneutik: eine Einführung* (pp. 57–80). Opladen: Leske + Budrich.

Lüscher, K. (1982). *Familienpolitik – Realität und Utopie*. Luzern: Schriftenreihe Pro Familie Nr. 2.
Lüscher, K. (1988). Familie und Familienpolitik im Übergang zur Postmoderne. In K. Lüscher, F. Schultheis, & M. Wehrsporn (Eds.), *Die ‚postmoderne' Familie. Familiale Strategien und Familienpolitik in einer Übergangszeit* (pp. 5.36). Konstanz: Universitätsverlag.
Lüscher, K. (2008). Vom Leitbild zur Leitidee – Von der Institution zu einer fragilen Institutionalisierung. *Recht der Jugend und des Bildungswesens, 2*, 120–125.
Lüscher, K., & Fisch, R. (1982). *Lebenssituationen junger Familien. Arbeitsbericht*: Universität Konstanz.
Madden-Derdich, D. A., Leonard, S. A., & Christopher, F. S. (1999). Boundary Ambiguity and Coparental Conflict After Divorce: An Empirical Test of a Family Systems Model of the Divorce Process. *Journal of Marriage and Family, 61*(3), 588–598. https://doi.org/10.2307/353562
Mairhuber, I. (2015). Die sozioökonomische Situation der Frauen. In B. f. B. u. Frauen (Ed.), *Bericht betreffend den Abbau von Benachteiligungen von Frauen, Berichtszeitraum 2013–2014*. Wien: BMBF.
Mannheim, K. (1959). Wissenssoziologie. In A. Vierkandt (Ed.), *Handwörterbuch der Soziologie* (pp. 659–680). Stuttgart: Enke.
Mansfeld, C. (2015). Familie ist spannend – Kinder, Mütter, Väter zwischen Eigensinn, staatlicher Intervention und der Wahrnehmung durch die Familienforschung. In R. Seehaus, L. Rose, & M. Günther (Eds.), *Mutter, Vater, Kind – Geschlechterpraxen in der Elternschaft* (pp. 157–175). Opladen, Berlin, Toronto: Barbara Budrich.
Markefka, M., & Nauck, B. (1993). *Handbuch der Kindheitsforschung*. Neuwied [u. a.]: Luchterhand.
Matthews, S. H., & Sprey, J. (1985). Adolescents' relationships with grandparents: an empirical contribution to conceptual clarification. *Journal of Gerentology, 40*(5), 621–626. https://doi.org/10.1093/geronj/40.5.621
Matzner, M. (2004). *Vaterschaft aus der Sicht von Vätern*. Wiesbaden: VS Verlag für Sozialwissenschaften.
Mauerer, G., & Kroismayr, S. (2021). Geschlechtsspezifische Rollen im Wandel. In Bundeskanzleramt (Ed.), *6. Österreichischer Familienbericht 2009–2019: auf einen Blick* (pp. 49–52). Wien: Bundeskanzleramt/Frauen, Familie, Jugend und Integration (BKA/FFJI).
Mauerer, G., & Schmidt, E.-M. (2019). Parents' Strategies in Dealing with Constructions of Gendered Responsibilities at Their Workplaces. *Social sciences, 8*. https://doi.org/10.3390/socsci8090250
May, V., & Smart, C. (2007). The Parenting Contest: Problems of Ongoing Conflict over Children. In M. Maclean (Ed.), *Parenting after partnering: containing conflict after separation* (pp. 65–80). Oxford and Portland Oregon: Hart Publishing.
Meuser, M. (2007). Vereinbarkeit von Beruf und Familie – ein Problem fur Manner. In E. Barlösius & D. Schiek (Eds.), *Demographisierung des Gesellschaftlichen: Analysen und Debatten zur demographischen Zukunft Deutschlands* (pp. 135–150). Wiesbaden: VS Verlag für Sozialwissenschaften.

Meuser, M. (2009). Vaterschaft und Männlichkeit: (Neue) Väterlichkeit in geschlechtersoziologischer Perspektive. In K. Jurczyk & A. Lange (Eds.), *Vaterwerden und Vatersein heute. Neue Wege – neue Chancen!* (pp. 81–98). Gütersloh: Bertelsmann-Stiftung.

Meuser, M., & Sackmann, R. (1992a). Zur Einführung: Deutungsmusteransatz und empirische Wissenssoziologie. In M. Meuser & R. Sackmann (Eds.), *Analyse sozialer Deutungsmuster: Beiträge zur empirischen Wissenssoziologie* (pp. 9–37). Pfaffenweiler: Centaurus-Verlagsgesellschaft.

Meuser, M., & Sackmann, R. (Eds.). (1992b). *Analyse sozialer Deutungsmuster: Beiträge zur empirischen Wissenssoziologie.* Pfaffenweiler: Centaurus-Verlagsgesellschaft.

Mey, G., & Mruck, K. (2009). Methodologie und Methodik der Grounded Theory. In W. Kempf & M. Kiefer (Eds.), Forschungsmethoden der Psychologie. Zwischen naturwissenschaftlichem Experiment und sozialwissenschaftlicher Hermeneutik. Band 3: Psychologie als Natur- und Kulturwissenschaft. Die soziale Konstruktion der Wirklichkeit (pp. 100–152). Berlin: Regener.

Mikula, G., & Freudenthaler, H. H. (1999). Aufteilung von Familienarbeit als Gegenstand von Ungerechtigkeitswahrnehmungen und sozialen Konflikten: zur Bedeutung sozialer Vergleiche. In W. Lutz (Ed.), *Kompendium der Familienforschung in Österreich 1999* (pp. 37–60). Wien: ÖIF.

Morgan, D. H. J. (1996). Family connections: an introduction to family studies. Cambridge: Polity Press.

Morgan, D. H. J. (2011). *Rethinking family practices.* Basingstoke: Palgrave Macmillan.

Morgan, D. H. J. (2019). Family Troubles, Troubling Families, and Family Practices. *Journal of Family Issues, 40*(16), 2225–2238. https://doi.org/10.1177/0192513X19848799

Mottl, I. (2002). Scheidung und Trennung aus juristischer Sicht. In U. Zartler, L. Wilk, & R. Kränzl-Nagl (Eds.), *Ursachen und Folgen von Scheidung und Trennung für Kinder, Frauen und Männer. Endbericht.* . Wien: Bundesministerium für soziale Sicherheit und Generationen.

Moxnes, K. (2003). Risk Factors in Divorce: Perceptions by the Children Involved. *Childhood, 10*(2), 131–146. https://doi.org/10.1177/0907568203010002002

Muckel, P. (1997). Der Alltag mit Akten – psychologische Rekonstruktionen bürokratischer Phänomene. Eine empirische Untersuchung in verschiedenen Institutionen auf der Grundlage der Grounded Theory.

Muckel, P. (2011). Die Entwicklung von Kategorien mit der Methode der Grounded Theory. In G. Mey & K. Mruck (Eds.), *Grounded Theory Reader* (pp. 333–352). Wiesbaden: VS Verlag für Sozialwissenschaften.

Mühling, T., & Rost, H. (2007). *Väter im Blickpunkt: Perspektiven der Familienforschung.* Leverkusen: Verlag Barbara Budrich.

Müller, M. (2017). Keine Legitimation durch Familiengerichtsverfahren? Akzeptanzprobleme gerichtlicher Entscheidungen und Konstruktion geschlechtsdifferenter Elternschaft. *Soziale Systeme, 22*(1), 21–58.

Nave-Herz, R. (1985). Die Bedeutung des Vaters für den Sozialisationsprozess seiner Kinder. Eine Literaturexpertise. Hannover.

Nave-Herz, R. (1988). Zum Wandel der Vaterrolle. Zeitschrift für Sozialisationsforschung und Erziehungssoziologie, 8, 242–245.

Nave-Herz, R. (1994). Familie heute: Wandel der Familienstrukturen und Folgen für die Erziehung. Darmstadt: Wissenschaftliche Buchgesellschaft.

Nave-Herz, R. (2018). Familiensoziologie. In A. Wonneberger, K. Weidtmann, & S. Stelzig-Willutzki (Eds.), *Familienwissenschaft: Grundlagen und Überblick* (pp. 119–147). Wiesbaden: Springer Fachmedien Wiesbaden.

Neudecker, B. (2008). Die „Patchworkfamilie" – Merkmale, Chancen und Gefahren aus pädagogischer Sicht. *Interdisziplinäre Zeitschrift für Familienrecht – iFamZ, 1*, 59–61.

Nickel, H., & Köcher, E. M. T. (1986). Väter von Säuglingen und Kleinkindern. Zum Rollenwandel in der Bundesrepublik Deutschland. *Psychologie in Erziehung und Unterricht, 33*, 171–184.

Noetzel, T., Krumm, T., & Westle, B. (2018). Dokumentenanalyse. In B. Westle (Ed.), *Methoden der Politikwissenschaft* (2., aktualisierte ed., pp. 370–382). Baden-Baden: Nomos-Verl.-Ges.

O'Donnell, M., Burrow, S., Grose, M., Usher, R., Marriott, R., & Taplin, S. (2024). Child protection proceedings for infants: Analysis of court files to identify court outcomes and requirements for families in child protection safety plans. *Children and Youth Services Review, 157*. https://doi.org/10.1016/j.childyouth.2023.107376

Oberndorfer, R., & Rost, H. (2005). Neue Väter – Anspruch und Realität. *Zeitschrift für Familienforschung, 1*(17), 50–65.

Oechsle, M. (1998). Ungelöste Widersprüche: Leitbilder für die Lebensführung junger Frauen. In M. Oechsle & B. Geissler (Eds.), *Die ungleiche Gleichheit: Junge Frauen und der Wandel im Geschlechterverhältnis* (pp. 185–200). Wiesbaden: VS Verlag für Sozialwissenschaften.

Oevermann, U. (2001). Die Struktur sozialer Deutungsmuster – Versuch einer Aktualisierung. *Sozialer Sinn, 2*(1), 35–82. https://doi.org/10.1515/sosi-2001-0103

Oevermann, U. (2001 [1973]). Zur Analyse der Struktur von sozialen Deutungsmustern. *Sozialer Sinn, 2*, 3–34. https://doi.org/10.1515/sosi-2001-0102

Oevermann, U. (2002). Klinische Soziologie auf der Basis der Methodologie der objektiven Hermeneutik – Manifest der objektiv hermeneutischen Sozialforschung. Retrieved from https://www.ihsk.de/publikationen/Ulrich_Oevermann-Manifest_der_objektiv_hermeneutischen_Sozialforschung.pdf

ÖIBF. (1986). Singles mit Kindern: Die Lebens- und Arbeitssituation alleinerziehender Mütter und Väter. Wien: Österreichisches Institut für Berufsbildungsforschung.

ÖIF. (2008). Altere Menschen Geben und Nehmen. Innerfamiliarer Hilfestellungen aus Sicht der 3. Generation und deren Altersbild in der Politik. Österreichisches Institut für Familienforschung. Unveröffentlichter Forschungsbericht, Wien.

Österreichischer Arbeiterkammertag (Ed.) (1988). *Elternberufstätigkeit und Kindesentwicklung*. Wien.

ÖStZ. (1985). Haushalt – Kinder – Beruf. Ergebnisse des Mikrozensus 1983. *Beiträge zur österreichischen Statistik, 775*.

Parisot, V., Zuccato-Doutlik, M., & Zartler, U. (2021). Gerichtsakten als Daten soziologischer Familienforschung: Methodologie und Methode für ein noch wenig erschlossenes Datenmaterial. *Forum Qualitative Sozialforschung, 22*(3). https://doi.org/10.17169/fqs-22.3.3649

Peters, B., & Ehrenberg, M. F. (2008). The Influence of Parental Separation and Divorce on Father-Child Relationships. *Journal of Divorce & Remarriage, 49*, 109. https://doi.org/10.1080/10502550801973005

Peukert, A., Teschlade, J., Wimbauer, C., Motakef, M., & Holzleithner, E. (Eds.). (2020). *Elternschaft und Familie jenseits von Heteronormativität und Zweigeschlechtlichkeit*: Barbara Budrich.

Pfau-Effinger, B. (1998). Der soziologische Mythos von der Hausfrauenehe – Soziohistorische Entwicklungspfade der Familie. *Soziale Welt, 49*(2), 167–182.

Pfeil, E. (1966). Allmählich wandelt sich das Leitbild. *Die Welt.*

Pfister, S. M. (2020). Deutungsmuster als forschungsheuristisches Konzept. *Sozialer Sinn, 21*(1), 149–183. https://doi.org/10.1515/sosi-2020-0006

Picker, R., Nitsch, S., & Zeglovits, E. (2005). *Frauenstudie 2005: Österreicherinnen von 40–60 Jahren.* Wien: Institut SORA.

Pilgram, A. (1989). Gewalt in der Familie. In BMUJF (Ed.), *Lebenswelt Familie. Familienbericht 1989* (pp. 533–543). Wien: Bundesministerium für Umwelt, Jugend und Familie.

Plaß, C., & Schetsche, M. (2001). Grundzüge einer wissenssoziologischen Theorie sozialer Deutungsmuster. *Sozialer Sinn, 2*, 511–536. https://doi.org/10.1515/sosi-2001-0306

Pölzlbauer, C. (2013). Die Sorge mit der Obsorge – Die Neuerungen im KindNamRÄG aus Genderperspektive. In A. Deixler-Hübner & T. Bauer (Eds.), *Kindschafts- und Namensrechts-Änderungsgesetz. Grundrechte – Elternrecht – Kinderrechte* (pp. 131–139). Wien: Manz.

Procter & Gamble. (2001). Vater, Windeln und wie weiter?

Pryor, J., & Rodgers, B. (2001). Children in Changing Families. Life After Parental Separation. Oxford: Blackwell.

Reckwitz, A. (2000). Der Status des ‚Mentalen' in kulturtheoretischen Handlungserklärungen. *Zeitschrift für Soziologie, 29*(3), 167–185. https://doi.org/10.1515/zfsoz-2000-0301

Reckwitz, A. (2008). Praktiken und Diskurse. Eine sozialtheoretische und methodologische Relation. In H. Kalthoff, S. Hirschauer, & G. Lindemann (Eds.), *Theoretische Empirie: Zur Relevanz qualitativer Forschung* (pp. 188–209). Frankfurt am Main: Suhrkamp Taschenbuch Wissenschaft 1881.

Reidl, S., & Schiffbaenker, H. (2013). *Väterkarenz in Zahlen.* Wien.

Rerrich, M. S. (1990). Balanceakt Familie: zwischen alten Leitbildern und neuen Lebensformen. Freiburg: Lambertus-Verlag.

Rhoades, H. (2002). The 'No Contact Mother': Reconstructions of Motherhood in the Era of the 'New Father'. *International Journal of Law, Policy and the Family, 16*, 71–94. https://doi.org/10.1093/lawfam/16.1.71

Ribbens McCarthy, J., Gillies, V., & Hooper, C.-A. (2019). "Family Troubles" and "Troubling Families": Opening Up Fertile Ground. *Journal of Family Issues, 40*(16), 2207–2224. https://doi.org/10.1177/0192513X19870047

Ribbens McCarthy, J., Hooper, C.-A., & Gillies, V. (2013). Troubling normalities and normal family troubles: diversities, experiences and tensions. In J. Ribbens McCarthy, C.-A. Hooper, & V. Gillies (Eds.), *Family troubles? Exploring changes and challenges in family lives of children and young people* (pp. 1–21). Bristol: Policy Press.

Richter, R. (1999). Zur Lage und Entwicklung von Familien in Österreich. Ein (soziologisches) Resümee zum Familienbericht. In BMUJF (Ed.), *4. Österreichischer Familienbericht: Familie – zwischen Anspruch und Alltag – Teil B* (pp. 793–797). Wien: Bundesministerium für Umwelt, Jugend u. Familie, Abt. IV/4.

Robertson, R. (2000). Globalization: social theory and global culture. London [u. a.]: Sage.

Rollin, M. (1988). So stief sind Stiefmütter gar nicht…. *Psychologie Heute, 15*, 54–61.

Rosenmayr, L. (1969). Die junge Frau in der Industriegesellschaft (unveröffentlichtes Manuskript einer vom Bundesministerium für soziale Verwaltung in Auftrag gegebenen Studie). Wien.

Rosenmayr, L. (1975). Lebenswirklichkeit bei Mädchen und jungen Frauen. In Ö. G. f. Familienplanung (Ed.), *Familienplanung 1975* (pp. 47–59). Igls.

Roth, M., & Stegner, M. (2012). Die Entwicklung der Obsorgeregelung in Österreich. In A. L. Verbeke, J. M. Scherpe, C. Declerck, T. Helms, & P. Senaeve (Eds.), *Confronting the Frontiers of Family and Succession Law* (pp. 1179–1198). Cambridge: Intersentia.

Ryffel-Gericke, C. (1983). *Männer in Familie und Beruf.* Universität Zürich,

Sardadvar, K., Mairhuber, I., & Neuwirth, K. (2017). Zwischen Absicherung, Abhängigkeit und Autonomie: Das Unterhaltsrecht in Österreich, Schweden und Dänemark und seine gesellschaftlichen Implikationen. *ÖZS. Österreichische Zeitschrift für Soziologie, 42*, 319. https://doi.org/10.1007/s11614-017-0270-x

Sarrazin, J., & Cyr, F. (2007). Parental Conflicts and Their Damaging Effects on Children. *Journal of Divorce & Remarriage, 47*(1–2), 77–93. https://doi.org/10.1300/J087v47n01_05

Schatzki, T. R. (2016). Praxistheorie als flache Ontologie. In H. Schäfer (Ed.), *Praxistheorie. Ein soziologisches Forschungsprogramm* (pp. 29–44). Bielefeld: transcript Verlag.

Scheffer, T. (2015). Diskurspraxis in Recht und Politik. Trans-Sequentialität und die Analyse rechtsförmiger Verfahren. *Zeitschrift für Rechtssoziologie, 35*(2), 223–244. https://doi.org/10.1515/zfrs-2015-0204

Schenk, H. (1998). Wieviel Mutter braucht der Mensch? Der Mythos von der guten Mutter. Reinbek bei Hamburg: Rowohlt.

Schetsche, M. (2008). *Empirische Analyse sozialer Probleme: Das wissenssoziologische Programm.* Wiesbaden: VS Verlag für Sozialwissenschaften / GWV Fachverlage GmbH.

Schetsche, M., & Schmied-Knittel, I. (2013). Deutungsmuster im Diskurs: Zur Möglichkeit der Integration der Deutungsmusteranalyse in die wissenssoziologische Diskursanalyse. *Zeitschrift für Diskursforschung, 1*(1), 24–45.

Schier, M., & Szymenderski, P. (2009). Von der Vorgabe zur Aufgabe. Die Folgen der Entgrenzung von Erwerbsarbeit für Männlichkeit, Vaterschaft und Arbeitsteilung. In K. Jurczyk & A. Lange (Eds.), *Vaterwerden und Vatersein heute. Neue Wege – neue Chancen!* (pp. 250–269). Gütersloh: Bertelsmann Stiftung.

Schier, M., Szymenderski, P., Jurczyk, K., Lange, A., & Voß, G. G. (2008). Entgrenzte Arbeit – entgrenzte Familie. Neue Formen der praktischen Auseinandersetzung mit dem Spannungsfeld Arbeit und Familie. München: Endbericht für die Hans-Böckler-Stiftung.

Schierbaum, A., & Ecarius, J. (2022). *Handbuch Familie: Band II: Erziehung, Bildung und pädagogische Arbeitsfelder* (2nd ed.). Wiesbaden: Springer Fachmedien Wiesbaden Imprint: Springer VS.

Schmidt, E.-M., Zartler, U., & Vogl, S. (2019). Swimming against the tide? Austrian couples non-normative work-care arrangements in a traditional environment. In D. Grunow & M. Evertsson (Eds.), *New Parents in Europe: Work-Care Practices, Gender Norms and Family Policies* (pp. 108–127). Cheltenham, Northampton: Edward Elgar Publishing Limited.

Schmidt, E. M., Décieux, F., Zartler, U., & Schnor, C. (2023). What makes a good mother? Two decades of research reflecting social norms of motherhood. *Journal of Family Theory & Review, 15*, 57–77. https://doi.org/10.1111/jftr.12488

Schneider, N., Diabaté, S., & Ruckdeschel, K. (Eds.). (2015). Familienleitbilder in Deutschland. Kulturelle Vorstellungen zu Partnerschaft, Elternschaft und Familienleben. Opladen: Budrich.
Schneider, N., & Matthias-Bleck, H. (1999). Moderne Familie – altes Recht? Zur Situation des am überkommenen Normalitätskonzept von Familie und Lebenslauf orientierten Rechtssystems aus soziologischer Perspektive. In F. W. Busch, B. Nauck, & R. Nave-Herz (Eds.), *Aktuelle Forschungsfelder der Familienwissenschaft* (pp. 185–210). Würzburg: Ergon.
Schneider, N. F. (2002). Elternschaft heute. Gesellschaftliche Rahmenbedingungen und individuelle Gestaltungsaufgaben – Einführende Betrachtungen. In N. F. Schneider & H. Matthias-Bleck (Eds.), *Elternschaft heute. Gesellschaftliche Rahmenbedingungen und individuelle Gestaltungsaufgaben* (pp. 9–21). Opladen: Leske + Budrich.
Schneider, N. F., & Matthias-Bleck, H. (Eds.). (2002). Elternschaft heute. Gesellschaftliche Rahmenbedingungen und individuelle Gestaltungsaufgaben. Opladen: Leske + Budrich.
Schneider, W. (1989). Die neuen Väter, Chancen und Risiken: zum Wandel der Vaterrolle in Familie und Gesellschaft. Augsburg: AV-Verlag.
Schulz, W., Haller, M., & Grausgruber, A. (Eds.). (2005). Österreich zur Jahrhundertwende. Gesellschaftliche Werthaltungen und Lebensqualität 1986–2004. Wiesbaden: VS Verlag.
Schulz, W., Rigaudias-Weiss, H., & Strodl, R. (1980). *Ehe- und Familienleben heute: Einstellungen und Bewertungen.* Wien: Bundeskanzleramt Bundesministerium für Finanzen.
Schutter, S. (2011). *„Richtige" Kinder*. Wiesbaden: VS Verlag für Sozialwissenschaften.
Schutter, S. (2012). Diskursanalyse. In F. Heinzel (Ed.), *Methoden der Kindheitsforschung. Ein Überblick über Forschungszugänge zur kindlichen Perspektive* (2 ed., pp. 248–259). Weinheim, Basel: Beltz Juventa.
Schutter, S., & Lange, A. (2018). Familienkindheit(-en). In A. Lange, H. Reiter, S. Schutter, & C. Steiner (Eds.), *Handbuch Kindheits- und Jugendsoziologie* (pp. 481–497). Wiesbaden: Springer Reference Sozialwissenschaften. Springer VS.
Schütz, A. (1971). Gesammelte Aufsätze. Band 1: Das Problem der sozialen Wirklichkeit. Den Haag: Nijhoff.
Schütz, A. (1974 [1932]). Der sinnhafte Aufbau der sozialen Welt: eine Einleitung in die verstehende Soziologie. Frankfurt am Main: Suhrkamp.
Schütze, Y. (1991). Die gute Mutter: zur Geschichte des normativen Musters „Mutterliebe" (2. ed.). Bielefeld: Kleine.
Schwab-Trapp, M. (2010). Methodische Aspekte der Diskursanalyse. Probleme der Analyse diskursiver Auseinandersetzungen am Beispiel der deutschen Diskussion über den Kosovokrieg. In R. Keller, A. Hirseland, W. Schneider, & W. Viehöver (Eds.), *Handbuch sozialwissenschaftliche Diskursanalyse. Band 2: Forschungspraxis* (4 ed., pp. 171–196). Wiesbaden, Opladen: VS Verlag, Leske + Budrich.
Schwab-Trapp, M. (2011). Diskurs als soziologisches Konzept. Bausteine für eine soziologisch orientierte Diskursanalyse. In R. Keller, A. Hirseland, W. Schneider, & W. Viehöver (Eds.), *Handbuch Sozialwissenschaftliche Diskursanalyse. Band 1: Theorien und Methoden* (3. erweiterte ed., pp. 283–307). Wiesbaden: VS Verlag.
Schwab, D. (2002). Grundzüge und Folgen des neuen Kindschaftsrechts. In N. F. Schneider & H. Matthias-Bleck (Eds.), Elternschaft heute. Gesellschaftliche Rahmenbedingungen und individuelle Gestaltungsaufgaben. Zeitschrift für Familienforschung. Sonderheft (Vol. 2, pp. 181–200).

Schwarz, B. (2011). Die Verteilung der elterlichen Sorge aus erziehungswissenschaftlicher und juristischer Sicht. Wiesbaden: VS Verlag für Sozialwissenschaften.

Schwarz, B., & Noack, P. (2002). Scheidung und Ein-Elternteil-Familien. In M. Hofer, E. Wild, & P. Noack (Eds.), *Lehrbuch Familienbeziehungen: Eltern und Kinder in der Entwicklung* (2., vollst. überarb. und erw. ed., pp. 312–335). Göttingen [u. a.]: Hogrefe, Verlag für Psychologie.

Seehaus, R. (2015). Vergeschlechtlichte Sorge um das Kind. In R. Seehaus, L. Rose, & M. Günther (Eds.), *Mutter, Vater, Kind – Geschlechterpraxen in der Elternschaft* (pp. 65–77). Opladen, Berlin, Toronto: Barbara Budrich.

Seehaus, R., Rose, L., & Günther, M. (Eds.). (2015). *Mutter, Vater, Kind – Geschlechterpraxen in der Elternschaft*. Opladen, Berlin, Toronto: Barbara Budrich.

Shuy, R. W. (2015). Discourse Analysis in the Legal Context. In D. Tannen, H. E. Hamilton, & D. Schiffrin (Eds.), *The Handbook of Discourse Analysis* (pp. 822–840). Chichester, West Sussex: Wiley Blackwell.

Sieder, R. (1987). *Sozialgeschichte der Familie*. Frankfurt am Main: Suhrkamp.

Sieder, R. (2008). Patchworks: das Familienleben getrennter Eltern und ihrer Kinder. Stuttgart: Klett-Cotta.

Singly, F. d. (1995). *Die Familie der Moderne: eine soziologische Einführung*. Konstanz: Univ.-Verl. Konstanz.

Smart, C., & May, V. (2004). Why Can't They Agree? The Underlying Complexity of Contact and Residence Disputes. *The Journal of social welfare & family law, 26*, 347–360. https://doi.org/10.1080/0964906042000334046

Smart, C., May, V., Wade, A., & Furniss, C. (2003). *Residence and Contact Disputes in Court, volume 1*: Department for Constitutional Affairs.

Smart, C., May, V., Wade, A., & Furniss, C. (2005). *Residence and Contact Disputes in Court, volume 2*: Department for Constitutional Affairs.

Smart, C., Neale, B., & Wade, A. (2001). *The changing experience of childhood: families and divorce*. Cambridge: Polity Press.

Smith Koslowski, A. (2011). Working fathers in Europe: Earning and caring. *European Sociological Review, 27*(2), 230–245. https://doi.org/10.1093/esr/jcq004

Sommer, V. (2018). Methodentriangulation von Grounded Theory und Diskursanalyse. In C. Pentzold, A. Bischof, & N. Heise (Eds.), *Praxis Grounded Theory: Theoriegenerierendes empirisches Forschen in medienbezogenen Lebenswelten. Ein Lehr- und Arbeitsbuch* (pp. 105–130). Wiesbaden: Springer Fachmedien Wiesbaden.

Stampler, G., & Stiller, B. (2004). Vorstellungen und Wunsche werdender Vater. Eine Befragung der Osterreichischen Kinderfreunde. Wien: Institut fur Kinderrechte und Elternbildung.

Statistik Austria. (2008). Familien- und Haushaltsstatistik 2007. Ergebnisse des Mikrozensus. Wien: Statistik Austria.

Statistik Austria. (2009a). *Statistisches Jahrbuch Österreichs 2009*. Wien: Statistik Austria.

Statistik Austria. (2009b). Zeitverwendung 2008/09: Ein Überblick über geschlechtsspezifische Unterschiede Wien: Statistik Austria.

Statistik Austria. (2011). Familien- und Haushaltsstatistik 2010. Ergebnisse der MikrozensusArbeitskräfteerhebung. Wien: Verlag Österreich GmbH.

Statistik Austria. (2023). *Demographisches Jahrbuch 2022*. Wien: Verlag Österreich GmbH.

Stein-Hilbers, M. (1993). Biologie und Gefühl – Geschlechterbeziehungen im neuen Kindschaftsrecht. *Zeitschrift für Rechtspolitik*(7), 256–261.
Stein-Hilbers, M. (1994). *Wem „gehört" das Kind?* Frankfurt, Main [u. a.]: Campus-Verl.
Stein-Hilbers, M. (1999). Geschlechterbeziehungen im neuen deutschen Kindschaftsrecht. In B. Dausien, M. Herrmann, M. Oechsle, C. Schmerl, & M. Stein-Hilbers (Eds.), *Erkenntnisprojekt Geschlecht: Feministische Perspektiven verwandeln Wissenschaft* (pp. 270–288). Wiesbaden: VS Verlag für Sozialwissenschaften.
Strauss, A. (1994 [1987]). Grundlagen qualitativer Sozialforschung. Datenanalyse und Theoriebildung in der empirischen soziologischen Forschung. München: Wilhelm Fink.
Strauss, A., & Corbin, J. (1996). *Grounded Theory: Grundlagen qualitativer Sozialforschung.* Weinheim: Beltz, Psychologie-Verl.-Union.
Sullivan, W., & Rabinow, P. (1979). The Interpretive Turn: Emergence of an Approach. *Philosophy today, 23*(1), 29–40. https://doi.org/10.5840/philtoday197923131
Tazi-Preve, M. I. (2006). Vaterschaft heute. Zentrale Ergebnisse auf Basis des Population Policy Acceptance Survey. In H. Werneck, M. Beham, & D. Palz (Eds.), *Aktive Vaterschaft: Männer zwischen Familie und Beruf* (pp. 230–244). Gießen: Psychosozial-Verlag.
Teschlade, J., Motakef, M., Wimbauer, C., & Mobers, L. (2023). Rechtlicher Wandel im Schneckentempo: LGBTQ-Familien zwischen Gleichstellung und Heteronormativität. *Leviathan, 51*(1), 85–113. https://doi.org/10.5771/0340-0425-2023-1-85
Thiessen, B. (2024). Die reflexive Familie: Das Konzept Un/Doing Family vor dem Hintergrund eines empirischen Blicks auf Familienleben heute. In B. Breunig, G. Schweiger, & A. Walser (Eds.), *Familie im Wandel: Sozialwissenschaftliche, ethische und rechtliche Perspektiven* (pp. 37–56). Berlin, Heidelberg: J.B. Metzler.
Thiessen, B., & Villa, P.-I. (2009). Mütter und Väter: Diskurse – Medien – Praxen. In P.-I. Villa & B. Thiessen (Eds.), *Mütter – Väter: Diskurse, Medien, Praxen* (pp. 7–21). Münster: Westfälisches Dampfboot.
Thurer, S. (1995). Mythos Mutterschaft: wie der Zeitgeist das Bild der guten Mutter immer wieder neu erfindet. München: Droemer Knaur.
TNS Emnid. (2002). Frauen 2002: Wünsche, Werte, Wirklichkeit. Frankfurt: Emnid.
Tolasch, E. (2016). *Die protokollierte gute Mutter in Kindstötungsakten.* Wiesbaden: Springer Fachmedien Wiesbaden, Wiesbaden.
Traue, B., Pfahl, L., & Schürmann, L. (2019). Diskursanalyse. In N. Baur & J. Blasius (Eds.), *Handbuch Methoden der empirischen Sozialforschung* (pp. 565–583). Wiesbaden: Springer Fachmedien Wiesbaden.
Trinder, L. (2007). Dangerous Dads and Malicious Mothers: The Relevance of Gender to Contact Disputes. In M. Maclean (Ed.), *Parenting after partnering: containing conflict after separation* (pp. 81–94). Oxford and Portland Oregon: Hart Publishing.
Truschkat, I. (2013). Zwischen interpretativer Analytik und GTM – Zur Methodologie einer wissenssoziologischen Diskursanalyse. In R. Keller & I. Truschkat (Eds.), *Methodologie und Praxis der Wissenssoziologischen Diskursanalyse: Band 1: Interdisziplinäre Perspektiven* (pp. 69–87). Wiesbaden: VS Verlag für Sozialwissenschaften.
Ullrich, C. G. (2019). Deutungsmuster und Deutungsmusteranalyse. In C. G. Ullrich (Ed.), *Das Diskursive Interview: Methodische und methodologische Grundlagen* (pp. 1–30). Wiesbaden: Springer Fachmedien Wiesbaden.

Ullrich, P. (2008). Diskursanalyse, Diskursforschung, Diskurstheorie: Ein- und Überblick. In U. Freikamp, M. Leanza, J. Mende, S. Müller, P. Ullrich, & H.-J. Voß (Eds.), *Kritik mit Methode? Forschungsmethoden und Gesellschaftskritik* (pp. 19–31). Berlin: Dietz.

Vaskovics, L., & Huinink, J. (2016). Werden die Regelungen des Familienrechts heutigen Familien und Kindern gerecht? Reflexionen aus sozialwissenschaftlicher Perspektive. *Zeitschrift für Familienforschung, 28*(2), 221–244.

Vaskovics, L. A. (2009). Segmentierung der Elternrolle. In G. Burkart (Ed.), *Zukunft der Familie: Prognosen und Szenarien* (Vol. 6, pp. 269–296). Leverkusen-Opladen: Verlag Barbara Budrich.

Vaskovics, L. A., Rost, H., & Rosenkranz, D. (2000). *Was machen junge Väter mit ihrer Zeit? Die Zeitallokation junger Ehemänner im Übergang zur Elternschaft.* Bamberg: Staatsinstitut für Familienforschung an der Universität Bamberg (ifb).

Vered, B.-D. (2020). Does a parent's right to parenting matter in termination of parental rights? An analysis of court cases. *Family Court Review, 58*(4), 1061–1071. https://doi.org/10.1111/fcre.12498

Verschraegen, B. (2009). Zur Doppelresidenz – eine rechtsvergleichende Skizze. Regelungen im belgischen, franzosischen und englischen Recht. *iFamZ, 4*(3), 183–186.

Viehöver, W. (2011). Diskurse als Narrationen. In R. Keller, A. Hirseland, W. Schneider, & W. Viehöver (Eds.), *Handbuch sozialwissenschaftliche Diskursanalyse. Band 1: Theorien und Methoden* (3. erw ed., pp. 193–224). Wiesbaden, Opladen: VS Verlag, Leske + Budrich.

Vinken, B. (2007). *Die deutsche Mutter: Der lange Schatten eines Mythos.* Frankfurt am Main: Fischer-Taschenbuch-Verlag.

Visher, E. B., & Visher, J. S. (1987). *Stiefeltern, Stiefkinder und ihre Familien: Probleme und Chancen.* München: Psychologie-Verl.-Union.

Vogl, S., Schmidt, E.-M., & Zartler, U. (2019). Triangulating perspectives: ontology and epistemology in the analysis of qualitative multiple perspective interviews. *International Journal of Social Research Methodology, 22*(6), 611–624. https://doi.org/10.1080/13645579.2019.1630901

Wahl, K., Tüllmann, G., Honig, M.-S., & Gravenhorst, L. (1980). *Familien sind anders! Wie sie sich selbst sehen. Anstöße für eine neue Familienpolitik.* Reinbek bei Hamburg: Rowohlt.

Wedl, J. (2014). Diskursforschung in den Gender Studies. In A. Johannes, N. Martin, H. Eva, M. Felicitas, R. Martin, W. Juliette, W. Daniel, & Z. Alexander (Eds.), *Diskursforschung: Ein interdisziplinäres Handbuch (2 Bde.)* (pp. 276–299). Bielefeld: transcript.

Wendt, E.-V., & Walper, S. (2007). Entwicklungsverlaufe von Kindern in Ein-Eltern- und Stieffamilien. In C. Alt (Ed.), *Kinderleben – Start in die Grundschule. 3, Ergebnisse aus der zweiten Welle.* Wiesbaden: VS Verlag für Sozialwissenschaften.

Werneck, H. (2004). Vater-Kind-Beziehungen in Nachscheidungsfamilien. In U. Zartler, L. Wilk, & R. Kranzl-Nagl (Eds.), *Wenn Eltern sich trennen. Wie Kinder, Frauen und Männer Scheidung erleben* (pp. 155–180). New York/Frankfurt a. M.: Campus.

Wernhart, G., Dörfler-Bolt, S., & Neuwirth, N. (2021). Das Spannungsfeld Arbeit und Familie. In Bundeskanzleramt (Ed.), *6. Österreichischer Familienbericht 2009–2019: auf einen Blick* (pp. 53–58). Wien: Bundeskanzleramt/Frauen, Familie, Jugend und Integration (BKA/FFJI).

Wernhart, G., Dörfler, S., Halbauer, S., Mazal, W., & Neuwirth, N. (2018). *Familienzeit – Wie die Erwerbsarbeit den Takt vorgibt*. Wien: ÖIF Forschungsbericht.

Wernhart, G., Kaindl, M., Schipfer, R. K., & Tazi-Preve, I. M. (2008). Drei Generationen – eine Familie: Austauschbeziehungen zwischen den Generationen aus Sicht der Großeltern und das Altersbild in der Politik. Innsbruck Wien [u. a.]: StudienVerlag.

Wernhart, G., & Neuwirth, N. (2007). Geschlechterrollenwandel und Familienwerte (1988–2002): Österreich im europäischen Vergleich. Ergebnisse auf Basis des ISSP 1988, 2002. Wien: ÖIF.

Westerling, A. (2015). Reflexive fatherhood in everyday life: the case of Denmark. *Families, Relationships and Societies, 4*(2), 209–223. https://doi.org/10.1332/204674315X14347065836218

Wilk, L. (1999a). Geschwisterbeziehungen. In BMUJF (Ed.), *4. Österreichischer Familienbericht: Familie – zwischen Anspruch und Alltag. Teil B* (pp. 224–233). Wien: Bundesministerium für Umwelt, Jugend u. Familie, Abt. IV/4.

Wilk, L. (1999b). Scheidung und Trennung von Partnerschaften. In BMUJF (Ed.), *4. Österreichischer Familienbericht: Familie – zwischen Anspruch und Alltag. Teil B* (pp. 275–291). Wien: Bundesministerium für Umwelt, Jugend u. Familie, Abt. IV/4.

Wilk, L. (1999c). Übergang zu multipler Elternschaft, Gründung von Stieffamilien. In BMUJF (Ed.), *4. Österreichischer Familienbericht: Familie – zwischen Anspruch und Alltag. Teil B* (pp. 292–299). Wien: Bundesministerium für Umwelt, Jugend u. Familie, Abt. IV/4.

Wilk, L. (2002). Stieffamilien in Österreich. In W. Bien, A. Hartl, & M. Teubner (Eds.), *Stieffamilien in Deutschland: Eltern und Kinder zwischen Normalität und Konflikt* (pp. 245–284). Wiesbaden: VS Verlag für Sozialwissenschaften.

Wilk, L. (2010). Großeltern und Enkelkinder zu Beginn des 21. Jahrhunderts. In BMWFJ (Ed.), *5. Familienbericht 1999–2009: Die Familie an der Wende zum 21. Jahrhundert. Band 1* (pp. 403–432). Wien: Bundesministerium für Wirtschaft, Familie und Jugend, Sektion Familie und Jugend, Abt. II/6.

Wilk, L., & Bacher, J. (Eds.). (1994). *Kindliche Lebenswelten: Eine sozialwissenschaftliche Annäherung*. Opladen: Leske + Budrich.

Wilk, L., & Beham, M. (1989). Familie als kindliche Lebenswelt. In BMUJF (Ed.), *Lebenswelt Familie. Familienbericht 1989* (pp. 355–410). Wien: Bundesministerium für Umwelt Jugend und Familie.

Wilk, L., Beham, M., & Gitter, I. (1993). Familie als kindliche Lebenswelt. In L. Wilk & M. Beham (Eds.), Kindsein in Österreich: ein vom Bundesministerium für Umwelt, Jugend und Familie und vom Fonds zur Förderung der Wissenschaftlichen Forschung gefördertes Forschungsprojekt: Ergebnisbericht (pp. 7–159). Linz.

Wilk, L., & Goldberg, C. (1989). Einstellungen zu Ehe und Familie. In BMUJF (Ed.), *Lebenswelt Familie. Familienbericht 1989* (pp. 313–332). Wien: Bundesministerium für Umwelt, Jugend und Familie.

Wimbauer, C. (2021). Co-Parenting und die Zukunft der Liebe: Über post-romantische Elternschaft (1 ed.). Bielefeld: Transkript.

Wolde, A. (2007). Väter im Aufbruch? Deutungsmuster von Väterlichkeit und Männlichkeit im Kontext von Väterinitiativen. Wiesbaden: VS, Verl. für Sozialwiss.

Wrana, D. (Ed.) (2014). *DiskursNetz. Wörterbuch der Interdisziplinären Diskursanalyse*. Berlin: Suhrkamp-Taschenbuch Wissenschaft.

Zartler, U. (2012a). Das Familienbild des ABGB und die Lebenssituation von Scheidungs- und Nachscheidungsfamilien. *Beiträge zur Rechtsgeschichte Österreichs, 2*(1), 44–56.
Zartler, U. (2012b). Die Kernfamilie als Ideal. Zur Konstruktion von Scheidung und Nachscheidungsfamilien. *Zeitschrift für Familienforschung, 24*(1), 67–84.
Zartler, U. (2013). Nichteheliche Lebensgemeinschaften. Soziologische Analyse einer Lebensform. In Ö. Juristentag (Ed.), *Neue Regelungen für nichteheliche Lebensgemeinschaften? Referate und Diskussionsbeiträge* (pp. 24–46). Wien: Manz.
Zartler, U. (2014). How to Deal With Moral Tales: Constructions and Strategies of Single-Parent Families. *Journal of Marriage and Family, 76*(3), 604–619. https://doi.org/10.1111/jomf.12116
Zartler, U. (2021). Children and parents after separation. In N. F. Schneider & M. Kreyenfeld (Eds.), *Research Handbook on the Sociology of the Family* (pp. 300–313). Cheltenham, UK: Edward Elgar Publishing.
Zartler, U. (2023). Die Österreichischen Familienberichte 1969 bis 2019. Grundlagen für evidenzbasierte Familienforschung. *beziehungsweise, 5*, 1–4.
Zartler, U., & Berghammer, C. (2013). Turbulenzen im Kinderleben. Mütterliche Partnerschaftsbiographien und multiple Übergänge nach elterlicher Trennung. *Zeitschrift für Familienforschung, 25*(3), 286–308.
Zartler, U., & Hierzer, J. (2015). Efforts to cut the Gordian knot. A sociological analysis regarding legal aspects of post-divorce parental responsibility. *Journal of Family Research, Special Issue "Family Dynamics after Separation"*, 219–237.
Zartler, U., Kränzl-Nagl, R., & Wilk, L. (2004). *Wenn Eltern sich trennen.* Frankfurt a. M. [u. a.]: Campus.
Zartler, U., & Wilk, L. (2010). Dynamiken und Veränderungen im Familienverlauf: Scheidung und Trennung. In BMWFJ (Ed.), *5. Familienbericht 1999–2009: Die Familie an der Wende zum 21. Jahrhundert. Band 1* (pp. 443–502). Wien: Bundesministerium für Wirtschaft, Familie und Jugend, Sektion Familie und Jugend, Abt. II/6.
Zerle, C., & Krok, I. (2008). Null Bock auf Familie? Der schwierige Weg junger Männer in die Vaterschaft. Gütersloh: Bertelsmann Stiftung.
Zulehner, P. (2003). *MannsBilder: ein Jahrzehnt Männerentwicklung.* Ostfildern: Schwabenverlag.